U0746943

廖平全集

5

主编　舒大剛　楊世文

詩經類

四益詩説

詩經經釋

三禮類

王制訂

王制集説

分撰兩戴記章句

禮記識

禮運禮器郊特牲訂

大學中庸演義

坊記新解

容經淺注

周禮訂本略注

周禮新義凡例

周禮鄭注商榷

上海古籍出版社

詩經類

詩經類目録

四益詩説

廖平　撰　黄鎔　補證
楊世文　校點

校點說明

據廖宗澤《六譯先生年譜》，民國三年（一九一四）秋，廖平撰成《四益詩說》，乃廖氏關於《詩》學的四部著作彙編，即《詩緯新解》、《詩緯搜遺》、《釋風》（即《詩學質疑》）、《孔子閒居》，末附《大學引詩爲天皇引書爲人帝考》。《詩緯新解》，黄鎔爲之補證。編首有甲寅年廖氏《自序》，謂「余十年前成《詩》、《易》全經新注並疏，當時尚囿於大小學說，以《齊詩》多祖緯候，詳於天學，故於《詩》注題曰『齊詩學』。自丙午以後，天人之說大定，一經舊稿未及追改，亦不敢示人。自《尚書》、《周禮》修改略備……乃推及《詩》、《易》」。《詩緯搜遺》乃就《春秋》、《孝經》、《禮》、《樂》各緯，摘録其與《詩經》相關者。箋注當亦爲黄鎔所作。是其書實成於民國三年甲寅，蓋廖氏晚年之所作。其書不分卷，惟釐爲三篇，其目曰「推度災第一」、「氾歷樞第二」、「含神霧第三」，而以「補遺」列之編末。《續修四庫全書總目提要・經部・詩類》云：「廖氏於《詩》多從齊說，以《齊詩》之多祖緯候也，因取今所存《詩緯》三篇詳爲以解，蓋所以示程途，行遠自邇，升高自卑，一定之程度也。書中於四始、五際、六情之義，以及篇什配用之理，皆據秦、漢以來舊籍，推闡其意。黄氏更衍其說，而爲之補證，徵引淵博，詮釋精詳。雖緯書荒誕，《隋志》已謂其相傳爲世人造之，然其說爲《齊詩》所本，詳而論之，亦足以見一家之學也。」《詩學質疑》又名《釋風》，主要破《詩》無義例之説。認爲「風」即「乘雲御風」之「風」；《論語》「風乎舞雩，詠而歸」，即乘風而歸。又，廖平認爲《禮記》篇目有相對成文之例，《坊記》爲人禽之分，《表記》爲士大夫之行，《孔子燕居》爲人學，《孔子閒居》爲天學，互文相起，各有淺深不同，故作《孔子閒居》。又以爲《大學》引《詩》爲天皇，引《書》爲人帝。《四益詩説》有民國七年（一九一八）四川存古書局刻本，收入《六譯館叢書》，兹據該本校點。

目録

詩緯新解

《詩緯》者，《詩》之秘密微言也。每以天星神真説《詩》，今略舉其文，以示大概，未能詳盡。

余十年前成《詩》、《易》全經新注並疏，當時尚囿於大小學説，以《齊詩》多祖緯候，詳於天學，故於《詩》注題曰「齊詩學」。自丙午以後，天人之説大定，二經舊稿未及追改，亦不敢示人。自《尚書》、《周禮》修改略備，《皇帝疆域考》陸續刊板，乃推及《詩》、《易》，先於《楚辭》、《列》、《莊》、《山經》、《淮南》、《靈》、《素》各有門徑，乃歸而求於《詩》、《易》，因請精華補證此篇，以示程途，行遠自邇，升高自卑，一定程度也。每怪世説《老》《莊》、譯佛藏，皆與進化公理相背，遂流爲清談寂滅，生心害政，以致儒生斥爲異端。苟推明世界進退大例，則可除一人長生久視之妄想，有法無法之機鋒。莊生曰：「大而無當，游於無有。」《詩》曰：「衆維魚矣，兆舊作旐。爲旟矣。」此固非一人一時之私意所可儌倖者。荀卿曰：《詩》不切。其斯爲不切乎！甲寅秋，四譯敘。

推度災一

建四始《詩》以正月、四月、七月、十月名篇，與《春秋》首時過則書同，亦爲四始。五際，剛日五，柔日五，爲五際，

《詩説》甚詳。○《雅》以《斯干》名篇，爲十干起例。《淮南》説凡日甲剛乙柔，丙剛丁柔，以至於癸，次序不紊，故曰秩秩。生男子爲剛日，生女子爲柔日。《豳・七月》篇一之日爲甲乙，二之日爲丙丁，三之日爲庚辛，四之日爲壬癸，不言五之日，舉四方以括中央戊①己也。而三節通。《汜歷樞》一節爲之十歲。《後漢書・郎顗傳》：「漢興以來三百三十九歲，於《詩三基》②，高祖起亥仲二年，今在戌仲十年，來年入季。」注云：「其法以三十年管一辰，凡甲子、甲午旬首者爲仲，甲戌、甲辰旬首者爲季，甲申、甲寅旬首者爲孟。率十年一移，故謂之三朞。」按，朞即節之轉音，三節三十年，《雅詩》三十篇應之。

陽本爲雄，天。陰本爲雌，地。○北斗雌雄二神，即天乙、太乙。○《春秋演孔圖》：天運三百歲，雌雄代起。物本爲魂。人。○《詩》主游魂。《周南》「魂何吁矣」，《召南》「之子魂歸」，皆以魂爲言。

雄生八月仲節，號曰太初，太初、太始皆出《易緯》。行三節，以一月三十日，分孟、仲、季。中旬爲仲節，三節爲一月，此小數也。大數則一節十年。雌生九月仲節，《汜歷樞》：陽生酉仲，陰生戌仲。號曰太始。雄雌俱行三節。三節，三十年。

雄雌俱行三節，而雄上帝。合物精氣爲物。魂，游魂爲變。號曰太素。《詩》主太素，謂少昊。○《斗威儀》：二十九萬一千八百四十歲而反太素冥莖，蓋乃道之根也。○《詩》以素統爲主。素，西方色白，其帝少昊。《詩》謂之西

---

① 戊：原作「戌」，據文意改。

② 案：《後漢書・郎顗襄楷列傳》注云：「『基』當作『朞』，謂以三朞之法推之也。《詩汜歷樞》曰：『凡推其數皆從亥之仲起，此天地所定位，陰陽氣周而復始，萬物死而復蘇，大統之始，故王命一節爲之十歲也。』」

方美人，即《楚詞》之西皇太乙。三氣未分別太初、太始、太素謂之三氣。號曰渾淪。天、地、人相合，同在氣交之中。○《列子·天瑞篇》：「昔者聖人因陰陽以統天地。夫有形者生於無形，則天地安從生？故曰：有太易，有太初，有太始，有太素。太易者未見氣也，太初者氣之始也，太始者形之始也，太素者質之始也。氣形質具而未相離，故曰渾淪。渾淪者，言萬物相渾淪，而未相離也。視之不見，聽之不聞，循之不得，故曰易也。」

如有繼周而王者，《論語》「其或繼周者」，《詩·商頌》在《周》《魯頌》之後。雖百世可知。《中庸》「百世以俟聖人而不惑」。以前驗後①，前爲往古，後爲來今。文質相因，《禮記》：「殷尚質，周尚文。」《論語》：「殷因夏，周因殷。」法度相改，《論語》：「所損益可知也。」三而復者正色也，《元命苞》：「夏以十三月爲正色，尚黑。殷以十二月爲正色，尚白。周以十一月爲正色，尚赤。」二而復者文質也。説與《董子·三代改制篇》同。○《元命苞》：「正朔三而改，文質再而復。」

鵲以復至之日《考異郵》：「冬至十一月，陽之氣也。」始作室家，七十二候：冬至鵲始巢。《詩》例以七十二候爲七十二諸侯。○《豳》詩曰：「予妹有室家。」鳲鳩因成事，天性如此也。鳲鳩，司空，度地居民，以封建諸侯。北如韓城，南如謝功，非如俗説鵲巢鳩居。○《召南》：「維鵲有巢，維鳩居之。」

復冬至於卦爲《復》。《易》曰：「復其見天地之心乎。」之日，《含神霧》：孔子曰：「詩者，天地之心。」鵲始巢。北方子月初候②。

---

① 以前驗後：「驗」原作「檢」，據《册府元龜》卷五六三改。

② 子月初候：「月」原作「目」，「候」原作「侯」，據文意改。

雉雊，雞乳。《詩》例以雉屬東，如《易·説卦》。○《邶風》：「雄雉於飛」，「有鷕雉鳴」。

邶 結蝓之宿。以《國風》配二十八宿北斗，今存十一，缺周、召、齊、豳。

營室星。《佐助期》：「營室主軍市之糧，神名明元耀登，姓婁芳。」《爾雅》：「營室謂之定。」《天官書》：「營室爲清廟，曰離宫閣道。」郭璞曰：「定，正也。」天下作宫室，皆以營室中爲正。○《詩》：「定之方中，作於楚宫。」

鄘 《鄘》、《衛》、《王》、《秦》、《陳》五風，皆十篇。天漢《天官書》：「漢者，金之散氣，其本曰水。漢星多多水，少則旱，其大經也。」《河圖括地象》曰：「河精爲天漢也。」之宿。中分十篇，每風自成一局，如一星宿，合之十二篇，共成一局，如律呂、二十八宿、三垣、四宫是也。○《雅》詩：「倬彼雲漢，爲章於天」，「倬彼雲漢，昭回於天」，「維天有漢，監亦有光」。

天津也。《爾雅》：「析木謂之津，箕、斗之間，漢津也。」《天官書》北宫漢曰「天潢」。《元命苞》：「天潢主河渠，所以度神，通四方。」宋均曰：「天潢，天津也。津，湊也，主計度也。」

衛 天宿斗衡。按衛、鄭同斗衡。考斗有北斗，第五星爲衡。《書》曰「玉衡」。《孝經緯》：「玉衡，北斗柄也。」《天官書》中宫斗爲帝車。鄭於《詩》初處州中，如《春秋》之從行，卿與之相當。考天市垣中斗五星與斛四星相近。《星經》「斗五星在宦星西南，主稱量度，入尾十度」是也。考衡四星毗逋庫樓，《天官書》：「南宫衡，太微三光之廷。」《星經》：「庫樓二十九星，衡四星，在角南，軫東南次，一曰文陳兵車之府，西入軫一度。」《晉·天文志》：「庫樓，兵甲之府也。中央四星，衡也，主陳兵。」是也。衛於《詩》初處州之中，如天市垣之斗宿，繼而出封，則如軫、角間之衡星。

王 天宿箕、斗。二宿東北交。○《天官書》：「箕爲敖客，曰口舌。」南斗爲廟，其北建星。」《春秋佐助期》：「南斗主爵禄，神名帙瞻，姓終拒。」《書考靈曜》：「東北變天，其星斗箕。」○《詩》：「維南有箕，載翕其舌。」又：「維南有箕，不可以簸揚。」

鄭 齊十一篇，鄭二十一篇，各自爲一局。凡恒星各自成局，如日系世界也。天宿斗衡。斗第五星爲衡，主中國。○《後漢書》李固對詔：「陛下有尚書，猶天之有北斗。北斗，天之喉舌；尚書，陛下之喉舌。」《詩》：「出納王命，王之喉舌。」

魏 魏與豳皆七篇。天宿牽牛。一宿北。○《爾雅》：「何鼓，謂之牽牛。」《天官書》：「北宫牽牛爲犧牲。」《佐助期》：「牽牛主關梁，神名略緒熾，姓躅除。」○《詩》：「睆彼牽牛，不以服箱。」

唐 堯之後。《詩》以兩極屬之，故曰「冬夜」、「夏日」。天宿奎、婁。二宿西。○《爾雅》：「降婁，奎婁也。」《天官書》：「奎曰封豕，爲溝瀆；婁爲聚衆。」《援神契》：「奎主文章。」奎星屈曲相鈎，似文字之畫。《佐助期》：「奎主武庫兵，神名列常，姓均劉方。婁主苑牧，神名及，姓臺衛。」《考靈曜》：「西北幽天，其星奎、婁。」

秦 齊、豳二風之文佚。天宿白虎。《天官書》：「參爲白虎。」氣生玄武。七宿西及北。○《天官書》：「北宫玄武。」《文耀鈎》：「西宫白帝，其精爲白虎。北方黑帝，其精爲玄武。」

陳 舜之後。《詩》以地中屬之，故曰「無冬無夏」。天宿大角。一角東。角爲九天之鈞天，爲二十八宿之中央。○蔡邕《月令章句》：「天官五獸之於五事也，左有蒼龍，大辰之貌；右有白虎，大梁之文；前有朱雀，鶉火之體；後有玄武，龜蛇之質；中有大角，軒轅麒麟之信。」《考靈曜》：「中央曰鈞天，其星角亢。」按：中央之角當爲大角。《星經》：「大角一星，天棟，在攝提中，主帝座，入亢三度。」《天官書》：「大角者，天王帝廷是也。」若東方首宿蒼龍角，《國語》謂之辰角。《天官書》：「杓攜龍角。」《星經》「角二星爲天門」是也，不能與大角比其尊貴。

檜 檜、曹二風，比於春秋許、曹，爲小國。一亡一存，故止四篇。天宿招搖。北斗杓前之宿。○《天官書》：「杓端有兩星，一内爲矛，招摇；一外爲盾，天鋒。」《星經》：「招摇星在梗河北，主邊兵，入氐二度。」

曹 天宿張弧。弧，矢。此十五國《風》自爲終始之例，非每《風》各自爲局，不相貫通。○《天官書》：「其東有大星曰狼，下有四星曰弧，直狼。」《合誠圖》：「弧主司兵，弩象也。」《御覽》：「弧九星，在狼東南，謂天弓也，主備賊盜。」

卯酉之際爲改政。東西。○改政，猶《氾歷樞》所謂「革正」。

百川沸騰衆陰進，《漢・五行志》引京房《易傳》曰：「辟遏有德，厥災水。水流殺人，王者於大敗誅首惡，赦其衆。不則，皆函陰氣，厥水流入國邑。」又董子、劉子説《春秋》大水皆陰氣盛之應。山冢崒崩無人仰，《運斗樞》：「山崩者大夫排，主陽毁失基。」《考異郵》：「山者君之位也，崩毁者陽失制度，爲臣所犯毁。」《春秋》成五年，梁山崩。《五行志》：「劉子以爲君道崩壞，下亂，百姓將失其所矣。」高岸爲谷賢者退，《春秋》僖十四年，沙麓崩。《五行志》：「劉子以爲臣下背上、散落不事上之象。」深谷爲陵小臨大。《漢・五行志》：「昔伊雒竭而夏亡，河竭而商亡，幽王二年三川竭。」

月三日成魄，《尚書》「哉生魄」。八日成光，《考工記》：「輪輻三十以象月。」《禮運》：「月以爲量，三五而盈。」十五當地中萬五千里，是三日三千里，八日八千里，得十五之半，故月輪半規。蟾蜍體就，月輪圓滿。《書・康誥》謂之「大明服」，《易》謂之「大輿」，《周禮》謂之「廣輪」。《詩》多從「輪輻」起義，以譬地球，如幅員、景福、遐福、百福、多福、福禄。穴鼻始明。穴，決也，決鼻兔也。

黄龍《石氏星書》：「中央黄帝，其精黄龍，爲軒轅。」在内，正土職也，《月令》：「中央土，其帝黄帝。」一曰陳陵，一曰權星，《天官書》：「權，軒轅。軒轅，黄龍。」主雷雨之神。張衡《靈憲》：「軒轅一星與蒼龍、白虎、朱雀、玄武四獸爲五。」庚者更也，子者滋也。聖人制法天下治。此不以干支爲司年符號，而别詳其義。○孔經制大統之法，特借干支以分劃州域。《謨》以辛壬癸甲爲起例，《典》稱之爲二十二人。《詩》以「秩秩斯干」一篇爲起例，《豳·七月》舉一、二、三、四之日分四方、八干，又由五月數至十月，則十二支舉其半，爲六合、六律，皆包舉全球之大例。

《關雎》知原，知治化之原。冀得賢妃，正八嬪。《說題辭》：「人主不正，應門失守，故歌《關雎》以感之。」又：「應門，聽政之處也，言不政事爲務，則有宣淫之心。《關雎》樂而不淫，思得賢人與之化之，修應門之政者也。」

嬪，婦也。八嬪八伯之命婦。正於内，則可以化四方矣。由内及外，化行天下。

上出號令而化天下，震雷起而驚蟄，《含神霧》：「爗爗震電，不寧不令。」此應刑政之太暴，故雷電驚人，使天下不安。睹旗鼓動而三軍駭，《詩》「伐鼓淵淵」、「振旅闐闐」。觀其前動化，而天下可見矣。

氾歷樞二

《大明》《大明》在《大雅》，與《四牡》等篇不類，當如《史記》、《淮南》所稱歲陰左行從寅、歲星右轉從亥始，一順一逆，互文起義。在亥，《大雅·文王》、《大明》、《緜》在亥，爲水始，以下依次右轉。水始也。《小雅》「夜如何其」三篇爲亥水始，《行野》、《斯干》、《無羊》爲子水終。以上三十篇自爲終始。《節南山》以下别自爲局，所謂一轂三十輻也。《四牡》在寅，木始也。今考定《鹿鳴》之三爲上方未辰木，自《常棣》、《伐木》、《天保》始。《嘉魚》《采薇》、《出車》、《杕杜》三篇爲卯。在巳，火始也。《魚麗》、《嘉魚》、《南山有臺》三篇屬巳。《鴻雁》《蓼蕭》、《湛露》、《彤弓》三篇屬午，《菁莪》、《六月》、《采芑》三篇與《鹿鳴》對，爲下方戌丑。在申，《車攻》、《吉日》、《鴻雁》屬申。金始也。《祈父》、《白駒》、《黄鳥》屬酉。○《演孔圖》：「《詩》含五際六情，絶於申。」

卯，《天保》也。今以《采薇》三篇爲卯。酉，《祈父》也。午，《采芑》也。今以《蓼蕭》、《湛露》、《彤弓》爲午。○此《小雅》首三十篇，爲四始例，合三十篇讀爲一篇之法也。考六情説，東方寅卯怒，西方申酉喜，北方亥子好，南方巳午惡，上方辰未樂，下方戌丑哀，四墓合二，仍如十干，每支三篇，故爲三十篇。亥，亥承上文，爲《小雅》陽局之終，而《大雅》之陰局從亥始，故下接《大明》。《大明》也。然則亥爲革命，革更陰陽之運。一際也。亥又爲天門，《括地象》：「西北爲天門，東南爲地户。」又《素問·五運行篇》：「《太始天元册文》曰：丹天之氣經於牛女戊分。黅天之氣經於心尾己分。所謂戊己分者，奎壁角軫，則天地之門户也。」《撼龍經》以亥爲天門。出入候聽，《董子·陰陽出入篇》：「春出陽而入陰，秋出陰而入陽。」二際也。卯爲陰陽交際，《淮南·天文訓》：「陰陽相得，則刑德合門。」二月、八月陰陽氣均，故曰刑德合門。三際也。午爲陽謝陰興，子當曰陰謝陽興。四際也。酉爲陰盛陽微，卯當爲陽盛陰微。五際也。

卯酉之際春分、秋分，陰陽適均。爲革正，去其太過、不及，以歸於正。午陽謝陰興。亥陰陽終始。之際爲革命。午對子而言，爲陽之始。亥爲陰之始，錯舉見義。辰一作神。在天門，宋均云：「神陽氣，君象也。天門，戌亥之間，乾所據者。」出入《佐助期》：「角爲天門。左角神名其名芳，右角神名其光率。」按：角當巽辰，與乾亥同爲出入之門。候聽。

陽生酉仲，酉爲陰盛陽微，故曰生。《參同契·卯酉刑德章》：「二月榆落，魁臨於卯。八月麥生，天罡據酉。」陰生戌仲。《推度災》：「雄生八月仲節，雌生九月仲節。」

凡推其數，統論陰陽之數。皆從亥之仲起，亥爲革命，又爲天門。此天地《素問》：「天地者，萬物之上下。」所定位，《易・繫》：「天地定位。」《素問・五運行篇》：「以乾巽爲天地之門户。」陰陽《素問》：「左右者，陰陽之道路。」終而復始，窮則反本。萬物死而復蘇。與《靈》、《素》同。大統六合同風，九州共貫。之始，即《大雅・大明》之始。故王命一節爲之十歲也。三節，三十歲。《詩》以三十篇應之。○《天官書》：「天運三十歲一小變。」

陰陽之會，一歲再遇。《淮南子》：「北斗之神有雌雄，雄左行，雌右行。五月合午謀刑，十一月合子謀德。」遇於南方者以中夏，遇於北方者以仲冬。此九宫下行法，陰陽二神同行。○《董子・陰陽出入篇》：「夏右陽而左陰，冬右陰而左陽，至仲冬之月相遇北方，別而相去。大夏之月相遇南方，別而相去。」

大角《天官書》：「大角者，天王帝廷，其兩旁各有三星，鼎足句之，曰攝提。攝者，直斗杓所指，以建時節，故曰攝提格。」爲天棟，正紀綱。《晉書・天文志》：「大角者，天王座也。又爲天棟，正經紀也。」一曰大角爲火，以其赤明也。「七月流火」，流爲服名，火東方宿，心亦爲火。

房《詩》「招我由房」，《爾雅》：「天駟，房也。」爲天馬，《天官書》：「東宫蒼龍，房、心。」「房爲府，曰天駟。其陰，爲右驂。」主車駕。《援神契》：「房爲龍馬。房星既體蒼龍，又象駕駟馬。」

房既近心爲明堂，又別爲天府及天駟也。

尾《天官書》：「尾爲九子，曰君臣斥絕不和。」《元命苞》曰：「尾九星，爲後宫之場也。」爲逃臣，賢者叛。

十二諸侯按：天市垣十二諸侯，晉、韓、秦、楚、鄭、魏、趙、燕、齊、吳、越、宋，在紫宫者爲十二藩臣。列於庭。

《國風》十二配律吕，以象天之十二諸侯。《史記·十二諸侯年表》仿此。

箕《天官書》：「箕爲敖客，曰口舌。」爲天口，《詩》：「維南有箕，載翕其舌。哆兮哆兮，成是南箕。」主出氣。

參《佐助期》：「參伐主斬刈，神名虚圖，姓祖及。」爲大辰，《爾雅》：「大辰，房、心、尾也，火謂之大辰。」霸者持正咸席之覆。

梗河中招摇，孟康曰：「近北斗者招摇。招摇爲天矛。」晉灼曰：「梗河三星，天矛、天鋒，招摇，一星耳。」宋均云：「招摇星在梗河内。」爲胡兵。《天官星占》：「招摇者，常陽也。一名矛盾。胡兵也。」

《靈臺》，《禮含文嘉》：「天子有靈臺，以候天地。」又：「天子靈臺，所以觀天人之際、陰陽之會也。揆星度之驗，徵六氣之瑞，應神明之變化，覩日月之所驗，爲萬物獲福於無方之原。招太極之清泉，以興稼穡之根。倉廪實，知禮節；衣食足，知榮辱。天子得靈臺之則，五車三柱，明制可行，不失其常。水泉川流，無滯寒暑之災；陸澤山陵，禾盡豐穰。」候天意也。經營靈臺，《詩》：「經始靈臺，經之營之。」天下附也。《推度災》：「作邑於豐，起靈臺。」

聖人事明義以炤燿，故民不陷。《書大傳》：「主春者，張昏中，可以種穀；主夏者，火昏中，可以種黍菽；主秋者，虚昏中，可以種麥；主冬者，昴昏中，可以收斂蓋藏。故天子南面，而視四星之中，知民之緩急。急則不賦籍，則不舉力役，故曰『敬授人時』。」《詩》云：「示我顯德行。」

「彼茁者葭，一發五豝」，喻北半球之五日。孟春在北半球之甲位。獸肥草短之候也。「蟋蟀在堂」，《春秋潛潭巴》：「蟋蟀集，天子無遠兵。」流火西也。《詩》：「七月流火。」東方心爲大火，由西至東極。

《詩》無達詁，《孟子》：「不以文害辭，不以辭害志，以意逆志，是爲得之。」《易》無達占，《春秋》無達辭。

含神霧三《含神霧》所言多與《山經》、《楚詞》、《淮南》同，亦足證《詩》爲天學。

孔子曰：群言淆亂衷諸聖。《詩》者，天地之心，星辰。○《感精符》：「地爲山川，山川之精上爲星辰，各應其州域分野，爲國作精符驗也。」《韓詩外傳》：子夏喟然歎曰：「大哉！《關雎》，乃天地之基也。」君祖之德，《論語》：子曰：「爲政以德，譬如北辰，居其所而衆星拱之。」子曰：「《詩》三百，一言以蔽之，曰思無邪。」百福之宗，福、幅、輻、服，音同相通。百福，猶六合。○説詳《皇帝疆域圖表·輪輻圖》中。萬物之户也。《素問》：「六合之内，萬物之外。」以九州爲萬物。○《樂記》：子贛見師乙而問焉，曰：「賜聞聲歌各有宜也，如賜者，宜何歌也？」師乙曰：「乙，賤工也，何足以問所宜？請誦其所聞，而吾子自執焉。寬而静，柔而正者，宜歌《頌》。廣大而静，疏達而信者，宜歌《大雅》。恭儉而好禮者，宜歌《小雅》。正直而静、廉而謙者，宜歌《風》。肆直而慈愛者，宜歌《商》。温良而能斷者，宜歌《齊》。大歌者，直己而陳德也，動己而天地應焉，四時和焉，星辰理焉，萬物育焉。」

治世之音温以裕，其政平。亂世之音怨以怒，其政乖。《樂記》：「凡音者，生於人心者也。情動於中，故形於聲，聲成文謂之音。是故治世之音安以樂，其政和。亂世之音怨以怒，其政乖。亡國之音哀以思，其民困。聲音之道，與政通矣。鄭衛之音，亂世之音也，比於慢矣。《桑間》、《濮上》之音，亡國之音也，其政散，其民流誣，上行私而不可止也。」《詩》道然也。

集微知微。揆著，《中庸》：「莫見乎隱，莫顯乎微。」○班《律曆志》：「三微而成著，三著而成象，二象十有八變而成卦。」上統元皇，「皇省惟歲」。○《春秋内事》：「天地開闢，五緯各在其方，至伏羲始合，故以爲元。」《命曆序》：「次是民没，亢皇出，天地易命，以地紀，穴處之世終矣。」下敘四始，寅申巳亥，四時之始。○亥，水始；寅，木始；巳，火始；申，金始。羅列五際。《論語》唐虞之際，以剛柔分，各統五千，爲五際。○亥爲一際二際，卯爲三際，午爲四際，酉爲五際。

集微揆著者，若緜緜瓜瓞，人之初生，揆其始，是必將至著，王有天下也。

北極《論語》「北辰」，《詩》義取此。天皇大帝，《詩》之「上帝」。○《天官書》：「中宮天極星，其一明大者，太乙常居也。」《春秋佐助期》：「紫宮，天皇①耀魄寶之所理也。」《合誠圖》：「天皇大帝，北辰星也。含元秉陽，舒精吐光，居紫宮中，制御四方，冠有采文。」其精生人。降而生商。○《文耀鈎》：「中宮大帝，其精北極星。含元出氣，流精生一也。」

稱皇者，皆得天皇之氣也。《詩》：「皇矣上帝」，「先祖是皇」，「皇王維辟」，「皇王烝哉」。

五精星坐，《文耀鈎》：「太微宮有五帝座星：蒼帝，春起受制，其名靈威仰；赤帝，夏起受制，其名赤熛怒；白帝，秋起受制，其名白招拒；黑帝，冬起受制，其名汁光紀；黄帝，季夏六月火受制，其名含樞紐。」《元命苞》：「下天有五帝，五星爲之使。」其東蒼帝坐，神與魂同。名靈威仰，游魂爲變。精身形。爲青龍。精氣爲物。○《天官書》：「東宮蒼龍。」《文耀鈎》：「東宮蒼帝，其精爲青龍。」

七政：《尚書》：「璿璣玉衡，以齊七政。」《大傳》：「七政，謂春、夏、秋、冬、天文、地理、人道，所以爲政也。」天斗《運斗樞》：「斗第一天樞，第二旋，第三璣，第四權，第五衡，第六開陽，第七瑶光，合而爲斗。」上一星天位，二主地，

① 天皇：原作「天星」，據《史記索隱》改。

三主水，四主火，五主土，六主木，七主金。

七政《合誠圖》：「天文、地理，各有所主。北斗有七星，天子有七政也。」星不明，各爲其政不行。

五緯《天官書》：「水、火、金、木、填星，此五星者，天之五佐，爲經緯。」合，王更紀。《運斗樞》：「歲星帥五精聚於東方七宿，蒼帝以仁厚温讓起。熒惑帥五精聚於南方七宿，赤帝以寬明多智起。填星帥五精聚於中央，黄帝以重厚聖賢起。太白帥五精聚於西方七宿，白帝以勇武誠信起。五星從辰星聚於北方，黑帝起以宿占國。」

紫宫主出度。《天官書》：「中宫天極星，其一明者，太乙常居也；環之匡衛十二星，藩臣。皆曰紫宫。」《合誠圖》：「紫微大帝室，太乙之精也。」《淮南·天文訓》：「紫宫者，太乙之居也，紫宫執斗而左旋。」

熒惑司實。《天官書》：「察剛氣以處熒惑。曰南方火，主夏，日丙、丁。禮失，罰出熒惑。」《文耀鈎》：「赤帝熛怒之神，爲熒惑，位南方。」

古文見《左襄九年傳》。之火正，陶唐氏之火正閼伯居商丘，祀大火，而火紀時焉，故商主大火。《漢·五行志》説曰：「古之火正謂火官也，掌祭火星，行火政。」或食於心，林注：「心，大火，東方星也。以火正配食於大火之心星，或以火正配食於鶉火之柳星。」或食於咮，《爾雅》：「咮謂之柳。柳，鶉火也。」《天官書》：「柳爲鳥注，主草木；張，素爲廚，主觴客。」以出内火，《漢·五行志》：「季春昏，心星出東方，而咮七星，鳥首正在南方，則用火。季秋星入，則止火以順天時，救民疾。」故爲鶉火。《詩》：「鶉之賁賁。」心爲大火。《考靈耀》：「心火星，天王也。」《元命苞》：「心三星五度，有天子明堂布政之宫。」

白之亡，《書運期授》：「白帝之治六十四世，其亡也，枉矢射參。」枉矢流。《運斗樞》：「枉矢出，射所誅。」《考異郵》：「枉矢見，則謀反之兵合。枉矢而流射，法秦以亡。」《漢含孳》：「枉矢流，主見射。」

枉矢流，《天官書》：「枉矢狀類大流星，虵行而蒼黑，望如有毛羽然。」天降喪亂。語見《大雅·桑柔》。蒼之亡，《感精符》：「蒼帝之始二十八世。滅蒼者，翼也。」《保乾圖》：「蒼帝七百二十歲而授火。」彗《爾雅》：「彗星爲欃槍。」《洪範傳》：「彗者，去穢布新者也。此天所以去無道而建有德也。」《運斗樞》：「彗星出西方，如鈎，長可四丈，名曰天欃。彗星出東北，名曰天棓。」出《運期授》：「蒼帝亡也，大禮彗星出。」房。《文耀鈎》：「房心爲天帝明堂，布政之所。」又：「房心爲中央火星天王位。」

陽氣終，白露爲霜。語見《秦風》。

白露，行露《召南》。也。陽終，陰用事，故曰白露凝爲霜也。

爗爗震電，不甯不令。語見《小雅》。此應刑法之太暴，故震電驚人，使天下不安。

日月揚光者，《邶風》：「日居月諸。」《齊風》：「東方日月。」人君之象也。風雲《邶》有四風，《小雅》白雲。列勢者，將帥之氣也。聲容具之。

齊《齊》以下六風配六氣、六合，以一風當二月。《豳·七月》舉六月、四日，亦同此例。地班《志》：齊地，虛、危之分野也。處孟春之位，《淮南》：「孟春與孟秋爲合，於六氣爲寅申之年。」海岱之間，土地污泥，流之所歸，利之所聚。律中太簇，音中宮角。此以律呂立説，十二風自爲終始，合十二風爲一之例也，足見以《序》説《詩》者之非。○《樂稽耀嘉》：「東方春，其聲角，當宮於夾鍾。」餘方各以其中律爲宮。

陳班《志》：「陳與韓同星分。」韓地，角、亢、氐之分野也。地處季春之位，季春與季秋爲合，於六氣爲辰戌之年。土地平夷，無有山谷，律中姑洗，音中宮徵。

陳，王者所起也。

曹地處季夏之位，季夏與季冬爲合，於六氣爲丑未之年。土地勁急，音中徵，其聲清以急。

秦班《志》：「自井十度至柳三度謂之鶉首之次，秦之分也。」地處仲秋之位，仲秋與仲春爲合，於六氣爲卯酉之年。男懦弱，女高瞭，白色秀身，律中南吕，音中商，其言舌舉而仰，其聲清以揚。

唐班《志》：唐叔在母未生，武王夢帝謂己曰：「余名而子曰虞，將與之唐，屬之參。」故參爲晉分。地處孟冬之位，孟冬與孟夏爲合，於六氣爲巳亥之年。得常山太岳之風，音中羽。其地磽确而收，故其民儉而好畜，外急而内仁，此唐堯之所處。

魏地班《志》：魏地，觜觿、參之分野也。處季當作仲。冬之位，仲冬與仲夏爲合，於六氣當爲子午之年。土地平夷，其音羽角。《周禮》十二風。按：合十二外州。《詩緯》以六風分配六月，猶《帝謨》六律、《禹貢》六府、職方六裔之舉半遺半，可以例推其全也。

邶、鄘、衛、班《志》：「衛地，營室、東壁之分野也。」王、班《志》：「周地，柳、七星、張之分野也。」鄭，五運。○班《志》：鄭國，今河南新鄭，本高辛氏火正祝融之虚也。自東井六度至亢六度謂之壽星之次，鄭之分野。此五國者，九州合數爲五。千里之城，都城千里，其一州必六千里，或九千里，或萬里。處州之中，十二支爲十二牧，在外；十干，在内，爲九州、八伯也。五運甲己屬土，乙庚金，丙辛水，丁壬木，戊癸火。名曰地軸。轂、軸皆從此起例。《詩》：「清人在軸。」○《考工記》：「輪輻三十以象月。」《詩》多從輪輻取譬地球，故軸象地中京師。

從中州以東四十萬里，得焦僥國，出《山海經》、《楚辭》、《淮南》。人長一尺五寸也。此乃天神靈怪所出，非世間之人。

東北極有人長九寸。亦《山經》，非人。○《列子・湯問篇》：「東北極有人，名曰諍人，長九尺。」據《山海經》，東海之外有小人，名曰諍人，則當以九寸爲是。

王者德化充塞，洞照八冥，八州，八極。則鸞臻。《元命苞》上：「火離，爲鸞。」

麟，木之精。麟爲神物。○《詩・召南・麟趾》、《春秋・漢含孳》：「歲星散爲麟。」《演孔圖》：「麟生於火，游於中土，軒轅大角之獸。」《感精符》：「麒麟一角者，明海内共一主也。王者不刳胎，不剖卵，則出於郊。」

大跡出雷澤，華胥履之，生庖羲。太昊，鄭注以爲蒼龍之精，神而非人。龍首東方其蟲鱗，故以龍爲靈物，其相龍首。西王母，西方之精，故亦虎首，非人間之人。○《合誠圖》：「伏羲龍身牛首，渠肩達掖，山準日角，奯目珠衡，駿毫翁鬣，龍脣龜齒，長九尺有一寸，望之廣，視之專。」

顏似龍也。《元命苞》：「伏羲大目，山準，龍顏。」

大電光繞北斗樞星，《運斗樞》：「斗，第一天樞。」照郊野，感附寶而生黃帝。《合誠圖》：「黃帝冠黃文」，「黃帝德冠帝位」，「黃帝布迹，必稽功務德」。《元命苞》：「黃帝龍顏，得天庭陽，上法中宿，取象文昌，戴天履陰，秉教制剛。」

瑶光《運斗樞》：「斗，第七瑶光。」如蜺貫月，正白，感女樞，生顓頊。《元命苞》：「顓頊併幹，上法月參，集威成紀，以理陰陽。」

慶都與赤龍合婚，生赤帝《合誠圖》：「赤帝之爲人，視之豐，長八尺七寸，豐下兑上，龍顏日角，八采三眸，鳥庭荷勝，琦表射出，握嘉履翼，竅息洞通。赤帝體爲朱鳥，其表龍顏，多黑子。赤帝之精生於翼下。」伊祁，堯也。《感精符》：「堯翼星之精，在南方，其色赤。」

握登見大虹，意感而生舜於姚墟。《感精符》：「舜，斗星之精，在中央，其色黃。」

契母有娀浴於玄丘之水，睇玄鳥銜卵過而墮之，契母得而吞之，遂生契。《詩・商頌》：「天命玄鳥，降而生商。」

湯母扶都見白氣貫月，意感黑帝而生湯。《感精符》：「湯，虛星之精，生北方，其色黑。」《元命苞》：「在湯臂四肘，是謂神剛，象月推移，以綏四方。」

后稷母姜嫄出見大人蹟，而履踐之，知於身，《元命苞》：「孔子曰：扶桑者，日所出，房所立，其耀盛。蒼神用事，精感姜嫄，卦得《震》，震者動而光，故知周蒼，代殷者爲姬昌。」生后稷。《元命苞》上：「后稷岐頤，是謂好農。蓋象角亢，載土食穀。」○《詩》：「厥初生民，時維姜嫄。生民如何？克禋克祀。以弗無子，履帝武敏歆。攸介攸止，載震載夙，載生載育，時維后稷。」

太任夢長人感己，生文王。《元命苞》：「文王龍顔，柔肩，望羊。」又：「姬昌蒼帝之精，位在房心。」《感精符》：「文王房心之精，在東方，其色青。」又：「孔子案録書，含觀五帝英人，知姬昌爲蒼帝精。」○《詩》：「摯仲氏任，自彼殷商。來嫁於周，曰嬪於京。乃及王季，維德之行。太任有身，生此文王。」又：「思齊大任，文王之母。」

聖人受命必順斗，張握命圖授漢寶。

聖人謂高祖也。受天命而生，必順璇衡法。故張良受《兵鈐》之圖，命以授漢，爲珍寶也。

補遺

《含神霧》曰：「四方蠻貊，制作器物，多與中國反。」《王制》：「廣谷大川異制，民生其間者異俗，剛柔、輕重、遲速異齊，五味異和，器械異制，衣服異宜。」○書則横行，《史記·大宛傳》：「安息以銀爲錢，錢如其王面，畫革旁行，以爲書記。」《索隱》引韋昭云：「外夷書皆旁行，不直下也。」此可見結繩字母之遺跡。食則合和，牀則交脚，鼓則細腰，如此類甚衆。《王制》：「五方之民，各有性也，不可推移。」中國之所效者，貂蟬、胡服、胡飯。

天下和同，《書經》：「四方民大和會。」和恒四方民，是之謂大同。天瑞降，地符興。

歲星《天官書》歲星：「曰東方木，主春，日甲乙。義失者，罰出歲星。」無光，進退無常，此仁道失類之應。

填星《天官書》：「填星之位曰中央土，主季夏，日戊己，黄帝①主德。」暈，此奢侈不節，王政之失。

大角，《元命苞》下：「大角爲坐候。」一曰：「大角爲帝席，以布坤厚德。」一曰：「大角者，天王帝庭也。」一曰帝筵，《含文嘉》：「師者，所以教人爲君也。長者，所以教人爲長也。」大角爲帝筵，攝提六星，攜紀綱以輔大角，有師長象也。」成統理。

《小雅》譏己得失，己爲東心，爲地中，京師政有得失。及之於上上指天。也。上合天道。

---

① 黄帝：原作「黄龍」，據《史記·天官書》改。

風后，黃帝師。《春秋内事》：「黃帝師於風后。」風后善於伏羲之道，故推衍陰陽之事。

齊數好道，《詩》：「魯道有蕩，齊子翺翔。」《論語》：「齊一變至於魯。」靡義簡禮。

君子悉心研慮，推變見事也。

詩者，持也。《説題辭》：「詩者，天文之精，星辰之度，人心之操也。」按：操者持也，操持於心。「思慮爲志，故曰詩言志。」

以手維持，則承奉之義。

《詩》三百五篇。

《頌》者，王道太平，功成治定而作也。

水東注《詩》：「豐水東注。」無底之谷。《列子·湯問》：革曰：「渤海之東不知幾億萬里，有大壑焉，實維無底之谷。其下無底，名曰歸墟。八紘九野之水，天漢之流，莫不經之，而無增無減焉。」

《氾歷樞》曰：「候及東，次氣發，雞泄三號。《齊風》：「雞既鳴矣。」《鄭風》：「女曰雞鳴。」《風雨篇》三言「雞鳴」。冰始泮，《詩》：「迨冰未泮。」卒於丑，以成歲。」《四牡》在寅，爲木始，左旋，至丑而終。

及東，及於寅也。承丑之季，故謂之次氣也。雞爲畜陽也，丑之季向晨鳴，雞得其氣，感之而喜，故鳴也。

附《豳詩・七月》合於《素問》五運六氣

五運

一之日乙庚

二之日丙辛

三之日丁壬

四之日戊癸

王如皇極

不見甲己

化土居中

六氣六合

五月午　仲夏與仲冬子合

六月未　季夏與季冬丑合

七月申　孟秋與孟春寅合

八月酉　仲秋與仲春卯合

九月戌　季秋與季春辰合

十月亥　孟冬與孟夏巳合

詩緯搜遺

春秋緯文耀鉤

緣天地之所雜，《韓詩外傳》：「《關雎》之事大矣哉！馮馮翊翊，自西自東，自南自北，無思不服。子其勉強之，思服之，天地之間，生民之屬，王道之原，不外此矣。子夏喟然歎曰：『大哉《關雎》，乃天地之基也。』」樂爲之文典。《論語》：子曰：「吾自衛反魯，然後樂正，《雅》《頌》各得其所。」文王之時，民樂其興師征伐，《詩・皇矣》，伐密、伐崇。而詩人稱其武功。《詩》：「文王受命，有此武功。既伐於崇，作邑於豐。文王烝哉！」

說題辭

詩者，天文之精，星辰之度，十五國上應天宿，大小《雅》五際合於五星、十二辰。人心之操也。操者持也，故《含神霧》曰：「詩者，持也。」在事爲詩，寄托往事，以爲比興。未發《中庸》：「喜、怒、哀、樂之未發謂之中。」爲謀，《小雅・旻天》多言謀。恬淡爲心，思慮爲志，在心爲志，志主思慮，思出於腦。故詩之爲言志也。《書・

帝典》：「詩言志。」《樂記》：「詩言其志也。」

鈎命訣

性者，生之質。若木性則仁，《翼奉傳》注：「肝性静，静行仁，甲己主之。」金性則義，「肺性堅，堅行義，乙庚主之。」火性則禮，「心性躁，躁行禮，丙辛主之。」水性則智，「腎性敬，敬行智，丁壬主之。」土性則信。「脾性力，力行信，戊癸主之。」情者既有知，《翼奉傳》：「詩之爲學，性情而已。五性不相害，六情更興廢。觀性以曆，觀情以律。」《五行大義》：「五性在人爲性，六律在人爲情。性者，仁、義、禮、智、信也。情者，喜、怒、哀、樂、好、惡也。五性處内御陽，喻收五藏。六情處外御陰，喻收六體。故情勝性則亂，性勝情則治。性自内出，情自外來，情性之交，間不容髮。」故有喜、怒、哀、樂、好、惡。《翼奉傳》：「北方之情好也，好行貪狠，申子主之。東方之情怒也，怒行陰賊，亥卯主之。南方之情惡也，惡行廉貞，寅午主之。西方之情喜也，喜行寛大，巳酉主之。上方之情樂也，樂行姦邪，辰未主之。下方之情哀也，哀行公正，戌丑主之。辰未屬陰，戌丑屬陽，萬物各以其類應。」

運斗樞

遠《雅》《頌》，著倡優，《論語》：「惡鄭聲之亂雅樂也。」《雅》《頌》爲全《詩》之歸宿，得天地之中和，不宜以邪説解

《詩》。則玉衡不明，聖道不光。菖蒲冠環，雄雞五足，李生瓜。後世誤解《詩》旨者，猶物之反常爲妖。

孝經緯援神契

上通無莫。《詩》云：「上天之載，無聲無臭。」

言人之精靈所感，上通於寂寞。

禮緯斗威儀

王者讀作「皇者」。得其根核，核讀作荄，喻地中京師。○《左傳》：「葛藟猶能庇其根本。」帝者得其英華，四帝均分天下無餘地，猶英華之盡發。《詩》以木喻天下一統之世，當云帝得其幹。○《詩》「皇皇者華」、「常棣之華」、「白華」、「苕之華」。霸者得其附枝。上當有「王者得其枝」一句。○按：《詩》以樛木喻周公，喬木喻召公，灌木喻京城，條肄喻王後，皆從樹木起例。故《雅》曰枝葉未有害本，實先撥以爲譬喻。

樂緯動聲儀

詩人作詩之人，指孔子。感而後思，哲學思想。思而後積，由近及遠，由小推大，由卑及高，由地及天。積而後滿，天地六合理想周至，充滿於心。滿而後作。《孟子》：「王者之迹熄而《詩》作。」《史記・年表》：「周道缺，詩人本之衽席，《關雎》作。」《儒林傳》：「周室衰而《關雎》作。」皆謂孔子作《詩》。言之不足，《詩》爲天學，言語不足形容。故嗟歎之；始而歎其高遠。嗟歎之不足，故詠歌之；繼而贊其美大。詠歌之不足，《論語》：「天不可階而升。」不知手之舞之，足之蹈之説同《樂記》、《孟子》。也。仰之彌高，鑽之彌堅，瞻之在前，忽焉在後，欲罷不能，雖欲從之，莫由也已。

召公①，賢者也，明不能與聖人分職，常戰慄恐懼，故舍於樹下而聽斷焉。勞身苦體，然後乃與聖人齊。賢者爲其易，聖人爲其難。是以《周南》無美，而《召南》有之。

以《雅》治人，《小雅》五際，《大雅》五際，氣交之中，人之居也。氣交之分，人氣從之。《風》成於《頌》。《含神霧》：「《頌》者，王道太平，功成治定而作也。」有周之盛，成康之間，郊配《孝經》：「周公郊祀后稷以配天。」封禪，《左傳》：「山嶽則配天，物莫能兩大。」皆可見也。

黄帝首舉黄帝，與《大戴》同。蓋以中統四方，爲五天帝。之樂曰《咸池》，顓頊下數至禹，與《大戴》同，爲五人帝。曰《五莖》，帝嚳曰《六英》，堯曰《大章》，舜曰《簫韶》，禹曰《大夏》，殷殷周但稱國號，與上文稱帝號者不同例。曰《大濩》，周曰《勺》，又曰《大武》。《周頌・大武》之詩。

池音施，道施於民，故曰《咸池》。道有根莖，故曰《五莖》。《御覽》作《六莖》。皇法天，天以

① 召公：原作「召伯」，據《古微書》卷二十二改。

六節，故用六相，建都地中，以爲根莖。道有華英，《斗威儀》：「帝者得其華英。」故有《六《御覽》作五。英》。地以五制，故帝有五。帝據地五極，盡發英華。五龍爲《五莖》者，能爲五行之道，立根本也。五行分中央戊己，則爲六，六相合天地二官，則爲五。《六英》能爲天地四時上下四旁爲六宗。《大戴》：六宮、六轡。六合外十二州，說見《淮南》。之道發其菁華也。五帝分方，歸於一統，則皇道也。堯時仁義大行，法度章明，故曰《大章》。韶，繼也；舜繼堯之後，循行其道，故曰《簫韶》。禹承二帝之後，道重太平，故曰《大夏》。湯承衰而起，濩先王之道，故曰《大濩》。濩音護。周成衰而起，斟酌文武之道，故曰《勺》、《武》、《象》。象伐時用干戈也。

樂曰移風易俗。十五國之風俗。○班《志》：「凡民函五常之性，而其剛柔緩急音聲不同，繫水土之風氣，故謂之風。好惡取舍，動静亡常，隨君上之情欲，故謂之俗。孔子曰：『移風易俗，莫善於樂。』言聖王在上，統理人倫，必移其本而易其末，此混同天下，壹之虖中和，然後王教成也。」所謂聲俗者，若楚二《南》漢廣、江渚即楚地。聲高，齊聲下。所謂事俗者，若齊俗奢，班《志》：「初，太公治齊，修道術，尊賢智，賞有功，故至今其土多好經術，矜功名，舒緩闊達而足智，其失夸奢。」陳利巫也。班《志》：「陳本太昊之虛，周武王封舜後嬀滿於陳，妻以元女太姬。婦人尊貴，好祭祀，周史巫，故其俗巫鬼。」

樂緯稽耀嘉

先魯，登魯於《頌》，所謂王魯。後殷，《商頌》殿末。新周，《周南》、《周頌》。故宋。振鷺、白馬、白駒之客。殷湯《商頌》寄託於殷湯。改制，改革時制，更立新經。易正，行夏之時，用夏正。蕩滌故俗。孔經以前無可取法，舊染污俗，概予滌除。

詩學質疑

釋風

風，即乘雲御風之風。《論語》「風乎舞雩，詠而歸」，即乘風而歸。

《邶風》二十篇證

首五篇五帝，如《大學》「平天下」章五引《書》，如《顧命》以下五篇。末三篇爲三皇。如《大學》三五引《詩》，又如三《頌》之三統。

北《柏舟》

中《緑衣》黄　天《静女》

南《燕燕》　泰《二子乘舟》

東《日月》　地《新臺》

西《終風》《韓詩》：「《終風》，西風也。」在《凱風》前二篇。終風且讀作「雎鳩」之「且」。「鳲鳩」亦作「尸」，即從行司馬雎鳩。暴。即「伊誰云從，惟暴之云」之「暴」字。

中十二篇四風，十二諸侯。天星有十二諸侯，緯以律吕分配十二風，皆由此起例。《史記·十二諸侯年表》亦同。

南《擊鼓》　《爰居》分一篇　《凱風》

東《雄雉》　《匏葉》　《谷風》

西《式微》　《旄丘》　《簡兮》西方美人不言風，西風在前爲《終風》。

北《泉水》　《北門》　《北風》

《小雅》四風連見四篇。三小。從《鹿》、《斯》分一篇。至《巷伯》爲四讒。遠佞人也。四風爲司徒，分屬四倫。從《北山》至《鼓鐘》爲四行，屬司馬。從《楚茨》至《大田》爲四農，屬司空。《瞻彼》、《魚藻》、《有菀》爲三京，故皆有左右。

東《谷風》此與邶同名。

南《蓼莪》「南山律律，飄風發發」，故順序爲南風。

西《小東》不見風，與《簡兮》同，但言西柄之揭。○風前見《彼何人斯》，與《邶·終風》同。

北《四月》冬日烈烈飄風，故爲北風。

《何人斯》篇：在《谷風》前二篇。胡逝我梁，天皇西方爲大梁，地上九州爲梁州。二人從行。天子出，二公從，比于旦、尸二鳩。《穀梁》：「仁者守，勇者從，智者慮。」雎鳩，司馬，勇者也。伊誰之從，惟暴之云。「終風且暴」之暴。其爲飄風，與《蓼莪》、《四月》同稱飄風。胡不自北，非冬日。胡不自南，非南山。胡逝我梁。除去南北，專指東西矣。下有《谷風》明文，《小東》不言風，其爲西風明矣。

《大雅·桑柔》一篇之中見四風。五事例十六章，前四章思，下十二章視聽言動，四方例。

大風有隧，有空大谷，東方谷風。進退維谷。

大風有隧，匪用其良，西方爲良。

如彼遡風，亦孔之僾。遡風，朔北風也。如彼則爲南風，對言。

職良善背涼，曰不可覆背善詈。「北風其涼①」，背，北也。

凡説《詩》皆以爲《詩》無義例，亦如村塾詩鈔，隨手雜録，無先後，無照應，篇自爲篇，各爲一局，全無義例可言。故刺幽王之詩，連見四十餘篇。黍稷或以爲衛詩，伋子所作。今就「風」字一例言之，似作者不無義例可言，斷非隨手雜鈔，篇自爲局，不相連屬也。

① 北風其涼：原作「北風其良」，據《詩·北風》改。

孔子閒居

《禮記》篇目有相對成文之例。《坊記》爲人禽之分，《表記》爲士大夫之行。《孔子燕居》爲人學，《孔子閒居》爲天學，互文相起，各有淺深不同。

孔子閒居，燕閒。子夏侍。即「商可言《詩》」之義。子夏曰：「敢問《詩》云《大學》由《書》進於《詩》。『凱弟君子，《洪範》：「天子作民父母，爲天下王。」民之父母』，上愛民如保赤子，則下之視君如喪考妣。此天下一家之大例，必帝而後有此程度。何如斯可謂民之父母矣？」《大學》「平天下」章五引《書》，爲五帝；三引《詩》，爲三皇。首爲泰皇，引「樂只君子，民之父母」，此謂「凱弟君子，民之父母」，與《大學》同。孔子曰：「夫民之父母乎，必達於禮樂之原，說詳《禮書》、《樂志》。以致五至，《五帝德》每帝各言四至，合爲五至、五極。而行三無，人學爲有，天學爲無。上、中、下三才爲三無。以横於天下，上下和睦。四方有敗，光被四表。必先知之。先知即前知。《易》曰：「先天而天弗違。」此之謂民之父母矣。」《大學》獨見獨聞。○《詩》天下一家，以皇爲祖，所謂「先祖是皇」、「皇矣」。上帝以二帝爲父母，所謂羲和、重黎。《周南》以黄鳥爲皇祖，雎、鳩二公爲父母。《詩》以周、召當之，即本經「樛木」、「喬木」。《莊子》所謂「蜩」與「鷽鳩」，即周、召，二蟲即二公。以八伯爲八才子，十二牧爲十二女。所謂公子、公姓、公族，伯牧之佐，如春秋齊、晉者，則爲公孫。「宜爾子孫」對祖、父言，一言「歸寧父母」，一云「父母孔邇」，此《周南》一篇之大例，全詩皆通者也。

表記《詩》：「凱弟君子，民之父母。」凱以強教之，弟以悦安之，樂而無荒，有禮而親，威莊而安，孝慈而敬，使民有父之尊，有母之親，如此而後可爲民之父矣。非至德其孰能如此乎！今父之親子也，親賢而下無能；母之親子也，賢則親之，無能則憐之。母親而不尊，父尊而不親。水之於民也，親而不尊，火尊而不親。土之於民也，親而不尊，天尊而不親。命之於民也，親而不尊，鬼尊而不親。

子夏曰：「民民指諸侯，所謂三十、六、七、十二，非小民。之父母，己爲母，十干中之婦人。父有甲己、戊己二法。《論語》「克己復禮」，云克己，即所謂甲己。既得而聞之矣。二公爲父母，與《尚書》同。敢問何謂五至？」至即《中庸》三「及其至也」。帝學由人企天，亦爲至人。孔子曰：「志之所至，《詩說》：在心爲志。詩亦至焉。《詩說》：發言爲詩。詩之所至，禮亦至焉。禮者，體也。三才說：人在中，爲禮。禮之所至，樂亦至焉。《詩說》：戌丑爲上方，其情樂，樂爲上天。樂之所至，哀亦至焉。《詩說》：辰未爲下方，其情哀，哀爲下地。哀樂相生，上下相通。是故正明目而視之，不以目視，凡人所不覩。不可得而見也。無聲無色，《中庸》：「君子之所不可及者，其爲人之所不見乎！」傾耳肉耳。而聽之，不以耳聽。不可得而聞也。不見不聞，道家之所謂恍惚幽冥。《韓詩外傳》「子夏問《關雎》」末段所言天學與此同。志氣塞乎天地，五帝各司一極，各王萬二千里。此之謂五至。」《內經》：「天地之間，六合之內，不離乎五。」又云：「天以六節，地以五制。」凡五皆爲六合以內之事。

《內經·上古天真論》：黃帝曰：「余聞上古有真人者，提挈天地，把握陰陽，呼吸精氣，獨立守神，肌肉若一，故能壽敝天地，無有終時，此其道生。中古之時，有至人者，淳德全道，和於陰陽，調於四時，去世離俗，積精全神，遊行天地之間，視聽八達之外，此蓋益其壽命而強者也，亦歸於真人。」此爲《易》、《詩》師説，《楚辭》全祖之。

子夏曰：「五至五帝有天人之分。既得而聞之矣，志、詩、禮、哀、樂爲五至，以配五帝。在心爲志，發言爲詩，以屬南北二帝。南言北志，即腎藏志。樂在東方，爲緇衣，吉服。哀在西方，爲素衣，凶服。禮在中央，爲黄衣，齊服。《詩》如二伯，三統如三皇，《月令》五色衣服，《論語》取素青黄①，而不用紅紫紺緅。敢問何謂三無？」三皇如天之三垣。孔子曰：「無聲之樂，人所不聞，至人聞之，爲天樂。無體之禮，無服之喪。凶服五爲哀，吉服五爲樂，齊服五爲禮。《主言》篇「喪」作「賞」。此之謂三無。」《中庸》所謂無聲無臭、不言而信、不怒而民威於鈇鉞、無爲而成。○人學，爲有體之禮、有聲之樂、有服之喪。天學乃變有爲無，亦如列、莊、釋書之貴無而賤有。然所謂無非真無，別有真耳真目，如《内經·上古天真論》之遠視遠聽，所謂神游，是乃大有，非真無。其言有無，亦對庸耳俗目言之耳。

《大戴·主言》：孔子曰：「七教備焉，可以守；三至行焉，可以征。」曾子曰：「何謂三至？」孔子曰：「至禮不讓，而天下治。至賞不費，而天下之士説。至樂無聲，而天下之民和。明王篤行三至，故天下之君可得而知也，天下之士可得而臣也，天下之民可得而用也。」

按：三無、三至皆從前五至中去二取三，與《論語》素青黄同。三無爲天學，三至、五至皆爲人學，此天人之分。

---

① 素青黄：原作「素素黄」，據下文「按」改。

子夏曰：「三無既得略而聞之矣，五爲帝，三爲皇。敢問何詩近之？」于《詩》求三無。《詩》言天道，鳶飛魚逃，如《楚詞・遠游》。孔子曰：此即三垣之説。人間有三五，天上亦然。如人間三合、天星三垣，人間四岳，天星四宫，人帝有五天星，更别有五帝座。「『夙夜基命①宥密』，《周頌》，上，樂。無聲之樂也。天上之天樂，如黄帝夢游華胥。『威儀人言威儀。逮逮，此乃謂中天。不可選也』，《柏舟》，中。無體之禮也。《詩・相鼠》。體，禮。〇無意、無必、無固、無我。『凡民有喪，匍匐救之』，《谷風》，下，哀。無服之喪也。」

《韓詩外傳》云：孔子抱聖人之心，彷徨乎道德之域，逍遥乎無形之鄉，按：此皆列、莊真人、至人之説。倚天理，觀人情，明終始，知得失。故興仁義，厭勢利，以持養之。於時周室微，王道絶，諸侯力政，強劫弱，衆暴寡，百姓靡安，莫之紀綱，禮儀廢壞，人倫不理。於是孔子自東自西，自南自北，匍匐救之。

《史記・秦始皇本紀》云：「臣等謹與博士議曰：古有天皇，有地皇，有泰皇，泰皇最貴。臣等昧死上尊號，王爲泰皇，命爲制，令爲詔，天子自稱曰朕。」王曰：「去泰著皇，采上古帝位號，號曰皇帝。他如議。」制曰：「可。」

子夏曰：「言則大矣，真人。美矣，至人。盡矣，神人。言盡於此而已乎？」其大至矣，又推其小，如由大千世界再詳中小世界。孔子曰：大人包小人，《詩》每一局各有五方。「何爲其然也！《列子》無極無盡之説。

① 基命：原作「其命」，據《詩・昊天有成命》改。

君子之服之也，《周禮・司服》：「吉服五，凶服五，齊服五。」由五服、九服以推十五畿，更由衣服以推車輻、幅員、福禄，皆《皇帝疆域考》之大例。猶有五起焉。」《天文訓》五帝座之説是也。○人有五至，天亦有四宫、二十八舍。

子夏曰：「何如？」與上「何詩近之」之義同。孔子曰：「無聲之樂，上。氣志不違。首句皆引《詩》爲證，今本同者不過其半，非逸《詩》也。古人寫經，各本不同。如《公羊》之引《秦誓》，《墨子》之引《泰誓》，今人讀之，有不知爲何語。此當細考文義，以補釋之。○三言氣志。無體之禮，中。威儀遲遲。無服之喪，下。○以五乘五則爲廿五，以三乘五爲三五之十五。內恕孔悲。東方青龍。無聲之樂，上。氣志既得。無體之禮，中。威儀翼翼。人道在中，兩言威儀。無服之喪，下。施及四國。南方朱雀。無聲之樂，上。氣志既從。無體之禮，中。上下和同。通天地。無服之喪，下。以畜萬邦。中央天市，《雲漢》。無聲之樂，上。日聞四方。無體之禮，中。日就月將。兄日，姊月。無服之喪，下。純德孔明。西方白帝。無聲之樂，上。氣志既起。無體之禮，中。施及四海。二萬七千里爲四海。無服之喪，下。施於子孫。」北方黑帝。○此以五天、五地分爲東南西北中。《地形訓》五方、五極。

子夏曰：「三王讀作三皇。《尚書》之素、青、黄爲三統。之德，參於天地，《中庸》「致中和，天地位焉」，董子説一貫三爲王。敢問何如斯可謂參天地矣？」人居天地之間，六合之内，由人以求天，如《尚書・皇篇》。此由遠及諸邇，切於人事之説。孔子曰：「以下與《主言》同。奉三無私，猶「欽若昊天，曆象日月星辰」。皇帝之學，皆以法天爲主。以勞天下。」《爾雅》四海爲人間世。子夏曰：「敢問何謂三無私？」三統，三分。孔子曰：「天王者父天。無私覆，地王者母地。無私載，日月王者兄日姊月。無私照。《中庸》：「譬如天地之無不持載、無不覆幬，譬如四時之錯行，如日月之代明，萬物並育而不相害，道並行而不相背，小德川流，大德敦化，此天地之所以爲大也。」奉斯三者，以勞天下，聖爲天口，賢爲聖譯。此之謂三無私。法說。其在《詩》曰：以下分三統，大小相通。『帝命不違，至於湯齊。湯降不遲，聖敬日齊。昭假遲遲，上帝是祗。上通天，天有九野。《穀梁》：「人之於天，以道受命；人之於人，以言受命。」帝命式於九圍。』下通地，地有九州。是湯之德也。《商頌》，素統，天皇。

「天《淮南子・天文訓》云：「天墜未形，馮馮翼翼，洞洞灟灟，故曰太昭。道始於虛霩，虛霩生宇宙，宇宙生氣，氣有涯垠。清陽者薄靡而爲天。」有四時，即四方。春秋冬夏，東南西北。風雨霜露，《内經》：「天有四時五行，以生長收藏，以生寒暑燥濕。人有五藏，有五氣，以喜怒悲憂恐。」又云：「天有風雨，人有喜怒。」無非教也。天《董子》「商主天法質而王」一段。○《詩》之主天立教者，如《豳・七月》一篇，全備四時；《雅》之正月、四月、六月、十月等篇，由之起例。其他《邶》四風象四方，又爲引用天文之大綱。緯說諸國分野。律吕，大小《雅》，四始、五際，凡關於天星、天運者，皆此義也。

「地《淮南子・墬形訓》云：「墬形之所載，六合之間，四極之内，照之以日月，經之以星辰，紀之以四時，要之以太歲。天地之間，九州八極。」載神氣，神氣風霆，風霆流形，庶物露生，無非教也。清明在躬，人無體之禮。氣志樂言氣志。如神，天神。耆欲將至，地以五味養人。有開必先，順天而行。天降時雨，上。山川下。出雲。天氣下降，地氣上騰。《内經》「清陽爲天，濁陰爲地」，地氣上爲雲，天氣下爲雨，雨出地氣，雲出天氣。其在《詩》曰：以主天地。『嵩高維嶽，中嶽爲五山經。峻極於天。天之上有天，如雲漢是也。維嶽降神，詩人皆由星辰下降，《楚詞・招魂》之所之。生甫及申。無父而生。維申及甫，爲周之翰。翰、甯、成，服名。四國於藩藩、垣、屏。四方於宣。』讀作垣。此文武之德也。董子「周主地法文而王」一段。○《詩》之主地立教者，《關雎》「輾轉反側」爲地球四游。古説「東西南北，無思不服」是也。又從輪輻取譬，故「福履」、「福禄」、「幅員」、「百福」、「百禄」、「干禄」皆喻大球，而「九有」、「九圍」合《板》詩六服，共成我服三十，無非包舉地球言之。

「三代之王也，必先其令聞。《詩》云『明明天子，令聞不已』，三代之德也。『弛其文德，協此四國』，太王之德也。」泰皇，《秦本紀》：「古有天皇，有地皇，有泰皇，泰皇最貴。」

子夏蹶然而起，負牆而立，曰：「弟子敢不承乎！」「商也，始可言《詩》也矣。」

分篇立解，即分治兩《戴記》凡例之説。

大學引詩爲天皇引書爲人帝考《中庸》天學，全引《詩》至數十見，不一引《書》。

平天下章《周禮》：外史掌三皇五帝之書。

三引《詩》，爲三皇。上、中、下。

五引《書》，爲五帝。中央、四方。

三綱領

明德　三引《書》，全爲人帝。

新民　二引《書》，終於《詩》，由人推天。

止至善　三引《詩》，如《孔子閒居》三無説。「誠意」再引《詩》，爲天學。

修身傳

齊家傳　一引諺，比於《書》。

治國傳　一引《書》，再引《詩》，分天人。

平天下　五引《書》，三引《詩》，分天人。

《大學》本末先後終始表

<table>
<tr><td>人本先始。
明德、新民。
修身、齊家、治國、平天下。
經詳人學。
人學始於修身，終於平治。
修身以前，始基在《容經》。
　小學六藝，及《春秋》、《尚書》。</td><td>天末後終。
「止至善」，天。
知止，定、静、安、慮、得。
「誠意」章詳天學。
《大學》始於知止，終於至誠。
「知止」以後，歸極在《中庸》，道家。
　《大學》止於《詩》、《易》。</td></tr>
<tr><td colspan="2">知此本末先後終始，即爲格物致知。</td></tr>
</table>

詩經經釋

廖平　撰
楊世文　校點

校點説明

據廖宗澤《六譯先生年譜》，光緒二十年（一八九四）左右，廖平撰成《詩圖表》一卷。新繁楊楨序云：「季平初治《詩》，先作此表，經三四年始成。每遇疑難，於尊經標題課試，合衆力推考。一得要義，嘗於午夜起，鬚髮皓白而不辭。其中如《國風次第表》、《小雅分應國風表》、《北風爲總序》，稿經三四十易始成。」又云：「古無以例説《詩》之事。季平創爲圖表，分部别居，條理井然，觀此編然後知《詩》雖用舊説，各有作詩之人，一經聖手，别有取裁。」此書圖表凡四十三，其中如《國風典制同春秋圖》、《小統禹州表》、《南北交通如二濟表》、《東西往來如晉明夷表》，已主《詩》、《易》相通，並及《春秋》、《尚書》。如《國風十二配十二月表》、《陳風十篇表》、《魏唐十九篇表》、《小旻以下十九篇表》、《瞻洛以下二十二篇表》，以篇數見義例，已爲《詩易合纂》之濫觴（光緒《井研縣志·藝文一》）。民國十三年（一九二四）三月，成都佛學社延廖平講演《詩》、《易》，即以近年《詩》、《易》稿作講演稿，付佛學社排印，名《詩易合纂》。民國十五年（一九二六）知事李先春延廖平於署内講《詩》、《易》，即以正在改訂中之《詩易合纂》爲講稿。民國十九年（一九三零），改訂《易詩合纂》爲《易經經釋》三卷，《詩經經釋》一卷。此書主《詩》、《易》相通，並以「五運六氣」説《詩》，爲廖平「六變」時的重要著作。是書卷首題「癸酉仲冬開彫，井研廖氏藏版」。「癸酉」爲民國二十二年（一九三三）。兹據該本校點。

目録

詩經經釋原目

風詩三十三篇 加《齊》首三篇，爲三十六篇。

周南十一篇

關雎　葛覃　卷耳　樛木

螽斯 以上五運五篇。

桃夭　芣苢　兔罝　漢廣

汝墳　麟之趾 以上六氣六篇。

召南十四篇

行露　小星　鵲巢　采蘩

采蘋　草蟲　甘棠　羔羊

殷其靁　摽有梅　江有汜　野有死麕

何彼襛矣　騶虞

檜曹八篇

羔裘　素冠　隰有萇楚　匪風 以上《檜》。

蜉蝣　候人　鳲鳩　下泉 以上《曹》。

齊首三篇

雞鳴　還　著

五運五十篇

鄘十篇

柏舟　牆有茨　君子偕老　桑中

鶉之奔奔　定之方中　蝃蝀　相鼠

干旄　載馳

衛十篇

淇澳　考槃　碩人　氓

竹竿　芄蘭　河廣　伯兮

有狐　木瓜

王十篇

黍離　君子于役　君子陽陽　揚之水

中谷有蓷　兔爰　葛藟　采葛

大車　丘中有麻

陳十篇

宛丘　東門之枌　衡門　東門之池

東門之楊　墓門　防有鵲巢　月出

株林　澤陂

秦十篇

車鄰　駟鐵　小戎　蒹葭

終南　黄鳥　晨風　無衣

渭陽　權輿

六氣七十二篇

鄭十六篇首五篇補《魏》。

羔裘　遵大路　女曰鷄鳴　有女同車

山有扶蘇　蘀兮　狡童　褰裳

丰　東門之墠　風雨　子衿

揚之水　出其東門　野有蔓草　溱洧

邶十二篇首五篇補《豳》。

擊鼓　爰居從《擊鼓》分出。　凱風　雄雉

瓠有苦葉　谷風　式微　旄丘

簡兮　泉水　北門　北風

唐十二篇

蟋蟀　山有樞　揚之水　椒聊

綢繆　杕杜　羔裘　鴇羽

無衣　有杕之杜　葛生　采苓

齊八篇首三篇加入《召南》。

東方之日　東方未明　南山　甫田

盧令　敝笱　載驅　猗嗟

魏十二篇

緇衣　將仲子　清人　叔于田

大叔于田以上從《鄭》補。　葛屨　汾沮洳

園有桃　陟岵　十畝之閒　碩鼠

伐檀

豳十二篇

燕燕　緑衣　柏舟　日月

終風以上從《邶》補。　鴟鴞　七月　東山

九罭　破斧　伐柯　狼跋

小雅三十七篇

鹿鳴　四牡　皇皇者華　常棣

伐木　天保　采薇　出車

杕杜　魚麗　南有嘉魚　南山有臺

蓼蕭　湛露　彤弓　菁菁者莪

六月　采芑　車攻　吉日

鴻雁　庭燎　沔水　鶴鳴

祈父　白駒　黄鳥　我行其野

斯干　無羊以上三十輻。　小旻　小宛

小弁以上三小天。　鹿斯之奔從《小弁》分出附《青蠅》。　巧言

彼何人斯　巷伯以上四譏。

大雅三十五篇

文王　大明　綿　棫樸

旱麓　思齊　皇矣　靈臺

下武　文王有聲　生民　行葦

既醉　鳧鷖　公劉　假樂

洞酌　卷阿　鳳凰于飛從《卷阿》分出。

民勞　板　蕩　桑柔

抑　崧高　烝民　韓奕

江漢　常武以上二十八篇。雲漢　瞻卬

召旻以上三大天。　節南山　正月　十月之交

雨無正以上四時，毛本誤入《小雅》。

小頌三十三篇從《小雅》分出，加《邶》末三篇，爲三十六篇。

瞻洛十一篇

谷風　蓼莪　大東　四月

裳裳者華　瞻彼洛矣　桑扈　北山

無將大車　小明　鼓鐘

魚藻十一篇

楚茨　信南山　甫田　大田

采菽　魚藻　角弓　鴛鴦

頍弁　車舝　賓之初筵

菀柳十一篇

黍苗　隰桑　白華　綿蠻

都人士　菀柳　采緑　瓠葉

漸漸之石　苕之華　何草不黄

邶末三篇補。

静女　新臺　二子乘舟

三大頌十五篇

周頌六篇毛本誤析爲三十一篇，今合爲六篇。

武時邁　執競　賚　酌　般　桓　清廟維天之命　維清　昊天有成命　天作

我將　思文良耜　臣工　載芟　噫嘻　豐年　有客振鷺　潛　有瞽

雝烈文　載見　絲衣　閔予小子訪落　敬之　小毖

魯頌四篇

駉　有駜　泮水　閟宮

商頌五篇

那　烈祖　玄鳥　長發

殷武

詩經經釋

井研廖平譔

《詩》爲天學，與《易》、《樂》合爲三經，與人學之《春秋》、《尚書》、《禮》不同。《毛詩》混天入人，全悖經義。按《易經》，《頤卦》内三爻爲人學，《剥》屬《春秋》，《損》屬《禮》，《賁》屬《尚書》，三爻皆凶；外三爻爲天學，《噬嗑》屬《詩》，《益》屬《樂》，《復》屬《易》，三爻皆吉。其曰「舍爾靈龜，觀我朵頤」，至聖空言立訓，爲孔子作六經之明證。六經分占六爻，曰丘頤。丘，聖諱也。二、五爻兩見經字，明《易》非文王、周公所續。若以爲四聖人之書，蓋亦晚近之誤説歟！

風詩三十三篇①

《周南》十一篇，《召南》十四篇，《檜》四篇，《曹》四篇，加《齊》首三篇，共爲三十六篇，以應三十六宫。

《六微旨大論》：「岐伯曰：『言天者求之本，言地者②求之位，言人者求之氣交。』帝曰：

---

① 篇：原作「天」，據文意改。

② 者：原作「位」，據《素問·六微旨大論》改。

『何謂氣交？』岐伯曰：『上下之位，氣交之中，人之居也。故曰天樞之上，天氣主之；天樞之下，地氣主之；氣交之分，人氣從之。萬物由之，此之謂也。』」

周南 內分五運六氣，前五篇爲五運，後六篇爲六氣，共十一篇，皆言天道，不言人事，非后妃之德化。

按王化自北而南。《樂記》云：「地氣上騰，天氣下降，陰陽相摩，天地相蕩。鼓之以雷霆，潤之以風雨，暖之以日月，而百化興焉。」與《易・繫辭》相同，故同爲天學。

《天元紀大論》：「鬼臾區曰：『臣聞之，甲己之歲，土運統之；《關雎》、《鄘》，土運。乙庚之歲，金運統之；《葛覃》、《衛》，金運。丙辛之歲，水運主之；《螽斯》、《秦》，水運。丁壬之歲，木運統之；《卷耳》、《王》，木運。戊癸之歲，火運統之。』《樛木》、《陳》，火運。○以上五運。帝曰：『其於三陰三陽合之，奈何？』鬼臾區曰：『子午之歲，上見少陰；《兔罝》、《唐》，少陰。丑未之歲，上見太陰；《芣苢》、《邶》，太陰。寅申之歲，上見少陽；《漢廣》、《齊》，少陽。卯酉之歲，上見陽明；《汝墳》、《魏》，陽明。辰戌之歲，上見太陽；《麟趾》、《豳》，太陽。巳亥之歲，上見厥陰。《桃夭》、《鄭》，厥陰。○以上六氣。少陰，所謂標也；厥陰，所謂終也。厥陰之上，風氣主之；少陰之上，熱氣主之；太陰之上，濕氣主之；少陽之上，相火主之；陽明之上，燥氣主之；太陽之上，寒氣主之。所謂本也，是謂六元。』」

《關雎》土運宮　應《鄘》十篇分左右

《葛覃》金運商　應《衛》十篇分左右

《卷耳》木運角　應《王》十篇分左右

《樛木》火運徵　應《陳》十篇分左右

《螽斯》水運羽　應《秦》十篇分左右

以上五運五十篇，分屬五音。

《桃夭》厥陰膽　應《鄭》二十一篇

《芣苢》太陰胃　應《邶》二十篇

《兔罝》少陰三焦　應《唐》十二篇

《漢廣》少陽小腸　應《齊》十一篇

《汝墳》陽明大腸　應《魏》七篇

《麟趾》太陽膀胱　應《豳》七篇

以上六氣七十八篇，分屬六腑。多六篇。

六氣循環自厥陰起，而終於太陽。南北定位，東西無常，天樞横亘其中，見於上者順行，自左而之右，見於下者逆行，自右而之左。

召南

上應二十八宿，以《行露》、《小星》爲綱領。《行露》南北爲經，屬子午。《小星》東西爲緯，屬卯酉。其餘十二篇分應十二月，二十八宿四方天。

《衛氣行篇》：「黃帝問於伯高曰：『願聞衛氣之行，出入之合何如？』伯高曰：『歲有十二月，日有十二辰。子午爲經，卯酉爲緯，天周二十八宿，而一面七星，四七二十八星。房、昴爲緯，虛、張爲經，是故房至畢爲陽，昴至心爲陰。陽主晝，陰主夜。故衛氣之行，一日一夜，五十周於身。晝日行於陽二十五周，夜行於陰二十五周，周於五歲。』」

《淮南子·天文訓》：「太陰在四仲，則歲星行三宿。四三一十二宿。太陰在四鉤，則歲星行二宿。二八一十六宿。故十二歲而行二十八宿，日行十二分度之一，歲行三十度十六分度之七，十二歲而周。」「太陰在寅，歲名曰攝提格。其雄爲歲星，舍斗、牽牛，以十一月與之晨出東方，東井、輿鬼爲對。太陰在卯，歲名曰單閼。歲星舍須女、虛、危，以十二月與之晨出東方，柳、七星、張爲對。太陰在辰，歲名曰執徐。歲星舍營室、東壁，以正月與之晨出東方，翼、軫爲對。太陰在巳，歲名曰大荒落。歲星舍奎、婁，以二月與之晨出東方，角、亢爲對。太陰在午，歲名曰敦牂。歲星舍胃、昴、畢，以三月與之晨出東方，氐、房、心爲對。太陰在未，歲名曰協洽。歲星舍觜觿、參，以四月與之晨出東方，尾、箕爲對。太陰在申，歲名曰涒灘。歲星舍東井、輿鬼，以五月與之晨出東方，斗、牽牛爲對。太陰在酉，歲名曰作噩。歲星舍柳、七星、張，以六月與之晨出東方，須女、虛、危爲對。太陰在戌，歲名曰閹茂。歲星舍翼、軫，以七月與之晨出東方，營室、東壁爲對。太陰在亥，歲名曰大淵獻。歲星舍角、亢，以八月與之晨出東方，奎、婁爲對。太陰在子，歲名曰困敦。歲星舍氐、房、心，以九月與之晨出東方，胃、昴、畢爲對。太陰在丑，歲名曰赤奮若。歲星舍尾、箕，以十月與之晨出東方，觜巂、參爲對。」

《行露》南北子午爲經。　子北方鼠屬水，午南方朱雀屬火。

《小星》東西卯酉爲緯。　「三五在東，惟參與昴」，昴西方。

《鵲巢》十二月。　《月令》：「季冬之月，鵲始巢。」按：季冬爲十二月，三言百兩者，合計三百六十日爲一歲成數也。

《采蘩》十一月。

《采蘋》十月。　據《儀禮》，《鵲巢》、《采蘩》、《采蘋》。《左傳》風有《采蘩》、《采蘋》，知三章相連，《草蟲》當在《采蘋》之後。

《草蟲》九月

《甘棠》八月

《羔羊》七月

《殷其靁》六月　在南山之陽。

《摽有梅》五月　「其實七兮」，天周二十八宿，一面七星，四七二十八星。「其實三兮」，舉成數而言也。

《江有汜》四月

《野有死麕》三月　「有女懷春」。

《何彼襛矣》二月　「華如桃李」。

《騶虞》正月　《詩緯・氾歷樞》：「『彼茁者葭，一發五豝』，孟春獸肥草淺之候也。」按：正月爲孟春。

檜曹八篇

《靈樞・九鍼論》：「黄帝曰：『願聞身形應九野，奈何？』岐伯曰：『請言身形之應九野也。左足應立春，其日戊寅、己丑。左脇應春分，其日乙卯。左手應立夏，其日戊辰、己巳。膺喉首頭應夏至，其日丙午。右手應立秋，其日戊申、己未。右脇應秋分，其日辛酉。右足應立冬，其日戊戌、己亥。腰尻下竅應冬至，其日壬子。六府膈下三藏應中州，其大禁，大禁太乙所在之日，及諸戊己。凡此九者，善候八正所在之處。所主左右上下身體有癰腫者，欲治之，無以其所直之日潰治之，是謂天忌日也。』」

檜

《羔裘》立春

《素冠》立秋

《隰有萇楚》春分

《匪風》秋分

曹

《蜉蝣》立夏

《候人》立冬

《鳲鳩》夏至

《下泉》冬至

齊首三篇

《六微旨大論》：「岐伯曰：『少陽之上，火氣治之，中讀作合。見厥陰。陽明之上，燥氣治之，中合。見太陰。太陽之上，寒氣治之，中合。見少陰。』」

《雞鳴》少陽

《還》陽明

《著》太陽

五運五十篇

《陰陽二十五人篇》：「黃帝曰：『余聞陰陽之人何如？』伯高曰：『天地之間，六合之內，不離於五。人亦應之，故五五二十五人之政，而陰陽之人不與焉。』《通天篇》別有五人。『其態又不合於衆者五，余已知之矣，願聞二十五人之形，血氣之所生，別而以候，從外知內，與《診皮》相同。何如？』岐伯曰：『悉乎哉問也！此先師之秘也，雖伯高猶不能明之也。』黃帝避席遵循而卻曰：『余聞之，得其人弗教，是謂重失，得而洩之，天將厭之，余願得而明之，金匱藏之，不敢揚之。』岐伯曰：『先立五形，金、木、水、火、土別其五色，異其五形之人，而二十五人具矣。』黃帝曰：『願卒聞之。』岐伯曰：『慎之慎之，臣請言之。』」

鄘 甲己化土。「土形之人，《鶉之奔奔》、《定之方中》二篇，甲己，左右井。比於上宮，五形皆以上爲貴。似於上古黃帝，對黃帝而言，故託上古。其爲人黃色，圓面大頭，美肩背，大腹，美股脛，小手足，多肉，上下相稱。行安地，舉足浮。安心，好利人，不喜權勢，善附人也。能秋冬，不能春夏。春夏感而病生，足太陰，敦敦然。統於相法。大宮之人，《桑中》、《蝃蝀》二篇，乙庚，左右滎。比於左足陽明。分左右。陽明之上分上下。婉婉然。土生金，土兼金形人。加宮之人，《君子偕老》、《相鼠》二篇，丙辛，左右腧。比於左足陽明。陽明之下坎坎然。金生水，土兼水形人。少宮之人，《牆有茨》、《干旄》二篇，丁壬，左右經。

比於右足陽明，陽明之上樞樞然。水生木，土兼木形人。左宮之人，《柏舟》、《載馳》二篇，戊癸，左右合。比於右足陽明，陽明之下兀兀然。」木生火，土兼火形人。

衛 乙庚化金。「金形之人，《衛》詩當之。《竹竿》、《芄蘭》二篇，乙庚，左右井。比於上商，似於白帝。其爲人方面白色，小頭，小肩，背小，腹小，手足如骨發踵外，骨輕。身清廉，急心静悍，善爲吏。能秋冬，不能春夏，春夏感而病生，手大陰敦敦然。正形一兼四，合爲二十五人。釱商之人，《氓》、《河廣》二篇，丙辛，左右滎。比於左手陽明，陽明之上廉廉然。金生水，金兼水形人。右商之人，《碩人》、《伯兮》二篇，丁壬，左右腧。比於左手陽明，陽明之下脱脱然。水生木，金兼木形人。左商之人，《考槃》、《有狐》二篇，戊癸，左右經。比於右手陽明，陽明之上監監然。木生火，金兼火形人。少商之人，《淇奥》、《木瓜》二篇，甲己，左右合。比於右手陽明，陽明之下嚴嚴然。」火生土，金兼土形人。

王 丁壬化木。「木形之人，《中谷有蓷》、《兔爰》二篇，丁壬，左右井。比於上角，似於蒼帝。其爲人蒼色，小頭，長面，大肩，背直，身小，手足好。有才，勞心，少力，多憂，勞於事。能春夏，不能秋冬，秋冬感而病生。足厥陰，佗佗然。兼明相法，故有二十五形容詞。大角之人，《揚之水》、《葛藟》二篇，戊癸，左右滎。比於左足少陽，少陽之上遺遺然。木生火，木兼火形人。左角之人，《君子揚揚》、《采葛》二篇，甲己，左右腧。比於右足少陽，少陽之下隨隨然。火生土，木兼土形人。釱角之人，《君子于役》、《大車》二篇，乙庚，左右經。比於右足少陽，少陽之上推推然。土生金，木兼金形人。判角之人，《黍離》、《丘中有麻》

二篇，丙辛，左右合。比於左足少陽，少陽之下括括然。」金生水，木兼水形人。

陳戊癸化火。「火形之人，《東門之楊》、《墓門》二篇，戊癸，左右井。比於上徵，似於赤帝。其爲人赤色，廣䏶，鋭面，小頭，好肩背髀腹，小手，足行安地，疾心行摇，肩背肉滿。有氣輕財，少信多慮，見事明，好顔急心，不壽暴死。能春夏，不能秋冬。秋冬感而病生，手少陰核核然。質徵之人，《東門之池》、《防有鵲巢》二篇，甲己，左右熒。比於左手太陽，太陽之上肌肌然。火生土，火兼土形人。少徵之人，《衡門》、《月出》二篇，乙庚，左右牏。比於右手太陽，太陽之下慆慆然。土生金，火兼金形人。右徵之人，《東門之枌》、《株林》二篇，丙辛，左右經。比於右手太陽，太陽之上鮫鮫然。金生水，火兼水形人。質判之人，《宛丘》、《澤陂》二篇，丁壬，左右合。比於左手太陽，太陽之下支支頤頤然。」水生木，火兼木形人。

秦丙辛化水。「水形之人，《終南》、《黄鳥》二篇，丙辛，左右井。比於上羽，似於黑帝。其爲人黑色，面不平，大頭，廉頤，小肩，大腹，動手足，發行摇身下尻長，背延延然。不敬畏，善欺詒人，戮死。能秋冬，不能春夏，春夏感而病生，足少陰汗汗然。大羽之人，《蒹葭》、《晨風》二篇，丁壬，左右熒。比於右足太陽，太陽之上頰頰然。水生木，水兼木形人。少羽之人，《小戎》、《無衣》二篇，戊癸，左右牏。比於左足太陽，太陽之下紆紆然。木生火，水兼火形人。衆之爲人，《駟鐵》、《渭陽》二篇，甲己，左右經。比於右足太陽，太陽之下絜絜然。火生土，水兼土形人。桎之爲人，《車鄰》、《權輿》二篇，乙庚，左右合。比於左足太陽，太陽之上安安然。」土生金，水兼金形人。

鄘 五運之首。　甲己化土。　《素問》：「甲己之歲，土運統之。」又土主甲己。

隱白　大都　太白　商丘　陵泉

《本輸篇》：「脾出隱白。隱白者，足大指之端内側也；爲井木，溜於大都。大都，本節之後下陷者之中也；爲滎，注於太白。太白，腕骨之下也；爲腧，行於商丘。商丘，内踝之下陷者之中也；爲經，入於陰之陵泉。陰之陵泉，輔骨之下陷者之中也；伸而得之，爲合，足太陰也。」

柏舟	戊	陵泉左合左右者，陰陽之道路也。
《牆有茨》	丁	商丘左經
《君子偕老》	丙	太白左腧
《桑中》	乙	大都左滎
《鶉之奔奔》	甲	隱白左井
《定之方中》	己	隱白右井
《蝃蝀》	庚	大都右滎
《相鼠》	辛	太白右腧

《干旄》　壬　商丘右經

《載馳》　癸　陵泉右合

衛

五運之一。乙庚化金。《素問》：「乙庚之歲，金運統之。」又「金主乙庚」。

少商　魚際　大淵　經渠　尺澤

《本輸篇》：「肺出於少商。少商者，手大指端内側也；爲井木，溜於魚際。魚際者，手魚也；爲滎，注於大淵。大淵，魚後一寸陷者中也；爲腧，行於經渠。經渠，寸口中也；動而不居，爲經，入於尺澤。尺澤，肘中之動脈也；爲合，手太陰經也。」

淇奥　甲　尺澤左合

《考槃》　戊　經渠左經

《碩人》　丁　大淵左腧

《氓》　丙　魚際左滎

《竹竿》　乙　少商左井

《芄蘭》　庚　少商右井

《河廣》　辛　魚際右滎

《伯兮》　壬　大淵右腧

《有狐》　癸　經渠右經

《木瓜》　己　尺澤右合

王 五運之三。　丁壬化木。　《素問》：「丁壬之歲，木運統之。」又木主丁壬。

大敦　行間　太衝　中封　曲泉

《本輸篇》：「肝出於大敦。大敦者，足大指之端及三毛之中也；爲井木，溜於行間。行間，足大指之間也；爲滎，注於太衝。太衝，行間上二寸陷者之中也；爲腧，行於中封。中封，内踝之前一寸半陷者之中，使逆則宛，使和則通，摇足而得之；爲經，入於曲泉。曲泉，輔骨之下、大筋之上也；屈膝而得之，爲合，足厥陰也。」

《黍離》　丙　曲泉左合

《君子于役》　乙　中封左經

《君子揚揚》　甲　太衝左腧

《揚之水》　戊　行間左滎

《中谷有蓷》　丁　大敦左井

《兔爰》　壬　大敦右井

《葛藟》　癸　行間右滎

《采葛》　己　大衝右腧
《大車》　庚　中封右經
《丘中有麻》　辛　曲泉右合

陳　五運之四。　戊癸化火。　《素問》：「戊癸之歲，火運統之。」又火主戊癸。

中衝　勞宮　大陵　間使　曲澤

《本輸篇》：「心出於中衝。中衝，手中指之端也；爲井木，溜於勞宮。勞宮，掌中中指本節之内間也；爲滎，注於大陵。大陵，掌後兩骨之間方下者也；爲腧，行於間使。間使之道，兩筋之間三寸之中也；有過則至，無過則止，爲經，入於曲澤。曲澤，肘内廉下陷者之中也；屈而得之，爲合，手少陰也。」

《宛丘》　丁　曲澤左合
《東門之枌》　丙　間使左經
《衡門》　乙　大陵左腧
《東門之池》　甲　勞宮左滎
《東門之楊》　戊　中衝左井
《墓門》　癸　中衝右井

《防有鵲巢》　己　勞宫右滎
《月出》　庚　大陵右腧
《株林》　辛　間使右經
《澤陂》　壬　曲澤右合

秦 五運之五。　丙辛化水。　《素問》：「丙辛之歲，水運主之。」又水主丙辛。

湧泉　然谷　大谿　復留　陰谷

《本輸篇》：「腎出於湧泉。湧泉者，足心也；　爲井木，溜於然谷。然谷，然骨之下者也；　爲滎，注於大谿。大谿，内踝之後跟骨之上陷中者也；　爲腧，行於復留。復留，上内踝二寸，動而不休；　爲經，入於陰谷。陰谷，輔骨之後、大筋之下、小筋之上也。按之應手，屈膝而得之，爲合，足少陰經也。」

《車鄰》　乙　陰谷左合
《駟驖》　甲　復留左經
《小戎》　戊　大谿左腧
《蒹葭》　丁　然谷左滎
《終南》　丙　湧泉左井

《黃鳥》　辛　湧泉右井

《晨風》　壬　然谷右滎

《無衣》　癸　大谿右腧

《渭陽》　己　復留右經

《權輿》　庚　陰谷右合

六氣七十二篇(附六篇，共七十八篇)

《天元紀大論》：帝曰：「善！何謂氣有多少，謂詩篇數目不同，多至二十一篇，少至七篇。舊來不知詩證，故無實據。形有盛衰？」五運各十篇，合爲五十篇。鬼臾區曰：「陰陽之氣，各有多少，厥陰應《鄭》二十一篇，太陰應《邶》二十篇，少陰應《唐》十二篇，少陽應《齊》十一篇，陽明應《魏》七篇，太陽應《豳》七篇。故曰三陰三陽也。形有盛衰，謂五行之治，各有太過、不及也。故其始也，有餘而往，不足隨之；《鄭》首五篇有餘，補《魏》不足。《邶》首五篇有餘，補《豳》不足。五與七合成十二月。不足而往，有餘從之。《魏》、《豳》各七篇不足，當補五篇，取《鄭》、《邶》首五篇之有餘，以補《魏》、《豳》之不足，即成一歲十二月。知迎知隨，氣可與期。應天爲天符，承歲爲歲直，三合爲治。」帝曰：「上下相召，奈何？」鬼臾區曰：「寒暑、燥濕、風火，天之陰陽也。三陰三陽，上奉之木、火、土、金、水、火地之陰陽也。生長化收藏，下應之天(編者按：以下底本缺頁十四下、十五上）。」

《羔裘》	雨水	左前谷榮	《齊》
《遵大路》	驚蟄	左後谿腧	
《女曰雞鳴》	清明	左陽谷經	
《有女同車》	穀雨	左小海合	
《山有扶蘇》	小滿	左俠谿榮	《鄭》
《蘀兮》	芒種	左臨泣腧	
《狡童》	小暑	左陽輔經	
《褰裳》	大暑	左陵泉合	
《丰兮》	處暑	右前谷榮	《齊》
《東門之墠》	白露	右後谿腧	
《風雨》	寒露	右陽谷經	
《子衿》	霜降	右小海合	

《揚之水》　小雪　右俠谿滎
《出其東門》　大雪　右臨泣腧
《野有蔓草》　小寒　右陽輔經
《溱洧》　大寒　右陵泉合
（以上《鄭》）

邶　六氣之二。　太陰濕土。　《天元紀大論》：「丑未之歲，上見太陰。」又：「丑未之上，太陰主之。」《邶》首五篇：氣爲太過，以下十二篇應一年十二月，末三篇屬三陰。餘義詳《靈樞・陰陽繫日月》。

胃六氣十二篇

厲兑　内庭　陷谷　衝陽　解谿　下陵

《本輸篇》：「胃出於厲兑。厲兑者，足大指内次指之端也；爲井金，溜於内庭。内庭，次指外間也；爲滎，注於陷谷。陷谷者，上中指内間上行二寸陷者中也；爲腧，過於衝陽。衝陽，足跗上五寸陷者中也；爲原，摇足而得之，行於解谿。解谿，上衝陽一寸半陷者中也；爲經，入於下陵。下陵，膝下三寸胻骨外三里也；爲合。復下三里三寸爲巨虛上廉，復下上廉三寸爲巨虛下廉也。大腸屬上，小腸屬下。足陽明，胃脈也。大腸、小腸皆屬於胃，是足陽明也。」

《擊鼓》分一篇　四月　左衝陽原

《爰居》　五月　左解谿經

《凱風》　六月　左下陵合　七子，二十八宿分方，各得七宿。

《雄雉》　正月　左厲兑井

《匏有苦葉》　二月　左内庭滎

《谷風》　三月　左陷谷腧

《式微》　七月　右厲兑井

《旄丘》　八月　右内庭滎

《簡兮》　九月　右陷谷腧

《泉水》　十月　右衝陽原

《北門》　十一月　右解谿經

《北風》　十二月　右下陵合

唐　六氣之三。　少陰君火。　《天元紀大論》：「子午之歲，上見少陰。」又：「子午之上，少陰主之。」唐地處孟冬之位，以君火得十二月之正例，爲平氣。　餘義詳《靈樞・經别》。

三焦六氣十二篇

關衝　液門　中渚　陽池　支溝　天井

《本輸篇》：「三焦者，上合手少陽，出於關衝。關衝者，手小指次指之端也；爲井金，溜於液門。液門，小指次指之間也；爲滎，注於中渚。中渚，本節之後陷者中也；爲腧，過於陽池。陽池，在腕上陷者中也；爲原，行於支溝。支溝，上腕三寸兩骨之間陷者中也；爲經，入於天井。天井，在肘外大骨之上陷者中也；爲合，屈肘乃得之。三焦下腧在於足大指之前，少陽之後，出於膕中外廉，名曰委陽，是太陽絡也，手少陽經也。三焦者，足少陽、太陰一本作陽。之所將，太陽之別也。上踝五寸，別入貫腨腸，出於委陽，並太陽之正，入絡膀胱，約下焦，實則閉癃，虛則遺溺。遺溺則補之，閉癃則瀉之。」

《蟋蟀》　亥　左關衝井　「十月蟋蟀入我牀下」。按：亥爲十月。

《山有樞》　戌　左液門滎

《揚之水》　酉　左中渚腧　「白石素衣」。

《椒聊》　申　左陽池原

《綢繆》　未　左支溝經

《杕杜》　午　左天井合

《羔裘》　巳　右關衝井

《鴇羽》　辰　右液門滎　「悠悠蒼天」，東爲蒼天。

《無衣》　卯　右中渚腧

《有杕之杜》　寅　右陽池原

《葛生》　丑　右支溝經　冬之夜，夏之日。

《采苓》　子　右天井合　「首陽之巔」。按：陽生於子，故爲首陽。

齊　六氣之四。少陽相火。《天元紀大論》：「寅申之歲，上見少陽。」又：「寅申之上，少陽主之。」《齊》首三篇爲三陽，補《風》詩三十三天，以成三十六篇。其下八篇爲八風，合《鄭》十六節氣，正兩歲二十四月。

《靈樞·九宮八風篇》：「太一常以冬至之日居叶蟄之宮四十六日，明日居天留立春。四十六日，明日居倉門春分。四十六日，明日居陰洛立夏。四十五日，明日居天宮夏至。四十六日，明日居玄委立秋。四十六日，明日居倉果秋分。四十六日，明日居新洛立冬。四十五日，明日復居叶蟄之宮，曰冬至矣。」

小陽六氣八篇

少澤　前谷　後谿　腕骨　陽谷　小海

《本輸篇》：「手太陽小腸者，上合手太陽，出於少澤。少澤，小指之端也；爲井金，溜於前谷。前谷在手外廉本節前陷者中也；爲滎，注於後谿。後谿者，在手外側本節之後也；爲腧，過於腕骨。腕骨在手外側腕骨之前；爲原，行於陽谷。陽谷在鋭骨之下陷者中也；爲經，入於小海。小海在肘内大骨之外，去端半寸陷者中也，伸臂而得之；爲合。手太陽經也。」

《東方之日》 立春 左少澤井
《東方未明》 春分 左腕骨原《齊》
《南山》 立夏 左竅陰井
《甫田》 夏至 左丘墟原《鄭》
《盧令》 立秋 右少澤井
《敝笱》 秋分 右腕骨原《齊》
《載驅》 立冬 右竅陰井
《猗嗟》 冬至 右丘墟原《鄭》

魏 六氣之五。 陽明燥金。 《天元紀大論》：「卯酉之歲，上見陽明。」又：「卯酉之上，陽明主之。」魏地處季冬之位，與鄭爲一氣，以《鄭》首有餘之五篇，補入《魏》之七篇，爲一歲十二月。餘義詳《靈樞·經水》。

商陽 前二間 後三間 合谷 陽谿 曲池

《本輸篇》：「大腸上合手陽明，出於商陽。商陽，大指次指之端也，爲井金。溜於本節之前二間，爲滎。注於本節之後三間，爲腧。過於合谷。合谷在大指歧骨之間，爲原。行於陽谿，陽谿在兩筋間陷者中也，爲經。入於曲池，在肘外輔骨陷者中也，屈臂而得之，爲合。手陽明也。」

膽有餘五篇《内經》曰：「其甚者其數五。」

篇	月	穴	注
《緇衣》	正月	左商陽井	
《將仲子》	二月	左前二間滎	
《清人》清當作青，同緇。	三月	左後三間腧	「左旋右抽」，「中軍作好」。六氣合左右爲十二月、十二節。
《叔于田》	四月	左合谷原	
《太叔于田》	五月	左陽谿經	

大腸六氣不足七篇《内經》曰：「其微者其數七。」

篇	月	穴	注
《葛屨》	六月	左曲池合	《葛屨》「縫裳」爲左右之應。
《汾沮洳》	七月	右商陽井	分陰分陽。十月乃分陰之始。
《園有桃》	八月	右前二間滎	
《陟岵》	九月	右前三間腧	
《十畝之間》	十月	右合谷原	《十畝》應十月。
《碩鼠》	十一月	右陽谿經	子屬鼠，《碩鼠》應之。

《伐檀》　十二月　右曲池合

豳　六氣之六。太陽寒水。《天元紀大論》：「辰戌之歲，上見太陽。」又：「辰戌之上，太陽主之。」《豳》與《邶》爲一氣，以《邶》首有餘之五篇，合《豳》不足七篇，以應一歲十二月。餘義詳《靈樞・經筋》。

至陰　通谷　束骨　京骨　崑崙　委中

《本輸篇》：「膀胱出於至陰。至陰者，足小指之端也；爲井金，溜於通谷。通谷，本節之前外側也；爲滎，注於束骨。束骨，本節之後陷者中也；爲腧，過於京骨。京骨，足外側大骨之下；爲原，行於崑崙。崑崙在外踝之後跟骨之上；爲經，入於委中。委中，膕中央；爲合，委而取之。足太陽也。」

胃有餘五篇

《燕燕》　正月　左至陰井

《緑衣》　二月　左通谷滎

《柏舟》　三月　左束骨腧

《日月》①　四月　左京骨原

---

① 日月：原作「日居」，據《詩・衛風》改。蓋涉首句「日居月諸，照臨下土」而誤。

《終風》　五月　左崑崙經

膀胱六氣不足七篇

《鴟鴞》　六月　左委中合《鴻雁》、《鶴鳴》、《黄鳥》、《燕羊》，《小雅》四物居終，與《鴟鴞》合。

《七月》　七月　左至陰井

《東山》　八月　右通谷榮

《九罭》　九月　右束骨腧《九罭》應九月，與十畝合十。

《破斧》　十月　右京骨原

《伐柯》　十一月　右崑崙經

《狼跋》　十二月　右委中合

小雅三十七篇 由《鹿鳴》至《無羊》三十篇，加《小旻》、《小宛》、《小弁》三小天，《鹿斯之奔》、《巧言》、《何人斯》、《巷伯》四讒，合三十七篇，以應三十六宫，多一篇。

《考工記》：輈人，軫之方也，「二子乘舟」，當作輈字。以象地也。《小雅》三十篇，一轂三十輻。蓋之圜也，以象天也。二十八宿。輪輻三十，三十維物，爾牲則具。以象日月也。日字衍文。○《小雅》從《鹿鳴》至《無羊》得三十篇，以象一月之數。

上方屬辰戌土。六甲。

《鹿鳴》每篇占四候，下同。

《四牡》

《皇皇者華》

上方屬寅木。六丁。

《常棣》立春。

《伐木》雨水。

《天保》驚蟄。

上方屬卯木。六壬。

《采薇》春分。

《出車》清明。

《杕杜》穀雨。

上方屬巳火。六戊。

《魚麗》立夏。

《南有嘉魚》小滿。

《南山有臺》芒種。

上方屬午火。六癸。

《蓼蕭》夏至。

《湛露》小暑。

《彤弓》大暑。

下方屬丑未土。六己。

《菁菁者莪》每篇占四候，下同。

六月午、未、申、酉、戌、亥謂之六月。

《采芑》

下方屬申金。六乙。

《車攻》立秋。

《吉日》處暑。

《鴻雁》白露。　鴻雁來賓，法陰陽也。

下方屬酉金。六庚。

《庭燎》秋分。

《沔水》寒露。

《鶴鳴》霜降。

下方屬亥水。六丙。

《祈父》立冬。

《白駒》小雪。與《秦》「有馬白顛」相同。

《黄鳥》大雪。「黄鳥於飛」。《小雅》主篇言黄鳥，《秦》詩亦言黄鳥。

下方屬子水。六辛。

《行野》冬至。

《斯干》小寒。

《無羊》大寒。《小雅》一轂三十輻從此止。

三小天。

《小旻》孔子。

《小宛》周公。

《小弁》文武。

四讒。《論語》「遠佞人」，此四篇皆疾讒。

《鹿斯之奔》東。分《小弁》、《鹿斯之奔》爲一篇，附《青蠅》。鹿、雉、兔皆東方之物。

《巧言》北。居河之麋。

《何人斯》西。「不自北」，「不自南」，「逝我梁」，天皇。西方爲大梁，地上九州爲梁州。

《巷伯》南。寺人，孟子讀作詩人。「南箕」、「投彼有北」。

按：三小天、四譏七篇，爲《小雅》變《風》、變《雅》之始。

大雅三十五篇

由《文王》至《常武》二十八篇，加《雲漢》、《瞻卬》、《召旻》三大天，《節南山》、《正月》、《十月》、《雨無正》四時，爲三十五篇，以象《易》上下經，應三十六宮，少一篇。

《考工記》：蓋弓二十有八，以象星也。《大雅》從《文王》至《常武》二十八篇配恒星，天九星照曜。龍旗九斿，《文王》九篇象九斿。以象大火也。房星爲大火。《詩》「七月流火」。鳥旟七斿，七當爲八。〇《生民》八篇象八風。以象鶉火也。南方七宿，有鶉首、鶉火、鶉尾之分。熊旗六斿，《鳳凰于飛》六篇爲六氣，應《周南·桃夭》六篇。以象伐也。西方白虎七宿。龜蛇四斿，四當爲五。《嵩高》五篇爲五運，應《關雎》五篇。以象營室也。五運從東方起，以下轉南、轉西，至北方營室止。弧旌枉矢，以象弧也。九五合十四，八六合十四，共爲二十八宿。《召南》十四篇，《坎》、《離》十四卦，與此二十八篇相合。

文王九篇

《三部九候論》：「帝曰：『願聞天地之至數，合於人形血氣，通決死生，爲之奈何？』岐伯曰：『天地之至數，始於一，終於九焉。從《文王》至《下武》九篇。一者天，《文王》三。二者地，《皇矣》三。三者人，《棫樸》三。因而三之，從一至三。三三者九，由三而九下篇。以應九野。九天爲九野。故人有三部，上、中、下各有詩。部有三候，三分天地人。以決死生，以處百病，以調虛實，而除邪疾。』帝曰：『何爲三部？』岐伯曰：『有下部，「下武維周」，下字明文。有中部，「黄流在中」，中字明文。有上部，「文王在上」，上字明文。部各有三候。三候者，有天，有地，有人也，必指而導之，乃以爲真。上部天，《文王》。兩額之動脈；上部地，《綿》。兩頰之動脈；上部人，《大明》。耳前之動脈。中部天，《棫樸》。手太陰也；中部地，《思齊》。手陽明也；中部人，《旱麓》。手少陰也。下部天，《皇矣》。足厥陰也；下部地，《下武》。足少陰也；下部人，《靈臺》。足太陰也。故下部之天以候肝，厥陰。地以候腎，少陰。人以候脾太陰。胃胃字衍。之氣。』帝曰：『中部之候二本不同。奈何？』岐伯曰：『亦有天，亦有地，亦有人。天以候肺，寸口。地以候胸中之氣，人以候心。』帝曰：『上部以何候之？』岐伯曰：『亦有天，亦有地，亦有人。天以候頭角之氣，地以候口齒之氣，人以候耳目之氣。三部者，各有天，各有地，各有人。三而成天，三而成地，三而成人。三而三之，合則爲九。九分爲九野，九野爲九藏。故神藏五，形藏四，合爲九藏。五藏已敗，其色必夭，夭必死矣。』」

《文王》東方曰蒼天，其星房、心、尾。

《大明》東北曰燮天，其星箕、斗、牽牛。

《綿》北方曰玄天，其星須女、虛、危、營室。

《棫樸》西北曰幽天，其星東壁、奎、婁。

《旱麓》中央曰鈞天，其星角、亢、氐。
《思齊》西方曰昊天，其星胃、昴、畢。
《皇矣》西南曰朱天，其星觜觿、參、東井。
《靈臺》南方曰炎天，其星輿、鬼、柳、七星。
《下武》東南曰陽天，其星張、翼、軫。
《文王有聲》如北斗。皇王。皇后。文王。武王。如《尚書》二十八篇，加《皇篇》。

生民八篇

《淮南·天文訓》：「『何謂八風？』距曰：『冬至四十五日條風至，立春，《屯》。條風至四十五日明庶風至，春分，《蒙》。明庶風至四十五日清明風至，立夏，《需》。清明風至四十五日景風至，夏至，《訟》。景風至四十五日涼風至，立秋，《師》。涼風至四十五日閶闔風至，秋分，《比》。閶闔風至四十五日不周風至，立冬，《小畜》。不周風至四十五日廣莫風至。』」冬至，《履》。

《生民》《屯》。
《行葦》《蒙》。
《既醉》《需》。
《鳧鷖》《訟》。　公尸，周公、召公也。公字指周公，尸字指召公。

以上四篇應《檜風》。

《公劉》《師》。

《假樂》《比》。

《泂酌》《小畜》。

《卷阿》《履》。

以上四篇應《曹風》。

《鳳凰于飛》分一篇四章，法四時。

《民勞》五章，法五音。

《板》法六律。「天之牖民，如壎（長女）如篪（長男），如璋（中男）如圭（中女），如取（少男）如携（少女）。」六見。

《蕩》法七星。七「文王曰咨」。

《桑柔》法八風。

《抑》法九野、九德。十二章，前四章統威儀，後八章首言次視三動四聽。毛本誤列前。

以上六篇應《桃夭》六篇。

《崧高》南。「召伯是營，有俶其城」，「我圖爾居，莫如南土」。

《蒸民》東。「仲山甫徂齊」，「城彼東方」。

《韓奕》北。「奄受北國」。

《江漢》西。《江漢》「武夫」，皆西方；《簡兮》「西方美人」，「有力如虎」。

《常武》中。　六師。　天子。

以上五篇應《關雎》五篇。

三大天

《雲漢》應《小弁》。

《瞻卬》應《小宛》。

《召旻》應《小旻》。

四時

《節南山》「四方」二見，惟《大雅》乃有「四方」。

《正月》「有皇上帝」。「赫赫宗周，褒姒滅之」。

《十月之交》一見「四方」。

《雨無正》「昊天」與「旻天」並見。「周宗既滅」。

此四篇大、小《雅》四譏。《大雅》《正月》、《十月》，毛本誤入《小雅》，今據《大雅》多見「四方」字，故歸入《大雅》，以還舊觀。按：《大雅》三大天與四時七篇以象變風變雅之説，故以此終之。

小頌三十三篇

分《瞻洛》十一篇、《魚藻》十一篇、《菀柳》十一篇，加《邶》末三篇，合爲三十六篇，以應三十六宮。

《論語》「《雅》、《頌》各得其所」，《雅》有大小，故知《頌》亦有大小也。小《頌》配三京，分上中下各十一篇，應《大雅》、三大《頌》，於《易》應《巽》、《震》、《艮》、《兑》、兩《濟》。《氣交變大論》上經曰：「夫道者，上知天文，下知地理，中知人事，可以長久。」按《易》乃分上、下經，而《内經》他篇亦有下經明文，知上經、下經確爲《易》之師説。

瞻洛十一篇

爲京周，爲上知天文。配《巽》、《震》，應《周頌》。

《谷風》長女巽爲風。谷風，東風也。

《蓼莪》南山、飄風。南與北相反，南風也。

《大東》維天有漢，監光織女、牽牛。啟明、長庚、天畢、南箕、北斗，皆屬天。

《四月》冬日、飄風。北與南相對，北風也。

《裳裳者華》

京周《瞻洛》 上知天文。《巽》、《震》。

《桑扈》

《北山》十二「或」字對文。

《大車》喻雷也。《常武》「徐方繹騷」、「震驚徐方，如霆如雷」、「徐方震驚」。「王奮厥武，如震如怒。進厥虎臣，闞如虓虎」。

《小明》「上天」、「下土」，「二月初吉，載離寒暑」，應十二月。

《鼓鐘》長男震爲雷。鼓鐘象雷聲。

魚藻十一篇

爲周京，爲下知地理。配《艮》、《兑》，應《商頌》。

《楚茨》

《南山》少男。艮爲山。農工。

《甫田》「以其婦子，饁彼南畝，田畯至喜，攘其左右。」

《大田》

《采菽》

京周《魚藻》　下知地理。　《艮》、《兑》。

《角弓》

《鴛鴦》

《頍弁》

《車羣》少女。艮爲澤。季女。碩女。

《賓筵》

菀柳十一篇

爲京師，爲中知人事。配《既濟》、《未濟》，應《魯頌》。

《黍苗》「悠悠南行」。

《隰桑》二篇屬南。

《白華》「滮池北流」。

《綿蠻》二篇屬北。

《都人士》

京師《菀柳》　中知人事。《既濟》、《未濟》。

《采緑》

《瓠葉》三有「兔斯首」。兔，東方之物。瓠，音近「魯」，東方國名。

《漸石》二篇屬東。三「武人東征」。

《苕之華》「牂羊墳首，三星在罶。」《兑》爲羊。兑，西方。罶同昴。

《何草不黄》二篇屬西。二「哀我征夫」，征夫乃二公。

《小雅》三十七篇，《大雅》三十五篇，爲上下經三十六宫，一年七十二候，不應《小雅》多至三十三篇。今分《谷風》以下至《何草不黄》三十三篇爲三小《頌》，與三大頌相對，是各得其所之義。小《頌》配三京，每京十一篇，仿《易》下經六氣，四六二十四宫，缺《損》、《益》一朋六卦，餘十八宫，三六十八卦。《巽》、《震》爲上知天文，《艮》、《兑》爲下知地理，兩《濟》爲中知人事，可以長久。

邶末三篇

《静女》厥陰。

《新臺》太陰。

《二子乘舟》少陰。

《六微旨大論》：「厥陰之上，風氣治之，中讀作合。見少陽。少陰之上，熱氣治之，中合見太陽。太陰之上，濕氣治之，中合見陽明。」

按《内經》「上下有位，左右有紀，移光定位，正立而待之，本之下中之見也，見之下氣之標也」，即此篇之傳説。

三大頌十五篇《周頌》六篇，《魯頌》四篇，《商頌》五篇，與十五《國風》相合，應《易》上經三十六卦。

《六節藏象論》：黄帝問曰：「余聞天以六六《周頌》六。之節以成一歲，人以九九《魯頌》四，

《商頌》五，四五合爲九。制會，計人亦有三百六十五節，以爲天地久矣，不知其所謂也？」岐伯對曰：「昭乎哉，問也！請遂言之。夫六六之節、九九制會者，所以正天之度，氣之數也。天度者，所以制日月之行也。氣數者，所以紀化生之用也。天爲陽，地爲陰，日爲陽，月爲陰，行有分紀，周有道理。日行一度，月行十三度而有奇焉。故大小月三百六十五日而成歲，積氣餘而盈閏矣。立端於始，表正於中，推餘於終，而天度畢矣。」帝曰：「余已聞天度矣，願聞氣數何以合之？」岐伯曰：「天以六六爲節，地以九九制會。天有十（編者按：以下底本缺）。」

《長發》　丁壬化木應《隨》、《蠱》。　木生火

《殷武》　戊癸化火應《臨》、《觀》。　火生土

《天元紀大論》：「甲己之歲，土運統之；乙庚之歲，金運統之；丙辛之歲，水運統之；丁壬之歲，木運統之；戊癸之歲，火運統之。」

《五運行大論》：「鬼臾區曰：『土主甲己，金主乙庚，水主丙辛，木主丁壬，火主戊癸。』」

《六微旨大論》：「帝曰：『何謂當位？』岐伯曰：『木運臨卯，火運臨午，土運臨四季，金運臨西，水運臨子，所謂歲會，氣之平也。』帝曰：『非位何如？』岐伯曰：『歲不與會也。』」

三禮類

三禮類目録

王制訂

廖平　撰
楊世文　宋桂梅　校點

校點説明

廖平特重《王制》，以《王制》爲今學統宗。光緒十一年（一八八五）春，以《王制》有經、傳、記、注之文，舊本淆亂失序，於是考訂改寫，爲《王制定本》一卷，以備作《王制義證》之用。《今古學考》下云：「乙酉春，將《王制》分經、傳鈔寫，欲作《義證》。」「《王制》有經有傳，並有傳文佚在别篇者。至於本篇，經、傳之外，並有先師加注、記之文，如説尺畝按漢制今田爲説是也。」《王制定本》即《王制訂》。廖平於經籍中分經、傳、記、注，不僅限於《王制》。除《王制定本》外，尚有《禮運禮器郊特牲訂本》，乃至方技之書，也用此法。光緒二十三年（一八九七），成都尊經書局刻此書入《四譯館經學叢書》。民國十二年（一九二三），四川存古書局印入《六譯館叢書》本，兹據此本校點。

目録

王制訂

王者之制禄爵，公、侯、伯、子、男，凡五等。

天子之三公之田視公侯，天子之卿視伯，天子之大夫視子男，天子之元士視附庸。右王臣。

諸侯之下士食上農夫，禄足以代其耕也。中士倍下士，上士倍中士，下大夫倍上士，卿四大夫禄，君十卿禄。次國之卿三大夫禄，君十卿禄。小國之卿倍大夫禄，君十卿禄。右侯國。

諸侯之下士禄食九人，中士食十八人，上士食三十六人，下大夫食七十二人，卿食二百八十八人，君食二千八百八十人。次國之卿食二百一十六人，君食二千一百六十人。小國之卿食百四十四人，君食千四百四十人。

制農田百畝。百畝之分，上農夫食九人，其次食八人，其次食七人，其次食六人。下農夫食五人，庶人在官者其禄以是爲差也。

天子三公、九卿、二十七大夫、八十一元士。

制：三公一命卷，若有加，則賜也，不過九命。右王臣。

天子賜諸侯樂，則以柷將之。賜伯、子、男樂，則以鼗將之。諸侯賜弓矢，然後征；賜鈇鉞，然後殺；賜圭瓚，然後爲鬯。未賜圭瓚，則資鬯於天子。以下錫命。

天子命之教，然後爲學。

小學在公宫南之左，大學在郊。天子曰辟廱，諸侯曰頖宫。

次國之君不過七命，小國之君不過五命。右諸侯。

諸侯之上大夫卿、下大夫、上士、中士、下士，凡五等。

大國三卿，皆命於天子。下大夫五人，上士二十七人。

大國之卿不過三命，下卿再命。

次國三卿，二卿命於天子，一卿命於其君。下大夫五人，上士二十七人。

次國之卿命於其君者，如小國之卿。

小國二卿，皆命於其君。下大夫五人，上士二十七人。

小國之卿與下大夫一命。

次國之上卿，位當大國之中，中當其下，下當其上。大夫小國之上卿，位當大國之下卿，中當其上大夫，下當其下大夫。其有中士、下士者，數各居其上之三分。右諸侯、卿、大夫、士。

凡四海之内九州，州方千里。

凡四海之内，斷長補短，方三千里，爲田八十萬億一萬億畝。方百里者，爲田九十億畝，山陵、林麓、川澤、溝瀆、城郭、宫室、塗巷三分去一，其餘六十億畝。

古者以周尺八尺爲步，今以周尺六尺四寸爲步。古者百畝，當今東田百四十六畝三十步。古者百里，當今百二十一里六十步四尺二寸二分。右田賦。
千里之内曰甸，千里之外曰采、曰流。
自恒山至於南河千里而近，自南河至於江千里而近，自江至於衡山千里而遥，自東河至於東海千里而遥，自東河至於西河千里而近，自西河至於流沙千里而遥。西不盡流沙，南不盡衡山，東不盡東海，北不盡恒山。右五服。
凡九州，千七百七十三國，天子之元士、諸侯之附庸不與。
天子之田方千里。
方一里者爲田九百畝，方十里者爲方一里者百，爲田九萬畝；方百里者爲方十里者百，爲田九十億畝；方千里者爲方百里者百，爲田九萬億畝。
天子百里之内以共官，千里之内以爲御。
天子三公之田視公侯，天子之卿視伯，天子之大夫視子男，天子之元士視附庸。
天子之縣内方百里之國九，七十里之國二十有一，五十里之國六十有三，凡九十三國，名山大澤不以朌，其餘以禄士，以爲閒田。
天子之縣内方千里者爲方百里者百，封方百里者九，其餘方百里者九十一。又封方七十里者二十一，爲方百里者十，方十里者二十九。其餘方百里者八十，方十里者七十一。又封方五十里者六十三，爲方百里者十五，方十里者七十五。其餘方百里者六十四，方十里者九十六。右畿内封。

天子之縣内諸侯，禄也；外諸侯，嗣也。

諸侯世子世國，大夫不世爵。使以德，爵以功。未賜爵，視天子之元士，以君其國。諸侯之大夫不世爵禄。

八州，州二百一十國。

州方千里，州建百里之國三十，七十里之國六十，五十里之國百有二十，凡二百一十國，名山大川不以封，其餘以爲附庸閒田。

公侯田方百里，伯七十里，子男五十里，不能五十里者不合於天子，附於諸侯，曰附庸。

方千里者爲方百里者百，封方百里者三十國。其餘方百里者七十，又封方七十里者六十，爲方百里者二十九，方十里者四十。其餘方百里者四十，方十里者六十。又封方五十里者百二十，爲方百里者三十。其餘方百里者十，方十里者六十。名山大澤不以封，其餘以爲附庸閒田。諸侯之有功者，取於閒田以禄之，其有削地者，歸之閒田。右八州封國。

千里之外，設方伯。五國以爲屬，屬有長；十國以爲連，連有帥；三十國以爲卒，卒有正；二百一十國以爲州，州有伯。八伯各以其屬，屬於天子之老二人，分天下以爲左右，曰二伯。

八州八伯，五十六正，百六十八帥，三百三十六長。右五長。

天子使其大夫爲三監，監於方伯之國，國三人。

天子之大夫爲三監。監於諸侯之國者，其祿視諸侯之卿，其爵視次國之君，其祿取之於方伯之地。

方伯爲朝天子，皆有湯沐之邑於天子之縣內，視元士。右方伯。

天子五年一巡狩。歲二月東巡狩，至於岱宗，柴而望祀山川，覲諸侯。

問百年者就見之，命大師陳詩，以觀民風。命市納賈，以觀民之所好惡，志淫好辟。

有圭璧、金璋，不粥於市；命服、命車，不粥於市；宗廟之器，不粥於市；犧牲不粥於市；戎器不粥於市；用器不中度，不粥於市；兵車不中度，不粥於市；布帛精粗不中數、幅廣狹不中量，不粥於市；姦色亂正色，不粥於市；錦文珠玉成器，不粥於市；衣服飲食，不粥於市；五穀不時、果實未熟，不粥於市；木不中伐，不粥於市；禽獸魚鼈不中殺，不粥於市。

命典禮考時、月，定日，同律，禮樂、制度、衣服正之。

山川神祇有不舉者爲不敬，不敬者君削以地。宗廟有不順者爲不孝，不孝者君絀以爵。變禮易樂者爲不從，不從者君流。革制度、衣服者爲畔，畔者君討。有功德於民者，加地進律。

五月南巡守，至於南嶽，如東巡守之禮。八月西巡守，至於西嶽，如南巡守之禮。十有一月北巡守，至於北嶽，如西巡守之禮。歸，格①於祖禰，用特。右巡守。

天子諸侯，無事，則歲三田。

一爲乾豆，二爲賓客，三爲充君之庖。無事而不田曰不敬，田不以禮曰暴天物。天子不合圍，諸侯不掩群。天子殺則下大綏，諸侯殺則下小綏，大夫殺則止佐車，佐車止則百姓田獵。

獺祭魚，然後虞人入澤梁。豺祭獸，然後田獵。鳩化爲鷹，然後設罻羅。草木零落，然後入山林。昆蟲未蟄，不以火田。不麛，不卵，不殺胎，不殀夭②，不覆巢。田獵。

冢宰制國用。

必於歲之杪，五穀皆入，然後制國用。用地小大，視年之豐耗，以三十年之通制國用。

國無九年之蓄曰不足，無六年之蓄曰急，無三年之蓄曰國非其國也。三年耕必有一年之食，九年耕必有三年之食。以三十年之通，雖有凶旱水溢，民無菜色，然後天子食，日舉以樂。

量入以爲出。

---

① 格：《禮記·王制》作「假」，意同。

② 殀夭：原作「妖天」，據《禮記·王制》改。

祭用數之仂，喪三年不祭，惟祭天地、社稷，爲越紼而行事。喪用三年之仂。喪祭用不足曰暴，有餘曰浩。祭，豐年不奢，凶年不儉。右制國用。

天子齊戒受諫，司會以歲之成質於天子，冢宰齊戒受質。大樂正、大司寇、市三官以其成從質於天子，大司徒、大司馬、大司空齋戒受質。百官各以其成質於三官，大司徒、大司馬、大司空以百官之成質於天子，百官齋戒受質，然後休老，勞農，成歲事，制國用。

太史典禮，執簡記，奉諱惡。右太史附。

凡執技以事上者，祝、史、射、御、醫、卜及百工。凡執技以事上者，不貳事，不移官。

司空執度，度地居民。

凡居民，量地以制邑，度地邑居民。地邑民居必參相得也。

古者公田藉而不稅，市廛而不稅，關譏而不征，林麓川澤以時入而不禁。夫圭田無征。

關執禁以譏，禁異服，識異言。

田里不粥，墓地不請。

山川沮澤，時四時，量地遠近。

凡居民材，必因天地寒暖、燥濕，廣谷大川異制，民生其間者異俗，剛柔、輕重、遲速異齊，五味異和，器械異制，衣服異宜。修其教，不易其俗；齊其政，不易其宜。

中國、戎夷、五方之民，皆有性也，不可推移。東方曰夷，被髮文身，有不火食者也。南方曰蠻，雕題交趾，有不火食者矣。西方曰戎，被髮衣皮，有不粒食者矣。北方曰狄，衣羽毛，穴居，有不粒食者矣。

興事。

無曠土，無遊民，食節事時，民咸安其居，樂事勸功，尊君親上，然後興學。

任力。

凡使民，任老者之事，食壯者之食。

用民之力，歲不過三日。

凡執技論力，適四方，贏股肱，決射御。右司空。

司馬 司空有發，則命大司徒教士以車甲。徒，據《千乘篇》當爲「馬」。

天子將出，類乎上帝，宜乎社，造乎禰，禡於所征之地，受命於祖，受成於學。

出征，執有罪，反，釋奠於學，以訊馘告。右司馬。

司寇正刑明辟。

凡制五刑，必即天倫，郵罰麗於事。

以聽獄訟，必三刺。

凡聽五刑之訟，必原父子之親，立君臣之義以權之。意論輕重之序，慎測淺深之量以別之。悉其聰明，致其忠愛以盡之。疑獄，汜與衆共①之；衆疑，赦之。必察小大之比以成之。有旨無簡不聽。

成獄辭，史以獄成告於正，正聽之。正以獄成告於大司寇，大司寇聽之棘木之下。大司寇以獄之成告於王，王命三公參聽之。三公以獄之成告於王，王三又當作宥。然後制刑。附從輕，赦從重。

凡作刑罰，輕無赦。

刑者侀也，侀者成也。一成而不可變，故君子盡心焉。右司寇。

司徒修六禮，以節民性。

六禮：冠、昏、喪、祭、鄉、相見。

天子七日而殯，七月而葬。諸侯五日而殯，五月而葬。大夫、士、庶人三日而殯，三月而葬。三年之喪，自天子達。庶人縣封，葬不爲雨止，不封不樹。喪不二事。

父母之喪，三年不從政②。齊衰、大功之喪，三月不從政。將徙於諸侯，三月不從政。

---

① 「共」字原脱，據《禮記·王制》補。

② 政：原作「正」，據《禮記·王制》改。

自諸侯來徙家，期不從政。

天子無事與諸侯相見曰朝。考禮、正刑、一德，以尊於天子。

天子將出，類乎上帝，宜乎社，造乎禰。

諸侯之於天子也，比年一小聘，三年一大聘，五年一朝。

諸侯將出，宜乎社，造乎禰。相見、相聘。

明七教，以興民德。

七教：父子、兄弟、夫婦、君臣、長幼、朋友、賓客。

道路，男子由右，婦人由左，車從中央。

父之齒隨行，兄之齒雁行，朋友不相逾。輕任并，重任分。斑白者不提挈，君子耆老不徒行，庶人耆老不徒食。

齊八政，以防淫。

八政：飲食、衣服、事爲、異別、度、量、數、制。

天子七廟：三昭、三穆，與太祖之廟而七。諸侯五廟：二昭、二穆，與太祖之廟而五。大夫三廟：一昭、一穆，與太祖之廟而三。士一廟，庶人祭於寢。祭廟制。

天子、諸侯宗廟之祭，春曰礿，夏曰禘，秋曰嘗，冬曰烝。大夫、士宗廟之祭，有田則祭，無田則薦。庶人春薦韭，夏薦麥，秋薦黍，冬薦稻。韭以卵，麥以魚，黍以豚，稻以雁。祭期。

天子犆礿、祫禘、祫嘗、祫烝。諸侯礿則不禘，禘則不嘗，嘗則不烝，烝則不礿。諸侯礿犆，禘一犆一祫，嘗祫，烝祫。

大夫祭器不假。祭器未成，不造燕器。

自天子達於庶人，喪從死者，祭從生者，支子不祭。

天子祭天地，諸侯祭社稷，大夫祭五祀。天子祭天下名山大川，五嶽視三公，四瀆視諸侯。諸侯祭名山大川之在其地者。天子、諸侯祭因國之在其地而無主後者。

祭天地之牛角繭栗，宗廟之牛角握，賓客之牛角尺。天子社稷皆太牢，諸侯社稷皆少牢，諸侯無故不殺牛，大夫無故不殺羊，士無故不殺犬豕，庶人無故不食珍。庶羞不逾牲，燕衣不逾祭服，寢不逾祭。

一道德以同俗。

凡執禁以齊衆，不赦過。

析言破律，亂名改作，執左道以亂政，殺。作淫聲、異服、奇技、奇器以疑衆，殺。行僞而堅，言僞而辯①，學非而博，順非而澤以疑衆，殺。假於鬼神、時日、卜筮以疑衆，殺。此四誅者，不以聽。

① 辯：原作「辨」，據《禮記・王制》改。

中國、蠻、夷、戎、狄皆有安居、和味、宜服、利用、備器。五方之民言語不通，嗜欲不同，達其志，通其欲。東方曰寄，南方曰象，西方曰狄鞮，北方曰譯。

養耆老以致孝。

凡三王養老，皆引年。

凡養老，有虞氏以燕禮，夏后氏以饗禮，殷人以食禮，周人修而兼用之。

有虞氏養國老於上庠，養庶老於下庠。夏后氏養國老於東序，養庶老於西序。殷人養國老於右學，養庶老於左學。周人養國老於東膠，養庶老於虞庠。虞庠在國之西郊。

有虞氏皇而祭，深衣而養老。夏后氏收而祭，燕衣而養老。殷人冔①而祭，縞衣而養老。周人冕而祭，玄衣而養老。四代。

五十養於鄉，六十養於國，七十養於學，達於諸侯。八十拜君命，一坐再至，瞽亦如之。九十使人受。禮節。

五十異粻，六十宿肉，七十貳膳，八十常珍，九十飲食不離寢，膳飲從於遊可也。

五十始衰，六十非肉不飽，七十非帛不暖，八十非人不暖，九十雖得人不暖矣。衣食。

五十杖於家，六十杖於鄉，七十杖於國，八十杖於朝。九十者，天子欲有問焉，則就其室，

① 冔：原作「碍」，據《禮記·王制》改。

以珍從。杖朝。

七十不俟朝，八十月告存，九十日有秩。

五十不從力政，六十不與服戎，七十不與賓客之事，八十齊喪之事弗及也。力役。

八十者，一子不從政；九十者，其家不從政；廢疾非人不養者，一人不從政。終養。

五十而爵，六十不親學，七十致政，惟衰麻爲喪。六十歲制，七十時制，八十月制，九十日修。惟絞、紟、衾、冒，死而後制。

恤孤獨以逮不足。

少而無父者謂之孤，老而無子者謂之獨，老而無妻者謂之矜，老而無夫者謂之寡。此四者天民之窮而無告者也，皆有常餼。

瘖、聾、跛、躃、斷者、侏儒，百工各以其器食之。

上賢以崇德。

命鄉論秀士，升之司徒，曰選士。司徒論選士之秀者，而升之學，曰俊士。升於司徒者，不征於鄉；升於學者，不征於司徒，曰造士。大樂正論造士之秀者，以告於王，而升諸司馬，曰進士。

司馬辨論官材，論進士之賢者以告於王，而定其論。論定然後官之，任官然後爵之，位定然後禄之。

樂正崇四術，立四教，順先王《詩》、《書》、《禮》、《樂》以造士。春秋教以《禮》、《樂》，冬夏教以《詩》、《書》。王大子、王子、群后之大子、卿大夫元士之適子、國之俊選，皆造焉。凡入學以齒。

凡官民材，必先論之。論辨然後使之，任事然後爵之，位定然後祿之。爵人於朝，與士共之。刑人於市，與衆棄之。

簡不肖以絀惡。

命鄉簡不帥教者以告，耆老皆朝於庠。元日，習射上功，習鄉上齒，大司徒帥國之俊士與執事焉。不變，命國之右鄉簡不帥教者移之左，命國之左鄉簡不帥教者移之右，如初禮。不變，移之郊，如初禮。不變，移之遂，如初禮。不變，屏之遠方，終身不齒。

將出學，小胥、大胥、小樂正簡不率教者以告於大樂正，大樂正以告於王，王命三公、九卿、大夫、元士皆入學。不變，王親視學。不變，王三日不舉，屏之遠方。

是故公家不畜刑人，大夫弗養，士遇之於塗，弗與言也。屏之四方，唯其所之，不及以政，亦①弗故生也。

西方曰棘，東方曰寄，終身不齒。

---

① 亦：原作「示」，據《禮記·王制》改。

出鄉不與士齒。仕於家者，出鄉不與士齒。

大夫廢其事，終身不仕，死，以士禮葬之。右司徒。

王制集説

廖平　撰　范燮　筆述
楊世文　宋桂梅　校點

校點説明

《王制集説》一卷，廖平撰，范燮筆述。前有《凡例》。廖平認爲，孔子以匹夫制作，其行事具於《春秋》，復推其意於五經。孔子已歿，弟子記其制度，以爲《王制》。今學《禮》以《王制》爲主，六經皆素王所傳，此爲正宗。古學則以《周禮》爲主，以六經皆舊文，歸本于周公，此爲别派。故博采古説經義，以明《王制》。凡古《禮》之與《王制》相異之處，則附存異義，以相啓發。以王者指素王，非古之王者，《王制》統六經，爲孔子所傳，自《春秋》以至於西漢，流傳最盛。先秦、兩漢子書，皆七十子流派，故多用《王制》説。是書成於光緒十二年（一八八六），民國二年（一九一三）《四川國學雜誌》第九、十號，民國三年（一九一四）《國學薈編》第一、二、三期連載。民國三年四川存古書局印入《六譯館叢書》，民國十二年（一九二三）重印，兹據該本校點。

目録

王制集説凡例

一、孔子以匹夫制作，其行事具於《春秋》，復推其意於五經。孔子已殁，弟子紀其制度，以爲《王制》。《論語讖》：「子夏六十四人撰仲尼微言，以事素王。」即《王制》也。此篇皆改制事，不敢訟言，所謂微言。王即素王也。

一、孔子撰述，以《孝經》、《春秋》爲主。《孝經》以治己，故曰「行在《孝經》」；《春秋》以治人，故曰「志在《春秋》」。《孝經》修己之事，故於制度則不詳，此内聖之學也；《春秋》專以治人，故以制度爲要，此外王之學也。《王制》本專爲《春秋》而作，故全與《春秋》名物制度相合也。

一、孔子修《春秋》已，復删《詩》、《書》，定《禮》、《樂》，終乃繫《易》。《詩》、《書》、《禮》、《樂》皆素王平治之具，爲《王制》之節目。四經皆孔子就舊文繙譯，以爲教人之本。故《詩》、《書》之經，多所譯改，取其與《王制》相合。《禮》、《樂》二經，皆司徒所掌，《詩》、《書》又教人之書，歸於學校。《禮》、《樂》乃見行之事，《詩》、《書》爲習古之事，《易》則多明天道，不以教人，而治術之歸源也。

一、《王制》統六經，故今學皆主之立義。《春秋》、《易》、《禮》、《樂》無足疑，《詩》、《書》經孔子繙定，已爲孔子之書，首尾相合，大非四代本制矣，故今學家皆主之。今凡六經傳注師説，依次分纂，以證《王制》，明諸經皆統於《王制》也。

一、今學禮以《王制》爲主。六經皆素王所傳，此正宗也。古學則以《周禮》爲主，不信孔子素王改制之説，以六經皆舊文，歸本於周公。孔子之經而以古禮説，此别派也。今博采古説經義，以明《王制》，凡古禮之與《王制》異者，則附存異義，以相啓發。

一、《王制》有經傳記注之文，舊本淆亂失序。今考訂改寫，爲《王制定本》一卷。

一、《王制》爲孔子所傳，自《春秋》以至於西漢，流傳最盛，以爲聖人所訂故也。今統輯傳記、緯經、諸子、史志之説，以爲長編，依定文纂入。所采之説，以東漢爲斷，俟采録已齊，然後據此草定細章。所有長編，經傳爲一類，子爲一類，史爲一類，以便寫録。

一、以傳説、緯候長編爲首，明傳經皆孔子①弟子也。先兩戴，次兩傳，次今《書》、《詩》、《春秋》、《論語》師説。《易緯》與馬輯《七經緯》附焉。

一、先秦兩漢子書，皆七十子流派，故多用《王制》説。今依時代編次，先據本書鈔録，然後依

① 孔子：原無「子」字，據文意補足。

經纂訂。其有經見異文，一依孫本《孔子集語》①之例彙録之。

一、史志、史漢范書中多用《王制》説，今並集之。其有文集中用《王制》説者，亦附采入。

一、《王制》但言大略，節目未詳。而長編所采諸説，多緟複並見，或零脱不全。今俟采録已齊之後，按照《通典》門户，據舊説排定詳細章程，以能見之施行爲準。如井田、封建、選舉、學校之類是也。《孟子》云：「此其大略，若夫潤澤，則在君與子。」此即潤澤之事也。

一、采録舊説，有明文者易知，無明文者難識。如八政一門，采録佚説，當不下數百條。凡《王制》有節目而無詳説者，當照此例推之，不可但以有明文者爲限。

一、《王制》於制度大綱，可云包括略盡。然一王大法，不能不求詳備。而《繁露》、《外傳》、《解詁》等書所言制度，乃有出《王制》外者。其中固不無《王制》細節爲《王制》所包，而無所附麗者亦不能免。考《白虎通》所引有《王度記》，《王度》與《王制》當是同類。《王度》有記，則《王制》亦當有記。今先輯出《王度記》文，凡今學專書不雜古學者，所有制度無明文，取之以類附入。其有無可歸附者，則據以爲補編。始以《王制》統諸書，繼以諸書補《王制》。采録無遺，庶乎大備耳。

---

① 孫本《孔子集語》：「孫」原作「孔」，誤。孫星衍輯本《孔子集語》首刊於嘉慶二十年，收入《平津館叢書》。

一、《王制》非周制，即《周禮》亦古學家補綴之書，與真周制多不合。今輯群書周時供事，以真周禮。觀此，則不惟改制之意明，而《周禮》爲春秋以後補綴而成之書，非真周禮，亦可明矣。

一、《左傳》今學也，舊誤以爲古，不知大綱全與《王制》相同，無異説。此例不明，則與本説相迕。今凡《左傳》用今禮名而文小異者，類録之，以爲《左傳與王制同考》。

一、《周禮》欲與《王制》爲難，故采録時制以爲此書。據緯記所言，實多真周禮。然當時周禮多不可考，《王制》已行，久有明説，不能易之，故其書大綱，如封建、世卿、徹稅、喪娶、喪祭等爲《春秋》所譏者，人皆知爲周禮。至於此外，多不可考，則多録《王制》、《儀禮》之文，以相補足。如三軍，《朝事篇》儀節分三等之類是也。又，今學名義則不敢改，如三公、九卿、九嬪之類，同《王制》名而異其實。此類不明，必與本書相混。今彙録之，以爲《周禮與王制同名異實考》。

一、《公羊》禮多與《王制》不同。舊以爲采用古學，而緯書、子書亦多同其説。又《王制》三公九卿，而《千乘》言四輔，《昏義》言六官，《曲禮》言五官，此類固多異名同實，而實爲《王制》佚義者亦不少。今定采異説，爲《今學同實異名考》。至於確係異實，考如其與古學實係不同者，則定以爲《王制》佚義。此等事固不多也。

一、孔子以《王制》爲後世法，秦、漢與《王制》不同，世遂不明此意，以《王制》爲無用之書。不知後人陰被其福而不知。如《王制》開選舉，後王全祖此法；而衆建諸侯，即郡縣之遺意；廣開學校，亦治化之根本。《中庸》之「百世以俟聖人而不惑」，今用《王制》之事多爲益，倍於《王制》者多爲害，習焉不察耳。况周當積弊，沿此一改乎？今取後世安危要政，與《王制》相比較，彙輯一册，以爲《王制遺政考》。

一、《王制》參用四代禮，即孔子答顔子爲邦之意。今輯孔子改制爲素王舊説，以爲《王制叙録》一卷，以明其精義。

一、素王改制，孔子有「罪我」之言。此義不能明説，謂之微言。故孟、荀皆以《王制》爲周禮，蓋既不能謂之爲孔子禮，又不能謂之夏、殷禮。孟、荀皆有素王天子之説，而以《王制》爲周禮者，心知其意而口不能言者也。

一、玄聖素王，明文見於《莊子》，可見此先秦以前古義。後儒不信此義，不知古文家已先本之立説，然而究不能如今學之宏通，以此知素王説之不可駁。

一、《王制》儀節，有爲古文家所據改，今學遂佚此篇者。如《周禮》五官節皆多本今學舊文潤色，今《周禮》有其文，而今學反失之。《考工記》一篇，本《王制》考工之事，《曲禮》之所謂六工也，故其中制度多與今學同，蓋作《周禮》者據今書以改爲古學，有不盡耳。《周禮》本以考工爲一官，《記》有明文。班《志》云六篇，並不以爲缺。冬官以《考工》相補，言缺補者，後師之誤也。今凡今學所不備者，多可據之爲説。

一、以今學諸經解《王制》，凡三傳《春秋》、今古《尚書》、三家《詩》、《儀禮》七種，皆各爲《王制義證》二卷，附於本經之末，以見今學統宗《王制》之義。

一、諸書所引孔子言，間有與《王制》不合者，此由學者各以三統立説，故多參差，然文異實同，不當岐説。至於《孝經》曾子之説，與《王制》異者，此三統異説也。今以爲《孝經》專説，不引用焉。

一、《王制》當立圖表。今立九州圖、五服圖、王畿九十三國圖、一州二百一十國圖、九錫表、王臣食禄表、大國次國小國君臣食禄表、九命表，以外由此推之。

一、舊説《王制》以爲《春秋》專證。今既以《王制》統六經，則不專以《春秋》爲主。今將《春秋》專證以歸《公》、《穀》義證，至於《王制》注疏，不專主《春秋》焉。

王制集説 一①

王者王者指後王，非古之王者。《董子》主天法商而王，主地法夏而王，與《荀子》後王是也。之制禄《周禮》内史主王者之制禄，外史言掌三皇五帝之書，内外即小大共球，六合内外。二書互相爲用，《王制》所詳，《周禮》多從缺略；《周禮》所詳，又多爲《王制》②所缺略。有同有異，小大之王皇攸分。爵，説曰：《管子·爵位》：「朝者義之理也。是故爵位正而民不怨，民不怨則不亂，然後義可理。理不正則不可以治，而不可不理也。故一國之人不可以皆貴，皆貴則事不成，而國不利也。爲事之不成，國之不利也。使無貴者，則民不能自理也。是故辨於爵列之尊卑，則知先後之序，貴賤之義矣。爲之有道。」公、侯、伯、子、男，上五等爲五長。凡五等。説曰：《孟子》：「公一位，侯一位，伯一位，子男同一位，凡五等。」《白虎通·爵説》、《大戴·朝事》：「古者聖王明義以别貴賤，以序尊卑，以體上下，然後民知尊君敬上，而忠順之行備矣。是故古者天子之官，有典命官掌諸侯之儀，大行人掌諸侯之儀，以等其爵。故貴賤有别，尊卑有序，上下有差也。典命諸侯之五儀，上五長。諸臣之五等，下五等合爲十等。以定其爵。故貴賤有别，尊卑有序，上下有差也。命上公九卿爲伯，其國家敘室、車旌、衣服、禮儀，皆以九爲節。諸侯、諸伯

---

① 一：原無，因後面實際上分爲三部分，爲方便起見，每部分前加序號以區別。又：此下尚有「范燮筆述」四字，蓋這部分爲范氏筆録而成。

② 王制：原作「言制」，據前後文意改。

七命，其國家宮室、車旌、衣服、禮儀，皆以七爲節。子、男五命，其國家宮室、車旌、衣服、禮儀，皆以五爲節。王之三公八命，其卿六命，其大夫四命。及其出封也，皆加一等。其國家宫室、車旌、衣服、禮儀亦如之。凡諸侯之適子省於天子，攝君則下其君之禮一等，未省則以皮帛繼子男。公之孤即上適子，以爲孤卿，誤。四命，以皮帛視小國之君。其卿三命，其大夫再命，士一命。其宫室、車旌、衣服、禮儀，各視其命之數。侯、伯之卿、大夫、士亦如之。子男之卿再命，其大夫一命，其士不命。其宫室、車旌、衣服、禮儀各如其命之數。」設官、分職、授禄，如今之軍機、吏部。歷代封建，郡國、王侯、藩鎮皆其潤澤是實。

右王臣。此節略如《周禮·天官》。

諸侯之下士小國下士。視上農夫，九人。禄足以代其耕也。從九下至五。中士倍下士，十八。上士倍中士，三十六。下大夫倍上士，七十二。○按：此舉小國立例，以小國下大夫七十二人爲定率，大國言四大夫，次國三大夫，小國倍大夫，其文義顯明。《孟子》三等皆有大夫倍上士文，必注誤。卿大國下卿。以下士下大夫，舉下等以立例，因知爲下卿也。四大國。大夫小國。禄，二百八十八。○按：下詳言食禄人數，以傳下等例推之，不合，當爲記説之誤。君十卿上卿。由下士以推下卿，此舉極下以上推也，故不能越下卿而言。上卿，君極上也，由上下推，故又不能舍上卿而言下卿，上下對舉，故知此爲上卿。傳不明言者，舉上下義例可推，故省文耳。亦如小國二卿皆命於其君，下大夫五人，上士二十七人之類，可以例推全文。禄。當得五千七百六十人，由下卿二百八十八，加算中卿四百三十二，上卿五百七十六。下推仿此。次國之卿下卿。三大夫。小國下大夫。禄，二百一十六。君十卿上卿。禄。二千一百六十。小國之卿下卿。倍大夫本國下大夫。禄，一百四十四。君十卿本國上卿。禄。一千八百八。○按：此節文依原傳解之，食禄人數固甚明白。然大國士食九人，則下推至小國之士，僅能食四人，再下推至二百四十三之下士，竟無禄食。

以理論之，聖人經制當不如此。因詳審傳文，始知以小國立説。説詳《春秋圖表》中。

右侯國。

諸侯小國。之下士如方五十里。禄食九人，以上農立算。中士食十八人，上士食三十六人，下大夫食七十二人，以上小國。卿大國下卿方七十里。食二百八十八人，四大夫禄。君食二千八百八十人。誤推。次國方六十里。之卿下卿。食二百一十六人，三大夫禄。君食二千一百六十人。誤推。小國方五十里。之卿下卿。食百四十四人，倍大夫禄。君食千四百四十人。誤推。按此不識舉下等立法所致。

《周禮·司禄篇》缺。

制農田百畝。廣一步、長百步爲一畝，廣百步、長百步爲百畝。百畝之分，上農夫食九人，其次食八人，其次食七人，其次食六人。下農夫食五人。庶人在官者，天子二百四十三人。其禄以是爲差也。

天子比皇。皇統二萬七千里，合爲七百二十九方千里。二帝爲后，平分天下，各得三百六十五方千里。大九州每州方九千里，一州八王，各得方千里者九，共六十四王，得方千里者五百七十六。一王二公，統方千里者四州，共一百二十八伯，五百一十二方伯。每方伯得方千里，以《太玄》之法推之，八十一除内九，四方七十二以配元士，二十四部以配大夫，八州以配八卿，三方以配三公，則每一元士當占地方三千里，如禹之九州。此就二萬七千里算，若就三萬里實數言之，則立算異。是蓋不以三萬里立算者。皇以帝之九州爲一州，共止得方二萬七千里。故以此立算，此書本王之制，不可過推大，姑發其例。三公，比皇三后大帝。九卿，比皇九小帝。二十七大夫，比二十七帝佐。八十一元士。比皇八十一伯。説曰：《尚書大傳·夏傳》：「古者天子三公，每一公三卿佐之，每一卿三大夫佐之，每一大夫三元士佐之，故有三公、九卿、二十七大夫、八十一元士，所與爲天下者如此而已。」《董子·官制象天》：「王者制官，三公、九卿、二十七大夫、八十一元士，凡百二十人，而列臣備矣。吾聞聖王所取，儀金天之大經，三起而成，四轉而終，官制亦然者，此其儀與！三人而爲一選，儀於三月而爲一時也。四選而止，儀於四時而終也。三公者，王之所以自持也。天以三成之，王以三自持，立成數以爲植，而四重之，其可以無失矣。備天數以參事，治謹於道之意也。此百二十臣者，皆先王之所與直道而行也。是故天子自參以三公，三公自參以九卿，九卿自參以三大夫，三大夫自參以三士。三人爲選者四重。自三之道以治天下，若天之四重，自三之時以終始歲也。一陽而三春，非自三之時與？而天四重之，其數同矣。天有四時，時三月，王有四選，選三臣。是故有孟，有仲，有季，一時之情也。有上，有下，有中，一選之情也。三臣而爲一選，四選而止，人情盡矣。人之材固有四選，如天之時固有四變也。聖人爲一選，君子爲一選，善人爲一選，正人爲一選，由此而下者，不足選也。四選之中，各有節也。是故天選四提，十二而人變盡矣。盡人之變合之天，唯聖人者能之，所以立王事也。何謂天之大經？三起而成日，三日而成規，三旬而成月，三月而成時，三時而成功。寒暑與和，三而成物；日月與星，三而成光；天地與人，三而成德。由此觀之，三而一成，天之大經也。以此爲天制，是故禮三讓而成一節，官三人而成一選，三公爲一選，三卿爲一選，三大夫爲一選，三士爲一選。凡四選三臣，應天之制，凡四時之三月也。是故其以三爲選，取諸天之經；其以四爲制，取諸天之時；其以十二臣爲一條，取諸歲之度；其至十條而止，取之天端。何謂天之端？曰：天有十端，十端而止已。天爲一端，地爲一端，陰爲一端，陽爲一端，火爲一端，金爲一端，木爲一端，水爲一端，土爲一端，人爲一端，凡十端，而畢天之數也。天數畢於十，王者受十端於天，而一條之率，每條一端以十二時，如天之每終一歲以十二月也。十者天之數也，十二者歲之度也。用歲之度，條天之數，十二而天數畢。是故終十歲而用百二十月，條十端亦用百二十臣，以率被之，皆合於天。其率三臣而成一慎，故八十一元士爲二十七慎，以持二十七大夫。二十七大夫爲九慎，以持九卿。九卿爲三慎，以持三公。三公爲一慎，以持天子。天子積四十慎，以爲四選，選一慎三臣，皆天數也。是故以四選率之，則選三十人，三四十二，百二十人，亦天數也。以十端四選，十端積四十慎，慎三臣，三四十二，百二十人，亦天數也。以三公之勞率之，則公四十人，三四十二，百二十人，亦天數也。故散而名之，爲百二十臣；選而賓之，爲十二長。所以名之雖多，莫若謂之四選、十二長。然而分別率之，皆有所合，無不中天數者也。求天數之微，莫若於人。人之身有四肢，每肢有三節，三四十二，十二節相持，而形體立矣。天有四時，每一時有三月，三四十二，十二月相受，而歲數終矣。官有四選，每一選有三人，三四十二，十二臣相參，而事治行矣。以此見天之數，人之形，官之制，相參相得也。人之與天，多此類者，而皆微忽，不可不察也。天地之理，分一歲之變，以爲四時，四時亦天之四選已。是故春者少陽之選也，夏者太陽之選也，秋者少陰之選也，冬者太陰之選也。四選之中，各有孟、仲、季，是選之中有選。故一歲之中有四時，一時之中有三長，天之節也。人生於天，而體天之節，故亦有大小厚薄之變，人之氣也。先王因人之氣而分其變，以爲四選。是故三公之位，聖人之選也。三卿之位，君子之選也。三大夫之位，善人之選也。三士之位，正直之選也。分人之變，以爲四選，選立三臣，如天之分歲之變，以爲四時，時有三節也。天以四時之選，與十二節相和而成歲。王以四位之選，與十二臣相砥礪而致極。道必極於其所至，然後能得天地之美也。」

制：王度之學，《别録》、《白虎通》所引《王度記》是也。此爲王制，故言制。三公已九命矣。一命讀作錫。卷。考《春官・典命》云：「上公九命爲伯，侯、伯七命，子、男五命，王之三公八命，其卿六命，其大夫四命。及其出封，皆加一等。公之孤四命，其卿三命，其大夫再命，其士一命。侯伯之卿、大夫、士亦如之。子、男之卿再命，其大夫一命，其士不命。」按：此言九命，全文未言九錫。考四命以上六命皆爲王朝之官，然八命之公，六命之卿，四命之大夫，出封皆加一等，則仍五命。四命以下四等合公仍五等，是外諸侯亦占五命，内外平分，共有十等。王朝尊，外州卑，即《左傳》所謂「天有十日，人有十等」。本書所言錫命，平分則爲十八級，而合之則仍爲十等。不過錫居上等，命居下等。由是言之，《周禮》雖未言錫有十等，而錫在其中。○按：九錫二伯爲公，七錫方伯爲侯，爲卿，五錫卒正爲伯，爲監，爲大夫，三錫連帥爲元士，一錫庶長爲男，爲中士。九命之公爲百里國，七命之侯爲七十里國，五命之伯爲五十里國，三命之子爲方三十里附庸，一命之男爲十五里附庸。若有加，則賜也，不過九命。説曰：《白虎通》：「禮記①九錫：車馬、衣服、樂則、朱户、納陛、虎賁、鈇鉞、弓矢、秬鬯，皆隨其德可行而賜。能安民者賜車馬，能富民者賜衣服，能和民者賜樂則，民衆多者賜以朱户，能進善者賜以納陛，能退惡者賜以虎賁，能誅有罪者賜以鈇鉞，能征不義者賜以弓矢，孝道備者賜以秬鬯，以先後與施行之次，自不相逾，相爲本末。然安民然後富，貴而後樂，樂而後衆乃多賢，賢乃能進善，進善乃能退惡，退惡乃能斷刑。内能正己，外能正人，内外行備，孝道乃生。能安民，故賜車馬，以著其功德，安其身。能使人足衣食，倉稟實，故賜衣服，以彰其體。能使民和，故賜之樂則，以事其先也。《禮》曰：『夫賜樂者，得以時王之樂事其宗廟也。』朱盛色，户所以紀民數也，故民衆多賜朱户也。古者人君下賢，降

---

① 禮記：原作「禮説」，據《白虎通義・考黜篇》改。

階一等而禮之。故進賢賜之納陛，以優之也。既能進善，當能戒惡，故賜虎賁。虎賁者，所以戒不虞而拒惡。拒惡當斷刑，故賜之鈇鉞，鈇鉞所以斷大刑。刑罰中，則能征不義，故賜弓矢，弓矢所以征不義，伐無道也。圭瓚秬鬯，宗廟之盛禮，故孝道備而賜之秬鬯，所以極著孝道。孝道純備，故內和外榮。玉以象德，金以配情，芬香條鬯，以通神靈。玉飾其本，君子之性；金飾其中，君子之道。君子有黃中通理之道美素德。金者精和之至也，玉者德美之至也，鬯者芬香之至也。君子有圭瓚、秬鬯者，以配道德也。其至乎，合天下之極美，以通其志也，其惟圭瓚秬鬯乎？車者，謂其有赤有青之蓋，朱輪，特熊居前，左右寢麋也。以其進止有節，德綏民，路車乘馬以安其身。言成章，行成規，衮龍之衣服表顯其德。長於教誨，內懷至仁，則賜以樂則，以化其民。尊賢達德，動作有禮，賜之納陛，以安其體。居處修治，閨房內節，男女時配，貴賤有別，則賜朱户，以明其德。列威武有矜，嚴仁堅强，賜以虎賁，以備非常。喜怒有節，誅罰刑當，賜以鈇鉞，使得專殺。好惡無私，執義不傾，賜以弓矢，使得專征。孝道之美，百行之本也，故賜之圭瓚，使得專爲鬯也。故《王制》曰：『賜之弓矢，然後專征。』又曰：『賜圭瓚，然後爲鬯。未賜者，資鬯於天子。』《王度記》曰：『天子鬯，諸侯薰，大夫芑蘭，士蒹葭，庶人艾。』車馬、衣服、樂則三等者賜與其物。《禮》：『天子賜諸侯氏車服，路先設，路下四亞之。』又曰：『諸公奉篋服。』《王制》曰：『天子賜諸侯樂，則以柷將之。』《詩》曰：『君子來朝，何錫予之？路車乘馬。又何予之？玄衮及黼。』《書》曰：『明試以功，車服以庸。』朱户、納陛、虎賁者，皆與之制度；而鈇鉞、弓矢、玉瓚者，皆與之物，各因其宜也。秬者黑黍，一稃二米。鬯者，以百草之香鬱金合而釀之，成爲鬯。陽達於牆屋，陰入於淵泉，所以灌地降神也。圭瓚者，器名也，所以灌鬯之器也。以圭飾其柄，灌鬯貴玉器也。」按：命爲常禮，賜則特典，故命止册書，錫有儀物。《公羊傳》曰：「錫者何？賜也。命者何？加我服也。」是也。故《禮緯・含文嘉》云：「禮有九錫：一曰車馬，二曰衣服，三曰樂則，四曰朱户，五曰納陛，六曰虎賁，七曰弓矢，八曰鈇鉞，九曰秬鬯，皆所以勸善扶不能，四方所瞻，臣子所望。」又《韓詩外傳》：「諸侯之九德，天子錫之。一錫車馬，再錫衣服，三錫虎賁，四錫樂器，五錫納陛，六錫朱户，七錫弓矢，八錫鈇鉞，九錫秬鬯。」魏宋均注《禮緯・含文嘉》又云：「諸侯有德，當益其地，不過百里。後有功，加以九錫，進退有節，至賜以秬鬯，使之祭祀。」皆與諸説義通。觀此，錫命雖十八級，而錫尊於命，可無疑矣。

右王臣。

天子賜諸侯方伯。樂，則以柷將之；賜伯、子、男卒正。樂，則以鼗將之。以下無樂。諸侯賜弓矢九錫，二伯。然後征，討伐諸侯，大五刑。賜鈇鉞七錫，方伯。然後殺，專殺罪人，小五刑。賜圭瓚然後爲鬯。此特賜，在九錫外。未賜圭瓚，則資鬯於天子。天子命之教，然後爲學。説曰：《白虎通》云：「學之爲言覺也，以覺悟所不知也。故學以治性，慮以變情。故玉不琢，不成器，人不學，不知義。子夏曰：百工居肆以成其事，君子學以致其道。」

小學如蒙學專言修身、格致等事。在公宮南之左，大學如大學專講治平之事，與小學不同。小學已明，大學更不置此科學。如《保傅》云「古年八歲而出就外舍，學小藝焉，履小節焉。束髮而就大學，學大藝焉，履大節焉」是也。與《白虎通》「入小學學書計、入大學學經籍」義同。在郊。説曰：《保傅》引《學禮》曰：「帝入東學，上親而貴仁，則親疏有序，而恩相及矣。帝入南學，上齒而貴信，則長幼有差，而民不誣矣。帝入西學，上賢而貴德，則聖智在位，而功不匱矣。帝入北學，上貴而尊爵，則貴賤有等，而下不踰矣。帝入大學，承師問道，退習而端於太傅，太傅罰其不則，而達其不及，則德智長而理道得矣。」按：此五學爲京師大學。

所以必五者，亦如樂正四教：春秋教以《禮》、《樂》，冬夏教以《詩》、《書》。故《大戴注》云：「四學者，東序、瞽宗、虞庠及四郊之學也。春氣温養，故上親；夏物盛，小大殊，故上齒；秋物成實，故貴德；冬時物藏於地，唯象於天半見也，故上爵也。」又《補注》云：「天子之學與明堂同制。故明堂、靈臺、辟雍謂之三雍。大學者，辟雍之中室也。虞名學爲庠，夏爲序，殷爲瞽宗，周人兼取之，以名其四堂。《詩》曰：『鎬京辟雍，自西自東，自南自北。』謂辟雍居其中，四學環之。東堂曰東序，一曰東郊，養國老在焉。西堂曰瞽宗，《周禮》凡有道者、有德者死，則以爲樂，祖祭於瞽宗。故《祭義》云：『祀先賢於西學。』合於上賢貴德之事也。北堂曰上庠，北方冬方。《文王世子》云：『冬讀書。』書在上庠，以此。南堂曰成均，乃周學之正名，故《大司樂》獨言掌成均之法。五學先成均，猶五宮先明堂矣。《易太初篇》曰：『天子旦入東學，晝入南學，夕入西學，莫入北學。』」觀二説以五學分科，各有專門，取人性之所近，事半功倍，人才衆多，學術昌明，此移左移右之教所由來也。近來人學溥通，並小大淆紊，無怪學術不明，人才日絀。吁，可慨也夫！

天子曰辟雍，諸侯曰頖宫。説曰：《白虎通》云：「天子立辟雍何？辟雍所以行禮樂，宣德化也。辟者何？璧也，象璧圓，以法天也。雍者，壅之以水，象教化流行也。辟之爲言積也，積天下之道德；雍之爲言壅也，雍天下之儀則，故謂之辟雍也。《王制》曰：『天子曰辟雍，諸侯曰頖宫。』外圓者，欲使觀者均平也。又言欲外圓内方，明德當圓，行當方也。不言圓辟何？又圓於辟。何以知其圓也？以其言辟也。何以知有水也？《詩》曰：『思樂泮水，薄采其芹。』《詩訓》曰：『水圓如璧。』諸侯曰泮宫者，半於天子宫也，明尊卑有差，所化少也。半者象璜也，獨南面禮儀之方有水耳，其餘壅之，言垣宫名之別尊卑也，明不得化四方也。不言泮雍何？嫌但半天子制度也。《詩》云：『穆穆魯侯，克明其德。既作泮宫，淮夷攸服。』」原訂此二句聯上，以辟雍、頖宫爲講學之地。今班氏有辟雍、泮宫釋文，今改另寫。

次國之君不過七命，有五長之大、次、小，有本封之大、次、小。五長爲五錫，本封爲九命。小國之君不過五命。

説曰：《經話》：「公、侯、伯、子、男，乃五長正稱。凡經傳五等之稱，指小國言者，百中不過一二。今以《左傳》人有十等證之自明。禮九錫、九命分爲十八，合則爲九，歷代官品皆同於此。由天子至九品，由一品至未入，皆十等也。《左傳》上五等爲王、公、卿、大夫、士之名，下五等則用皂、輿、隸、僚、僕、臺之號。初讀《左傳》，疑下五等相臣之説近於誣，輿、臺以下何必細爲分別？繼詳審《孟子》、《王制》，然後《左傳》爲十等人名目全文，他處皆有假借，遂疑爲創出耳。考《孟子》『天子、公、卿、大夫、士凡五等』，下又云『君、卿、大夫、上士①、中士、下士凡六等，侯視卿，大夫視伯，元士視子男』，是以公、侯、伯、子、男爲五長之正稱也。下數之君，即子、男亦在内。孟子就其本國名曰卿、大夫、士，此下五等借用上五等之號也。若十等必見本稱，不相假借，則必爲《左傳》之皂、輿、隸、僚、僕、臺，全出十號，不可兩見卿、大夫、士之稱矣。以今制言之，大約五品以上爲公、侯、伯、子、男，五品以下爲皂、輿、隸、僚、僕、臺。五等爵禄既已先見於五長，賤者不能相與同，勢不得不更立名目。其所以云皂、隸、僕、臺者，皆就天子言之，爲大子之僕役賤使耳，非爲平人當賤役也。五品爲男，士臣皂，皂即男之字變。公、卿、大夫、士只四等，皂居五等，即稱爵之男也，名異實同。六品爲輿，七品爲隸，八品爲僚，九品爲僕，未入爲臺，尊卑銜連，有君臣節制之義。馬圉牛牧，不在此例。傳中卿、大夫皆以圉牧爲稱。是今之尚書爲卿，爲侯，侍郎爲大夫，爲伯，郎中爲士，爲子，主事爲下士，爲男，爲皂，直隸州爲輿，知縣爲隸，佐雜未入爲僚，爲僕，爲臺。下五等之稱卿、大夫、士，侯、伯、子、男乃借用上等之稱，非正稱也。如五等封地，五瑞五贄，諸以五爲節者，皆指上五等，非謂下五等也。鄭君注

①　上士：原作「上上」，據《孟子·萬章下》改。

禮，不審五爵爲五長，盡以百里、七十里、五十里爲公、侯、伯、子、男，以近事比之，豈非就知縣以下分爲九等乎？如《王制》君食二千八百八十人，此本指方伯以上，如今之督撫。統計君臣所食，當在萬人上下。若百里之國如今一縣，官此地者，何能空養此衆多哉？一知縣以下，又何有卿、大夫、上中下士五等品級之人哉？九錫、九命本同，今制盡以諸侯歸之七品以下，是獨詳知縣，而從大學士至於道府司官，乃一筆删去，不又詳略失宜哉？又考《太玄》、《潛虚》九等圖，以王、公、牧、伯、正，下合卿、大夫、士、庶人爲九等，亦詳於五長。大抵鄭君經説，以此爲第一大誤，以五長禮制盡歸之百里以下，如讀《會典》、《通禮》，七品以上皆不可考詳，但就百里、七十里、五十里之知縣爲品官之制，其於典禮豈有絲毫之合哉？」按：上等級之説甚爲詳明，今更以今制證錫命。錫命雖平分十八級，合爲十，尊卑並非同時並建，爲授職之常，終身不更。九命爲命官常典，九錫則並加銜差使。大國九命，則凡百里之侯皆九命矣。其中所有長、帥、正、牧、伯差使職事各有等級，共爲五長，皆從加賜而定。錫、命相連，合爲十八級，如今九品官分正從。今正從一品爲九八錫，正從二品爲七六錫，正從三品爲五四錫，正從四品爲三再錫，正五品爲一錫，從五品爲九命，正從六品爲八七命，正從七品爲六五命，正從八品爲四三命，正從九品爲再一命。兼舉則錫、命一也，孤文則錫大命小，此上下五等之所以分也。

右諸侯。

諸侯之上大夫、卿、上等之上大夫可以當下等卿，故曰上大夫卿。下大夫、下等下大夫。上士、上等上士可以當下等下大夫，下推仿此。中士、下士，凡五等。此九命下五等，即《左傳》皁、輿、隸、僚、屬、臺之説。《孟子》言六等，合國君數之。

大國三卿，皆命於天子。如齊之國、高。下大夫五人，按：天子三公、九卿、二十七大夫、八十一元士，以三輔一立爲定制，既上有三卿，下有二十七上士，此當云九大夫。不言九大夫者，以上下可以起例。又上有上大夫卿明文，何勞重疊。此省文例。《董子》作九大夫是也。又三卿半分，此大夫亦當言三等，乃上下平分，而下數多於上一人。考《董子》天子於三公屬官外別有七通大夫諸侯，則大國、次國、小國皆有通佐大夫五人，諸書所不言。《董子》説本《王制》。《王制》無通佐大夫之文，則比附此下大夫以見義者也。諸侯見五人，不見天子七人者，可以相推，此亦省文也。

上士二十七人。說曰：《繁露·爵國篇》：「《春秋》曰『會宰周公』，又曰『公會齊侯、宋公、鄭伯、許男、滕子』，又曰『初獻六羽』。《傳》曰：天子三公稱公，王者之後稱公，其餘大國稱侯，小國稱伯、子、男，凡五等。故周爵五等，士三品，文多而實少。《春秋》三等，合伯、子、男爲一爵，士二品，文少而實多。《春秋》曰荆，《傳》曰：『氏不若人，人不若名，名不若字。』凡四等，命曰附庸，三代共之。然則其地列奈何？曰：天子邦圻千里，公侯百里，伯七十里，子、男五十里，附庸字者方三十里，名者方二十里，人、氏者方十五里。《春秋》曰『宰周公』，《傳》曰『天子三公』。祭伯來，《傳》曰：『天子大夫。』宰渠伯糾，《傳》曰：『下大夫。』石尚，《傳》曰：『天子之士也。』王人，《傳》曰：『微者，謂下士也。』凡五等。《春秋》曰：『作三軍。』《傳》曰：『何以書？譏。何譏爾？古者上卿、下卿、上士、下士，凡四等。』小國之大夫與次國下卿同，次國大夫與大國下卿同，大國下大夫與天子下士同，二十四等，禄八差，有大功德者受大爵土，功德小者受小爵土，大材者執大官位，小材者受小官位，如其能宣，治之至也。故萬人者曰英，千人者曰俊，百人者曰杰，十人者曰豪。豪杰英俊不相陵，故治天下如視諸掌上。其數何法以然？曰：天子分左右五等，三百六十三人，法天一歲之數，五時色之象也。通佐十上卿與下卿，而二百二十人，天庭之象也。

倍諸侯之數也。諸侯之外佐四等，百二十人，法四時、六甲之數也。通佐五，與下而六十人，法日①辰之數也。佐之必三，三而相復何？曰：時三月而成，大辰三而成象。諸侯之爵或五何？法天地之數也。五官亦然。然則立置有司分指數奈何？曰：諸侯大國四軍，古之制也。其一軍以奉公家也。凡口軍三口者何？曰：大國十六萬口，而立口軍三。何以言之？曰：以井田准數之。方里而一井，一井而九百畝，而立口，方里八家，一家百畝，以食五口，上農夫耕百畝，食九口，次八人，次七人，次六人，次五人，多寡相補。率百畝而三口，方里而二十四口，方里者十，得二百四十口。方十里爲方里者百，得二千四百口。方百里爲方里者萬，得二十四萬口。法三分而除其一，城池、郭邑、屋室、閭巷、街、路、市、宫府、園囿、萎圈、臺沼、椽采，得良田方十里者六十六，與方里六十六，定率得十六萬口，三分之，則各得五萬三千三百三十三口，爲大國口軍三。此公侯也。天子地方千里，爲方百里者百，亦三分除其一，定得田方百里者六十六，與方十里者六十六，定率得千六百萬口，九分之，各得百七十七萬七千七百七十七口，爲京口軍九。三京口軍以奉王家。故天子立一后，一世夫人，中左右夫人，四姬，三良人。立一世子、三公、九卿、二十七大夫、八十一元士、二百四十三下士。有七上卿、二十一下卿、六十三元士、百二十九下士。王后置一大傅、大母、三伯、三丞、二十夫人、四姬、三良人，各有師傅。世子一人，大傅、三傅、三率、三少。士入仕宿衛天子者，比下士，下士者如上士之下數。王后御衛者，上下御各五人。世②夫人、中

① 日：原作「目」，據《春秋繁露・爵國篇》改。

② 世：原作「二十」，據右引改。

左右夫人、四姬，上下御各五人，三良人各五人。世子妃姬及士衛者如公侯之制。王后傅、上下史五人，三伯上下史各五人，少伯史各五人，世子大傅上下史各五人，少傅亦各五人，三率三下率亦各五人。三公上下史各五人，卿上下史各五人，大夫上下史各五人，元士上下史各五人，上下卿、上下士之史，上下亦各五人。卿、大夫、元士臣各三人。故公侯方百里，三分除一，定得田方一里者六十六，與方里六十六，定率得十六萬口，三分之，爲大國口軍三，而立大國。一夫人，一世婦，左右婦，三姬，二良人，立一世子，三卿，九大夫，二十七上士，八十一下士，亦有五通大夫，立上下士。上卿位比天子之元士，今八百石，下卿六百石，上士四百石，下士三百石。夫人一傅母，三伯，三丞。世婦、左右婦、三姬、二良人，各有師保。士子一上傅丞。士宿衛公者，比公者，比上卿者，有三人。下卿六人，比上下士者，如上下之數。夫人衛御者，上下御各五人。世婦、左右婦上下御各五人，二卿御各五人。世子上傅上下史各五人，丞史各五人。三卿、九大夫、上士、史各五人，下士史各五人。通大夫、士、上下史各五人，卿、臣二人。此公侯之制也。公侯賢者爲州方伯，錫斧鉞，置虎賁百人。故伯七十里，七七四十九，三分除其一，定得田方十里者二十八，與方一里者六十六，定率得十萬九千二百一十二口，爲次國口軍三，而立次國。一夫人，世婦，左右婦，三良人，二孺子。立一世子，三卿，九大夫，二十七上士，八十一下士，與五通大夫，五上士，十五下士。其上卿位比大國之下卿，今六百石，下卿四百石，上士三百石，下士二百石。夫人一傅母，三伯，三丞，世婦、左右婦、三良人、三御人，各有師保。世子一下士傅。士宿衛公者，比上卿者三人，下卿六人，比上下士，如上下之數。夫人御衛者，上下士御各五人。世婦、左右婦上下御各五人，二御各五人。世子上傅、上下史各五人，丞史各五人。三卿、九大夫①上下史各五人，下士史五人。通大夫上下史各五人，卿臣二人。故子男方五十里，五五二十五，爲方十里者一十六，定率得四萬口，爲小國口軍三，而立小國。夫人、世婦、左右婦、三良人、二孺子，立一世子、三卿、九大夫、二十七上士、八十一下士，與五通大夫、五上士、十五下士。其上卿比次國之下卿，今四百石，下卿三百石，上士二百石，下士百石。夫人一傅母、三伯、三丞，世婦、左右婦、三良人、一御人，各有師保。世子一上下傅。士宿衛公者，比上卿者三人，下卿六人。夫人御衛者，上下御各五人。世婦、左右婦上下御各五人，二御人各五人。世子上傅、上下史各五人，三卿、九大夫上下史各五人，通大夫上下史亦各五人，卿臣三人。此周制也。《春秋》合伯、子、男爲一等，故附庸字者地方三十里，三三而九，三分而除其一，定得田方十里者六，定率得一萬四千四百口，爲口軍三。而立一宗婦、二妾、一世子、宰丕、丞一、士一、秩士五人。宰視子男下卿，今三百石。宗婦有師保，御者三人，妾各二人。世子一傅，士宿衛君者比上卿，下卿一人，上下各如其數。世子傅、上下史各五人，下良五。稱名善者，地方半字君之地，九半，四分除其一，定得田方十里者三，定率得七千二百口。一世子宰，今二百石，下四半三半二十五。三分除其一，定得田方十里者一，與方里者五②，定率得三千六百口。一世子宰，今百石，史五人，宗婦、仕衛、世子臣。」按：原文多脱誤，詳改於後表。此篇本《王制》、《春秋》立説，凡職官等級，統古來説經制度者無詳於此，真爲治經之精金良藥，欲治經不先通

① 九大夫：原作「九大人」，據《春秋繁露・爵國篇》改。
② 五：原作「五十」，據《春秋繁露・爵國篇》改。

此，則經萬不能通。況此又爲今學之真傳，知此，則僞古文師説不能雜入心中，其堪寶貴，足與《白虎通義》相比。後世講經者昧此，無怪經説不明，學術日壞也。今故不忍摘注，録全文以便閲者知其原委。假閲者因此而通經，通經而致用，未必非鈔胥之功也。

大國二伯如齊、晉。之卿上卿、中卿。不過三命。大國之君九命，上卿、中卿當云七命，下卿當云五命。《周禮》所謂下其君二等，下同。○考《周禮》上公九命，諸伯七命，子男五命，三公八命，卿六命，大夫四命，共爲六等。然八、六、四命之出封皆加一等，合内外諸侯，名雖六等，實屬五等，而四命以下之臣不見。又云公之孤四命，其卿三命，其大夫再命，其士一命。小國卿三命，大夫再命，士一命。子男之卿再命，大夫一命，士不命。專言四命以下之臣，而五命以上之君命不見，共有十等，上下平分，畫君臣之界限，故絶不相混淆。亦如錫命十等，以上五長爲錫爲尊，下五長爲命爲卑。此《周禮》所以五等之君皆執玉，五等之臣皆執牲也。其云四命、三命、再命、一命者，典禮實不如此之拘也。蓋上公九命，即二伯，其卿下其君二等，則當七命。伯七命，即方伯，其卿當五命。子男五命，即卒正，其卿三命。所言卿三命者，蓋指小國之卿言之也。經欲嚴别君臣，言七命之卿與君混，不可言小國子男於四命之後，使品級接混亦不可。故上至四命之大夫而止，而下從公之孤四命而起。上不言臣命，下不言君命，間舉大小上下以示例。後人讀自知之，不如此不能明也。亦如《春秋》鄭伯、許男，凡遇諸侯會盟，閒居大小内外之間，終身不易其位。如拘泥以説之，則大失經旨。下卿再命。當爲五命，大夫、士由此可推，下同，詳後表中。

次國方伯。三卿，二卿上、中。命於天子，一卿下。命於其君。下大夫五人，上士二十七人。舊以次國、小國爲七十里、五十里本封，不知皆千乘諸侯，非方六七十如五六十之小國。若如所云，不及今州縣，其下安得有卿、大夫、士五等品級。

次國之卿命於其君者，下卿。如小國之卿。當小國命卿，次國尊於小國，故以君命卿當天子之命卿。故小國不言命卿，而命卿自在。

小國二卿，中、下。皆命於其君。大國三卿，皆命於天子。次國三卿，二卿命於天子，一卿命於其君。由經禮制推之，則小國亦當云三卿，一卿命於天子，二卿命於其君，方能與上文相合。以上有明文，故省之。下大夫五人，上士二十七人。

小國五錫子男。之卿與下大夫一命。以上入典考職官門。

次國如魯、衛。之上卿，如季孫。位當大國之中，如齊之鮑氏。中當其下，下當其上大夫。説曰：《左傳·成三年》：晉侯使荀庚來聘，且尋盟。衛侯使孫良夫來聘，且尋盟。公問諸臧宣叔曰：「中行伯之於晉也，其位在三，孫子之於衛也，位爲上卿，將誰先對？」曰：「次國之上卿，當大國之中，中當其下，下當其上大夫。小國之上卿，當大國之下卿，中當其上大夫，下當其下大夫。上下如是，古之制也。衛在晉不得爲次國，晉爲盟主，其將先之。」《王制》爲孔子新制，當時弟子皆本此立説。《左氏》傳大義，故以經制寓諸實事，即孔子述而不作之意也。舊説有以《王制》爲文帝博士書，當時《左傳》未立學官，博士亦未治《左傳》，何得全鈔傳文於此？其實《左氏》據《王制》立説，非《王制》鈔襲《左傳》，此治經者之所當先知也。不識此，不可言治經。

小國之上卿，位當大國之下卿。中當其上大夫，下當其下當作中，省文，故舉上下。大夫。此小國三卿明文。

其有中士、下士者，此節原訂與上二節相聯，因前分國另寫，故此亦因次國、小國改寫。數人數。各居其上之三分。立官皆以三輔一，故言居上之三分一。説以數爲食禄之數，上爲四字誤，言三等之分中，以上爲上下，則以中爲上，每下得四分之三，如上大夫一百四十四，中大夫則一百有七，下大夫七十一，上上士七十二，上中士五十四，上下士三十六，中上士三十六，中中士二十七，中下士十八，下上士十八，下中士十二，下下士九，皆得四分之三。

右諸侯卿、大夫、士。

凡四海之内言内則有外可知。《詩》：「海外有截。」《周禮》：「父母之讐，避於海外。」《王制》專言中國，與《尚書》、《詩》、《易》、《周禮》不同。分疆畫界，各有專書，故《王制》無一語言及海外。若加百倍推之，則又無不合。此孔子六經所以包六合内外，而與天地長久者，此也。後人欲删經廢經，胡爲哉！胡爲哉！九州，此小九州，鄒衍所謂赤縣神州，乃九九八十一分之一。州方千里。《孟子》「海内之地方千里者九」，此王州以方千里爲一州。若帝則以土之九州爲一州，方三千里爲一州，爲方千里者八十一。皇又以帝之九州爲一州，州方九千里，爲方千里者七百二十九。

凡四海之内，斷長補短開方法。方三千里，每方三千里。爲田八十萬億一萬億畝。按：八家爲井，井方一里。方一里者爲田九百畝，方十里者爲方一里者百①，爲田九萬畝。方百里者爲方十里者百，爲田九十億畝。方千里者爲方百里者百，爲田九萬億畝。九千里，九九八十一，爲田八十萬億一萬億畝。

方百里者，爲田九十億畝。山陵、林麓、川澤、溝瀆、城郭、宫室、塗巷，三分去一，其餘六十億畝②。《董子·爵國篇》説本此。

古者以周尺八尺爲步，今以周尺六尺四寸爲步。説曰：《漢書·食貨志》：理民之道，地著

① 方十里者爲方一里者百：原作「方十里者爲方十里者百」，顯誤，據文意改。

② 「畝」字原脱，據《禮記·王制》補。

爲本，故必建步立畮，正其經界。六尺爲步，步百爲畮，畮百爲夫，夫三爲屋，屋三爲井，井方一里，是爲九夫。八家共之，各受私田百畮，公田十畮，是爲八百八十畮，餘二十畮以爲廬舍。按：六尺四寸爲步，與六尺爲步同，當爲漢尺。又東田唯漢有其名，此條當是漢師説誤入。古者百畝，當今東田百四十六畝三十步。古者百里，當今百二十一里六十步四尺二寸二分。以上爲歷代田賦、食貨志所本。

千里之内曰甸，千里之外曰采、曰流。五百里一服，《王制》方三千里只三服，與《禹貢》五服、《周禮》九服、九畿不同。

自恒山至於南河，千里而近。自南河至於江，千里而近。近者言不足也。自江至於衡山，千里而遥。遥者有餘也。○此竪説。以南北直徑爲三千里，當時地面實不如此廣大。聖人經制，不能實指，故以一遥補兩近，成三千里直徑。後人不知經義，據實地説之，以爲經言某即某地。不知經義，無怪參差不合，故今不據九州以實之。自東河至於東海，千里而遥。自東河至於西河，千里而近。自西河至於流沙，千里而遥。此横説。東西直徑三千里，以兩遥補一近，與上一近兩遥相對。聖人欲後人知其實，故對舉示例。西不盡流沙，南不盡衡山，東不盡東海，北不盡恒山。此四至，上已言其地，復言不盡，外有地可知。此專爲中國而言，不得不發凡以起例。亦如《周禮》九州之外爲藩國之義。○按：治平之事，以封建爲第一要務。故地面參差不齊，聖人必截長補短以立制，此所以言千里遥近，據名山大川以爲界也。○聖人只立大綱，若詳細節目，皆在後人潤澤。

右服制。歷代郡國地志本此。

凡九州，千七百七十三國，畿内國九十三，八州國千六百八十。天子之元士、二十七下士。諸侯之附庸不與。此言元士無封，與《孟子》天子之元士受地視子男相迕，後人指爲異義。不知《孟子》言上等、中等，《王制》言下等，上下各一端，參差見例。詳表中。天子之田方千里。説曰：《刑法志》：因井田而制軍賦。地方一里爲井，井十爲通，通十爲成，成方十里。成十爲終，終十爲同，同方百里。同十爲封，封十爲畿，畿方千里。有税有賦，税以足食，賦以足兵。故四井爲邑，四邑爲丘，丘十六井也。有戎馬一匹，牛三頭。四丘爲甸，甸六十四井也，有戎馬四匹，兵車一乘，牛十二頭，甲士三人，卒七十二人，干戈備具。是謂乘馬之法。一同百里，提封萬井，除山川、坑岸①、城池、邑居、園囿、術路三千六百井，定出賦六千四百井，戎馬四百匹，兵車百乘，此卿大夫采地之大者也，是謂百乘之家。一封三百一十六里，提封十萬井，定出賦六萬四千井，戎馬四千匹，兵車千乘，此諸侯之大者也，是謂千乘之國。天子畿方千里，提封百萬井，定出賦六十四萬井，戎馬四萬匹，兵車萬乘，故稱萬乘之主。按：方百里者百，出萬乘；方百里者十，出千乘；方百里者一，出百乘。千乘、百乘皆得上十倍之一，《孟子》所謂萬乘之國、千乘之家、千乘之國、百乘之家、萬取千焉、千取百焉者，此也。然《刑法志》之千乘、百乘皆舉其大者言之，其中必有不足千乘、百乘者，此可以事理推者也。詳後表。舊説以大國、次國、小國爲真方百里、方七十里、方五十里，則大國僅出百乘，而經傳千乘之説爲譌言。孟獻子亦大國諸侯，而魯君爵位之班反在下，是不待智者已知其不通。故包咸注《論語》，乃改車制人數，以合百里出千乘，種種乖謬，不可窮詰。考《左傳》、《孟子》以齊魯之封方百里，實指采地而言，後爲二伯、方伯得食閒田，方百里者十，出車千乘。《管子》：齊之封地方三百一十六里。《明堂位》：魯之封地方四百里，革車千乘，是也。《明堂位》七字證以《史記》，當爲四字音誤。方百里者十，開方得三百一十六里，其云四百里者，舉成

① 坑岸：原作「沈斥」，據《晉書·地理志》改。

數也。

方一里者爲田九百畝，説曰：《韓詩外傳》：「古者八家而井，田方里爲一井，廣三百步、長三百步爲一里，其田九百畝。廣一步、長百步爲一畝，廣百步、長百步爲百畝。八家爲鄰，家得百畝，餘夫各得二十五畝。家爲公田十畝，餘二十畝，共爲廬舍，各得二畝半。」方十里者爲方一里者百，爲田九萬畝。加方一里者百倍。方百里者爲方十里者百，爲方一里者十。爲田九十億畝。加方十里者百倍。方千里者爲方百里者百，爲方十里者萬，爲方一里者百萬。爲田九萬億畝。加方百里者百倍。天子百里之内閒田、千乘、附庸三等各分方百里者三，餘方百里者一。以共官，自治之，以屬三監。千里之内十方百里爲千里之一。以爲御。田賦建置。

天子三公説曰：《白虎通》：「王者所以立三公、九卿何？曰：天雖至神，必因日月之光；地雖至靈，必有山川之化；聖人雖有萬人之德，必須俊賢。三公、九卿、二十七大夫、八十一元士，以順天成其道。司馬主兵，司徒主人，司空主地。王者受命，爲天地人之職，故分職以置三公，各主其一，以効其功。一公置三卿，故九卿也。天道莫不成於三，天有三光日、月、星，地有三形高、下、平，人有三等君、父、師，故一公三卿佐之，一卿三大夫佐之，一大夫三元士佐之。天有三光，然後能徧照，各自有三，法物成於三，有始、有中、有終，明天道而終之也。三公、九卿、二十七大夫、八十一元士，凡百二十官，下應十二子。《別名記》曰：『司徒典民，司空主地，司馬順天。』天者施生，所以主兵何？兵者，爲謀除害也，所以全其生，衛其養也。故兵稱天，寇賊猛獸，皆爲除害者所主也。《論語》曰：『天下有道，則禮樂征伐自天子出。』司馬主兵，不言兵言馬者，馬陽物，乾之所爲行兵用也，不以傷害爲文，故言馬也。司徒主人，不言人言徒者，徒，衆也，重民衆。

司空主土，不言土言空者，空尚主之，何況於實，以微見著。」之田閒田，即千乘之所出，上公與方伯同出千乘，百里國只得百乘。視公侯，説曰：《經話》：「萬乘、千乘、百乘之説，是《戴記》通行之語，自緣禮制而生。天子方千里，大國方百里，只得百乘，其諸侯云千乘者，指閒田言之耳。統計一州方百里者百三十，方百里得百里者三十，方七十里得百里之半，六十國又得百里三十，方五十里得方百里四分之一，百二十國亦得方百里者三十。是封三等國各方百里者三十，三三而九，餘方百里者十，以爲閒田，正出千乘。經傳所云千乘之國，正指方伯而言。八州千乘之國，不過以萬比千，得十分之一，故天子云萬乘，諸侯云千乘也。《孟子》云大國百里，指本封云。十乘者指閒田，其謂千乘之家、百乘之家是也。方百里者開方得三百一十六里，《管子》與①《刑法志》所言是也。實計則爲三百一十六里，舉成數則爲四百。《史記》言魯、衛封四百里，《漢書》言齊封四百里，以其千乘言之，故《明堂位》之方七百里，七當爲四字之誤。東漢經師以百里不能得千乘，於是改爲十井一乘之説，以求合諸侯千乘之稱。不知千乘出於閒田，不出本封百里之內，博士雖改易乘數，仍不可通。何以言之？今學只能添百里乘數，不能減千里乘數。萬乘、千乘十分得一，此定制也。今添百里爲千乘，則千里爲十萬乘。諸侯數少，天子數多，萬千終不能合。由此觀之，則不明閒田之制，千乘、百乘之言不能解也。」按：封七十里之國六十，得方百里者二十九，方十里者四十。以方百里者三十計之，尚餘方十里者六十，言三十方百里者，舉成數也。又閒田方百里者開方三百一十六里，上言方千里者十，今改。天子之卿視伯，《孟子》：「天子之卿受地視侯，大夫受地視伯，元士受地視子男。」與此參差互見。《孟子》言上等、中等，此言下等，後人不

① 與：原作「從」，據文意改。

知，遂謂不合。天子之大夫視子、男，天子之元士視附庸。

天子之縣内方百里之國九，三公三，上卿三，中卿三。七十里之國國與田有別，國爲本封，田爲公費。諸侯本封百乘，食田千乘，大小不同。二十有一，下卿三，上大夫九，中大夫九。五十里之國六十有三，下大夫九，上士二十七，中士二十七。凡九十三國。名山、大澤不以朌，其餘以禄士，二十七下士。以爲閒田。

天子之縣内方千里者爲方百里者百，爲方十里者萬，方里者百萬。封方百里者九，爲方十里者九百，方里者九萬。又封方七十里者二十一，爲方百里者十，爲方十里者千，方一里者十萬。方十里者二十九。爲方里者二千九。其餘方百里者八十，方十里者七十一，又封方五十里者六十三，爲方百里者十五，方十里者七十五。其餘方百里者六十四，方十里者九十六。

右畿内封。

天子之縣，内諸侯禄也，外諸侯嗣也。說曰：《白虎通》：「諸侯入爲公、卿、大夫，得食兩家采不？曰：有能然後居其位，德加於人，然後食其禄，所以尊賢、重有德也。今以盛德入輔佐，得兩食之。故《王制》曰：天子之縣内諸侯禄也，外諸侯嗣也。」

諸侯世子世國，大夫不世爵。《春秋》譏世卿。使以德，爵以功。未賜爵，視天子之元士，上等、中等。以君其國。諸侯之大夫不世爵禄。

八州，州二百一十國。說曰：《白虎通》：「王者立三公、九卿、二十七大夫，足以教道照幽隱，必復封諸侯何？重民之至也。善惡比而易知，故擇賢而封之，使治其民，以著其德，極其才，上以尊天子，備藩輔，下以子養百姓，施行其道，開賢者之路，謙不自專，故列士封賢，因而象之，象賢重民也。」

州方千里，州建百里之國三十，一方伯、七卒正、二十一連帥、一中屬長，詳後表中。七十里之國六十，四十一屬長及遠屬長，近國十九。五十里之國百有二十，屬長所統微國。凡二百一十國。名山大川不以封，三分去一。其餘以爲附庸、不能以其名通附於諸侯曰附庸。○按：附庸之制，本書不詳，今據董子、王莽説補，詳表中。閒田。閒田方伯出千乘者，一説附庸閒田合得方百里者十，方伯千乘爲屬國所出，如魯、邾之於吴，一賦八百乘，一賦千乘之事，故晉爲二伯，有四千乘之多。

公侯田方百里，按：授田之法，舉其大綱，其中肥磽腴斤之不同，如公侯受田百里，總以有百里之出産爲限，不論里數之多寡。《管子·地里①》云：「上地方八十里，萬室之國一，千室之都四。中地方百里，萬室之國一，千室之都四。下地方百二十里，萬室之國一，千室之都四。以上地方八十里與下地方百二十里，通於中地方百里。」又《漢書·食貨志》：「民受田，上田夫百晦，中田夫二百晦，下田夫三百晦，歲耕種者，爲不易。上田休一歲者爲一易，中田休二歲者爲再易，下田三歲更耕之，自爰其處。農民户人已受田，其家衆男爲餘夫，亦以口受田如比。士、工、商家受田，五口乃當農夫一人。此謂平土可以爲法者也。若山林、藪澤、原陵、淳鹵之地，各以肥磽多少爲差。」觀二説，是田雖有定而無定，《孟子》所謂「潤澤則在君與子矣」。伯七十里，七七四十九，得百里之半。子、男五十里。五五二十五，得五十里之半。不能五十里者，不合於天子，附於諸侯，曰附庸。

方千里者爲方百里者百，封方百里者三十國。其餘方百里者七十，又封方七十里者六十，

① 地里：原作「地理」，據《管子·乘馬篇》改。

爲方百里者二十九，方十里者四十。其餘方百里者四十，方十里者六十，又封方五十里者百二十，爲方百里者三十。其餘方百里者十，方十里者六十。名山大澤不以封，其餘以爲附庸、閒田。諸侯之有功者，取於閒田以禄之。其有削地者，歸之閒田。説曰：《白虎通》：「所以三歲一考績何？三年有成，故於是賞有功，黜不肖。《尚書》曰：『三載考績，三考黜陟。』何以知始考輒黜之？《尚書》曰：『三年一考，少黜以地。』《書》所言三考黜者，謂爵土異也。小國考之有功，增土進爵；後考無功，削黜；後考有功，上而賜之矣。五十里不過五賜而進爵土，七十里不過七賜而進爵土，能有小大，行有進退也。一説盛德始封百里者，賜三等，得征伐、專殺、斷獄。七十里伯始封賜二等，至虎賁百人；後有功，賜弓矢；復有功，賜秬鬯，增爵爲侯，益土百里；復有功，入爲三公。五十里子男始封賜一等，至樂則①；復有功，稍賜至虎賁，增爵爲伯；復有功，稍賜至秬鬯，增爵爲侯。未賜鈇鉞者，從大國連率、方伯而斷獄。受命之王，致太平之主，美群臣上下之功，故盡封之。及中興征伐，大功皆封，所以著大功。盛德之士亦封之，所以尊有德也。以德封者，必試之爲附庸；三年有功，因而封五十里。元士有功者亦爲附庸，世其位。大夫有功成，封五十里。卿功成，封七十里。公功成，封百里。士有功德，遷爲大夫。大夫有功德，遷爲卿。卿有功德，遷爲公。故爵主有德，封主有功也。諸侯有九錫，習其賜者何？子之能否，未可知也。或曰得之，但未得行其習以專也。三載有功，則皆得用之矣。

① 樂則：原脱「則」，據《白虎通義·考黜篇》改。

二考無功，則削其地，而賜自並知①，明本非其身所得也。身得之者，得以賜，當稍黜之，爵所以封賢也。三公功成，當封而死，得立其子爲附庸，賢者之體，能有一也，不二矣②。百里之侯一削爲七十里侯，再削爲七十里伯，三削地爲寄公。七十里伯一削爲五十里伯，二削爲五十里子，三削地盡。五十里子一削爲三十里子，再削爲三十里男，三削地盡。五十里男一削爲三十里男，再削爲三十里附庸，三削爵盡。所以至三削何？禮成於三，三而不改，雖反無益也。《尚書》曰：『三考黜陟。』先削地、後黜爵者何？爵者尊號也，地者人所任也。今不能治廣土衆民，故先削其土地也。故《王制》曰：『宗廟有不順者，君黜以爵。山川神祇有不舉者，君削以地。』明爵土不相隨也。或曰：惡人貪很重土，故先削其所重者以懼之也。諸侯始封，爵土相隨者何？君子重德薄刑，賞宜從重。《詩》曰：『王曰叔父，建爾元子，俾侯於魯。』幼稚唯考不黜者何？君子不備責童子也。禮：『八十曰耄，九十曰悼。悼與耄，雖有罪不加刑焉。』二王後不貶黜何？尊賓客，重先王也，以其尚③公也。罪惡足以絶之，即絶，更立其次。周公誅禄甫，立微子。」

右八州封國。

千里之外設方伯，五國以爲屬，屬有長。十國以爲連，連有帥。三十國以爲卒，卒有正。二百

① 知：原作「之」，據《白虎通義·考黜篇》改。

② 能有一也，不二矣：原作「能有二也，不一矣」，據《白虎通義·考黜篇》改。

③ 尚：原作「當」，據右引篇改。

一十國以爲州，州有伯。說曰：《白虎通》：「州伯者何謂也？伯，長也，選擇賢良，使長一州，故謂之伯也。《王制》曰：『千里之外，設方伯五國以爲屬，屬有長；十國以爲連，連有帥；三十國以爲卒，卒有正；二百一十國以爲州，州有伯。』唐虞謂之牧者何？尚質，使大夫往來，牧視諸侯，故謂之牧。旁立三人，凡十二人。《尚書》曰：『咨十有二牧。』何知堯時十有二州也？以《禹貢》言九州也。八伯各以其屬，屬於天子之老說曰：《曲禮》：『五官之長曰伯，是職方。其擯於天子也，曰天子之吏。天子同姓謂之伯父，異姓謂之伯舅，自稱於諸侯曰天子之老。』按：《左傳》：晉稱伯父，齊稱伯舅。春秋齊、晉爲二伯，故傳據以爲說。二人，分天下以爲左右，曰二伯。說曰：《白虎通》：王者所以有二伯何？分職而授政，欲其亟成也。《王制》曰：『八伯各以其屬屬於天子之老二人，分天下以爲左右，曰二伯。』《詩》云：『蔽芾甘棠，勿翦勿伐，召伯所茇。』《春秋公羊傳》曰：『自陝以東，周公主之；自陝以西，召公主之。』不分南北何？東方被聖人化日少，西方被聖人化日久，故分東西，使聖人主其難，賢者主其易，及俱致太平也。又欲令同有陰陽寒暑之節，共法度也。所分陝者，是國中也。若言面，八百四十國矣。」

八州八伯，五十六正，百六十八帥，三百三十六長。

天子使其大夫爲三監，如管、蔡監殷，《孟子》天子使吏治其國而納其貢稅，皆監國也。《春秋》見祭仲、祭叔、夷伯、女叔、原仲，專在明此制度。監於方伯之國，國三人。三八二十四人。

天子之大夫爲三監，監於諸侯之國者，其禄視諸侯之卿，其爵視次國之君，大國監下於其君一等，故比次國君；次國監則又比小國之君。其禄取之於方伯之地。監食方伯閒田，《春秋》詳此制。

方伯爲朝天子，皆有湯沐之邑湯沐當作朝許，如魯宿、鄭祊。《異義》、《公羊》説諸侯朝於天子之郊，皆有朝宿之邑，從泰山之下皆有湯沐之邑。又《穀梁》：許田者，魯朝宿之邑也。祊者，鄭伯之所受命而祭泰山之邑也。用見魯之不朝於周，而鄭之不祭泰山也。於天子之縣内，視元士。

右方伯。

天子五年一巡狩。與「三載考績」對。巡狩、考績同一時事，言巡守有考績在，言考績有巡守在，故三、五各言一端，五年内，三年外，與《周禮》「十二年一巡守」者不同，而同《尚書》「惟十有三載」，乃同「惟十有三祀，王訪於箕子」、「十有三年春，大會於孟津」等説，皆專明此制。歲二月卯年卯月，大會同之二年，説詳後表。至於岱宗，東岳。柴而望，祀山川，覲諸侯。説曰：《春秋繁露》：「考績之法，考其所積也。天道積聚衆精以爲光，聖人積聚衆善以爲功，故日月之明，非一精之光也；聖人致太平，非一善之功也。明所從生不可爲源，善所從出不可爲端，量勢立權，因事制義。故聖人之爲天下興利也，其猶春氣之生草也，各因其生小大而量其多少。其爲天下除害也，若川瀆之瀉於海也，各順其勢，傾側而制於南北，故異孔而同歸，殊施而鈞德，其趣於興利除害一也。是以興利之要，在於致之，不在於多少。除害之要，在於去之，不在於南北。考績黜陟，計事除廢，有益者謂之公，無益者謂之煩。挈名責實，不得虚言，有功者賞，有罪者罰，功盛者賞顯，罪多者罰重。不能致功，雖有賢名，不予之賞。官職不廢，雖有愚名，不加之罰。賞罰用於實，不用於名；賢愚在於質，不在於文。故是非不能混，喜怒不能傾，姦軌不能弄，萬物各得其真，則百官勸職，争進其功。考試之法，大者緩，小者急，貴者舒，而賤者促。諸侯月試其國。州伯時試其部，四試而一考。天子歲試天下，三試而一考。前後三考而黜陟，命之曰計。考試之法，合其爵禄，並其秩，積其日，陳其實，計功量罪，以多除少，以名定實①，先内弟之②，其先比二三分，以爲上中下，以考進退，然後以外集，通名曰進退，增減多少，有率爲第，九分三三列之，亦有上中下，以一爲最③，五爲中，九爲殿，有餘歸之於中，中而上者有得，中而下者有負，得少者以一益之，至於四，負多者以四減之，至於一，皆逆行，三四十二，而成於計，得滿計者絀陟之，次次每計，各逐其第，以通來數。初次再計，次次四計，各不失故第，而亦滿計絀陟之。初次在計，謂上第二也；次次四計，謂上第三也。九年爲一第，二得九，並去其六，爲置三第。六六得等，爲置二，並中者得三，盡去之，並三三計，得六，並得一計，得六，此爲四計也。」按：《帝典》巡守下繼有「明試以功，車服以庸」。覲諸侯即有黜陟之事，故鈔《董子》説於此。

問百年者就見之。命太師陳詩，以觀民風。命市司市。納賈，以觀民之所好惡，志淫好辟。

説曰：《地官·司市》：「凡會同、師役，市師帥賈師而從，治其市政，掌其賣價之事。」又：「質人掌成市之貨賄，人民、牛馬、兵器、珍異，凡賣價者質劑焉。大市以質，小市以劑。掌稽市之書契，同其度量，壹其淳制，巡而攻之，犯禁者舉而罰之。」按：《尚書大傳》無「志淫好辟」一句。

有圭璧金璋不粥於市，命服命車不粥於市，宗廟之器不粥於市，犧牲不粥於市，戎器不粥於市，用器不中度不粥於市，兵車不中度不粥於市，布帛精粗不中數、幅廣狹不中量不粥於市，奸色亂正色不粥於市，「惡紫之奪朱」。錦文珠玉成器不粥於市，衣服飲食不粥於市，

---

① 以名定實：原作「以爲名定實」，據《春秋繁露·考功名篇》改。
② 先内弟之：原作「先内定之」，據右引改。
③ 以一爲最：原作「以爲一最」，據右引改。

五穀不時、果實未熟不粥於市，木不中伐不粥於市，「斧斤以時入山林，材木不可勝用」。禽獸魚鼈不中殺不粥於市。「數罟不入洿池，魚鼈不可勝食」。

命典禮，考時月，定日，同律，《帝典》：「同律度量衡。」禮樂、制度、衣服正之。山川神祇有不舉者爲不敬；不敬者，君《大傳》無「君」字。削以地。宗廟有不順者爲不孝；不孝者，君絀以爵。《大傳》無「君」字。變禮易樂者爲不從；不從者，君流。革制度、衣服者爲畔；畔者，君討。有功德於民者，《大傳》作「有功者賞之」。加地進律。《大傳》續「有明試以功，車服以庸」二句。

五月午年午月。南巡守，巡守者，巡所守也。至於南嶽，如東巡守之禮。柴而望祀山川、覲諸侯之類。八月西巡守，酉年酉月。至於西嶽，如南巡守之禮。十有一月子年子月。北巡守，至於北嶽，如西巡守之禮。歸，格於祖禰，用特。《帝典》、《大傳》同。

右巡守。

王制集説二①

天子、諸侯無事則歲三田。如《春秋》祠兵、蒐狩。四時三田者，夏防農，不田也。一爲乾豆，二爲賓客，三爲充君之庖。《公》、《穀》同。無事而不田曰不敬，田不以禮曰暴天物。天子不合圍，諸侯不掩群。天子殺則下大綏，諸侯殺則下小綏，大夫殺則止佐車，佐車止則百姓田獵。説曰：《白虎通》：「王者、諸侯所以田獵者何？爲田除害，上以供宗廟，下以簡集士衆也。春謂之田何？春，歲之本，舉本名而言之也。夏謂之苗何？擇去其懷妊者也。秋謂之蒐何？蒐索肥者也。冬謂之狩何？守地而取之也。四時之田，總名爲田何？爲田除害也。《春秋穀梁傳》曰：『春曰田，夏曰苗，秋曰蒐，冬曰狩。』王者祭宗廟，親自取禽者何？尊重先祖，必欲自射，加功力也。禽者何？鳥獸之總名，明爲人所禽制也。王者不親取魚。囿天子百里，大國四十里，次國三十里，小國二十里。苑囿所以在東方何？苑囿養萬物者也，東方物所以生也。《詩》云：『東有圃草。』鳥所以飛何？鳥者陽也，飄輕

① 二：原無，因原書實際上分爲三部分，爲方便起見，每部分前加序號以區別。又：此下尚有「范燮筆述」四字，蓋這部分亦爲范氏筆録而成。

故飛也。」

獺祭魚，《夏小正》：正月獺祭魚，鷹化爲鳩。《七十二候》，獺祭魚在雨水時候。然後虞人入澤梁。豺祭獸，《夏小正》：十月豺祭獸，《七十二候》在霜降時。然後田獵。鳩化爲鷹，《夏小正》：五月鳩化爲鷹。然後設罻羅。草木零落，《七十二候》在霜降候。然後入山林。説曰：《周禮·地官》：「山虞掌山林之政令，物爲之厲而爲之守禁。仲冬斬陽木，仲夏斬陰木。凡服耜，斬①季材，以時入之。令萬民時斬材，有期日。凡邦工入山林而掄材，不禁。春秋之斬木不入禁。凡竊木者有刑罰。若祭山林，則爲主而修除，且蹕。若大田獵，則萊山田之野。及弊田，植②虞旗於中，致禽而珥焉。」按：草木零落在令秋後。《孟子》「斧斤以時入山林」，似包《周禮》、《王制》言。昆蟲未蟄，春。不以火田。不麛，不卵，不殺胎。説曰：《周禮·地官》：「迹人掌邦田之地政，爲之厲禁而守之。凡田獵者受令焉，禁麛卵者，與其毒矢射者，不殀③夭，不覆巢。」

右田獵。

冢宰説曰：《經話》：「天子建天官，先立六大以下五官、六府、六工，説《逸禮》之總名，《逸禮》乃《曲禮》之實事，亦如《荀子·序官》之類。此爲孔子所定，而弟子潤色之文。惟其書六太、六府、六工，皆别自爲書，

① 斬：原作「掌」，據《周禮·地官》改。
② 植：原作「槙」，據右引改。
③ 殀：原作「妖」，據右引改。

不統於五官，而五官則五卿之底本也。劉歆①因其書世所不傳，故改羼以迎合莽，與今學爲難。《曲禮》六大爲天官，大宰即冢宰。《王制》大史、司會皆屬宰，比如今宗人府、内務府之職，專爲王官，不爲三公所統。劉氏承其文，以冢宰爲天官所司之職，則有改變焉。天子之五官，如今之六部，三公所統屬者，司徒、司馬、司空，此三公也，司士、司寇，九卿之二，《王制》所謂三官也。司士文見《周禮》，蓋司馬之屬，掌選舉者也。司寇亦屬司馬。《王制》以爲三官，《千乘》以配四時者，今劉氏於五官去司士，添入冢宰、宗伯，以合六卿之數。以司馬爵禄之事歸之天官，如今吏部；以司空土地之事歸之司徒，而以司徒之職歸之宗伯。司馬、司寇仍原文，司空所掌之事既歸之司徒，遂以六工之事歸之，此其所以誤也。其以冢宰、司徒、宗伯、司馬、司寇、司空爲六卿者，則尤誤襲《盛德篇》之舊名也。」按：此冢宰與《論語》冢宰有別，彼爲有喪特設之官，否則不置，如大師、大傅、大保有大子然後立，此爲常建。理財之官如唐之度支，今之内務與户部，《白虎通》引《王度記》「大宰，大夫秩」，是也。制國用。

必於歲之杪，五穀皆入，然後制國用。量入以爲出，如外國之預算、決算。用地小大，視年之豐耗，李悝盡地利行糴糶，即本此法。以三十年之通制國用。

國無九年之蓄《管子·國蓄》詳其事實。曰不足，無六年之蓄曰急，無三年之蓄曰國非其國也。按：此條他書不及，此詳《公羊傳》曰：「君子之爲國也，必有三年之委，一年不熟告糴，譏也。」《逸周書》：「國無三年之食者，曰國非其國也。家無三年之食者，曰子非其子也。」三年耕必有一年之食，九年耕必有三年之

① 劉歆：原作「劉向」，誤，據《漢書·楚元王傳》改。

食。以三十年之通，雖有凶旱水溢，民無菜色，然後天子食，日舉以樂。

量入以爲出。

祭用數之仂，喪三年不祭，惟祭天地、社稷爲越紼而行事。父母雖尊大，比於天地、社稷則卑小，故不敢以親喪廢郊禘。哀公喪郊，《春秋》所以不譏。〇方今中外開通，群趨歐美，尚目見，廢虛理，一己所不知，遂引新説以爲難。如祭祀爲國之大事，經傳最詳。近人習見歐美開化之初，皆有拜物教，又因耶教專奉一天，於各種祀事皆斥爲神權蠻野之事，故雖中國通人，亦疑《周禮》祀神之官太多，非遠鬼神務民之義宗旨。考地球唯中國有天壇、宗廟、社稷、山川、諸神祀典，此中國所以爲文教開化最早，而又得至聖之經説以爲之引道，乃能獨占風氣之先。或乃混同一視，比於蠻野之神權，真所謂一齊衆楚，不辨美惡矣。考大地鴻荒開闢之初，莫不有奉物教，不惟海外各國有之，即中國當堯舜以前實亦如此。民智進化，則必舉至尊無上之一神專心崇奉，以掃除各等奉物教。西人推尊一天，專祀上帝，不祀諸神，爲進化自然之階級，非獨泰西諸國爲然。我中國當孔子以前，實已先奉天主教，以掃除各種。如《穀梁》、《董子》皆有以天爲主之説。《論語》王孫賈問媚奥、媚竈，孔子答之曰：「獲罪於天，無所禱。」《春秋》譏不郊，猶三望禮。在喪不祭，唯祭天地，越紼而行事，此中國以天爲至尊，不敢以諸神與天相比之古義也。是西人專奉一天之教，我中國春秋以前行之數千百年，占諸國之先。海外所推，至精至美，傲我以不能知、不能行之宗教，而我於二千年前已實力奉行。亦如今日西人所言革命、民權、獨立、平等諸説，以爲我中國專制，不能享此幸福，不知即我湯武以臣伐君，經書所謂湯武革命者是也。《易》曰：「帝出乎震。」教化在歐西一二千年以前，歐之於亞，亦如美之於歐、非、隩之於美，雖同曰五大洲，而出海有早遲，文教有先後。亦如兄弟五人，雖同爲父母所生，而年歲有先後，知識有壯穉，此固一定之勢也。中國雖無孔子，文明已占各國之先，固不可以相提並論。且天獨生至聖於我震旦，改舊教，立新教，精益求精，有不得舉列國相況者。蓋中國初爲神權，既主一天，行之數千百年而後孔子興，當時人民亦如今西人，各以爲天子。天子二字，初非一人所得專，《白虎通義》有明文。《論語》：「天子穆穆，奚取於三家之堂。」蓋當時人人自稱天子，季氏乃歌此詩，孔子制禮，乃以天子爲王者之尊稱。即如朕字古爲天下人之通稱，自始皇定爲尊號，後世遂無敢僭用之者。是孔子以前，天字亦如朕之爲尊號，季氏雖驕，亦何取乎此？《穀梁》曰：「孤陰不生，獨陽不生，獨天不生，三合焉然後生。」故曰母之子也可，天之子也可，尊者取尊稱焉，卑者取卑稱焉。此孔子經義以天字屬之至尊，群下則別爲姓氏譜。孔子以前人皆主天，亦如西人祖宗姓氏之學在其所略。又耶教主天，不能不拜耶蘇，教皇以下有司鐸、神甫，奉彼教者亦不能平行。即以西國君主與總統而論，不能不立百官以奉職事，而謂上帝獨立於上，遂無僚佐，亦與其教會官制不合。故孔子傳之以天爲至尊，即西人祭天之説。天之下數十百神，尊百神即所以尊上帝。耶教奉上帝，輒與奉物教爲難，而於義實不相通。諸經祭祀，除天以外，凡有功德，有死事，亦如教皇之下必有司鐸、神甫，君主之下必有百官。經義郊天以外祀典甚嚴，惟中國獨有，良法美意，説者不察，乃因奉物教，遂以經傳之祭祀爲蠻野之神權，真所謂不辨黑白也。官事各有專司，神示五祀、風雨、日月、寒暑不能不有神，此可因人事而定之者也。初則多神教，繼爲一天教，經義改爲至尊一天，而庶祀百神，仁至義盡，法良意美。西人奉物教衰息之後，尚將改從中國，此又一定之勢也。使鬼神與人無交涉，則孔子亦不必重言祭祀。凡風雨寒暑之得宜，農田豐穰，皆賴神力。惟祭祀之本意，則須人民進化，其精爽不貳，足與鬼神相感格，乃能有效。大約祭祀本旨，皆在靈魂學已精之後。孔子曰：「我戰則克，祭則受福。」經傳所言天命鬼神、受享錫福之説，至爲詳備，其説豈能盡誣？即如地球，赤道熱，黑道寒，欲天均平，必須鬼神相助，非盡人力所能。又如大禹之開山導水，黄帝之百靈受享，鳥獸草木咸若，皆必藉鬼神之力。方今人民程度尚未進化，祭祀之事亦援例以行之，而鬼神之受享與否，則付之冥漠不可知之數。《國語》曰：「祭窮於財，而福不可知。」又如《春秋》之救日食，大旱之雩祭，其中別有精意。荀子因人精爽未能與鬼神相通，遂爲其説曰：「雩而得雨，與雩不得雨同也。」蓋謂大旱人君不得不雩，亦如見在州縣以一紙文書虛應故事。不得經義，妄自立説，以致後人疑《春秋》爲虛僞矯誣。蓋鬼神靈感相格，亦如人之往來，有求必應，所以經特重祭祀。而《春秋》於郊天之牛牲食角、傷口亦大書特書，至於四五見，蓋以明天意之受享不受享。《公羊傳》曰：「《春秋》天道備，人事洽。」凡書鬼神時令，皆爲天道。王伯爲人學之初基，因其與天學懸絶，故必記時令、祭祀、災異以存天學之宗旨，故曰人事洽於下，而天道備於上。蓋皇帝平治天下，亦如今日之中國必與外國交涉，外交得宜，而後中國安，鬼神受享，而後天下治。天學即所以助人事，使上天下地，雖扞格而可致太平。其理至爲精微，此不過就鸁淺者言之也，祭祀之説，何足疑哉！

喪用三年之仂。

喪祭，用不足曰暴，有餘曰浩。祭，豐年不奢，凶年不儉。

天子齋戒受諫，司會以歲之成質於天子。冢宰齋戒受質，大樂正、九卿之一。大司寇、九卿之二。市九卿之三。三官以其成從質於天子。大司徒、人公。大司馬、天公。大司空地公。○司徒、司馬、司空爲三公，大樂正、大司寇、市爲三官，即三公之上卿。大樂正爲司徒之卿，大司寇爲司馬之卿，市爲司空之卿，司會、太史爲冢宰之屬員。齋戒受質。百官各以其成質於三官，大司徒、大司馬、大司空以百官之成質於天子。百官齋戒受質，然後休老勞農，成歲事，制國用。

大史冢宰屬員。典禮，執簡記，奉諱惡。說曰：《賈子·保傅篇》：「號呼歌謡，聲音不中律，宴樂雅誦逆樂序，不知日月之時節，不知先王之諱與大國之忌，不知風雨雷電之眚，凡此其屬大史之任也。」

凡執技以事上者，祝史、射御、醫卜及百工，不貳事，不移官。

說曰：《管子·小匡篇》：「桓公曰：『定民之居，成民之事，奈何？』管子對曰：『士、農、工、商四民者，國之石民也，不可使雜處，雜處則其言哤，其事亂。是故聖王之處士必於閒燕，處農必就田野，處工必就官府，處商必就市井。今夫士群萃而州處，閒燕則父與父言義，子與子言孝，其事君者言敬，長者言愛，幼者言弟。旦昔從事於此，以教其子弟，少而習焉，其心安焉，不見異物而遷焉。是故其父兄之教不肅而成，其子弟之學不勞而能，夫是故士之子常爲士。今夫農群萃而州處，審其四時，權節具，備其械器用，比耒耜穀芨。及寒，藉蒿除田以待時。乃耕深耕，均種，疾耰，先雨芸耨，以待時雨。時雨既至，挾其槍刈耨鎛，以旦暮從事於田野，稅衣就功，別苗莠，列疏遬，首戴苧蒲，身服襏襫，沾體塗足，暴其髮膚，盡其四支之力，以疾從事於田野。少而習焉，其心安焉，不見異物而遷焉。夫是，故父兄之教不肅而成，其子弟之學不勞而能，是故農之子常爲農，樸野而不慝，其秀才之能爲士者，則足賴也。故以耕則多粟，以仕則多賢，是以聖王敬畏其農。今夫工群萃而州處，相良材，審其四時，辨其功苦，權節其用，論比計制，斷器尚完利。相語以事，相示以功，相陳以藝，相高以知。以旦昔從事於此，以教其子弟，少而習焉，其心安焉，不見異物而遷焉。是故其父兄之教不肅而成，其子弟之學不勞而能，夫是，故工之子常爲工。今夫商群萃而州處，觀凶飢，審國變，察其四時而監其鄉之貨，以知其市之賈，負任擔荷，服牛軺馬，以周四方，料多少，計貴賤，以其所有，易其所無，買賤鬻貴。是以羽旄不求而至，竹箭有餘於國，奇怪時來，珍異恒聚。以旦昔從事於此，以教其子弟，相語以利，相示以時，相陳以知賈，少而習焉，其心安焉，不見異物而遷焉。是故其父兄之教不肅而成，其子弟之學不勞而能，夫是，故商之子常爲商。』」

司空説曰：《尚書大傳・夏傳》：「溝瀆壅遏，水爲民害，田廣不墾，則責之司空。」《管子・省官篇》：「決水潦，通溝瀆，修障防，安水藏，使時水雖過度，無害於五穀，歲雖凶旱，有所秎穫，司空之事也。」按，《周禮・司徒》：「以土宜之法辨十有二等之名物，以相民宅，而知其利害，以阜人民，以蕃鳥獸，以毓草木，以任土事。」所行政事皆屬司空本職，證之經傳，莫不皆然，而《周禮》以屬司徒者，蓋司徒本屬春官，因司空攝政，以司徒攝司空之地官，以宗伯攝春官之司徒，相次以攝，故無冬官之職。若冢宰還政天王，則亦各歸本職。據《王制》以説《周禮》，而冬官不缺，可知矣。執度規方千里。度地説曰：《管子·度地篇》：「昔者桓公問管仲曰：『寡人請問度地形而爲國者，其何如而可？』管仲對曰：『夷吾之所聞，能爲霸王者，蓋天子聖人也。故聖人之處國者，必於不傾之地，而擇地形之肥饒者。鄉山，左右經水若澤。内爲落渠之寫，因大川而注焉。乃以其天材，地之所生，利養其人，以育六畜，天下之人皆歸其德而惠其義。乃别制斷之，不滿州者謂之術，不滿術者謂之里。故百家爲里，里十爲術，術十爲州，州十爲都，都十爲霸國。不如霸國者，國也。以奉天子，天子有萬諸侯也，其中有公、侯、伯、子、男焉。天子中而處，此謂因天之固，歸地之利。内爲之城，城外爲之郭，郭外爲之土閬，地高則溝之，下則隄之，命之曰金城。樹以荆棘，上相穡著者，所以爲固也。歲修增而毋已，時修增而毋已，福及子孫。此謂人命，萬世無窮之利，人君之葆守也。臣服之於君，君體有之以臨天下，故能爲天下之民先也。此宰之任，則臣之義也。』」按：此以度地屬司空，此爲司空本職，《管子》以之屬宰者，即制國用之冢宰。冢宰度地，如《周禮》用官聯之制。居民。

凡居民，量地以制邑，度地邑居，地邑民居，必參相得也。《周禮》、《管子》、《漢書·食貨志》皆詳其事實。

古者《公羊傳》多引「古者」。孔子制作，託古以存徵信，傳緣經立説，故引「古者」。公田藉而不税，《孟子》：「夏后氏五十而貢，殷人七十而助，周人百畝而徹。徹者徹也，助者藉也。」又曰：「惟助惟有公田。」此言古者公田藉而不税，蓋孔子損益三代，以助法爲準，此《春秋》所以譏初税畝、用田賦。市廛而不税，關譏而不徵，林麓、川澤以時入而不禁。説曰：《孟子》：「文王之治岐也，仕者世禄，關市譏而不徵，澤梁無禁，罪人不孥。」夫圭田《孟子》：「圭田五十畝。」圭田者，祭田也。無徵。

關執禁以譏。説曰：《周禮·地官》：「司關掌國貨之節，以聯門市，司貨賄之出入者，掌其治禁與其征廛。凡貨不出於關者，舉其貨，罰其人。凡所達貨賄者，則以其節傳出之。國凶札，則無關門之征，猶幾。凡四方之賓客叩關，則爲之告，有外内之送令，則以節傳出内之。」禁異服，識異言。田里不粥，墓地不請。説曰：《周禮·春官》：「冢人掌公墓之地，辨其兆域而爲之圖。先王之葬居中，以昭穆爲左右。凡諸侯居左右以前，卿、大夫、士居後，各以其族。凡死於兵者不入兆域。凡有功者居前，以爵等爲丘封之度與其樹數。大喪既有日，請度甫竁，遂爲之尸。及竁以度爲丘隧，共喪之窆器。及葬，言鸞車、象人。及窆，執斧以涖。遂入藏凶器，正墓位，蹕墓域，守墓禁。凡祭墓，爲尸。凡諸侯及諸臣葬於墓者，授之兆，爲之蹕，均其禁。墓大夫掌凡邦墓之地域爲之圖，令國民族葬而掌其禁令，正其位，掌其度數，使皆有私地域。凡争墓地者，聽其獄訟，帥①其屬而巡墓厲，居其中之室以守之。」

山川沮澤，時四時，量地遠近。説曰：《大戴·千乘》：「司空司冬，以制度制地事，準揆山林，規表衍

① 帥：原作「師」，據《周禮·春官》改。

沃，畜水行，衰濯浸，以節四時之事。治地遠近，以任民力，以節民事。」又《冬官》：「匠人爲溝洫，耜廣五寸，二耜爲耦，一耦之伐，廣尺深尺，謂之甽。田首倍之，廣二尺，深二尺，謂之遂。九夫爲井，井間廣四尺，深四尺，謂之溝。方十里爲成，成間廣八尺，深八尺，謂之洫。方百里爲同，同間廣二尋，深二仞，謂之澮，專達於川，各載其名。凡天下之地勢，兩山之間必有川焉，大川之上必有塗焉。凡溝逆地防，謂之不行；水屬不理遜，謂之不行。梢溝三十里而廣倍。凡行奠水，磬折以參伍。欲爲淵，則句於矩。凡溝必因水勢，防必因地勢。善溝者水漱之，善防者水淫之。凡爲防，廣與崇方，其𦊙參分去一。大防外𦊙。凡溝防，必一日先深之以爲式。里爲式，然後可以傅衆力。凡任索約，大汲其版，謂之無任。葺屋參分，瓦屋四分，囷、窌、倉、城，逆牆六分，堂塗十有二分，竇，其崇三尺，牆厚三尺，崇三之。」

凡居民材，必因天地寒暖燥濕，廣谷大川異制。說曰：《管子·五事篇》：「君之所務者五：一曰山澤不救於火，草木不植成，國之貧也；二曰溝瀆不遂於隘，障水不安其藏，國之貧也；三曰桑麻不植於野，五穀不宜其地，國之貧也；四曰六畜不育於家，瓜瓠葷菜百果不備具，國之貧也；五曰工事競於刻鏤，女事繁於文章，國之貧也。故曰山澤救於火，草木殖成，國之富也；溝瀆遂於隘障，水安其藏，國之富也；桑麻殖於野，五穀宜其地，國之富也；六畜宜於家，瓜瓠葷菜百果備具，國之富也；工事無刻鏤，女事無文章，國之富也。」又《小匡篇》：「相地而衰其政，則民不移矣。正旅舊，則民不惰。山澤各以其時至，則民不苟。陵陸、丘井、田疇均，則民不惑。無奪民時，則百姓富。犧牲不勞，則牛馬育。」民生其間者異俗，被髮文身，錯臂左衽，甌越之民；黑齒雕題，鯷冠秫縫，大吴之國也。剛柔輕重，遲速異齊，五味異和，器械異制，衣服異宜。說曰：《管子・宙合篇》：山林岑巖，淵泉閎流，泉逾瀷①而不盡，薄承瀷而不滿，高下肥磽，物有所宜，故曰地不一利。鄉有俗，國有法，飲食不同味，衣服異采，世用器械、規矩繩準、稱量數度，品有所成，故曰人不一事。修其教不易其俗，齊其政不易其宜。《禮記》：「禮從宜，使從俗。」通塞遠邇，文野風俗各不相同，故《周禮》有十二教、十二土、十二風之異。

中國、戎夷，五方之民皆有性也，不可推移。說曰：《周禮・大司徒》：「以土會之法辨五地之物産：一曰山林，其民毛而方；二曰川澤，其民黑而津；三曰丘陵，其民專而長；四曰墳衍，其民皙而瘠；五曰原隰，其民豐肉而痺。」《大戴禮・易本命》：「堅土之人肥，虚土之人大，沙土之人細，息土之人美，耗土之人醜。」《爾雅・釋地》：「大平之人仁，丹穴之人智，大蒙之人信，空桐之人武。」東方曰夷，說曰：《春秋考靈曜》：「七戎、六蠻、九夷、八狄，據形而言之謂之四海。」言皆近海，海之言晦昏而無覩也。被髮文身，有不火食者矣。南方曰蠻，雕題交趾，有不火食者矣。西方曰戎，被髮衣皮，有不粒食者矣。北方曰狄，衣羽毛，穴居，有不粒食者矣。說曰：《大戴・千乘篇》：「是故立民之居，必於中國之休地，因寒暑之和，六畜育焉，五穀宜焉。辨輕重，制剛柔，和五味以節食時事。東辟之民曰夷，精以僥，至於大遠，有不火食者矣。南辟之民曰蠻，信以樸，至於大遠，有不火食者矣。西辟之民曰戎，勁以剛，至於大遠，有不火食者矣。北辟之民曰狄，肥以戾，至於大遠，有不火食者矣。及中國之民曰五方之民，咸有安居和味，咸有實用利器，知通之，信令之。及量地度居，邑有城郭，立朝市。地

① 瀷：前原有「一」字，據《管子・宙合篇》删。

以度邑，邑以度民，以觀安危。距封後利，先慮久固，依固可守，爲奥可久，能節四時之事。」

興事。

無曠土，土地闢，田野治。無遊民，士、農、工、商各勤其業。食節，節用。事時，使民以時。民咸安其居，樂事勸工，尊君親上，然後興學。富後加教。《管子》：「衣食足而知禮義，倉廩實而知榮辱。」又：「仁義禮智，謂之四維，四維不張，國乃滅亡。」

任力。

凡使民，任老者之事，食壯者之食。

用民之力，歲不過三日。《董子》：「四時用民之力不過三日。」《大戴禮》亦有其説。

凡執技論力，適四方，羸股肱，决射御。

右司空。

司馬司馬即今之兵部，兼吏部。歷代兵志。司空有發，則命大司徒據《千乘篇》當爲「馬」。教士以車甲。説曰：《大戴・千乘篇》：「司馬司夏，以教士車甲。凡士執伎論功，修四衛，强股肱，質射御，才武聰慧，治衆長卒，所①以爲儀綴於國。出可以爲率，誘於軍旅。四方諸侯之遊士、國中賢餘秀興閲焉。」《尚書大傳・夏傳》：「蠻夷猾夏，寇賊奸宄，則責之司馬。」《荀子・王制篇》：「司馬知師旅甲兵乘白之數。」又《漢書・刑

---

① 所：原作「可」，據《大戴禮記・千乘篇》改。

法志》：「連帥比年簡車，卒正三年簡徒，群牧五載大簡車徒。」

天子將出，類乎上帝，宜乎社，造乎禰，禡於所征之地。受命於祖，受成於學。說曰：《白虎通》：「王者將出，辭於禰；還，格於祖。禰者，言子辭面之禮，尊親之義也。《王制》曰：『王者將出，類乎上帝，宜乎社，造乎禰。』獨見禰何？辭從卑，不敢留尊者之命，至禰，不嫌不至祖也。《尚書》曰：『歸，格於藝祖。』出所以告天何？示不敢自專也。非出辭反面之道也，與宗廟異義。還不復告天者，天道無外內，故不復告也。《尚書》言『歸，格於祖禰』，不見告於天，知不告也。」

天子將出，類乎上帝，宜乎社，造乎禰。

諸侯將出，宜乎社，造乎禰。諸侯下天子一等，不得祖天，故不得類乎上帝。○上二條原訂在後，今改。

出征，執有罪反，釋奠於學，以訊馘告。

右司馬。

王制集説三①

司寇三公不列司寇,《千乘》四輔以列秋官。正刑明辟,説曰:《千乘》:「司寇司秋,以聽獄訟,治民之煩亂,執權變民中。凡民之不刑,崩本以要閒,作起不敬,以欺惑憧愚。作於財賄六畜五穀曰盜。誘居室家有君子曰義,子女專曰妖飾。五兵及木石曰賊。以中情出,小曰閒,大曰講。利辭以亂屬曰讒。以財投長曰貸。凡犯天子之禁,陳刑制辟,以追國民之不率上教者。夫是,故一家三夫道行,三人飲食,哀樂平,無獄。」《荀子·王制》:「抃急禁悍,防淫除邪,戮之以五刑,使暴悍以變,姦邪不作,司寇之事也。」司寇,即今之刑部。《刑法志》。

凡制五刑,必即天倫,郵罰麗於事。

以聽訟獄,必三刺。秋官司刺,掌三刺:一刺曰訊群臣,再刺曰訊群吏,三刺曰訊萬民。《漢書·刑法志》亦引此。

凡聽五刑之訟,必原父子之親,立君臣之義以權之。意論輕重之序,慎測淺深之量以別之,悉其聰明,致其忠愛以盡之。《春秋》書盾止弑君,仁至義盡。疑獄,汜與衆共之;衆疑,赦之。必察大小之比以成之。

① 三:原無,因本書實際分爲三部分,爲方便起見,每部分前加序號以區別。又:此部分署「廖平」。

有旨無簡不聽。

成獄辭，史以獄成告於正，大樂正。正聽之。正以獄成告於大司寇，大司寇聽之棘木之下。大司寇以獄之成告於王，王命三公參聽之。三公以獄之成告於王，王三宥，《秋官》司刺三宥：壹宥曰不識，再宥曰過失，三宥曰遺忘。又有三赦：壹赦曰幼弱，再赦曰老旄，三赦曰惷愚。《漢書·刑法志》皆引其說。制刑。《周禮》以刺、宥、赦三法求民情，斷民中，而施上服下服之罪，然後刑殺。

附從輕，赦從重。說曰：《秋官》：「司刑掌五刑之灋，以麗萬民之罪：墨罪五百，劓罪五百，宮罪五百，刖罪五百，殺罪五百。」若司寇斷獄弊訟，則以五刑之灋詔刑罰，而以辨罪之輕重。此《春秋》善善從長、惡惡從短之義。

凡作刑罰，輕無赦。說曰：《管子·法法》：「凡赦者，小利而大害者也，故久而不勝其禍。毋赦者，小害而大利者也，故久而不勝其福。故赦者，奔馬之委轡；毋赦者，痤睢之礦石也。」又云：「民毋重罪，過不大也；民無大過，上無赦也。上赦小過，則民多重罪，積之所生也。故曰：赦出則民不敬，惠行則過。日益惠赦加於民，而囹圄雖實，殺戮雖繁，姦不勝矣。故曰：邪莫如蚤禁之，赦過遺善，則民不勵。有過不赦，有善不遺，勵民之道，於此乎用之矣。」按：孔子曰：「赦小過。」《書》曰：「眚災肆赦。」怙終賊刑，似輕宜赦，不知刑輕宥赦，則過犯者大。《左傳》子產謂子大叔曰：「我死，子必爲政，唯有德者能以寬服民，其次莫如猛。夫火烈，民望而畏之，故鮮死焉。水懦弱，民狎而翫之，則多死焉。故寬難。」觀是，知孔子「赦小過」者，即有德可寬之說也；輕毋赦者，即不以懦弱害民也。

刑者，侀也；侀者，成也。一成而不可變，故君子盡心焉。說曰：《大傳·甫刑》：「君子之於人也，有其語也，無不聽者，皇於聽獄乎！必盡其辭矣。聽獄者，或從其情，或從其辭。聽獄之術，大略有三，治必寬，寬之術歸於察，察之術歸於義。是故聽而不寬，是亂也；寬而不察，是慢也。古之聽訟者，言不越情，情不越義。是故聽民之術，怒必畏，畏思義，小辠勿兼。子曰：『聽訟，雖得其情，必哀矜之。』死者不可復生，斷者不可復續也。《書》曰：『哀矜折獄。』」

右司寇。

司徒司徒，即今之禮部，外國之文部省，歷代之《禮樂志》。修六禮以節民性。說曰：《千乘》：「司徒典春，以教民之不則時不若不令，成長幼、老疾、孤寡以時通於四疆。有闔而不通，有煩而不治，則民不樂生，不利衣食。凡民之藏貯，以及山川之神明加於民者，發圖功謀①。齋戒必敬，會時必節。日曆、巫祝執伎以守官，俟命而作，祈王年，禱民命，及畜穀蜚征庶虞草。」《大傳·夏傳》：「百姓不親，五品不訓，則責之司徒。」《荀子·王制》：「司徒知百宗、城郭、立器之數。」

六禮：冠、昏、喪、祭、鄉、即饗，所謂饗禮。相見。六禮儀節，《儀禮》、《禮記》最詳，本書缺冠、昏、饗禮。

天子七日而殯，七月而葬。說曰：《說苑》云：「《傳》曰：天子何以不書葬？天子記崩不記葬，必其時也。諸侯記卒、記葬，有天子在，不必其時也。必其時奈何？天子七日而殯，七月而葬。諸侯五日而殯，五月而葬。大夫三日而殯，三月而葬。士庶人二日而殯，二月而葬。皆何以然？曰：禮，不豫凶事，死而後制凶服，衣衰飾，修棺槨，作穿窆宅兆，然後喪文成，外親畢至，葬墳集，忠臣孝子之恩

① 謀：原作「食」，據《大戴禮·千乘》改。

厚備盡矣。故天子七月而葬，同軌畢至。諸侯五月而葬，同會畢至。大夫三月而葬，同朝畢至。士庶二月而葬，外姻畢至也。」諸侯五日而殯，五月而葬。以葬之久暫分尊卑貴賤。又《春秋》慢葬、渴葬之説本乎此。大夫、士、庶人三日而殯，三月而葬。三年之喪，自天子達庶人。縣封，葬不爲雨止。説曰：劉子政又云：「《易》曰：『古之葬者，厚衣之以薪，葬之中野，不封不樹，後世聖人易之以棺槨。』棺槨之作，自黄帝始。黄帝葬於橋山，堯葬濟陰，邱隴皆小，葬具甚微。舜葬蒼梧，二妃不從。禹葬會稽，不改其列。殷湯無葬處，文、武、周公葬於畢，秦穆公葬於雍橐泉宮祈年館下，樗里子葬於武庫，皆無丘隴之處，此聖帝明王、賢君智士遠覽獨慮無窮之計也。其賢臣孝子亦承命順意而薄葬之，此識奉安君父忠孝之至也。夫周公，武王弟也，葬兄甚微。孔子葬母於防，稱古墓而不墳，曰：『丘，東西南北之人也，不可不識也。』爲四尺墳，遇雨而崩，弟子修之，以告孔子，孔子流涕曰：『吾聞之，古不修墓。』蓋非之也。延陵季子適齊而反，其子死，葬於嬴、博之間，穿不及泉，斂以時服，封墳掩坎，其高可隱，而號曰：『骨肉歸復於土①，命也，魂氣則無不之也。』夫嬴、博去吴千有餘里，季子不歸葬，孔子往觀，曰：『延陵季子於禮合矣。』故仲尼孝子，延陵慈父，舜禹忠臣，周公弟弟，其葬君親骨肉皆微薄矣。非苟爲儉，誠便於體也。宋桓司馬爲石棺，仲尼曰：『不如速朽。』」按：劉子原因《穀梁》「葬既有日，不爲雨止」立説，故據寫於此。不封不樹。説曰：《檀弓》：「孔子既得合葬於防，曰：『吾聞之，古也墓而不墳。今丘也，東西南北之人也，不可以弗識也。』於是封之，崇四尺。孔子先反，門人後，雨

① 土：原作「上」，據《説苑·修文篇》改。

甚。至，孔子問焉曰：『爾來何遲也？』曰：『防墓崩。』孔子不應，三，孔子泫然流涕曰：『吾聞之，古不修墓。』」

喪不貳事。君薨，聽於冢宰，臣三年不從政。此文公娶齊女，毁泉臺，晋襄貶秦，所以爲《春秋》所譏。

父母之喪，三年不從政。説曰：《公羊傳》曰：「古者臣有大喪，則君三年不呼其門。已練，可以弁冕，服金革之事。君使之非也，臣行之禮也。閔子要絰而服事，既而曰：『若此乎古之道也，不即人心。』退而致事，孔子蓋善之也。」按：三年不從政，喪禮之經也。已練，服金革之事，喪禮之權也。君與親比，君尊，則奪其私親。又兵革事急，故已練則服，外是則否。齊衰、大功之喪，三月不從政。親殺，禮制亦殺。

將從於諸侯，三月不從政。自諸侯來從家，期不從政。

天子七廟，此以下祭禮原訂屬八政傳，今因八政無祭，故改寫。三昭、三穆，與大祖之廟而七。《春秋》祭大廟，所以有有事、大事之分。諸侯五廟，二昭①、二穆，與大祖之廟而五。大夫三廟，一昭、一穆，與大祖之廟而三。士一廟，庶人祭於寢。説曰：《禮器》：「禮有以多爲貴者，天子七廟，諸侯五，大夫三，士一。天子之豆二十有六，諸公十有六，諸侯十有二，上大夫八，下大夫六。諸侯七介七牢，大夫五介五牢。天子之席五重，諸侯之席三重，大夫再重。天子崩，七月而葬，五重八翣；諸侯五月而葬，三重六翣；大夫三月而葬，再重四翣。此以多爲貴也。」

① 二昭：原作「三昭」，據《禮記·王制》改。

天子、諸侯宗廟之祭，春曰礿，夏曰禘，秋曰嘗，冬曰烝。説曰：《左傳》言禘郊，禘在郊上。禘主帝，郊主天，禘大郊小。魯禘郊並，《春秋》書郊不書禘者，以禘僭天子，不可言，故不書。《大傳》「不王不禘」，即《春秋》書郊不書禘。《論語》「或問禘之説」章言「知其説者之於天下」云云，即謂不王不禘。治天下者，王之事也。天有五天，帝只一帝。王後降禮，得郊天而不可禘帝，此禮所以不王不禘，《春秋》所以不書禘。《春秋》之禘繫於大廟，皆爲時祭，非大禘。古禮説名同實異者多，後儒以大禘之禘説《春秋》，誤矣。又祫字先儒皆與禘字對舉，以爲大祭名，此亦誤也。據《王制》，祫與犆字對，謂時祭，時或合或特耳。禮：三昭、三穆，親廟皆統於大廟，一時一祭，祭於各廟爲犆。合祭如今之春秋，故有祫、犆之分。此説唯《王制》、《穀梁》最顯，《左》、《國》、《祭法》之説明堂與親廟異地，其祭疏數以大小爲分，由日月次及時歲，遠則三年一祭，而四時合祭。群廟之禮不詳，此當合觀，乃得其通。後來講《左》學者據《左》、《國》以爲各廟有等差，升降一定，祭時各廟用各廟之禮，不相謀，故無祫祭之説，以致與今學小異。《公羊》歧出二者之間，説禘同《左》、《國》，説祫同《王制》。竊欲調劑二説，使之合通於一《公羊》中，補日月歲時之説，而於時中補用《王制》祫犆之説。蓋日月之祭，於各廟分獻，時祭皆合。於太廟有毀廟之主爲祫，無毀廟之主爲犆。時祭如今之春秋二祭，月享如今之朔望行香，日祀則爲宗祝洒掃香火之事。禮緣人情，今不異古，日月行祀則太數，時歲一舉則過疏，按以日期而無疏數之弊，則今人通行之典，即古人行習之事矣。又《孝經》言春秋祭禮，以時思之，舉春秋以包冬夏，亦如魯史四時具而以《春秋》爲名。《祭義》、《中庸》爲《孝經》説，乃專就經文霜露立義，亦若一年只二祭者，然不知四時之中，又以春秋爲重，隆殺略有差等耳。今人用春秋二祭，似以《孝經》説爲主，然冬夏二時，何遽無祭事？不過儀節差殺。

以此見讀書説禮，不可刻舟求劍，尋行數墨也。按：此專就四時立説，與《董子》春曰祠、夏曰礿、秋曰嘗、冬曰烝，名異實同。大夫、士宗廟之祭，有田則祭，《孟子》卿以下必有圭田五十畝，圭田即祭田。無田則薦。庶人春薦韭，祠者，以正月始食韭。夏薦麥，礿者，以四月始食麥。秋薦黍，嘗者，以七月嘗黍稷。冬薦稻。烝者，以十月①進初稻。韭以卵，麥以魚，黍以豚，稻以雁。

天子犆礿、祫禘、祫嘗、祫烝。諸侯礿則不禘，禘則不嘗，嘗則不烝，烝則不礿。尊卑有差，諸侯不敢比天子。諸侯礿犆，禘一犆一祫，説曰：《公羊》：「大事者何？大祫也。大祫者何？合祭也。其合祭奈何？毀廟之主陳於大祖，未毀廟之主皆升合食於大祖，五年而再殷祭。」嘗祫、烝祫。

大夫祭器不假。祭器未成，不造燕器。

自天子達於庶人，喪從死者，祭從生者。説曰：《喪服小記》：「父爲士，子爲天子、諸侯，則祭以天子、諸侯，其尸服以士服。父爲天子、諸侯，子爲士，祭以士，其尸服以士服。」《中庸》：「父爲大夫，子爲士，葬以大夫，祭以士。父爲士，子爲大夫，葬以士，祭以大夫。」支子不祭。説曰：《大傳》：「庶子不祭，明其宗也。」

天子王者父天母地，故曰天子。祭天地，諸侯祭社稷，大夫祭五祀。天子祭天下名山大川，五嶽

① 十月：原作「七月」，據文意改。

視三公，四瀆視諸侯。說曰：《大傳・夏傳》：「五嶽視三公，四瀆視諸侯，其餘山川視伯，小者視子男。」又云：「五嶽謂岱山、霍山、華山、恒山、嵩山也。江、河、淮、濟爲四瀆。」諸侯祭名山大川之在其地者。天子、諸侯祭因國之在其地而無主後者。祭天地之牛角繭栗，宗廟之牛角握，賓客之牛角尺。說曰：《禮緯・稽命徵》：「郊天牛角繭栗，三望之牛角尺，宗廟社稷牛角握。」天子社稷皆大牢，諸侯社稷皆少牢。舊說誤以少牢爲羊牲，不知太、少者不過大小之分，其實皆爲牛牲。班氏「祭五祀，天子、諸侯以牛」是也。《玉藻》亦有其說。諸侯無故不殺牛，大夫無故不殺羊，士元士，上士。無故不殺犬豕，庶人無故不食珍。庶羞不踰牲，燕衣不踰祭，服寢不踰廟。

天子無事與諸侯相見曰朝，此天子朝諸侯，與武丁朝諸侯之朝同。考禮、正刑、一德以尊於天子。說曰：《穀梁傳》曰：「天子無事，諸侯相朝正也。考禮修德，所以尊天子也。」

諸侯之於天子也，比年一小聘，三年一大聘，大夫來曰聘。五年一朝。諸侯來曰朝。說曰：《白虎通》：「所以制朝聘之禮何？以尊君親、重孝道也。夫臣之事君，猶子之事父，欲全臣子之恩，一統尊君，故必朝聘也。聘者問也，緣臣子欲知其君父無恙，又當奉土地所生珍物以助祭，是以皆得行聘問之禮也。謂之朝何？朝者見也，五年一朝，備文德而明禮義也。因用朝時見，故謂之朝，言諸侯當時朝於天子。朝用何月？皆以夏之孟四月，因留助祭。朝禮奈何？諸侯將至京師，使人通命於天子，天子遣大夫迎之百里之郊，遣世子迎之五十里之郊矣。《覲禮經》曰：『至於郊，王使人皮弁用璧勞。』《尚書大傳》曰：『天子太子年十八曰孟侯，於四方諸侯來朝，迎於郊。』諸侯來朝，天子親與之合瑞信者何？君臣重法度也。《覲禮經》曰：『侯氏坐取圭，升，致命，王受之玉。』《尚書》曰：『輯五瑞。』諸侯相朝聘何？爲相尊敬也。故諸侯朝聘，天子無恙，法度得無變更，所以考禮正刑，壹德以尊天子也。公執玉，取其暢達也。卿執羔，取其跪乳有禮也。《書》曰：『五玉、三帛、二生、一死贄。』至正月朔日，乃執而朝賀其君。朝賀以正月何？歲首意氣改新，欲長相保重，本正始也。故群臣執贄而朝賀其君。朝禮奈何？君出居內門之外，天子揖，諸侯特揖，卿大夫膝下至地。天子特揖三公，面揖卿，略揖大夫、士。所以不拜何？爲其屈尊也。」

明七教以興民德。說曰：《大戴·王言》①：「曾子曰：『敢問何謂七教？』孔子曰：『上敬老則下益孝，上順齒則下益悌，上樂施則下益諒，上親賢則下擇友，上好德則下不隱，上惡貪則下恥争，上强果則下廉恥。民皆有别，則政亦不勞矣。此謂七教。七教者，治民之本也，教定則正矣。上者民之表也，表正則何物不正。是故君先立於仁，則大夫忠而士信，民敦，工樸，商愨，女憧，婦空空。七者，教之志也。七者，布諸天下而不窕，内諸尋常之室而不塞。是故聖人等之以禮，立之以義，行之以順，而民棄惡也如灌。』」按：此與本書不合。當時各緣經立說，亦如《三傳》經同而傳説不同。下八政與《洪範》亦然。

七教：父子、兄弟、夫婦、君臣、長幼、朋友、賓客。說曰：《管子·九敗》：「愛施之德雖行而無私，内行不修，則不能朝遠方之君。是故正君臣上下之義，飾父子兄弟夫婦之義，飾男女之别，别疏數之差，使君德、臣忠、父慈、子孝、兄愛、弟敬，禮義章明。如此，則近者親之，遠者歸之。」

① 王言：一作「主言」。

道路，男子由左，婦人由右，車從中央。父之齒隨行，兄之齒雁行，朋友不相逾。輕任并，重任分。班白者不提挈，君子在位。耆老不徒行，庶人耆老不徒食。

齊八政以防淫。說曰：《洪範》三八政：一曰食，二曰貨，三曰祀，四曰司空，五曰司徒，六曰司寇，七曰賓，八曰師。

八政：飲食、衣服、事爲、異別、度、量、數、制。

一道德以同俗。即《莊子·齊物》與《淮南子·齊俗》。

凡執禁，說曰：《秋官》：「禁暴氏，掌禁庶民之暴亂力征者，撟誣犯禁者，作以徇。凡奚、隸聚而出入者，則司牧之，戮其犯禁者。」以齊衆不，句。赦過。「不」即不齊以禁，齊之赦過別爲一事。

析言破律，小言破道。亂名黄帝正名百物而天下治。改作，執左道以亂政，有事實。殺。殺刑罪之練文，權其輕重而罪之。作淫聲異服，如雞冠，非外國比。奇技奇器，有用則有功。以疑衆，無用徒疑惑人心，罪在此。殺。行僞而堅，言僞而辨，真僞直堅辨。學非而博，順非而澤，真非而順澤。以疑衆，不疑者不計。殺。說曰：《管子·八觀》：「詭俗異禮，大言法行，難其所爲而高自錯者，聖王之禁也。」假於鬼神、《洪範》稽疑，本以卜筮、鬼神爲重。時日、卜筮以疑衆，軍國大事，假此以摇惑軍心，大害衆人利益。殺。此四誅者，一亂政，三疑衆。不以聽。劉氏以聽爲風聞，治世固無以風聞罪人者，謂如西法，衆證確鑿，情實已明，不聽本人之狡展耳。

中國、蠻夷、戎狄四方。皆有安居、宮室。和味、飲食。宜服、衣物。利用、貨殖。備器。器械。五方之民，《民勞》五小民，《素問》作二十五民。言語不通，異地方言。嗜欲不同。各有土性。達其志，通其欲，《周禮》五土說。東方曰寄，南方曰象，西方曰狄鞮，音低。北方曰譯。此繙譯各方言語，即今以中文繙東西文之説。

養耆老以致孝。此條文同《内則》。

凡三王養老，皆引年。《内則》云：「凡養老，五帝憲，三王有乞言，又國皆有惇史。」

凡養老，有虞氏以燕禮，《儀禮》有燕禮。夏后氏以饗禮，《儀禮》有鄉飲酒、鄉射禮，饗當作饗。殷人以食禮，《儀禮》有公食禮、饋食禮。周人修而兼用之。兼取文質。

有虞氏養國老君子。於上庠，上議院。養庶老庶老。於下庠。下議院。夏后氏養國老於東不曰上曰東，尚左。序，養老於西不曰下曰西，抑右。序。殷人養國老於右學，殷尚右，上議院。養庶老於左學。下議院。上下、東西、左右。孔子制作，三統垂訓，取六合之義，非虞夏殷之制果如是。周人養國老上貴。於東膠，與夏同。養庶老於虞庠。下議院。虞庠在國之西郊。西與東對。

有虞氏皇而祭，深衣不在三色之内。而養老。夏后氏收而祭，燕衣黄衣。而養老。殷人冔而祭，縞衣素衣。而養老。周人冕而祭，玄衣緇衣。而養老。

五十養於鄉，六十養於國，七十養於學，達於諸侯。八十拜君命，一坐再至，瞽亦如之。九十使人受。使人受命代拜。

五十異粻，六十宿肉，七十貳膳，八十常珍，九十飲食不離寢，膳飲從於遊可也。

五十始衰，六十非肉不飽，七十非帛不暖，《孟子》言文王善養老。八十非人不暖，九十雖得人不暖矣。

五十杖於家，六十杖於鄉，七十杖於國，八十杖於朝，九十者天子欲有問焉，則就其室，以珍從。此以養老爲議院。議院以耆老主之，上庠上院，下庠下院。

七十不俟朝，八十月告存，君命人告存否。九十曰有秩。如酒正秩膳。

五十不從力政，力役之事。六十不與服戎，兵戰。七十不與賓客之事，不爲儐介之類。八十齊衰之事弗及也。

八十者一子不從政，九十者其家不從政。廢疾非人不養者，一人不從政。五十而爵，六十不親學，七十致政。唯衰麻爲喪，六十歲制，七十時制，八十月制，九十日修。唯絞紟衾冒死而後制。禮：不預凶事。以上言歲，皆爲引年。

恤孤獨以逮不足。

少而無父者謂之孤，老而無子者謂之獨，老而無妻者謂之矜，老而無夫者謂之寡。說曰：《管子·入國》：「四旬五行九惠之教：一曰老老，二曰慈幼，三曰恤孤，四曰養疾，五曰合獨，六曰問疾，七曰通窮，八曰振困，九曰接絕。所謂老老者，凡國都皆有掌老，年七十已上，一子無征，三月有饋肉；八十已上，二子無征，月有饋肉；九十已上，盡家無征，日有酒肉。死，上共棺。勸子弟，精膳食，問所欲，求所嗜。此之謂老老。所謂慈幼者，凡國都皆有掌幼，士民有子，子有幼弱不勝養爲累者，有三幼者無婦征，四幼者盡家無征，五幼又予之葆，受二人之食，能事而後止。此之謂慈幼。所謂恤孤者，凡國都皆有掌孤，士人死，子孤幼，無父母所養，不能自生者，屬之其鄉黨知識故人，養一孤者一子無征，養二孤者二子無征，養三孤者盡家無征，掌孤數行問之，必知其食飲饑寒，身之膌勝，而哀憐之。此之謂恤孤。所謂養疾者，凡國都皆有掌養疾，聾盲、喑啞、跛躄、偏枯、握遞不耐自生者，上收而養之，疾官而衣食之，殊身而後止。此之謂養疾①。所謂合獨者，凡國都皆有掌媒，丈夫無妻曰鰥，婦人無夫曰寡。取鰥寡而合和之，予宅田而家室之，三年然後事之。此之謂合獨。」此四者，天民之窮而無告者也。《逸周書》有專詳說。皆有常餼。《孟子》以文王發政施仁必先鰥寡孤獨，本傳不言其人，蓋仲尼撰微言以成《王制》，孟子所言乃託號耳。

瘖聾、跛躃、斷者、侏儒，《列子》「瘖者」一段。百工各以其器食之。如外國殘廢學堂，每因所能求食，同爲自食其力。

上賢以崇德，說曰：《說苑》：「禹以夏王，桀以夏亡；湯以殷王，紂以殷亡；闔廬以吳戰勝無敵，夫差以見禽於越；文公以晉國霸，而厲公以見殺於匠麗之宮；威王以齊强於天下，而簡公以弒於檀臺；穆公以秦顯名尊號，二世以刺於望夷之宮。其所以君王同而功迹不等者，所任異也。故成王處繈抱而朝諸侯，周公用事也。武靈王五十而弒沙丘，任李兑也。齊桓公得管仲，九合諸侯，一匡天下，失管仲，任

① 養疾：原作「疾養」，據《管子・入國篇》乙。

豎刁、易牙①，身死不葬，而爲天下笑。一人之身，榮辱俱施焉者，在所任也。故魏有公子無忌，而削地復得；趙得藺相如，而秦不敢出；安陵任周瞻，而國人獨立；楚有申包胥，而昭王反復；齊有田單，襄王得其國。由是觀之，無賢佐俊士而能成功立名，安危繼絶者，未之有也。是以國不務大，而務得民心；佐不務多，而務得賢臣。得民心者民從之，有賢佐者士歸之。文王請除炮烙之刑，而殷民從；越王不隳舊冢，而吴人服，以其前爲慎於人也。故同聲則異而相應，意合則未見而相親。賢者立於本朝，而天下之豪相率而趨之也。何以知其然也？管仲者，桓公之仇也，鮑叔以爲賢於己而進之桓公，七十言説，乃聽，遂使桓公除仇讎之心，而委之國政焉。桓公垂拱無事而朝諸侯，鮑叔之力也。管仲之所以北走，桓公而無自危之心者，同聲於鮑叔②也。衛靈公之時，蘧伯玉賢而不用，彌子瑕不肖而任事，史鰌患之，數言蘧伯玉賢而不聽，病且死，謂其子曰：『我死則治喪於北堂，吾生不能進蘧伯玉③而退彌子瑕，是不能正君者，死不當成禮，而置屍於北堂，於我足矣。』靈公往弔，問其故，其子以父言聞，靈公造然失容曰：『吾失矣！』立召蘧伯玉而貴之，召彌子瑕而退之，徙喪於堂，成禮而後去。衛國以治，史鰌之力也。夫生進賢而退不肖，死且未止，又以屍諫，可謂忠不衰矣。紂殺王子比干，而箕子被髮陽狂。靈公

① 易牙：原作「狄牙」，據《説苑·尊賢篇》改。

② 鮑叔：原脱「叔」字，據《説苑·尊賢篇》改。

③ 自「賢而不聽」至「進蘧伯玉」，原脱，據《大戴禮記·保傅篇》補。案：自「衛靈公時」至後面「可謂忠不衰矣」一段文字非《説苑》文，而出自《大戴禮記·保傅篇》。

殺泄治，而鄧元去陳，以族從。自是之後，殷並於周，陳亡於楚，以其殺比干與泄治，而失箕子與鄧元也。燕昭王得郭隗而鄒衍、樂毅以齊至，於是舉兵而攻齊，棲閔王於莒。燕校地計衆不與齊均也，然燕所以能申意至於此者，由得士也。故無常安之國，無宜治之民，得賢者安存，失賢者危亡，自古及今，未有不然者也。明鏡者所以察形也，往古者所以知今也。夫知惡古之危亡，不務襲迹於其所以安存，則未有異於卻走而求及於前人也。太公知之，故舉微子之後，而封比干之墓。夫聖人之於死，尚如是其厚也，況當世而生存者乎！其不失可知也。」

命鄉論秀士，升之司徒，曰選士。說曰：《白虎通·貢士》：「諸侯三年一貢士者，治道三年有成也。諸侯所以貢士於天子者，進賢勸善者也。天子聘求之者，貴義也。治國之道，本在得賢，得賢則治，失賢則亂。故《月令》季春之月，開府庫，出幣帛，周天下，勉諸侯，聘名士，禮賢者。有貢者，復有聘者何？以爲諸侯貢士，庸才者貢其身，盛德者貢其名，及其幽隱，諸侯所遺失，天子之所昭，故聘之也。」司徒論選士之秀者，而升之學，曰俊士。升於司徒者不征於鄉，升於學者不征於司徒，曰造士。《春秋》譏世卿，開選舉。大樂正論造士之秀者以告於王，而升諸司馬，曰進士。

說曰：《管子·大匡》：「桓公使鮑叔識君臣之有善者，晏子識不仕與耕者之有善者，高子識工賈之有善者，國子爲李，隰朋爲東國，賓胥無爲西土，弗鄭爲宅。凡仕者近宮，不仕與耕者近門，工賈近市。三十里置遽委焉，有司職之。從諸侯欲通，吏從行者，令一人爲負以車；若宿者，令人養其馬，食其委。客與有司別契，至國八①契。費義數而不當，有罪。凡庶人欲通，鄉吏不通，七日囚。出欲通，吏不通，五日囚。貴人子欲通，吏不通，三日囚。凡縣吏進諸侯士而有善，觀其能之大小以爲之賞，有過無罪。令鮑叔進大夫，勸國家，得之成而不悔爲上舉。從政治爲次。野爲原，又多不發，起訟不驕，次之。勸國家，得之成而悔，從政雖治，而不能野原，又多發，起訟驕，行此三者爲下。令晏子進貴人之子，出不仕，處不華，而友有少長，爲上舉，得二爲次，得一爲下。士處靖，敬老與貴，交不失禮，行此三者，爲上舉，得二爲次，得一爲下。耕者農農用力，應於父兄，事賢多，行此三者，爲上舉，得二爲次，得一爲下。令高子進工賈，應於父兄，事長養老，承事敬，行此三者，爲上舉，得二者爲次，得一者爲下。令國子以情斷獄，三大夫既已選舉，使縣行之。管子進而舉言，上而見之於君，以卒年君舉。」

司馬辨論官材，爲司士所職。論進士之賢者以告於王而定其論，學習預備。論定然後官之，試以差使。任官然後爵之，爵與官不同，爵爲階，官爲事。位定然後祿之。食祿表。說曰：《荀子·王制》：「王者之論，無德不貴，無能不官，無功不賞，無罪不罰。朝無倖位，民無幸生，尚賢使能，而等位不遺，析愿禁悍，而刑罰不過。百姓曉然，皆知夫爲善於家，而取賞於朝也，爲不善於幽，而蒙刑於顯也。夫是之謂定論，是王者之論也。」

樂正崇四術，立四教。四門立學，如唐四門學。順先王詩、書、禮、樂以造士。但詳四方，略上下。春秋東西亦作冬夏。教以禮太陰。樂，太陽。冬夏教以詩少陽。書。少陰。王大子、王世子。王

① 八：原作「入」，據《管子·大匡》改。

子、王庶子。群后之大子、《周禮》大國之孤。卿大夫元士之適子、皆有封地。國之俊選學界所升。皆造焉。此爲太學。凡溥通者皆不得入。

凡入學，以齒。説曰：《大戴禮》：「古者年八歲而出就外舍，學小藝焉，履小節焉。束髮而就大學，學大藝焉，履大節焉。」

凡官民，材必先論之，論辨然後使之任事，然後爵之，位定然後禄之。爵人於朝，與士共之；刑人於市，與衆棄之。

簡不肖以絀惡。

命鄉簡不帥教者以告耆老，皆朝於庠。元日習射上功，習鄉上齒。大司徒帥國之俊士與執事焉。不變，命國之右鄉簡不帥教者移之左，命國之左鄉簡不帥教者移之右，如初禮。「習射上功，習鄉上齒。大司徒帥國之俊士與執事焉」。不變，移之郊，如初禮。不變，移之遂，如初禮。不變，屏之遠方，終身不齒。

將出學，小胥、大胥、小樂正簡不帥教者以告於大樂正，大樂正以告於王，王命三公、九卿、大夫、元士皆入學。不變，王親視學。觀其習鄉射。不變，王三日不舉，屏之遠方。西方曰棘，東方曰寄，終身不齒。是故公家當作「卿」。不畜刑人，大夫弗養，士遇之途，弗與言也。屏之四方，唯其所之，不及以政，示弗故生也。

大夫廢其事，終身不仕，死以士禮葬之。

分撰兩戴記章句

廖平 撰
楊世文 宋桂梅 校點

校點説明

《分撰兩戴記章句》又名《大小戴記章句例》。據廖宗澤《六譯先生年譜》，光緒十二年（一八八六），蕭藩欲爲廖平刊《穀梁注疏》，平以尚未定，乃以《分撰兩戴記章句凡例》一卷付之。訂宗派類十五條，篇章類二十四條，義例二十七條，總例五條。此時尚分今古。明年，將「宗派」一門增爲二十八條，遂易今古爲帝王。廖平以爲，鄭玄傳《小戴》，不注《大戴》。東漢以後，《小戴》盛行。博士舊有二家，《小戴》出於《大戴》，單治《小戴》者非也。因「以今古爲統宗，兩戴全録，各以類從，不依舊第，惟注明篇目所出」。又以「《記》文繁難，較之《左傳》，猶覺倍蓰，斷非一人之力所能成，兹欲約十數人分篇治之」，故先爲發凡起例。其凡例共三類，一曰宗派類，二曰篇章類，三曰義例類。宗派類分十五門，篇章類立二十四事爲綱，義例類凡二十八例。廖平晚年因所見有異，於宗派門類略有更訂，至於篇章義例，則仍無所更異。有光緒中《蟄雲雷齋叢書》本、光緒十二年《四益館經學叢書》本、光緒二十三年（一八九七）仁壽肖藩刻本，兹據民國十年（一九二一）四川存古書局刊本整理。

目録

分撰兩戴記章句凡例

一、鄭君傳《小戴》，不注《大戴》，東漢以後，唯《小戴》盛行。案：博士舊有二家，《小戴》出於《大戴》，單治《小戴》，非也。兹以今古爲統宗，兩戴全録，各以類從，不依舊第，惟篇目注明所出。

一、《記》文繁難，較之《左傳》，猶覺倍蓰，斷非一人之力所能成，兹欲約十數人分篇治之。人各擇所喜一二篇而治之，用力既專，則精華必出，所習者少，則撰述易成。《記》本多門，必各分谿徑，然後可得其要。以一心馭衆變，恐應接不靈，必失其旨。

一、約撰此注，始於分篇而治，不求通於别家。如治《祭法》者不必與《王制》合，説《王制》者不必與《周禮》同，唯就本篇圓通，使爲合式。然與本篇家法同者，務須詳考；前人本篇舊説，亦須細檢。

一、通力合作，不拘全書之限。凡一篇注成，籌款公刻，更不依前後，不論多少，但有一篇精絶，均可集刻，兩人同治，則署雙名。倘未約而同注一篇，取其義長摘附一注，如可並存，則刻二本。

一、此書合治則難，分治則易。三年之内，當有小成。若是别經，萬不敢酌定篇章，約集分治。惟此乃《記》文，體本博雜，與别經不同，因其勢而利導之，庶免狂瞽之戾乎！

宗派類

《戴記》其書早出，宣、元間立二博士，《異義》以爲今學，實則古多於今。兹依《今古學考》分篇目以爲準，餘詳《考》説。

鄭君舊注混合今、古篇目，非也。詳《今古學考》。兹倣《别録》之例，先考隸篇目，於九十餘篇分十五門：今學一、古《孝經》二、古小學三、古《周禮》四、古《詩》五、古《左傳》六、古《國語》七、古《逸禮》八、古《喪服》九、古《樂》十、古史學十一、古學禮十二、陰陽十三、經學十四、儒家附《論語》。十五，依此爲序。

今學以《王制》爲主，此孔子傳《春秋》之作也。今取《千乘》、《虞戴德》、《四代》、《主言》、《禮三本》、《祭統》、《哀公問於孔子》、《冠》、《昏》、《鄉飲》、《射》、《聘》、《燕六義》、《喪服四制》十四篇爲之傳，以十四篇皆《王制》節目也。外取《穀梁》、《公羊》、緯、漢今學先師説，爲之義證。以《王制》統今學群經先師説。説詳《今古學考》。别有《王制義證凡例》。

今學十四篇，摘其要者以傳。《王制》各篇即屬於《王制》，後再取《王制》、《禮》及先儒説注之。

曾子傳《孝經》，《大戴》十篇，古《孝經》説也。《祭義》亦在十篇。雖本古學，然有專説，與古學别經不同，玆以爲《孝經》派。既取其説注《孝經》，又取《孝經》以注《記》。

《藝文志·孝經類》有《弟子職》，今倣其例，取《文王世子》、《内則》、《少儀》、《曲禮》、上半。《玉藻》、節取。《保傅》六篇以爲古小學説，附《孝經》之後。此八歲入小學之所習。

《藝文志》有《周官傳》四篇，其書不詳。玆取《朝事》、《盛德》、《玉藻》、《深衣》四篇，爲古《周禮》説，取其説注《周禮》，更取《周禮》注此篇。其説有爲别家所無。此《周禮》專派。

《祭法》禮制與别經無一合者，此古《國語》説。其書從《國語》中抄出，一家言也，當引《國語》説之。舊注欲通於《王制》，故左右支絀。玆以爲《國語》專説，則無不通也。

《左傳》本古學，特《春秋》爲今經，緣經立説，每有改易之處，故禮制與《周禮》、《國語》不盡同，蓋間從今學耳。《曲禮》、《檀弓》、《雜記》中多古《左傳》説，玆取《左傳》以解三篇，又取三篇以解《左傳》。

《樂記》古樂説。樂無今説，惟取子緯説樂者互證之。

子游傳《詩》、《禮》，《禮運》、《禮器》、《郊特牲》，孔子與子游論禮事三篇，有經、有傳、有注，玆訂爲一篇，爲古《詩》、《禮》説。蓋未修《春秋》以前之言古學派也。

《禮經》不全，斷簡零篇時存兩《記》，《投壺》、《釁廟》、《遷廟》、《奔喪》、《喪大記》、《曾子問》、《明堂》、《明堂位》九篇，古《逸禮》説。其書與《儀禮》相同，玆以爲一類，取備禮制。

《喪服》古學，今學所不改者，《大傳》爲經，《間傳》、《服問》爲傳，三篇當合爲一。《喪服小記》、《三年問》皆説《喪服》者。五篇爲古《喪服》説，詳考以補《喪服傳》所未備。

兩《記》所採甚博，古史、《周書》多所徵録。兹取説史事者以爲古史派，《武王踐阼》、《五帝德》、《帝繫姓》、《文王官人》附孔悝鼎銘。四篇專説史事，以爲此類。

《記》有經學一門，先師説經之書也，《别録》以爲通論。今專立此門，《經解》爲主，《緇衣》、《坊記》、《表記》入焉。詳爲考證，以爲經學之準。

《記》有學禮一門，古學問程式也。《大學》爲綱，《學記》言其候，《勸學》以勉學者，《衛將軍文子》、《子張問入官》①，皆弟子學成之事，並附焉。

《記》有從子學録入者，爲儒家言，《論語》之支流也，兹立爲儒家派。《儒行》、《哀公問五義》、《哀公問》、《孔子閒居》、《仲尼燕居》、《小辨》、《用兵》、《少間》、《本命》、《易本命》、《中庸》、《誥志》、《禮察》十四篇②爲儒家説。

《記》有陰陽五行家説，《夏小正》、《月令》是也。此别爲一派，陰陽五行家所祖。

以上就兩《記》篇目分爲十五門。

---

① 子張問入官：原脱「問」字，據《大戴禮記》補。

② 十四篇：實爲十三篇。

篇章類

兩《記》繁博，號爲大經，鄭、盧作注，皆就易辟難，凡屬盤錯，不免遁逃。兹之所志，專在犯難，陷鋭攻堅，務破强勁。再就《記》文立此二十四事，已定巨綱，徐循節目。

合篇

《記》有一篇誤爲數篇者，當合之。《禮運》、《禮器》、《郊特牲》三篇當合爲一篇，《大傳》、《服問》、《閒傳》三篇當合爲一篇。此已寫定，謹就發凡，餘俟考定，再爲標目。

分篇

《大戴》四十餘篇，文不敵《小戴》四篇，蓋兼并者多矣。《樂記》合三十篇爲一，《文王世子》三篇舊目猶存，《祭統》有鼎銘，《中庸》有孝記，《曲禮》、《雜記》尤爲繁雜。以《大戴》例之，當近十篇，本文相貫，合猶可言，非類相從，彼此兩失。兹悉分出，不使相妨①也。

① 妨：原作「防」，據文意改。

篇章重出

禮論先有篇章，傳抄小異，先師取爲注，《記》則録寫並存。如《儀禮·冠記》、《昏記》與《郊特牲》同，《儀禮》師取以注《禮經》、《詩經》，先師又取以注孔子禮説，此其證也。兩戴二《哀公問》、三《投壺》文字小異，鈔録並存者也。《祭義》之於《曾子》，《釁廟》之見於《雜記》，或爲鈔録别行，或爲流傳二本。兹凡二篇同文者，改歸一卷。

儀節相同

《内則》古學養老一節與《王制》合，此今古所同，故先師取古説以注《王制》耳。《祭統》今學，入廟儀注與《祭義》等同，亦今古同也。唯其同爲一事，而文字有詳略異同，此當説爲一律者也。

經傳注淆亂

《小戴》各篇有經、傳、注者，十居其五六。篇中有經有傳，有傳中傳，苟能整理，一絲不亂，如《王制》寫定本是也。一自經傳淆亂，前後混同，讀者不得其宗旨，注者苦於無鍼線，絶域蒼茫，望而卻步。兹凡各篇必先考定其文字有無經傳，務使綱目明白，然後爲之説。傳者所以解經，注又所以解傳。若《王制》，則注亦有注。大約其書爲今學之祖，習者多，故説稍繁耳。今當就《王制》以推其餘。

注記

兩《戴》有兼採漢人之語，如《王制》東田説、《保傅》昭帝冠辭是也，此蓋戴與先師取近事近説以注記者。《保傅》乃自立爲篇，不附所解，後則又小戴取記而不取注，故《保傅》無所附也。兹以《保傅》附《文王世子》、《内則》作注，低格書之。《王制》言東田、《公冠》昭冠辭同此例。他篇所有漢人語，皆注文也。

雜篇

子學有雜家，兼采衆長者也；各書有雜録，摘取衆説也。如《荀子·大略》、《説苑·雜篇》是也。其例采録别書要語，不詳首尾，鱗次疊積，斷章爲義，或二三句爲一事，或四五語爲一事。其采録原文，並有不删虚字者。如《曲禮》「若夫坐如尸，立如齊」，此從《曾子篇》采入，以二句爲一事，不删虚字，不知者乃欲將此等連文説之，何如能通？此當一二句自爲首尾，《曲禮》、《雜記》中此例不少，簡册失序。《王制》傳注前後凌亂，無論矣。《文王世子篇》世子又在首，記乃在末；「庶子之正於公族」

節，其記乃相連；「公族朝於内朝，内親也」①以下爲記；「天子視學」則爲「凡學世子及學士必時」一節之記也。《内則》言飲食之事，文未終，忽入養老一節，下又接言飲食事，此當摘出養老一節附後也。故欲説一篇，必先將其次序文義考定，然後説之，未有端委，不能强作解人也。

辨經傳

《記》有通論、制度二例，在别書則皆制度爲經，通論爲傳，而《記》中則有通論爲經、制度爲傳之事。如《禮運》三篇，則孔子與子游論禮，後師乃舉儀節以傳孔子之言。此議論爲經、制度爲傳之事也，須細考之。

脱誤

《記》中誤挩，有别篇可證者，取别篇證之，如《千乘》證《王制》司徒之誤，《間傳》證《大傳》脱四字之類。務爲博采詳考，以求一是。至於此篇之末簡，當爲彼篇之首文；前節之孤文，或爲後節之脱句。此事至繁，萬不能以一人之力爲之，故須分篇而治，人治一篇，精思細檢，

① 内：原作「親」，據《禮記·文王世子篇》改。

庶乎有合也。

章節

《戴記》章節，舊注皆不敢審定，以文繁篇重，一人精力有限，不能經畫；至此章節猶不能明，則其解説可知。今各篇於經傳既定之後，必詳審其章節，務須心安理得，乃爲真解。

句讀

鄭君舊注，多誤斷句讀，凡己所昧，則割截上下以求通。如《王制》讀爲「庶人葬不爲雨止」之類，不下數十條。今當一反其舊，苟萬不可通，則從闕疑，不可改經句以便己私也。舊注常文誤讀者尚多，亦悉正之。

虚字

治經專從虚字引領神趣，虚字不明，但解得實字無用。且虚字不明，實字亦决不如所説。《三傳》之虚字説之者多，至於《戴記》則無人敢問其虚字。如是，故若、夫、及、之、而、已、焉之類，讀者解者皆若無其事者。然非獨《戴記》難解，惟其書太多，不能詳細探索。予嘗謂《戴記》如深山窮谷，人踪不到之地甚多，蓋游歷平曠，已極僊敗，固不能窮幽極微，以探其奇也。

多立節目

大、小戴同也，乃治《大戴》較易於《小戴》，則以篇目多，每篇文少，易於循覽。如《三朝記》在《小戴》必合爲一篇，《大戴》則七篇；《曾子》在《小戴》必合爲一篇，《大戴》則十篇。分爲十篇，則文義易明；使合爲一篇，則循覽難終。又不知界畫，五花八門，易於炫惑。苟欲簡明，非多立節目不能。今倣《儀禮句讀》、《白虎通疏證》之例，一篇之中多立節目，或數節或數十節不等。有此節目，則《小戴》亦同《大戴》之易讀矣。大約節目以百計。

草儀注

《戴記》儀節名物瑣細錯見，詳略乖舛，學者不得要領，苦其破碎，易致迷亂。今得一化多爲少、因難成易法門，先將瑣細異同儀節照徐、秦《通考》之例彙鈔一帙，凡此莫非古學，同爲一家，其所不同之處，不過詳略隱見所致。既已彙鈔，然後細考前後詳略隱見，爲之排纂編次，草定儀注，不惟可以收拾繁難，且可見之行事。但草得二三十事，則胸有規矩決擇，雖極繁難之事，不足亂其聰明，且喜尋不同以觀其會通矣。

溯原

《戴記》從《逸周書》、《荀子》、《吕覽》、《賈子》鈔入者十餘篇，此等當就本書考其同異，有次第不同者，有録其文而加説者。且諸篇從原書鈔出，欲解諸篇，須通其原書義例。兹於諸篇注其所出，更考其家法，而爲之注焉。

表四代

今古各篇均有四代異制散見篇中，最易淆亂。今剌取《記》文爲主，再加旁搜，務盡其類。其有單條孤文，則推類以補之，既成此表，則見四代異制有準則矣。同者附後。

表五等

今古各篇均有五等異制，不爲立表，無所比例。今取《記》文，略者爲五等表，詳者爲十等表，更以他書補其缺略，其有孤條，則爲之推例補之。既成此表，以觀禮制，則不致迷亂矣。異者在前，同者附後。

補亡

《記》文所説儀節，其見於《周禮》、《儀禮》者人所易知，惟其禮已亡，零星節目時見《記》中，解者不知其所統屬，游蕩於諸儀之間。如《春秋》之一見例，最滋異説。今細爲推考，彙其遺説，輯補亡禮。如祭祀尸未至之前必祭主，今《儀禮》祭主之禮亡，而記中祭主之説無所附。因就記文推補此禮，倘能補得亡禮二三十事，記中流亡皆有所歸，則其事易明矣。

取證

所謂記者，原以解經，因有經文，乃立記説。凡《春秋》、《周禮》、《國語》、《左傳》、《詩》、《禮》諸記，皆取經爲證，則記有所附，義乃愈明。至於學禮、儒論，則博采子緯所言，以相證印。蓋記爲經傳之支流，而又爲子緯之宗祖，上下相比，其義乃明。

求異

凡門户不同，務求其分。每説一條，力求歧異，比較推尋，相觀而悟。如説《祭法》，須將《王制》對觀。每條説得不同，十五家門目所有禮制，喜異不喜同也。

求同

凡一家之説，雖語言文字小有參差，此當力求其合，不可好異，致多歧出。蓋其同出一原，所説豈能大異？如《少儀》、《内則》、《玉藻》中所言儀節，每多不合，然總爲一家之言，此當求同。以下廿七例，意多主合同也。

附文

各篇既分經、傳、注與漢儒所附，此外尚多記識混入正文者，王、俞諸家所考是也。又有記言一事，先儒更引别條以相證，或記言此禮，先師更取異説以相補，紛然淆雜於中。須考其正經、附文，使不相混。

科分

《記》文凡見於《家語》、《孔叢》者，皆較本書易解，雖由文字間有潤色，更以詳其首尾，補入問答、論説之由，頗似釋藏科分，特以絜要領綱。兹擬於每篇目下提録綱旨，兼列因由，務求明𣈆，以便循攬。

以上二十四例説篇章。

義例類

今古不同之外，分十五門以别宗派，立二十四事以理篇章，可謂詳備。特恐古文繁賾，儀節參舛，猶有難明，再表二十七例，以求畫一。苟盡其術，想思當過半矣。

今古雜例

今古之分嚴矣，而《公羊》用古《左傳》參今，萬一之間，未能歸畫。《記》中凡出入於二門之間者，統爲此派。然有一二事之雜，有全體之雜，有傳記之雜，師説之雜，須細别之。

互見例

《儀禮》儀注專以互文起例，《記》中斷文孤句，本末不全，彼此異制，莫非此例。譬如滿屋散錢，須得串貫，又如神龍，東雲見鱗，西雲見爪，須由此推見全龍，不可因其鱗爪不同，驚爲二物。前言草儀注，意欲將此互見者而貫串爲一事。得此，不憂歧出無線索矣。

文字異同例

一家之學，而文字各異，此當求合，不可分之。如同爲《投壺》，而兩篇文字不同，本一《釁廟》，而二書詳略相反，鈔録偶歧，不關别義，考定一尊，或兼存别義可也。如《祭法》出於《國語》，而文與《國語》有小異；《孟子》出於《王制》，而字與《國語》有小異。若於此求歧，則千頭萬緒，無所宗主矣。

列國不同例

《記》中所言春秋官名、禮制最爲紛雜，此不止一例，然其大宗，則列國異制是也。齊自管子而變，晉自文公而亂，宋有王禮，魯郊周公，外則吴、楚有國制，小則滕、薛宜降等。首立此例，以收異同。然須考核精審，未可憑虚指目。證以子史，推其沿革，確然有徵，乃爲得耳。

潤色例

國家典章制度，皆有詳略二門，略爲綱領①，詳爲節目，略如經傳，詳如注疏。試以輪委

① 綱領：「綱」原作「剛」，據文意改。

一事言之，論其大意，數言可了，推論委曲，則章程成帙。又其章程詳盡之處，每與大略、綱領之意間有妨倍。《孟子》云：「此其大略也，若夫潤澤之，則在君與子。」《王制》所言大略也，考其詳盡，其文百倍於本經，此皆潤色例也。記中彼此不同，詳略大反之處，學者意中莫不以爲二事，再不敢合言。須知《荀子》序官説九卿，《董子·爵國》詳食俸，皆《王制》之潤色。今特立此例，以考詳略，不可因其面異而不求其心同也。

參差例

畫家畫房屋器具，不能見全形，則以參差之法見之。經傳於齊整之事間不用此法，至於差分疊減，則恒用此，蓋非此不明也。此當知其所同，不可詫以爲異。如《喪服》齊衰之殤、大功之殤，降等則爲大功、小功，《記》所云大功之殤、小功之殤者，即參差以舉其降等之名也。鄭君乃讀《記》文，如經小功無中從下之事，則可定其誤改經字矣。《孟子》出於《王制》，其言天子之卿受地視侯，而無公，《王制》言天子之公受地視侯，而元士不數。但詳文義，則《孟子》缺公封爲誤説，不然，則以爲二制自來皆如此説也，豈知此亦差分例。九卿同爲①卿，而受地大小不同，上卿之受地視侯，下卿已近伯，《孟子》所云指上卿，《王制》所云指下卿，禄有參差，

① 爲：原作「爲爲」，衍一「爲」字，今删。

亦如殤服各言半面，相合乃成。此法所包甚廣，不可不盡窮之也。

傳習例

一《春秋》也，而流爲五；一《詩》也，而流爲七。本同一家，而傳習異派，同則非同，異又非異。此當别爲一派。凡遇此種，除今古二門以外，大約大同小異，就使歧互，亦非宏綱。可同者則同之，不能同者則並存二説，以俟擇取。仁智異端，各隨所見，歐陽、夏侯，猶立二家，同源異流，溯考自易也。

緣經立説例

緣經立説之事，《左傳》、《孝經》派爲主，下而子、緯，先師多主此義。所有篇目分括不盡，而散見别記中者，如《祭統》重禘嘗，此用《孝經》説也。亦須細考，推類以求之。

陰陽五行例

古有祈禳之禮，後流爲陰陽五行派。如《誥志》之飾、《明堂月令》之順時氣是也。凡此所言，因異災修省，或承天改度，不可以常禮繩之者也。《記》中有截去首尾、獨見儀制者，此須博考而會通之。

史子緯例

《記》文有從史、子、緯鈔出者，或在春秋，或在先秦，或在漢初，聞見異辭，傳習改易，其中淆互，勢所不免。然有有明文者，有無明文者，有者易知，無者難見。兹立此一門。恐記中餘篇更有此派，欲執此有明文者，以推其無明文者，庶其流派不混淆也。

沿革例

一朝典章制度，續有修改。國初不同於中葉，中葉不同於晚季。周歷年久遠，舊例新章，無慮數變。《周禮》、《儀禮》必一代之書，與前後迥不相合。如《地理志》丁户只據一代爲斷，與前後不同是也。觀歷代史志，可以悟此。緯言殷周廟制初少而後多，亦必然之事也。《周官》、《儀禮》官名、禮制與《記》不同，由於沿革者不少。凡遇異同，多可以此推之。

宜俗例

典章如今之《會典》，宜俗如今之風氣。試以昏禮而論，所有禮節，不惟南北不同，即一省一府之中，斷難畫一。因乎成例，囿於習染，若以《會典》繩今禮，則千百無一合者。《曲禮》曰：「禮從宜，使從俗。」不盡拘也。禮者聖人之程式，設此以示意，不能使天下皆出一途，大約不甚相遠而已。《禮》云「三十而娶，二十而嫁」，豈能盡合？不過虚存此言而已。試以言語譬之，禮如今之官話，略有規矱，至於方言異語，千奇百怪，聖人不能强同也。

意起例

禮家有以意起之事。凡事莫不始初簡略，後來周詳，皆後人出新意，彌縫緣飾，不必盡合於古，如《檀弓》記曾子、子游裼襲而弔一事，曾子初譏子游，此据舊例成事而斷之者也。後來子游改服，而曾子歎其合宜，此美其起意之詳盡也。使禮舊如子游所行，曾子豈不知之，而乃譏之？《記》中所言，成例固多，意起者亦不少，使必求合於舊禮，則非增美之意。孔子所問於老聃，曾子所問於孔子，皆以意起之事，非舊文也。《記》中此事不下千條，須詳考之。

行事私論例

行禮如作字述文，各有局面，不能强同。《記》中異禮，有爲一人之行事，禮家之私議，不能與典章同也。或云《鄉黨》爲孔子一人行事，與《禮》不同者。使《禮》有明文，何爲述之？孔子一人之言，時而今學，時而古學，此皆與禮文不同者也。《記》中凡云「自某人始」，有失亦有得。至於禮家私議，則其事更多。得此二例，以收拾歧異，亦可省無數糾葛矣。

因事改易例

因事而改易禮制，如因諱改官名，因周公功賜天子樂，因管仲功享以上卿禮是也。如此之類，有明文則易知，無明文則難知。今立此門，務須詳稽博考，得數十百事，以成此門類。未立此門之先，則此例不顯，心有此例，以求此事，則易尋矣。得此亦足解紛。

先後例

《記》言禮制流變，如魯髽郊期廟無虚主等事，不下數十條，其事得失互見，失者爲變本忘反，得者爲益損得宜，相仍既久，禮家多緣此立説，與始初之制不能不致歧出。《記》文有流變之禮，或以爲正，或以爲不正，此當考其立説之先後。與流變不合者，此本初之議也；就流變立説者，此後來之論也。考其遲早之故，而一説不致相妨矣。流變事入沿革，行事不復立門。

同實異名例

今古各經，禮制同實異名，已見於《今古學考》表中。此當推類以盡其餘者也。實則同經同派之中，亦有不齊，或形聲轉變，或簡篇挩誤，遂致同室之中，自相函矢。此不當求異，惟當求同。此例不多，考究尚易。

同名異實例

今古各傳禮制，同名異實，已見於《今古學考》表中。此爲分派例，至於同派而有此例，則甚爲難通，非文字簡册之誤，則采録異説，以備一解也。然此例非細心精考，洞鑒源流，不能知也。

譯改例

此例在《尚書》爲專門，禮家亦不少，所陳四代器用名號、九土食品烹飪，其中雜出方言，兼録别號，先師譯改，以求通曉，往往新舊並陳，南北互見，異名同實，異實同名，儀物中此爲大門。考異同，徵沿變，雖曰形下，亦不可少也。

隱見例

此例爲《春秋》之專門，其原出於禮家。禮書州儀，亦如作畫，有所見，有所不見。《王制》言三公所統百官，以外之官不見，則從隱者也；司會獨見，以起其例，《荀子》①又言通佐大夫。又祭用齊酒，而《郊特牲》、《祭統》、《祭義》詳略不同。或見二三，或僅一録，舉一反三，略

① 荀子：疑作「董子」。

示其例。而讀者不察，或乃争論多少，相較異同，尋行數墨，豈能悟通？今立此例，其類最繁，考其一節，知其全體。苟盡其量，馭駕無方矣。

删潤例

古人引用成説，記録時事，多以己意删潤，不求其合，但取大意而已。如子書記一人事而參差不同者，不勝其數，此大例也。至於引用古説，亦下己意，如《孟子》引孔子「其事則齊桓晉文①」三句，《公羊》有其言，而文不同。《穀梁・定公元年》引沈子説，《公羊》亦引，而文字全異。故讀古書不可拘文字。記中如此者不可縷數，須以删潤例之。

異解例

春秋以後，禮文甚雜，各以己意起例，其相反相迕之處，不待言矣，相輔而行，存異説之例也。乃至一人之説，亦往往不同。孔子言三公者累矣，而《千乘篇》乃以司寇與三公並説，不審此孔子偶爾小變，以配四時之説，亦記者以己意屬讀也。同記一師之言，而進退各殊；同覩一佛之形，而大小各别。人心不同，各如其面。記中此例尤多，當細爲分出。

① 文：原無，據《孟子・離婁下》補。

寓言例

說不稱師，古以爲倍。故凡有言行，皆别寓託，既以徵信於人，又不欲自己出。故《莊子》言事，多託之孔子與盜蹠面談，其浣紗相調，非不知時代既殊，情事非正，特以自抒所懷，不必事出古昔。《記》中言事，出於先師寓言者多，不必徵實，但在明意。考其左證，徵其異同，皆失之矣，如孔子出妻之類是也。

附會例

《記》中所記行事，出於徵實者半，出於附會者半。《明堂位》言魯無弑君事，《祭法》言禘郊宗廟四代所同，若此之類，全出於後儒附會，非以夸耀鄉土，即以張皇師法，言過其實，影響支離。若不知此，而穿鑿以求通，則未有不失之者也。

殘賸例

漢儒所得《記》文簡册，凡完具者既别出矣，其蝕朽之餘、零簡脱節，不忍捐棄，則擇其成文理者鈔而存之，亦先儒慎重之意，頗似雜篇。然雜篇文多言禮制，此兼有議論訓誡；雜篇文多爲别篇所無，此則多與别篇重出。嘗疑《曲禮》前半即爲殘賸之所輯成者。

傳聞例

一事以十人言之，無論古今，常有五六異說。桓公盟詞，《穀梁》以爲在葵丘，《公羊》以爲在貫澤。申生將死之詞，《檀弓》與《左傳》、《國語》不同。諸子無論矣，固爲各記所聞，而傳聞參差，不出一律。《繹史》所記古事，備列古書，觀其同異，知由傳聞。記中纂事，凡屬此類，皆不能折中者。

遲早例

《記》中有夏殷之文，周初之文，下而春秋，晚而秦漢，上下二千年，舊文新書，雜見於此。所有異同，因乎時勢。今當考其時代，略爲科分，象時立言，方爲切實。既可祛浮惑，更可徵實意也。

墜佚例

《記》中所言故事，於載籍頗多無徵，此遺文墜典之僅存者。蓋古書全存，當千百倍於此，秦火之餘，存十一於千百，古事豈能備存？說者或因偶佚，遂生疑慮，由心作境，化實成虛。此當保殘守缺，等之彝古，不可但憑目觸，以斷遠事。

以上二十七例說義例。

禮記識

廖平 撰
楊世文 校點

校點説明

《禮記識》是廖平讀《禮記》所作識語，後彙集刊行。就《禮記》四十九篇加以批註，少則一二語，多則數十字，凡二卷。其中藉《禮記》闡發其大統小統、皇帝王伯、進化退化、法古俟後之説，尤重孔子微言大義。如《檀弓篇》曰：「此篇大抵爲微言派。孔子制禮垂法，弟子潤色，可謂詳矣。欲知聖作，所宜研究。」民國六年（一九一七）《國學薈編》第八、九、十期連載，民國七年（一九一八）成都存古書局刊行，收入《六譯館叢書》，兹據該本整理。

目録

禮記識卷上①

曲禮上第一

此篇當分數篇，中多《孝經》、《容經》、《春秋》、《大傳》。

「大上貴德」　皇帝道德。

「其次務施報」　王伯。

「禮尚往來」　往古來今，通乎百世。

「往而不來」　專言法古。

「非禮也」　專言退化。

「來而不往」　俟後。

「亦非禮也」　專主進化。

「三十曰壯，有室」　《易》，男女有長、中、少三等之分。男十六，女十四，少也。男三十，女二十，中也。男五十，女四十，長也。經舉中男、中女以立法，故曰三十而娶，二十

① 卷上：原無。按，下卷有「卷下」二字，據補。

而嫁。

「適四方，乘安車，自稱曰老夫」　上卿稱老夫，如天子之二老。

「越國而問焉」　聘禮。

「必告之以其制」　「士死制」注：「制，謂君教令所使爲之。」按：即聘之所爲。

「凡爲人子之禮，冬温而夏清，昏定而晨省」　《孝經》説。

「在醜夷不争」　《經》：「在醜而争。」

「夫爲人子者，三賜不及車馬」　鄭注：「三賜，三命也。凡仕者，一命而受爵，再命而受衣服，三命而受車馬。車馬而身所以尊者備矣。卿大夫、士之子不受，不敢以成尊，比逾於父。天子、諸侯之子不受，自卑遠於君。」按：朝廷大典「不能以私辭三賜」，「三」衍文，謂饋贈不用重貲，即《坊記》「凡爲子者饋獻不及車馬」，《論語》「朋友之饋雖車馬」。

「故州閭鄉黨稱其孝也」至「交遊稱其信也」　此《論語》「人不間於其父母昆弟之言」傳，説詳《亢倉子》。○慈、弟、仁、信，所以合成其孝。○《孝經》不信非孝。

「所遊必有常」　《論語》作「有方」。

「聽於無聲」　不以耳聽。

「視於無形」　不以目視。

「幼子常視毋誑」　以下《容經》說。

「户外有二屨」　席地而坐，當時風尚。傳記有之，經則否。

「男女不雜坐」至「弗與爲友」　草昧之初，男女無別，則夫婦、父子無義無親；聖人撥亂反正，故先立男女之坊，所謂禮始於謹男女。引進外人亦同。

「齊戒以告鬼神」　婦至，必先入廟見祖，以合於鬼神，所謂先祖而後配。

「取妻不取同姓」　《春秋》說。

「禮曰」　引經。

「禮不下庶人，刑不上大夫」　庶人已下爲野人，禽獸則無禮矣。有禮然後爲人。有大夫程度者可免於刑戮，致刑措之化。庶人、大夫以德，不以位言。

「前有水則載青旌」至「前有摯獸則載貔貅」　舉旗幟以代語言。

「行」　太乙下行法。

「前朱雀」　鶉鳥。

「而後玄武」　龜蛇。

「左青龍」　蒼龍七宿。

「而右白虎」「招揺在上」　北斗。

「急繕其怒」　「怒」當作「下」，聲之誤，上下四旁六宗也。

「進退有度」　前後。

「左右有局」　東西。

「各司其局」　統於中央。

「卒哭乃諱」至「入門問諱」　禮以諱爲尊，海外以名爲貴，故無字謚，故可以城物用君名名之。

「外事以剛日」　兵、戰、盟。

「内事以柔日」　祭、昏、葬。

「凡卜筮日」至「日而行事則必踐之」　卜筮通於天學，海外無，中國用之，誠不能通，所謂無德用事。○卜筮爲天學，文明之至，通於鬼神，然後能盡其義，非尋常之巫史。○旬，即「天有十日」。

「故君子式黄髪」　鄭注：「發句言故，明此衆篇雜辭也。」按：故同「詁」。

「君命召，雖賤人，大夫、士必自御之」　鄭注：「御當爲訝。訝，迎也。君雖使賤人來，必自出迎之，尊君命也。」《春秋傳》曰：「跛者御跛者，眇者御眇者。」皆訝也，世人亂之。

曲禮下第二

「國君不名卿老、世婦」　老，天子之守。世婦，卿妻。

「大夫不名世臣、姪娣」　一娶三女。

「君使士射，不能，則辭以疾，言曰：某有負薪之憂」　古之弓矢，今之鎗礮，當就經文譒譯之，以便實行。

「君子行禮，不求變俗。祭祀之禮，居喪之服，哭泣之位，皆如其國之故」《王制》說。

「龜策、几杖、席蓋、重素、袗絺綌」《玉藻》同。

「不入公門」　非公事。

「大夫、士去國逾竟，爲壇位，鄉國而哭，素衣、素裳、素冠」《詩》之素冠、素衣、素韠同此。素則全素，爲統色，故知雜色爲互文相起。

「君天下曰天子」　天下非一國，天子尊於王。

「復曰：天子復矣」　復，招魂由所生。天子，九天之子。

「告喪曰：天子登假」　即帝。

「措之廟，立之主曰帝」　皇皇后帝。

「生名之，死亦名之」　鄭注：「生名之曰小子王，死亦曰小子王也。晉有小子侯，是僭取於天子號也。」按：三年以内不稱王，其生也名之，死亦同。經乃典籍之文。

「天子有后，有夫人，有世婦，有嬪，有妻，有妾」　當爲「天子有后，諸侯有夫人，卿有嬪，大夫有世婦，元士有妻，下士二百三十四有妾」。鄭注：「妻，八十一御妻。《周禮》謂之女御，以其御序於王之燕寢。妾，賤者。」按：天子一娶十二女，董子詳矣。此言各等外命婦，鄭誤以百二十女爲妃嬪。

「天子建天官」　通上下，包地言。

「先六大，曰太宰、大宗、大史、大祝、大士、大卜，典司六典」　六大亦分上下四旁。太宰上，大宗東，大史南，大祝西，大士當爲巫。北，大卜下。○鄭注：「此蓋殷制也。周則大宰爲天官，大宗曰宗伯，宗伯爲春官，大史以下屬焉。大士，以神仕者。」按：此天學皇帝制度，非殷。

「天子之五官」　人學，民師民名。

「曰司徒、司馬、司空、司士、司寇」　春、秋、冬、中、秋。

「典司五衆」　帝學，主五方。

「天子之六府，曰司土、司木、司水、司草、司器、司貨，典司六極職」　六府，《左傳》作水、火、金、木、土、穀。

「天子同姓，謂之伯父」　晉。

「異姓謂之伯舅」　齊。

「於外曰公」　會盟經當稱公，鄭注：「外，自其私土之外，天子畿内。」非。

「九州之長」　方伯。　八伯當云八州九牧，兼内言之。

「於外曰侯」　會盟。

「其在東夷、北狄、西戎、南蠻，雖大曰子」　鄭注：「謂九州之外長也。天子亦選其諸侯之賢者以爲之子，子猶牧也。入天子之國曰子，天子亦謂之子，雖有侯伯之地，本爵亦無過子，是以同名曰子。」按：《春秋》吴、楚稱子，大也；莒、滕稱子，小也。皆夷之稱子。鄭説非。

「於内自稱曰不穀」　穀當作「轂」。《老子》河上公本作「轂」，云孤寡不轂，言不輻輳。

「庶方小侯」　卒正。

「入天子之國曰某人，於外曰子」　滕子、杞子。

「自稱曰孤」　鄭注：「謂戎狄子男君也。男者於外亦曰男，舉尊言之。」按：《老子》「孤」、「寡」、「不轂」。《左傳》「列國有凶，稱孤」。

「天子當依而立」至「諸侯西面曰朝」　此以禮節異名。《周禮》朝、宗、覲、遇，則禮節本同，因四方異其名。○鄭注：「覲禮今存，朝、宗、遇禮今亡。」按：但有覲禮，則朝已可省，若宗、遇更無論矣。若一名必立經一篇，則經雖千百不能盡。

「諸侯未及」　不期而會期地也。

「相見曰遇」　《傳》曰：「志相得也。」

「相見於郤地曰會」　入都則近朝，故於郤地。

「諸侯見天子，曰：臣某、侯某」　上某國名，下某侯名。

「其在凶服，曰：世子孤」　三年不稱君也。《周禮》，世子或稱公之適子，或曰公之孤，二者互文，非並稱。古文家誤以爲孤卿。

「諸侯使人使於諸侯」　使人爲上卿，當上作「使大夫問於諸侯」。

「使者」　介擯。

「自稱」　稱卿。

「曰寡君之老」　上卿。○寡君之老，皆擯者代稱之辭，自稱曰外臣，或曰使臣，或曰臣。

「諸侯曰夫人，大夫曰孺人」　據上曰世婦。

「士曰婦人」　據上士曰妻。

「庶人曰妻」　據上庶人曰妾。○《記》云：「天子有后、有夫人、有世婦、有嬪、有妻、有妾。」當據此補公、卿、大夫、元士、下士字。

「公侯有夫人、有世婦、有妻、有妾」　此「公侯有夫人」下亦當曰「大夫有世婦、上士有妻、下士有妾」 《春秋》於方伯、卿書大夫，由王臣推之二伯，公、方伯比卿，則方伯之卿正比天子大夫，故《記》曰卿佐君，世婦佐夫人。

「夫人自稱於天子曰老婦」 天子二伯稱老夫，《易》有老夫、老婦。

「自稱於諸侯曰寡小君」 使人所稱，非夫人自稱。 《春秋》葬書小君，於鄰國故稱寡。

「自稱於其君曰小童」 《論語》：「夫人自稱曰小童。」

「列國之大夫入天子之國曰某士，自稱曰陪臣某」 上某國名，下某臣名。

「於外曰子」 盟會。

「於其①鄰國曰寡君之老」 「其」當作「鄰」。 「寡君」，對鄰國之辭，於鄰國自稱老夫，擯者曰「寡君之老」。

「使者自稱曰某」 上「諸侯使人於諸侯，使者自稱曰寡君之老」。

「天子不言出」 經例。

「諸侯不生名，君子不親惡」 生名爲死刑。 數語專爲經例。 君子不親惡人，如楚主盟會，必以蔡、陳親之，若宋、衛則必遠之。

「諸侯失地，名； 滅同姓，名」 衛侯燬。

① 「其」字原脱，據《曲禮下》補。

「君有疾，飲藥，臣先嘗之」　嘗謂知醫，非嘗其味。

「親有疾，飲藥，子先嘗之」　鄭注：「嘗，度其所堪。」按：許世子不嘗藥，《春秋》書「弑」。

「天子祭天地」至「士祭其先」　諸侯無天地四方，大夫無山川。禮由孔子新定前，則上下名器不分，亦如今西人。禮以辨尊卑正名分爲主，故《論語》所譏，皆爲新制。

「凡祭，有其廢之」　草昧神權之祀。

「莫敢舉也」　不載祀典。

「有其舉之，莫敢廢也」　新定。

「天子以犧牛」至「士以羊豕」　春秋禮。

「天子死曰崩」　以下經例。

「士曰不禄」　以下不見經，傳則詳矣。

「祭王父曰皇祖考」　《詩》「皇祖」。經傳爲帝王立法，故稱皇，非王以下所得妄擬。

「壽考曰卒」　經。

「短折曰不禄」　傳

「天子視不上於袷，不下於帶」至「士視五步」　鄭注以爲視天子、國君、大夫、士。據文，當指天子、國君、大夫、士自視，非謂視者。公侯於天子，亦如卿於國君，尊者重嚴，卑者敏給。鄭注非是。

「凡視上於面則敖，下於帶則憂」 二句指天子說，詳《左傳》。

「在官言官，在府言府」 《周禮》官、府。

「凡摯，天子鬯」 六加至隆，進化之序。

「諸侯圭」 五加。

「卿羔」 四加。

「大夫雁」 三加。

「士雉」 再加。

「庶人之摯匹」 初用摯如此。

「納女於天子，曰備百姓」 鄭注：「姓之言生也。天子皇后以下百二十人，廣子姓也。」

據十二女有異姓，鄭説非。

「於國君曰備酒漿」 九女同姓，媵異姓則否。

檀弓

此篇大抵爲微言派。孔子制禮垂法，弟子潤色，可謂詳矣。欲知聖作，所宜研究。

「伯子曰：仲子亦猶行古之道也」 古作經字讀。

「昔者文王舍伯邑考而立武王，微子舍其孫腯而立衍也」 「昔」指侯後之來者，《詩》：

「自古在昔。」爲進退。○經説質家立弟，文家立子。

「子游問諸孔子，孔子曰：否，立孫」　以聖言爲斷。《論語》口「畏聖人之言」，此篇屢詳此例。

「事親有隱而無犯」　親親，質。

「事君有犯而無隱」　尊尊，文。

「事師無犯無隱」　文質兼。

「季武子成寢，杜氏之葬在西階之下」　人鬼雜處。

「請合葬焉，許之。入宮而不敢哭」　設事以明禮，不必實有之。

「武子曰：合葬非古也，自周公以來，未之有改也。吾許其大而不許其細，何居？命之哭」　合葬不比別等典禮，當周公時，或已有之，然此乃事迹，非經典，西漢以上説周公皆實行，不立言。

「門人問諸子思曰：昔者子之先君子喪出母乎？曰：然」　出猶生，謂妾。曰「然」者，經有之。就經言，非實事，即鄭説亦非三世矣。

「子思曰：昔者吾先君子」　此推論孔子，非謂禮有出入。

「無所失道」　至聖。

「道隆則從而隆」　用王後禮，以爲殷後，即素王説。

「道污則從而污」　匹夫在庶，爲魯孔某。

「爲伋也妻者，是爲白也母」　妻。

「不爲伋也妻者，是不爲白也母」　妾。

「故孔氏之不喪出母①，自子思始也」　不以妾爲妻。

「使者曰：　醢之矣」　醢，食人肉。烹醢同。

「孔子少孤，不知其墓，殯於五父之衢」　不知其殯與墓。

「問於郰②曼父之母」　問爲殯。

「有虞氏瓦棺，夏后氏堲周，殷人棺槨，周人牆、置翣」　本朝加隆。

「周人以殷人之棺槨葬長殤」　上推前代，以尊卑迭降。

「以夏后氏之堲周葬中殤、下殤，以有虞氏之瓦棺葬無服之殤」　此四代爲先野後文。此以四殤分等級，而以五等分等，如王、公、卿、大夫、士是也。本朝加隆，爲周爲王，其次周初爲公，殷爲卿，夏爲大夫，有虞爲士。天子、諸侯、卿、大夫、士乃進化程度，不以位言。

① 出母：原作「庶母」，據《禮記·檀弓上》改。

② 郰：原作「聊」，據右引改。

「夏后氏尚黑」　黑道。

「殷人尚白」　黄道之西。

「周人尚赤」　赤道。

「穆公之母卒，使人問於曾子曰：如之何」　禮由孔子初定，故事有疑難，輒問弟子。使周公定禮，則從先祖，故事則有司存。

「對曰：申也聞諸申之父曰」至「自天子達」　孔子所傳。

「布幕，衛也；縿幕，魯也」　《論語》「魯、衛之政兄弟」，《春秋》内魯、衛，外陳、蔡。《商鞅傳》「比於魯、衛」，《檀弓》之「魯、衛」亦如經學魯、齊，近聖人居禮教布化之基。

「晉獻公將殺其世子申生」　《春秋》説。

「公子重耳謂之曰」至「是以爲恭世子也」　事出世子，言由記者。

「魯人有朝祥而暮歌者」　孔子定制，魯人遂行之。

「夫子曰：由，爾責於人，終無已」　成人之善，漸進之。

「夫三年之喪，亦已久矣夫」　古無此制，時未能行。

「魯莊公及宋人戰於乘丘」　《春秋》説。

「士之有誄，自此始也」　士無誄，能死事則誄之，非常制。

「曾子寢疾，病」至「反席未安而没」　孔門禮説。

「始死，充充如有窮」至「祥而廓然」　《容經》喪紀說。

「邾婁復之以矢，蓋自戰於升陘始也」　《公羊》經作「邾婁」，《檀弓》同，然則亦爲齊學矣。

「魯婦人之髽而弔也，自敗於臺駘始也」　此《公羊》所謂「託始」，欲定此禮，託之古人。

「南宮縚之妻之姑喪」至「長尺而總八寸」　喪容。

「孟獻子禫，縣而不樂」至「夫子曰：獻子加於人一等矣」　成人之美，以爲禮制。

「孔子曰：先王制禮」　經依託先王。

「子路聞之，遂除之」　「由也進，故退之」。

「大公封於營丘」至「狐死正丘首，仁也」　專取歸本之義，禮、樂同義，非如《樂記》禮、樂相反。

「伯魚之母死，期而猶哭」　父在，爲母期。

「夫子聞之曰：誰與，哭者」至「伯魚聞之，遂除之」　因此而定父在爲母期之禮，非有此禮文，伯魚不用。

「舜葬於蒼梧之野，蓋三妃未之從也」　天子一娶十二女，此舉三，亦謂指之數不過三。舜孤，葬無附，故云爾。　一說三爲后字脱文，如《曲禮》「三賜不及車馬」之「三」。　鄭注非是。

「季武子曰：周公蓋附」。　申上合葬非古也。

「曾子謂子思曰：伋，吾執親之喪也，水漿不入於口者七日」以身立法，非古所有。

「子思曰：先王之制禮也」至「杖而後能起」經託先王。○以弟子改師之説。孔子但有大綱，其餘皆由弟子潤色。曾子行可爲法，子思亦言可爲經。

「伯高之喪，孔氏之使者未至，冉子攝，束帛乘馬而將之①」弟子潤色。

「孔子曰：異哉！徒使我不誠於伯高」折中至聖。

「孔子曰：吾惡乎哭諸」定哭也。

「兄弟，吾哭諸廟」至「所知，吾哭諸野」以身立制。

「夫由賜也見我」至「知伯高而來者，勿拜也」非古所有，由聖言而定。

「子夏喪其子，而喪其明」史叙左丘喪明。

「曾子弔之曰：吾聞之也」孔子所傳。

「高子皋之②執親之喪也」至「君子以爲難」弟子實行孔禮。

「孔子之衛，遇舊館人之喪，入而哭之哀」別有感觸。

「孔子在衛」至「足以爲法矣」取人立法。

① 之：原誤作「子」，據《禮記·檀弓上》改。

② 之：原誤作「子」，據《禮記·檀弓上》改。

「孔子與門人立，拱而尚右」 變常。

「二三子亦皆尚右」 以聖爲法，無古可循。

「孔子曰：二三子之嗜學也，我則有姊之喪故也」 前本尚左。

「夏后氏殯於東階之上，則猶在阼也」 主。

「殷人殯於兩楹之間，則與賓主夾之也」 孔子有此說，《公羊》說魯昭公亦云正棺兩楹之階。

「周人殯於西階之上，則猶賓也」 三統說。

「而丘也殷人也」 故宋，素統。○王後惟宋公得言之，孔子生魯在庶，爲魯臣，何得以殷自命？即素王說。

「夫明王不興」 明王即後聖，時未至。

「而天下其孰能宗予」 《公羊》「樂堯舜之知君子」，《論語》「如有用我者」，與「宗予」同，皆謂後王取法經制，非用其身立德立功也。

「蓋寢疾七日而沒」 《莊子》「七日混沌死」。天子七日。

「孔子之喪，門人疑所①服」 經無喪師之禮，而情不可已。

① 所：原脱，據《禮記·檀弓上》補。

「子貢曰：昔者夫子之喪顔淵」至「若喪父而無服」　《公羊》「獲麟」傳言顔淵、子路之死與此同。二子，孔門之二公。

「設披，周也；設崇，殷也；綢練、設旐，夏也」　殯專用殷，此兼用三代。〇參用三代，如顔子問邦，與《明堂位》魯用四代同。

「子張之喪，公明儀爲志焉」　「志」即微言之義。

「褚幕丹質，蟻結於四隅，殷士也」　「殷士」即素臣之説。孔子素王，曰殷人；弟子素臣，曰殷士。

「子夏問於孔子曰：居父母之仇如之何」至「主人能，則執兵而陪其後」①。　孔門定復仇詳其等差。

「孔子之喪，二三子皆絰而出」　出，當作「居」。

「群居則絰，出則否」　絰爲在墓廬。《孟子》：孔子之喪，門人廬墓群居，與子貢之獨居對。「出則否」，心喪無服。

「子路曰：吾聞諸夫子」至「不若禮不足而敬有餘也」　如墨家從質。

「曾子襲裘而弔，子游裼裘而弔」　各以意起，初無成法。

---

① 「主人」句：「能」原在「則」下，「陪」原作「隨」，均據《禮記·檀弓上》改。

「曾子指子游而示人曰」至「夫夫是也」 孔子經初有大綱，其潤色節目皆由諸子所定，故歷記弟子之同異。

「子夏既除喪而見」至「先王制禮，不敢不至焉」 《論語》：「師也過，商也不及。」

「將軍文子之喪，既除喪，而後越人來弔」 越人不必知弔，亦如經書秦人襚。

「幼名冠字」至「周道也」 從周之說。三代例，以夏、殷爲進化符號，而以周爲極隆。周人如此，則夏、殷未必然，經則皆從周。

「經①也者，實也」至「殷道也」 儒主周，墨主夏，殷在其中。經説雖主周，其用夏。蠻夷之法則自夏始，遲之又久，而後殷法可行，如今引進外人是也。

「學者行之」 未能周則從殷。《論語》：「今汝安，則爲之。」

「子碩曰：請粥庶弟之母」 此亦當日野蠻之跡。

「弁人有其母死而孺子泣者」 禮緣人情而作。此發明禮制之原。

「孔子曰：哀則哀矣」至「故哭踊有節」 制禮以中，高遠不用。如八行星，經只言五，以其二不可常見。

「叔孫武叔之母死」至「子游曰：知禮」 毁孔子者亦爲知禮耶？因事訂禮，託爲此耳。

---

① 經：原爲墨丁，據《禮記·檀弓上》補。

「故騷騷爾則野，鼎鼎爾則小人，君子蓋猶猶爾」　野人近於禽獸，小人則衆庶，君子乃進化之歸。

「一日二日而可爲也者，君子弗爲也」　豫凶事，非禮。

「喪服，兄弟之子猶子也，蓋引而進之也」　「喪服」之名，指《禮經》。

「食於有喪者之側，未嘗飽也」　《論語》同。

「孔子曰：之死而致死之」　如科學無鬼。

「不仁」　背親。

「而不可爲也」　同海外，無家祭。

「之死而致生之」　如宗教靈魂。

「不知」　如生。

「而不可爲也」　人鬼混亂。

「其曰明器」　間乎生死之間。

「有子問於曾子曰：問喪於夫子乎」　以聖言爲定。

「曰：聞之矣」　以聖言爲經。

「喪欲速貧，死欲速朽」　非一時所聞，合言之。

「有子曰：是非君子之言也」　能定真僞。

「曾子曰：參也與子游聞之」 引習禮者爲證。

「有子曰：然，然則夫子有爲言之也」 因事而發，非常理。

「子游曰：甚哉，有子之言似夫子也」 《論語》常稱有子、曾子。

「死之欲速朽，爲桓司馬言之也」 救偏，非正言。

「曾子以子游之言告於有子」 證「有爲」。

「夫子制於中都，四寸之棺，五寸之槨」 特不如三年石槨。

「蓋先之以子夏，又申之以冉有」 特不載寶。

「繆公召縣子而問焉」 託之縣子，亦弟子。

「縣子曰：古之大夫，束脩之問不出竟」 《穀梁》文。誤作「肉」。

「今之大夫，交政於中國」 往來交綏。

「仲憲言於曾子曰」至「胡爲而死其親乎」 三統説。

「子游曰：其大功乎？」 《禮經》未詳，疑詞。

「狄儀有同母異父之昆弟死，問於子夏」 其事至常，如周公制禮，則其事多矣，何待問於孔門。

「子夏曰：我未之前聞也」 未聞於孔子，謂喪服中無明文耳。

「魯人則爲之齊衰」 游、夏各異，與儒分爲八同。

「今之齊衰，狄儀之問也」　因問而子夏定之，後遂爲法。

「柳若謂子思曰：子聖人之後也」　制作家，匹夫百世師，史稱至聖。

「四方於子乎觀禮」　取法式。

「小斂之奠」至「魯禮之末失也」　兩賢持議不同，本篇多矣，此皆潤澤，輔經之所不足。

「子蒲卒，哭者呼滅。子皋曰：若是野哉」　野，如戎狄。

「夫子曰：始死，羔裘玄冠者」至「夫子不以弔」　《論語》有記事實，有言經説。如三裘絺綌必表乃經説，非事實。

「宋襄公葬其夫人」至「而又實之」　與《左傳》同。

「孟獻子之喪」至「是再告也」　非古，但非讀賵。○孟獻子卒，不與孔、曾同時，記者豈不知之？記者因事説禮，特異其時以見意，如《莊子》盜蹠見孔子。載記如此，多入此例，意不在考據，故不拘時代。

「我死，則擇不食之地而葬我焉」　此近墨學。

「子夏問諸夫子曰」至「居處言語飲食衎爾」　問當作「聞」。

「孔子之喪，有自燕來觀者」　聖新定禮，故遠來觀。

「子夏曰：聖人之葬人與」　微言出自孔子，仲尼卒而微言絶。

「人之葬聖人也」　則與常人無異。

「昔者夫子言之也」　以聖言爲定。

「吾見封之若堂者矣」至「見若斧者矣」　見與聞同，以墓可久也。○四見入三統例，分配四代可也。

「練，練衣黄裏」　《詩》：「緑衣黄裏。」

「鹿裘衡長袪」　鹿裘，《詩》死鹿、死麕爲麛裘。鹿皮粗，凶服用之，所以爲素衣麛裘。孔子麛裘止謗，亦故宋説。

「魯哀公誄孔丘曰」至「嗚呼哀哉，尼父」　與《左傳》小異，無子貢一節。

檀弓下第四

「季武子將寢疾」　有此禮節，特寓此言以發明之。

「斯道也，將亡矣」　據衰而作，素統爲喪亡。

「及其喪也，曾點倚其門而歌」　非公，惟家臣主之，雖有不相、不巷歌，然此别一義。

「婦人不越疆而弔人」　《春秋》説。

「子張死」至「我①弔也與哉」　哭與弔異。

「有若之喪，悼公弔焉，子游擯，由左」　因事定擯之左右。

「齊穀王姬之喪，魯莊公爲之大功②」　因服乃書。

「或曰」　以此爲正。

「由魯嫁」　天子使魯主婚，如爲吾之女然。

「故爲之服姊妹之服」　《公》、《穀》同。

「或曰：外祖母也」　鄭注：「當爲舅之妻，非外祖母也。外祖母又小功也。」按，外祖母則襄公之母，經但云王姬喪，不必新嫁於襄者，謂其母亦可。

「故爲之服」　後一說，小功亦書。

「喪亦不可久也」　喪謂出亡。

「孺子其圖之」　孺子，後嗣之稱，《中候》十八篇中多此例。

「舅犯曰」　《大學》引舅犯本此，不必《尚書》經文，傳記中語亦引之，如《楚書》、孟獻子，皆記傳中語多也。

---

① 「我」下原有「豈」字，據《禮記·檀弓下》删。

② 大功：原作「服大功」，據右引删「服」字。

「公子重耳對客曰：君惠弔亡臣重耳」　孤、卿一也，世子稱孤。

「起而不私，則遠利也」　以上一節如《國語》一則，此亦寓言，孔子前無之。

「帷殯，非古也」　所以别男女。

「自敬姜之哭穆伯始也」　因事定禮，如《公羊傳》之託始。

「豈知神之所饗」　未能通神。

「塗車芻靈」　靈，當作「神」。

「子思曰：古之君子」至「不亦善乎」　貴民説同。

「又何反服之禮之有」　與《孟子》大同小異。

「吾三臣者之不能居公室也，四方莫不聞矣」　如《左傳》華耦語。

「勉而爲瘠」至「我則食食」　此由情生文，禮必以實之義，三家不必知此禮，亦不必有是言。

「衛司徒敬子死，子夏弔焉」至「子游出，絰反哭」　「文學子游、子夏」。列二賢異同，以見禮爲孔氏所創。

「子夏曰：聞之也與」　古無定法。

「曰：聞諸夫子」　以聖言爲歸。

「曾子曰」至「有若曰」　《論語》二子稱子。

「晏子一孤裘三十年」至「晏子焉知禮」　凡儀制，皆孔子新定。晏子亦如今西人，儀文簡略，上下相同。

「曾子曰：國無道」至「國儉，則示之以禮」　以後墨家祖晏子，蓋本此義。

「國昭子之母死，問於子張」　禮出孔門。

「子張曰：司徒敬子之喪，夫子相」　行爲法。

「男子西鄉，婦人東鄉」　禮出孔子。

「穆伯之喪，敬姜晝哭」至「孔子曰：知禮矣」　與禮意同則取之。

「文伯之喪，敬姜據其床而不哭」　託之時人，如《左氏》。

「季康子之母死，陳褻衣」　寓事。

「敬姜曰」　寓言。

「婦人不飾」至「命徹之」　新禮。

「有子謂子游曰：予壹不知夫喪之踊也」　孔子所訂。

「予欲去之久矣」　如子貢之去餼羊。○周公所定禮已通行數百年，有子何以能去之？

「情在於斯，其是也夫」　因有所觸，乃知禮之意。

「有直情而徑行者，戎狄之道也」　但求便利，如今海外。

「未有見其饗之者也」　視之弗見，未能如在。

「自上世以來，未之有舍也」　託古。

「爲使人勿倍也」　背死者。

「故子之所刺於禮者」　踊。○子指有子。

「亦非禮之訾也」　如其訾也，可去。

「陳太宰嚭使於師，夫差謂行人儀曰」　當作「陳行人使於師，夫差謂太宰嚭曰」。

「不獲二毛」　與宋襄同。

「子張問曰：《書》云」　孔經非古所有，故據經質問，與宰我短喪同意。

「高宗三年不言」　《春秋》說三年乃稱王，文出《書·無逸》。

「言乃讙，有諸」　以天子、諸侯世及，宜有異同。○三年之喪，達乎天子。禮方定，臣下以喪去官，而天子、諸侯不然，是兩歧也。故經定此制以齊之。

「仲尼曰：胡爲其不然也！古者」　《堯典》。

「天子崩，王世子聽於冢宰三年」　「百姓如喪考妣，三載四海遏密八音」，此爲經說，當時實未能行，故宰我欲短國喪爲期年。

「知悼子卒，未葬，平公飲酒」至「謂之杜舉」　與《左傳》不同，知爲二本，别家所傳。

「公叔文子卒」至「故謂夫子貞惠文子」　謚由新定，古無之，大同亦所不用，專在王伯。故春秋吴、莒不謚，始皇亦去謚。事在孔前，託之古也。

「石駘仲卒」至「卜所以爲後者」　《左傳》説。

「曰沐浴佩玉」　改吉。

「則兆」　如祭通於神。曰者，時人之言。

「五人者皆沐浴佩玉」　古人重浴，吉凶同。

「石祁子曰：孰有執親之喪」至「石祁子兆」　用凶禮，而得吉兆。

「陳子車死於衛，其妻與大夫謀以殉葬」　當時皆用殉。

「子亢曰：以殉葬，非禮也」　當時本用殉，孔子乃去之。

「雖然，則彼疾當養者，孰若妻與宰」　親近。

「不得已，則吾欲以二子者之爲之也」　妻宰。

「子路曰：傷哉貧也」　爲天下後世貧者請命，不必自傷。

「衛獻公出奔」　《春秋》説。

「柳莊曰：如皆守社稷，則孰執羈靮而從」　不有從者，誰捍牧圉。

「如皆從，則孰守社稷」　不有居者，誰守社稷。

「衛有太史曰柳莊」至「雖當祭必告」　用《春秋》説去樂卒事。

「聞之死，請往」　不卒事。

「與之邑裘氏」至「世世萬子孫，勿變也」　此世禄，非世卿。

「陳乾昔寢疾」至「使吾二婢子夾我」　使周公有禮，時人何以用殉？

「陳乾昔死」至「弗果殺」　因事明禮。孔子禁之，故記者託之陳乾昔。

「季康子之母死」至「弗果從」　外人葬多用機，經傳屏之，託爲此説。

「魯人欲勿殤童汪錡」至「不亦可乎」　《九歌·國殤》。

「子路去魯，謂顔淵曰」　言志。二賢，文武二公。

「去國則哭於墓而後行」　子路衛人，不言去魯，當爲顔子。

「謂子路曰：何以處我」至「過祀則下」　後世推顔抑仲，古則並重。孔子之二相。

「孔子曰：殺人之中，又有禮焉」　定戰陳禮。

「諸侯伐秦」至「使之襲」　《春秋》説。

「諸侯伐秦」至「不將公事。遂入」　三事皆見《左傳》。

「悼公之母，哀公爲之齊衰」　託以明禮。

「魯人以妻我」　以妾爲夫人。

「苛政猛於虎也」　柳《捕蛇》主此。

「有虞氏未施信於民」至「宗廟之中未施信於民而民敬」　不言而信，無爲而成，爲皇帝。

「殷人作誓而民始①畔，周人作會②而民始疑」　王伯學。

「孔子曰：延陵季子，吴之習於禮者也」　吴王猶不知冠，季札何遂知？此《左》、《國》託時賢之法。

「往而觀其葬焉」　古無舊法，故往觀其異同。

「其坎深不至於泉」至「其高可隱也」　節目皆與質家禮合。

「骨肉歸復於土，命也」　體魄。

「若魂氣，則無不之也」　鬼神學。

「子思之母死於衛」至「遂哭於他室」　今人以母嫁爲恥，禮意則不然，故《春秋》不諱來歸。《禮》「留車」，《記》：未廟見，反葬，夫婦之道猶未苦。

「邾婁定公之時，有弑其父者」　邾婁之臣民，此《春秋》討賊之説。

「有司以告」至「寡人嘗學斷斯獄矣」　以《春秋》折獄。

「臣弑君」　如桓弑隱。

「凡在官者」　不討賊。

---

① 始：原脱，據《禮記・檀弓下》補。

② 會：原作「誓」，據右引改。

「殺無赦」　桓無大夫。

「子殺父，凡在宫者，殺無赦」　皆與弑，如趙盾書弑。

「殺其人，壞其室，洿其宫而瀦焉」　《王莽傳》行之。

「晉獻文子成室」至「君子謂之善頌善禱」　如《左》、《國》一則，或以《左》「君子曰」爲劉歆所加，不知《記》與《國語》皆同。

「仲尼之畜狗死，使子貢埋之，曰：吾聞之也」　託古。

「曾子與子貢入於①其廄而修容焉」　從進化草昧言之，禮以飾爲主。

「君子言之曰：盡飾之道，斯其行者遠矣」　《列》、《莊》所以有飾驚之譏，則大同之説也。

「孔子之故人曰原壤」　故人，非弟子從學。

「其母死，夫子助之沐槨」至「夫子爲弗聞也者而過之」　母死而歌，草昧有之，大同亦有之。《列》、《莊》齊生死，則歌矣。子曰：「彼游方之外者也。」

「從者曰：子未可以已乎」　謂方外之士絶之。

「夫子曰：丘聞之：親者，毋失其爲親也」　言禮者禮。◯親讀作新，温故知新。

「故者，毋失其爲故也」　禮從俗，未能用其故俗。◯《論語》：「道不同，不相爲謀。」

---

① 於：原脱，據《禮記·檀弓下》補。

「叔仲皮死，其妻魯人也，衣衰而繆絰」　喪服學深入女子。

「成人有其兄死而不爲衰者」　當時不行。

「聞子皋將爲成宰，遂爲衰」　用新法。

「蠶則績而蟹有匡」　匡，當作「筐」。

「孔子曰：衛人之祔也離之，魯人之祔也合之，善夫」　魯、衛並論。

王制第五

「公、侯、伯、子、男，凡五等」　《尚書》五長。

「諸侯之上大夫卿」　諸侯，今五品以上，此指一品言。經書大夫，比天子卿。

「下大夫」　第二，九。

「上士」　三，二十七。

「中士」　四，八十一。

「下士」　五，二百四十三。

「凡五等」　以公立説，以下由此遞降。凡有等級之分等，經皆舉一以示例。如卒正以比天子大夫，上卿爲元士，連帥比元士，屬長比下士，其大夫可推。

「制農田百畝」至「下農夫食五人」　以五等分上、中、下。九、上。八、間次。七、中。六、間次。五。下。

「庶人在官者，其禄以是爲差也」　有表。

「諸侯」　下公侯同。

「之下士視上農夫，禄足以代其耕也」　《孟子》從多及少，《記》從少及多。

「中士」　十八。

「倍下士」　九人。

「上士倍中士」　三十六。

「下大夫倍上士」　七十二。下卿倍下大夫。

「卿四大夫禄」　二百八十八，此爲上卿。

「君十卿禄」　《孟子》同。

「次國之卿三大夫禄，君十卿禄」　一句已足。

「小國之卿倍大夫禄」　上四三之大夫，此次，故有倍三四之異。

「君十卿禄」　《孟子》大國、次國二節當如《記》祇有卿、四三。大夫句。小國卿倍大夫，下至庶人代耕，惟小國爲然，推之大、次皆不通。二節大夫倍上士以下，皆後人據小國節推補之文，據《記》可見。

「次國之上卿」　就一等中横分三品。

「位當大國之中」　二百一十六。

「中當其下」　一百四十四。

「下當其上大夫。　小國之上卿位當大國之下卿」　一百四十四。

「中當其上大夫」　次國、大國則下卿與上大夫同。

「下當其下大夫」

「其有中士下士者，數」　官數同，此謂禄耳。

「各居其上之三分」　中二百一十六。得上四分之三，二百八十八。下一百四十四。得中二百一十六。三分之二，上四分之二，其等不同，故《記》舉其大略。

「凡四海之内九州」至「州二百一十國」　二百一十國，平方千里之足數。若滿封則名山大澤亦在其内；若提出名山大澤，則封不必足。

「天子之縣内」至「凡九十三國」　百二十官，非下士二十七人不封。

「天子百里之内以共官，千里之内以爲御」　王千里，以五十里爲近郊。皇萬里，以五百里爲近郊。經、傳每以京師爲一日，《周禮》以王畿爲官府，此近郊統爲官地，不以封國。○九十三國及其餘皆在百里外，《周禮》則在千里以外，故以一日比京師。

「千里之外設方伯」　三萬里，則萬里以外九畿則六千里，九服則三千里。

「五國以爲屬，屬有長」 男。

「十國以爲連，連有帥」 子。

「三十國以爲卒，卒有正」 伯。

「二百一十國以爲州，州有伯」 侯。

「八伯各以其屬」 每伯四州，八百諸侯。

「屬於天子之老二人，分天下以爲左右，曰二伯」 公。

「千里之内曰甸，千里之外曰采、曰流」 此三服，三千里，爲《春秋》説，以五百里爲一服，《關雎》左右「采」、「流」，與此同爲三服。《王制》五百里一服，《詩》則五千里一服，爲三服，爲萬五千里，每一服包《禹貢》之五服五千里。此小大不同之説也。今據此定《王制》三服，《禹貢》五服，《周禮》九服九千里，九畿萬八千里，《詩》大三服萬五千里。

「大國三卿，皆命於天子」 公。

「下大夫五人」 上三，下二十七，則大夫當爲九，無疑矣。言三者，《管子》三其國、三卿。五其鄙，五分其鄙，以爲五屬大夫，此兼見國鄙制。

「次國」 侯。

「小國」 卒正。

「制三公一命卷，若有加，則賜也」 通言錫、命之分，賜爲九錫，一命當爲九命，三公九命。

「不過九命」　此命當讀作「錫」。

「次國之君，不過七命」至「小國之卿與下大夫一命」　五長九錫，二伯、九。方伯、七。卒正、五。連帥、三。屬長。一。五等九命，百里、九。七十里、七。五十、五。三十、三。二十。一。高者九錫，卑者九命，合爲十八級，與今正從同。此爲舉一示例，當據此推之。○命兼錫言之，小爲九命，大者九錫。舉一以示例，餘出此推之。

「是故公家不畜刑人」　《春秋》不近刑人説，有罪之人屏於遠方，不與齒。

「諸侯之於天子也，比年一小聘，三年一大聘，五年一朝」　《周禮》與《王制》宜疏數不同。鄭注以虞夏之制諸侯歲朝、周之制各以服數來朝者，非是。

「天子五年一巡守」至「歸假於祖禰，用特」　大師司徒卿，市納司空卿，典禮司馬卿。○經傳有小大異同例，皇帝所行《王制》不具。《周禮》十二年一巡守，爲大同説。《王制》疆域爲五年一巡，此小大例。《穀梁》方伯歲三巡，國君歲徧，尊者愈疏，卑者愈數。

「天子賜諸侯樂」　賜，九錫。諸侯，當作「公侯」。

「諸侯賜弓矢然後征」　二伯專征。

「賜鈇鉞然後殺」　方伯專殺。

「賜圭瓚然後爲鬯」　圭瓚在九錫外。

「小學在公宮南之左，大學在郊」　小學當爲泰學，大學當爲四學。言左則有右。城内泰學二，教《易》與《春秋》，四郊則《詩》、《書》、《禮》、《樂》。

「禡於所征之地」　鄭注：「禡，師祭也，爲兵禱，其禮亦亡。」按：何必有專篇。

「春曰礿，夏曰禘，秋曰嘗，冬曰烝」　鄭注：「此蓋夏殷之祭名，周則改之，春曰祠，夏曰礿，以禘爲殷祭。」按：禘爲時祭名，與大同禘郊異。蓋皇制中禘四方，郊王，則有郊無禘，故以禘爲時祭名。

「古者公田藉而不税」　鄭注：「《孟子》曰夏后氏五十而貢，殷人七十而助，周人百畝而徹，則所云古者，謂殷時。」按古謂經説，六經同主公田，不分時代，以經爲俟後。若如龍子説，則周無公田矣。

「司空執度度地」　槷景。

「居民山川沮澤」　「惟鳩居之」之居。

「量地遠近」　《周禮》量人，《考工》匠人。

「凡居民材，必因天地寒暖燥濕」至「北方曰譯」　此《周禮》五土説、十二風壤説。其曰「中國、戎夷，五方之民，皆有性也，不可推移」，乃《齊詩》六情説。《論語》：「性相近，習相遠。」經傳言性，謂五民性情不同，後人誤引諸身。

「養耆老以致孝」至「簡不肖以絀惡」　古者議院即在學，下乞言，是也。

「命鄉簡不帥教者以告」　《管子》詳。

「耆老皆朝於庠」　學以老者主教，兼議國政。

「元日，習射上功」　射中。

「習鄉上齒」　同等以齒序，兼説鄉人飲酒。◯射、鄉二字連文，鄉讀爲饗。

「大司徒帥國之俊士與執事焉」　選舉事定於學。

「不變，命國之右鄉簡不帥教者移之左，命國之左鄉簡不帥教者移之右，如初禮」　國指王城内，左右可包前後四學。經書宗旨相反，故於此學不宜，則於彼學相近，因材施教，故有互移之法，所謂人不宜則調之。◯《管子》：國十五鄉。

「不變，移之郊，如初禮。不變，移之遂，如初禮」　《尚書》魯人三郊三遂，《周禮》六鄉六遂，王六軍，諸侯三軍之法也。國中爲一等，郊遂爲二等，皆學禮，否則出學。

「不變，屏之遠方，終身不齒」　此節爲流放事，原爲司寇所掌，學堂有選舉退黜之權。屏詳下。

「命鄉論秀士」　一等。◯《管子》詳。

「升之司徒，曰①選士」 二等。

「司徒論選士之秀者，升之學，曰俊士」 三等。

「升於司徒者」至「曰造士」 鄭注：「造，成也。能習禮則爲成士。」按：此三等升法，所以造士，非別有造士一等。

「樂正崇四術，立四教」 術，學名。教，經本。四郊四經，後世四門學，「順先王《詩》、《書》、《禮》、《樂》以造士。春秋教以《禮》、《樂》，冬夏教以《詩》、《書》」。春東左學，秋西右學，冬北後學，夏南前學。《賈子》引《學禮》四方、四學、四時，亦如《周官》分方，非一年之中徧讀四經。《内則》有。

「王大子、王子」至「國之俊、選皆造焉」 四門學在京師，爲大學，專詳治法，如今之法政。今分古合，特以經分耳。

「不變，王三日不舉」至「終身不齒」 此指貴族親近者言，若俊、選，則退學而已。

「論定然後官之」至「以士禮葬之」 官人法，詳《文王官人》。

「凡執技論力，適四方」至「出鄉不與士齒」 執均讀作「藝」，技如工藝，實業學堂。射御，如今鎗駕。○《論語》「游於藝」，《保氏》六藝，爲人民普通學，若六經，則皆大學之事。

---

① 曰：原脱，據《禮記・王制》補。

「析言破律，亂名改作，執左道以亂政，殺」　加重，罪在亂政疑衆，不亂政疑衆，但從本律。

「作淫聲、異服、奇技、奇器以疑衆，殺」　鄭注：「淫聲，鄭衛之屬也。異服，若聚鷸冠、瓊弁也。奇技、奇器，若公輸般請以機窆。」按：鄭注所指其常也，「疑衆」則有所指，如各教造作異物，聚衆反畔。

「行僞而堅」至「順非而澤，以疑衆，殺」　大奸猾，顛倒國是，以亂民志，擾治安。

「假於鬼神、時日、卜筮以疑衆，殺」　鄭注：「今時持喪葬、築蓋、嫁取、卜數文書，使民倍禮違制。」按：此如黄巾、米賊作亂者。如注所指，罪不至是。

「有圭璧金璋，不粥於市」至「禽獸魚鼈不中殺，不粥於市」　此如商律，不應與有妨害、傷敗風俗皆禁。

「凡養老」　舉老者，爲學教員、謀議員。議院即寓學中，所謂養老，非如外國之養老院。

「有虞氏以燕禮，夏后氏以饗禮」　春饗孤子。

「殷人以食禮」　西食耆老。

「周人脩而兼用之」　順春秋之時。

「五十養於鄉」至「達於諸侯」　議員以老爲主，以五、六、七分三等，專就齒一門言；别有材德，不拘年例。

「五十異粻」至「膳飲從於遊可也」　分五等。

「絞紟衾冒，死而後制」　《左傳》：「豫凶事，非禮也。」《説苑》引《穀梁傳》説葬桓王云：「禮不豫凶事。」即此。

「五十杖於家」至「則就其室，以珍從」　分五等問，如議院。

「有虞氏養國老於上庠，養庶老於下庠」　國老上議院，庶老下議院。

「夏后氏」　用夏青説以爲緇。

「養國老於東序」　上東。

「養庶老於西序」　下西。

「殷人養國老於右學，養庶老於左學」　上右抑左。

「周人養國老於東膠，養庶老於虞庠。虞庠在國之西郊」　與夏同。

「燕衣而養老」　燕當作「緇」。

「玄衣而養老」　玄當作「黄」。

「凡三王養老，皆引年」　引年當作「乞言」。《文王世子》「凡祭與養老乞言命語之禮」，是養老以乞言爲要。本文《内則》同。《内則》下又云「凡養老，五帝憲，三王有乞言」至「皆有惇史」，即此文之説。作「乞言」，則知此文爲誤。

「君子耆老不徒行」　上議員。

「庶人耆老不徒食」　下議員。

「方三千里爲田八十萬億一萬億畝」　八十萬億之「萬億」二字衍。方千里九萬億畝，八十一萬合九九之數。

「古者以周尺八尺爲步」至「當今百二十一里六十步四尺二寸二分」　《王制》以四海内爲三千里，就《春秋》經制立説，與《孟子》同。後儒據實地言，中國實不止三千里，故創爲此説以補救之。百里多二十一里，爲多五分之一，三千里爲方三千六百三四十里，放大里數以求合古書，亦如博改小車制人數，以合百里千乘之故智。

「八政：飲食、衣服、事爲、異別、度、量、數、制」　此八政，較《洪範傳》爲是，當以此條異之。

月令第六

此篇爲《尚書》大傳。以時出，即所謂《吕覽》；以紀首，即所謂雜家，非其自撰也。○《尚書》自「乃命羲和」至「庶績咸熙」爲「皇篇」，爲《月令》之經。○本《洪範》五紀例。「皇省維歲，四帝爲時，卿士維月，師尹維日，庶民維星」，爲陰陽五行家，《周書》、《管子》、《素問》、《靈樞》、《淮南》言曆法，皆入此地球中。以三十度六千里畫一區，外得十二區，區應一月，即《靈樞》之六氣。共爲十二正，而月朔則同。故每月朔以十二牧論，已必全須十二月令。中八宫别有八正，以四十五六日爲一宫，以八節爲主。凡此如西曆，不拘朔望，皆爲月初。治天三家，曆六家，皆統於此。此孔子手定新法，既非堯時，亦非吕作。此一皇大法，包括靡遺。《吕覽》、雜家，即以此爲標統，在全球爲分方例。

「孟春之月」　夏正經説。

「日在營室，昏參中，旦尾中」　本爲《帝典》「皇篇」之傳，或以中星與堯時星同定爲歲差者非。

「其帝大皞」　天帝。

「其神勾芒」　天神。

「律中大簇」　建寅之月，北斗杓指寅，故爲大簇。

「其味酸」　春散，以酸收之。

「其臭羶」　羶從羊，亦西。

「其祀户」　春開門。

「東風解凍，蟄蟲始振，魚上冰，獺祭魚，鴻雁來」　每月六候，應七十二候、七十二君。《詩》以氣候分方起例。

「天子居青陽左个」　經曰「暘谷」。

「乘鸞路，駕蒼龍」　蒼、青、緇一色，鸞亦青色。

「食麥與羊」　以西補東。

「是月也，以立春」　八正首。

「大史謁之天子曰」　大史，天官。

「盛德在木」　天以道受命。

「立春之日，天子親帥三公、九卿、諸侯、大夫以迎春於東郊」　經「迎賓」，鄭注以爲殷禮，非。

「命相」至「下及兆民」　人以言受命。

「是月也，天子乃以元日祈穀於上帝」　自行。

「善相丘陵、阪險、原隰」　阪險，當《周禮》墳衍，此舉南、北、中。

「是月也」　每月政事，吕氏依以立篇。

「命祀山林川澤」　此舉西、東，合上爲五土。

「毋變天之道，毋絶地之理，毋亂人之紀」　三才。

「孟春行夏令，則雨水不時」　巳。

「草木蚤落」　午。

「國時有恐」　未。

「行秋令，則其民大疫，猋風暴雨總至，藜莠蓬蒿並興」　申、酉、戌。

「行冬令，則水潦爲敗，雪霜大摯，首種不入」　亥、子、丑。逆天而行，謂之旲天不弔，喪亂弘多。

「仲春之月，日在奎」　日中。

「律中夾鍾」　建卯數魁爲酉。

「養幼少」　未來。

「存諸孤」　春饗孤子。

「后妃率九嬪御」　三夫人、九嬪、八十一御。

「先雷三日，奮木鐸以令兆民曰」　本鐸，天子之政。

「日夜①分，則同度量、鈞衡石、角斗甬、正權概」　鈞當作「均」，四句文同。

「是月也，毋竭川澤」　東。

「毋焚山林」　西。

「天子乃鮮羔，開冰」　西。

「田鼠化爲鴽」

「戴勝降於桑」　鄭注：「言降者，若時始自天來，重之也。」

「孟夏之月，日在畢，昏翼中，旦婺女中」　此爲《尚書》傳，不分時代。

「其蟲羽」　言星球之人皆羽。

「其祀竈，祭先肺」　以上天。

---

① 日：原脱，據《禮記·月令》補。

「螻①蟈鳴」至「苦菜秀」　物候。

「天子居明堂左个」　曰明都。

「乘朱路」至「服赤玉」　《論語》：紅紫不爲褻服。

「某日立夏，盛德在火」　以道受命。

「立夏之日」至「無不欣悦」　《吕覽》每月所立之篇仿此爲之。

「命太尉贊桀俊，遂賢良，舉長大」　緯：舜爲大尉，即司馬。鄭注：「三王之官，有司馬，無大尉，秦官則有大尉。今俗人皆云周公作《月令》，未通於古。」按《月令》周公作，鄭亦駁之，足見俗人不足據。

「孟夏行秋令，則苦雨數來，五穀不滋」　《逸周書·周月解》有此。

「小暑至，螳螂生，鵙始鳴，反舌無聲」　鳥獸希革。

「是月也，命樂師脩鞀、鞞、鼓，均琴、瑟、管、簫」　以下四字句。〇《吕覽》《仲夏》、《季夏》有《樂記》六篇。

「以②共皇天上帝」至「以爲民祈福」　天學。

---

① 螻：原脱，據《禮記·月令》補。

② 以：原誤作「色」，據《禮記·月令》改。

「是月也，命婦官染采，黼黻文章，必以法故，無或差貸」　《周禮》四隅色。「黑、黄、蒼、赤，莫不質良，毋敢詐僞」　四正色。

「孟秋之月，日在翼」至「其日庚辛」　日謂内州，干以地勢言，申寅相冲。寅屬中國，南美爲申，凡斗柄所建爲正。

「其帝少皞，其神蓐收」　少皞西皇天帝，高辛西帝人帝，湯西王西伯，孔子因之，就天分大小帝，爲四宫神，則五緯天神，亦言父子。《左氏》天學，知鬼神宗教，如《山經》學是也。

「天子乃難，以達秋氣」　儺，亦爲天學。

「日夜分，則同度量，平權衡，正鈞石，角斗甬」　二月之「鈞」當作「均」。注因此「鈞」於二月立解，大誤。

「其帝顓頊」　五帝天人之分，從顓頊始。故郯子五天帝，北方爲共工，共工伯而不王。謂兩極爲南海之帝、北海之帝，皆爲泰伯，惟素青黄乃爲王。○帝顓頊在下，以代共工。

曾子問第七

經由孔定，故曾子問，以備潤色。若周已有故事，則不勞唇舌矣。○共四十五條，中子游一條，末附子夏二條。

「孔子曰：卿、大夫、士」　民事五官。

「從攝主，北面，於西階南」　攝主即冢宰。

「大祝裨冕，執束帛，升自西階」　大祝，天官。

「大宰、大宗、大祝皆裨冕」　天官三。

「大宰命祝、史以名徧告於五祀、山川」　以上如《禮經》一篇「孔子曰」。

「諸侯適天子，必告於祖，奠於禰」至「聽朝而入」　此問有答無問。○五官即《曲禮》文。

牲幣，鄭注「牲當爲制字之誤」，是也。

「除喪不改冠乎」　此上當有「曾子曰」。

「如壻親迎，女未至，而有齊衰、大功之喪，則如之何」　此上當有「曾子曰」。

「三月而廟見」　初至已在廟，此別一禮，定去留耳。

「孔子曰：嫁女之家，三夜不息燭」至「成婦之義也」　此條有答無問。

「曾子問曰：喪有二孤，廟有二主，禮與」　此推驗後世而問，非當時有此事。

「昔者衛靈公適魯，遭季桓子之喪」　衛君至魯，經不書，《左傳》亦無之。○齊桓、季康子，皆屬依託。禮經既未立，何有主、孤？

「吾聞諸老聃曰」　託諸老聃，爲大義派。所謂耆老，後人乃實指李耳。

「子游問曰：喪慈母，如母禮與」至「自魯昭公始也」　中雜子游一條，末附子夏二條。

「曾子問曰：諸侯旅見天子」至「不以方色與兵」　後人據此條，以爲古曆法未精，不能測日食，此大不然。四事皆爲災傷，惟日食則無損害。以日食比之，大廟火，君后崩，藉此以明天人之分，非不能推測。

「曾子問曰：諸侯相見」至「雨霑服失容，則廢」　六事，其五皆人，惟日食爲天變。自西人言之，則天變毫無所取，豈能與崩、火相比？必言此，而後敬天之學顯，非不知測量。

「曾子問曰：當祭而日食，大廟火」至「未殺則廢」　日食異，大廟火災，以至重之災與無害之異比，所以明敬天之旨。

「賤不誄貴，幼不誄長」至「諸侯相誄，非禮也」　誄一條，問、答俱不見名氏。

「請問其祭如之何」　此上當有「曾子曰」。

「曾子問曰：殤不祔祭，何謂陰厭陽厭」　「問」字衍。

文王世子第八

「文王謂武王曰：女何夢矣」　夢爲神游，《詩》學。文王東半球，武王西半球，不必爲父子，由文王生武王，如五帝運以金代木，以素代蒼。

「武王對曰：夢帝與我九齡」　此齡當作「鈴」。

「文王曰：女以爲何也？武王曰：西方有九國焉，君王其終撫諸」　西方，不在此世界。西伯，西皇，西方聖人。

「文王曰：非也，古者謂年齡，齒亦齡也」　「皇省惟歲」，一年一世界。

「我百，爾九十，吾與爾三焉」　百以十起算，九十以九起算。三萬里滿計爲百，方三千里者九百，爲儒者九州，百二萬七千里，以九起算，爲八十一方三千里之九州。

「文王九十七乃終，武王九十三而終」　東方陸地多於西。

「春夏學干戈，秋冬學羽籥」　四時亦作四方解，兵器分方有舊說。此以文、武分四方。《中候》末五篇，《費誓》、《呂刑》爲春夏，兵刑；《秦誓》、《文侯之命》爲西北，學校選舉。

「春誦，夏弦，大師詔之，瞽宗」至「書在上庠」　以詩、書、禮、樂分四學。春誦，夏弦，誦詩弦樂，當作「春弦，夏誦」，方與下文對。所云「瞽宗」、「上庠」，明教不在一地，當以四郊、四門解之。

「凡祭與養老乞言、合語之禮」議院。《王制》、《内則》「乞言」誤作「引年」。

「大樂正學舞干戚，語《説命》」《説命》爲樂正所掌，説與兑同。《記》屢引《兑命》，皆爲學而言，知即此《説命》，與傅説無干①。《説命》當爲《秦誓》別名。

「凡語於郊者，必取賢斂才②焉」至「曲藝皆誓之」《秦誓》即《兑命》，專爲養才舉賢之書。誓之名亦如此，非戰陣乃名誓。

「立太傅、少傅以養之，欲其知父子君臣之道也」孤即世子之稱。古文家以三少爲三孤，三大爲三公，最不通。

「大傅審父子、君臣之道以示之」至「而歸諸道者也」經制惟世子有師保，天子則否。古文家説，則天子三公、三孤乃常置之師保，不職事，則誤中之誤。

「《記》曰：虞、夏、商、周有師、保，有疑、丞」四代所同，並無沿革。經不全見，以此推之。

「其刑罪，則纖剸，亦告於甸人」鄭注：「纖讀爲殲，刺也；剸，割也。宫、割、臏、墨、劓、

---

① 干：原作「于」，據文意改。

② 才：原作「財」，據《禮記·文王世子》改。

刖，皆以刀鋸刺割人體也。」按解作肉刑，非。或曰：此進化之次第，質野亦用之。

「公族無宫刑」　經無肉刑。肉刑，有苗之刑也。當時實有宫刑，故先師假以立説，經制則全無之。亦如席地而坐，皆爲時事例。

「獄成，有司讞於公。其死罪，則曰某之罪在大辟。其刑罪，則曰某之罪在小辟」　辟既分大小，則大辟只得爲大罪，死刑故以大辟言之，非斬爲大辟定名。

「登餕、受爵以上嗣，尊祖之道也」　嗣在今則爲行輩。

「其族食，世降一等，親親之殺也」　族人聚以班輩，尊者爲主，如九級世降一等。

「【説】古者庶子之官治」至「而衆鄉方矣」　庶子，《周禮》詳之。凡此，無小大之分、古今之異。

「哭於異姓之廟，爲忝祖遠之也」　不以同姓待之。

「適東序，釋奠於先老，遂設三老、五更、群老之席位焉」　鄭注：「三老、五更各一人也。名以三、五者，取象三辰、五星。群老無數，其禮亡。」按：三老、五更亦如三卿、五大夫，既有群老，則以三輔一，仍當三九二十七、八十一也。

「反養老幼於東序，終之以仁也」　老爲教者，幼爲學者。春饗孤子，秋食耆老，分言之，以見陰陽之義。此云養老幼，則合言之。養，當爲「饗」。

「《世子》之《記》曰」至「然後亦復初」　此立世子法。前文王、武王爲寓言，注説不必再以文、武當之。

禮運第九

「孔子曰：嗚呼，哀哉！我觀周道，幽、厲傷之」《周頌》。

「吾舍魯，何適矣」《魯頌》。以周公爲天子。

「魯之郊、禘」王後，如宋，故亦稱公。

「非禮也」如以爲非禮，據《春秋》不王魯。

「周公其衰矣」非天子，非王後。

禮器第十

「未有入室而不由户者」《論語》。出，當作「入」。

内則第十二

記中所言多爲當時名物，時移地異，但得其意可也。故三統之説，皆爲記傳，經則不同。

「后王命冢宰」　后即帝，皇皇后帝。

「降德於衆兆民」　《詩》「衆爲魚矣」，不當加虫；「旐爲旟矣」，不當加方。

「凡養老，有虞氏以燕禮」至「周人脩而兼用之」　亦非三統循環，略有先野後文意。

「八十拜君命，一坐再至，瞽亦如之」　老而失明，以八十論。

「六十歲制，七十時制，八十月制，九十日脩。惟絞、紟、衾、冒，死而後制」　六、七、八、九，歲、時、月、日，死而後制，爲禮不豫凶事。《左傳》文指此。

「九十者，天子欲有問焉，則就其室」　議院制。

「凡三王養老，皆引年」　引年當作「乞言」，下爲詳説。乞言即議院。

「有虞氏養國老於上庠」　君子上議院。

「養庶老於下庠」　下議院。

「夏后氏養國老於東序」　上東，如《緇衣》。

「養庶老於西序」　下如《羔裘》。

「殷人養國老於右學」　上西，素衣，如白帝。

「養庶老於左學」　麑裘。

「周人養國老於東膠，養庶老於虞庠。虞庠在國之西郊」　東當爲中爲南，西當爲北。

「夏后氏收而祭，燕衣而養老」　燕當作「青」。

「周人冕而祭，玄衣而養老」　玄當作「黄」。

「凡接子，擇日」，〇「三月之末，擇日剪髮爲鬌」　兩言擇日。

「六年，教之數與方名」至「博學不教，内而不出」　十年以前男女同，十年男出就外傅，女不出，則有姆。〇二十以前學六藝。

玉藻第十三 此篇多《容經》傳説及禮家衣服飲食事。

「玄端而朝日於東門之外，聽朔於南門之外」　朝日春月，聽朔夏月。東門之外八里青陽，南門之外七里明堂。

「閏月則闔門左扉，立於其中」　閏爲十二正月之終，門謂北門也。立，《周禮》誤作居。鄭注：「閏月，非常月也。聽其朔於明堂門中，還處寢門終月。」按，《周禮》閏月王居門中，「居」古作「𡰥」。此記爲《周禮》傳説。《周禮》之居爲「立」字之誤。「終月」二字句，即《左傳》歸餘於終，非謂於門中居一月。鄭注誤讀。

「動則左史書之，言則右史書之」　鄭注：「其書《春秋》、《尚書》其存者。」按：經不可以史言。左史書言，如諭旨；右史書事，如實録、聖政。

「年不順成，則天子素服，乘素車，食無樂。諸侯玄端以祭」　衣冠色各以統爲主，互言之。統色之中，又各自分輕重，則由潤澤經中所略。

「子卯稷食菜羹」　《齊詩》説子貪狼，卯陰賊，故忌子卯而貴午酉。又辰未下方主哀，戌丑上①方主樂。午廉貞而公平，與東北對鍼。

「君子遠庖廚」　《孟子》引之。

「至於八月不雨，君不舉」　説詳《穀梁傳》説雩。

「登席不由前爲躐席，徒坐不盡席尺。讀書、食則齊，豆去席尺」　漢以上如今日本席地，無几案，然爲傳記，經則無之。

「始冠緇布冠」　緇衣則緇冠，於緇中分三等。

「自諸侯下達，冠而敝之可也」　《士冠禮》上達。

「玄冠朱組纓」　夏尚質②，羔裘玄冠不以弔。

---

① 上：原作「土」，據文意改。

② 質：原無，其處爲空格，據文意補。

「天子之冠也」　色同，以別物、分尊卑。
「緇布冠繢緌」　東方緇青。
「縞冠玄武，子姓之冠也」　《詩》素冠、素衣、素韠。
「縞冠素紕」　《詩》素韠。
「振絺綌不入公門，表裘不入公門」　不入公門，《論語》非公事。○《論語》「袗絺綌，必表而出之」，乃與輻例，以熱寒二道立説，然則黄道爲公。
「韠，君朱，大夫素，士爵韋」　《詩》素韠，則衣冠同之。○統色以外，又以此分別。
「麛裘，青豻褎，絞衣以裼之；羔裘，豹飾，緇衣以裼之；狐裘，黄衣以裼之」　《論語》三衣爲絺綌，三裘爲衰，爲輻輿例，非實指衣服，此用其説而小別。○絞，當作「縞」。
「古之君子必佩玉，右徵角，左宫羽」　宫當爲商。徵角木火，商羽金水，宫當在中。
「故君子在車，則聞鸞和之聲，行則鳴佩玉，是以非辟之心無自入也」　巾車之教。
「天子佩白玉而玄組綬」至「士佩瓀玟而緼組綬」　就玉中分貴賤次第。記立是説，待後人實行之，潤色審定，總以難得者爲貴，記中名號，所不拘也。
「童子之節也，緇布衣」　東，孤子。「青青子衿」，「清人」亦當作「青」，青、緇同。
「凡食果實者後君子」　先取美者。
「凡行容惕惕」至「盛氣顛實，揚休玉色」　《容經》正傳。○行容，《容經》行也。足容行經，目容視經，口容言經，色容色經，祭容即《容經》之祭。喪容，《容經》喪紀；戎容，《容經》軍旅。

「伯曰天子之力臣」　伯，二伯，力臣當爲「老」字之誤。

「諸侯之於天子，曰某土之守臣某」　方伯。

「其在邊邑，曰某屏之臣某」　《板》詩藩、垣、屏。

「小國之君曰孤」　《曲禮》：庶邦小侯曰孤。

「擯者亦曰孤」　擯者無稱孤之理，孤當爲寡君。

「世子自名，擯者曰寡君之適」　《周禮》：諸侯適子亦稱孤。

「士曰傳遽之臣」　《孟子》。

「大夫私事使，私人擯則稱名」　私事，如《春秋傳》曰臧孫之私行。私人與公士對文。鄭注：「私事使，謂以君命私行，非聘也。若魯成公時晉侯使韓穿來言汶陽之田，歸之於齊之類。」按：私事稱名，乃辭令應對。注引經典策文之文爲説，非也。

「公士擯則曰寡大夫」　大夫。○公士與私人對文。

「寡君之老」　卿如二伯。

「大夫有所往，必與公士爲擯也」　私事使私人，公事使公士。賓，當作「擯」。

明堂位第十四 此篇乃《尚書·洛誥》「位成」位字之傳。

「昔者周公朝諸侯於明堂之位」　非姬旦。周爲大號，公即伯。周公，《春秋》說則爲姬旦，《尚書》說則爲皇伯二帝，與泰伯同。周爲皇號，公則其伯也。

「三公，中階之前，北面東上」至「此周公明堂之位也」　三公即二伯。在階者，遠異之諸侯、州牧、諸伯、卒正，《春秋》見經之國也。凡諸伯以上三面，爲一等。諸子、連帥在門以内者，遠於階。諸男、屬長，自此以上五長，在男、采、衛也。九夷據成數當爲八，在《周禮》爲春朝；八蠻當爲七，六戎當爲九，五狄當爲六。在《周禮》爲夏宗、秋覲、冬遇。自此以上四夷在蠻、夷、鎮也。九采在九畿以外。《尚書》「載采采」爲藩、垣、屏也。四塞世告至，《周禮》藩以外世一見，在翰、寧、城也。此分四等：五長、四夷、九采、四塞。今用十五畿，除甸以内三畿一等。〇不用九采以下，以二等爲小統，亦可加入二等，則以三字一等，三四十二畿，合中州三畿爲十五畿。九州則從鎮止，故蠻夷均在九州内。

「明堂也者，明諸侯之尊卑也」　《孟子》書之明堂非古所有，當爲齊威王用方士說立者。

「昔殷紂亂天下，脯鬼侯以饗諸侯」　小大二統均有之，抑《春秋》止言一代。

「武王崩，成王幼弱，周公踐天子之位以治天下」《荀子·大儒》：「周公屏成而及武王①。」德不及周公，周公如宋太宗，後反政成王，特以幼弱爲辭，如宋宣所云「吾立也與？吾攝也」。詳《經話》。

「七年，致政於成王。成王以周公爲有勳勞於天下」兄終弟及，實已立爲天子，成一代。

「是以封周公於曲阜」大小當同有之。

「地方七百里，革車千乘」七當爲「四」字之誤。據下，千乘當方三百十六里，舉成數爲四。《史記》魯、衛皆封方四百里是也。

「命魯公世世祀周公以天子之禮樂」王後，與宋同。○周公、魯公名詞特別，本不爲父子定稱，故上云魯公，下云魯君。

「是以魯君孟春」行夏時。

「乘大路」乘殷輅。

「載弧韣，旗十有二旒，日月之章」服周冕。

「祀帝於郊」春秋有郊無禘。

「季夏六月，以禘禮祀周公於太廟」春秋之禘爲時祭。季夏六月，黄帝所臨，中央爲禘，

① 武王：原作「周公」，據《荀子·儒效篇》改。

四方四帝爲郊。《祭法》禘郊，禘大於郊之説，此爲《尚書》與《詩》之周公，《春秋》不爾。

「牲用白牡」。《詩》説。

「皮弁素積，裼而舞《大夏》」　以《祭統》有此文。

「味，東夷之樂也；任，南蠻之樂也」　四夷之樂，詳緯書。

「納夷蠻之樂於大廟，言廣魯於天下也」　《魯頌》説。○此大同説。

「是故春禘、夏礿、秋嘗、冬烝」　《祭統》、《孝經》説四時祭，夏當爲灼，此脱「春禘」，因與上「禘」字名實不同，故師不傳二字。

「春社，秋省」　如《春秋》祭祀舉重。

「振木鐸於朝」　《周禮》。

「天子之政也」　《論語》：「天將以夫子爲木鐸。」

「鸞車，有虞氏之路也」至「周之大赤」　董子云：有三而易者，有四而易者。四代從三統，加有虞，爲《論語》之「樂則韶舞」。○孔子定制，每多創起，爲古所無，故中國教化始於孔子。至於《尚書》四代，則在孔子後，可以備此四代矣。

「夏后氏駱馬黑鬣」至「周騂剛」　夏黑，殷白，周赤，爲三王小統。夏青緇，殷素，周黄，爲三皇大三統。

「土鼓、蕢桴、葦籥，伊耆氏之樂也」《記》於四代外有伊耆氏，女媧則爲上古。

「魯公之廟，文世室也；武公之廟，武世室也」周公、魯公爲經傳特別名辭。周公者，《周頌》之公；魯公者，《魯頌》之公。此二公定說。至於以伯禽爲魯公，與武公對舉，則晚近之說，直以魯公爲伯禽定稱。

「有虞氏之兩敦」至「周之八簋」此由少而多，不可循環。

「俎，有虞氏以梡」至「周以房俎」此四代可循環，爲四而易，三統之說。經則但云俎，故三統之說不在經中。

「有虞氏服韍，夏后氏山，殷火，周龍章」此先野後文。

「夏后氏尚明水，殷尚醴，周尚酒」由水而酒，此不能循環者，官教由少而多亦同。

「有虞氏官五十，夏后氏官百，殷二百，周三百」四代。今立分經例，人學二經，《春秋》、《尚書》，一方三千里，一方三萬里，必不能一人方三千里，能推至三萬里。故《春秋》之四代，迥非《尚書》之四代，彼此各有一堯、舜、禹、湯、文、武、周公，此分經之說。此篇五十、百、二百、三百，三當作「四」。皆加倍數。孟子引龍子夏五十、殷七十、周百，亦加倍數。今就此例，於二經中各立《四代疆域小大不同表》。

《春秋》四代

虞三千　夏五千法五十　殷七十法七千　周萬法百

《尚書》四代

虞萬　夏萬五千　殷二萬一千　周三萬里

二經首尾相接，皆用加倍數，三千始，三萬終，以周爲歸，此進化四代，不能循環，人學二經之新説。〇四代分經，禮制多爲孔子所造創，則《春秋》之四代皆無此典禮也。至於《尚書》皇帝則在孔子後，故此四代爲《尚書》之本説。〇馬、牲色、爵、尊、勺、鼓、虡、豆、酒九門，皆三統本説，不及四代。

「凡四代之服、器、官，魯兼用之，是故魯，王禮也」　《魯頌》王魯説，君臣未嘗相弑也。

據經，不書弑殺。

從周爲文明之至，四經各自爲比例，姑發其凡，必編爲專書。以人天分，以小大分，人學、天學均有小大二派，凡古史野文神怪以此分之，則經學大明矣。〇四代分經，最爲緊要，此四譯之偉論。

禮記識卷下①

喪服小記第十五

《喪服》爲經，本經已附記，此名「小記」，記其異同，補其細節。「小記」與「大記」對，記古於傳。

「男子冠而婦人笄」　吉。

「男子免而婦人髽」　凶。

「王者禘其祖之所自出，以其祖配之」　禘尊於郊。「王」讀作「皇」。

「再期之喪，三年也」　實再期，周末。

「期之喪，二年也」　殷末周初。

「九月、七月之喪，三時也」　殷。

「五月之喪，二時也」　夏末殷初。

① 原稿在前「有虞氏服韍」條前分卷，誤。

「三月之喪，一時也」　夏。《墨子》主之。○如棺，周已加隆，以古法施之疏遠，故天子、諸侯、卿、大夫、士之節，進化資格也。有虞、夏、殷、周亦同。

「故期而祭，禮也；期而除喪，道也」　宰我以期爲斷。

「易服者，易輕者」　當作「先輕者」。

「復與書銘，自天子達於士，其辭一也」　天子達於士，由程度以推禄位。禮不下庶人，故由士以下乃可計①。

「男子稱名，婦人書姓與伯仲。如不知姓，則書氏」　鄭注：「此謂殷禮也。殷質，不重名，復則臣得名君。周之禮，天子崩，復曰：『皋，天子復。』諸侯薨，復曰：『皋，某甫復。』其餘及書銘則同。」按：鄭注中所云夏、殷制多誤，據周與異節，當類出細考。

大傳第十六

各經皆有大傳，如《易大傳》、《尚書大傳》，此爲《喪服》大傳，統説綱領，與經別行。後師授徒，據傳以答問。《服問》與《禮經・喪服傳》所引「傳曰」，即大傳也。文有不在此篇，當時《大傳》尚不止一篇，抑或有佚文與？

「禮：不王皇。不禘」　中央。

---

① 乃可計：按文意，似當作「乃不計」。

「王者禘其祖之所自出」　天神。就《月令》分之。王讀作「皇」。

「諸侯及其大祖」　諸侯指帝王。

「大夫、士有大事，省於其君，干祫及其高祖」　《喪服傳》「禽獸」一段。

「既事而退，柴於上帝」　禘者，帝也。

「上治祖禰，尊尊也」至「人道竭矣」　旁即四方，《論語》「四海皆兄弟」。○五服圖。

「聖人南面而聽天下」　經專爲皇帝政治學。

「一曰治親」　服主親。

「立權度量，考文章」至「此其所得與民變革者也」　三統循環，《論語》「損益可知」。

「其不可得變革者，則有矣，親親也」　父子。

「尊尊也」　君臣。

「長長也」　兄弟。

「男女有别」　夫婦

「此其不可得與民變革者也」　或以海外初用倫理，因不便乃改者，過矣。

「其夫屬乎父道者，妻皆母道也」　以女從男。

「其夫屬乎子道者，妻皆婦道也」　有同母二女嫁分姑、婦者。名者人治之大者也，可無慎乎！　名家。

「雖百世而昏姻不通者，周道然也」　周道，大同帝學。

「服術有六」至「六曰從服」　父子、君臣、婦女、兄弟。

「從服有六」　小目。

「自仁率親，等而上之」至「一輕一重，其義然也」　《服問》有傳，有此節。

「絶族無移服」　《喪服傳》引此句。

少儀第十七《容經》傳說。

「問道藝曰：子習於某乎？子善於某乎」　《論語》「道德行藝」，《周禮》「以德配行，以藝配道」。曰德行、曰道藝，道不可言，多以技藝喻。　道家言「技進於道」。

學記第十八 近人解《論語》，多以爲聖人教人爲師之法。《論語》高遠，請以此篇易之。

「發慮憲，求善良，足以謏聞」　名譽。　◯《内則》「出謀發慮」。

「就賢體遠，足以動衆」　治國。

「未足以化民」　平天下。

「君子如欲化民成俗，其必由學乎」　化民成俗終。

「人不學，不知道」　終。

「是故古之王者，建國君民」　建國中，君民外。

「教學爲先」　始。

「《兑命》『念終始典於學』，其此之謂乎」　《兑命》即《説命》，當爲《秦誓》別名。

「故曰：教學相長也」　引經。

「《兑命》曰『學①學半』，其此之謂乎」　鄭注言：「學人乃益己之學半。」按：「學人」當作「教人」。

「一年視離經辨志，三年視敬業樂群，五年視博②習親師，七年視論學取友，謂之小成」當讀若「一年辨志，四年樂群，六年親師，八年取友」，單提奇爲説，亦如《大行人》見期別有實數。○以上小學。

「九年知類通達，强立而不反，謂之大成」　別自九年。○上句櫂荀子説，下句經。○小成、大成本即小學、大學，然小、大又分數等，其分畫小學主六藝，如外國普通所以學

① 學：《禮記·學記》作「斆」。

② 博：原作「傳」，據右引改。

人民資格，大學主六經，則爲仕宦，平治修齊。

「夫然，故①足以化民易俗」　平治。

「近者悅服，而遠者懷之」　近者家國，遠者天下。

「此大學之道也」　大學之教二法：一禮一道，亦惟此一見，與大學同。

「宵雅肄三，官其始也」　雅當爲雅言，如《爾雅》、《三倉》，即今訓詁繙譯。小雅則樂使臣，非學校之首習。○宵疑「尒疋」二字誤合。

「此七者，教之大倫也」　倫次，專詳本末終始。

「《記》曰：凡學，官先事，士先志。其此之謂乎」　官，國老，上庠；士，庶老，下庠。

「大學之教也時」　不先不教。

「教必有正業」　專門。

「退習必有居」　自習。

「學不學操縵，不能安弦」　樂。

「不學博依，不能安詩」　詩。

「不學雜服，不能安禮」　禮。

---

① 故：原作「後」，據《禮記·學記》改。

「不興其藝，不能樂學」　藝，游藝。

「故君子之於學也，藏焉，脩焉，息焉，游焉」　工課簡易，用心専致。○四學無書，互文也。經學難於安樂，先易後難，故必先有所習，而後有所安。

「夫然，故安其學而親其師」　上三「安」字。

「樂其友而信其道」　句法對。

「是以雖離師輔，而不反也」　輔，友也。

「今之教者，呻其占畢，多其訊」　「占」讀作「笘」。

「言及於數」　鄭注：「其發言出說，不首其義，動云有所法象而已。」按：數，煩瀆也，如普通一日之中工課數門。

「進而不顧其安，使人不由其誠，教人不盡其材」　進，使之前進。才、材同，不能啓發聰明。○三「其」字皆指學者。

「其施之也悖，其求之也佛」　佛、拂同。《大學》：「拂人之性。」

「夫然後隱其學而疾其師，苦其難而不知其益也」　隱，痛傷也。

「教之不刑，其此之由乎」　此與上段相反。

「大學之法，禁於未發之謂豫」　未，來。鄭注：「未發，情欲未生，謂年十五時。」非也。○如始未病，《中庸》：「凡事豫則立。」

「當其可之謂時」　見在，即上「大學之教也時」「時」字。

「不陵節而施之謂孫」　陵節，即上「躐等」。

「相觀而善之謂摩」　旁觀同學，而得進益。

「故君子之教喻也，道而弗牽」　道者不進則引，牽則過於引。

「强而弗抑」　强者，鋭進弗抑者，因勢道之。

「開而弗達」　開者，言一而弗盡十也。

「開而弗達，則思」　以少推多。

「人之學也，或失則多，或失則寡，或失則易，或失則止」　「止」當爲「難」，下「知學之難」。

「知其心，然後能救其失者①也」　因材施教。

「教也者，長善而救其失也」　將順其美，匡救其惡。

「其言也約而達，微而臧，罕譬而喻，可謂繼志矣」　臧當作「顯」，「罕譬與「博喻」對。

「君子知至學之難易，而知其美惡，然後能博喻；能博喻，然後能爲師」　養老以爲師以乞言，爲議院。

「能爲師，然後能爲長」　能爲師，通政事也。長者，長官。

---

① 者：原脱，據《禮記・學記》補。

「能爲長，然後能爲君」　平治。

「故師也者，所以學爲君也」　漢人爲政，必先通經，學皆爲平治，故通經致用；唐宋以後，判君、師爲二，誤。

《記》曰『三王四代唯其師』，此之謂乎」　三王，三統；三皇，四代。帝王合言，《孔子世家》：中國天子、公卿①言六藝。

「善問者如攻堅木，先其易者，後其節目，及其久也，相説以解。不善問者反此」　治經須於平易專心求之，不可先擇難者。凡欲治難，非先易不可通。

「善待問者如撞鐘，叩之以小者則小鳴，叩之以大者則大鳴」　應付中人以上，可以語上一章。

「待其從容，然後盡其聲。不善答問者反此」　遲之又久，於既答以後再補足之也。

「記問之學」　口耳之間。

「不足以爲人師」　必有心得。

「必也其聽語乎」至「雖舍之可也」　與上別爲一節。

「古之學者，比物醜類」　猶屬辭比事。

---

①　公卿：《史記·孔子世家》作「王侯」。

「學無當於五官，五官弗得不治」 五行之官。

「師無當於五服，五服弗得不親」 師心喪，無服。

「君子曰：大德不官」 九德爲三公大德，即至德，又峻德。

「大道不器」 大道即至道、要道，四通八達，不如耳目口鼻。《論語》：「君子不器。」

「大信不約」 大信，不言之信，如四時不言而信。

「大時不齊」 大時，中央之帝混沌。不齊者，八正，十二本。

「察於此四者，可以有志於本矣」 《大學》知本説。

樂記第十九

《別録》：《樂記》共二十三篇，此本取首十一篇，如季札、賓公説律，則皆摘取也。

「凡音之起，由人心生也」至「聲相應，故生變」 音，五音；聲，八聲。「生」當爲「性」。

「變成方，謂之音」至「樂者，音之所由生也」 合音以爲大樂。

「其本在人心之感於物也」 惟心所召，不指樂器。

「是故其哀心感者，其聲噍以殺」至「六者非性也，感於物而後勤」 《齊詩》六情之説，以配六宗。 敬當爲惡，六情不言敬，亦不與愛對，非性者即情也。

「是故先王慎所以感之者」 防於外來。

「故禮以道其志」　内。

「樂以和其聲」　外。

「政以一其行」　美。

「刑以防其姦」　惡。

「禮樂刑政，其極一也，所以同民心而出治道也」　「勿二爾心」。

「凡音者，生人心者也」　五方、五音由土地而出。

「情動於中，故形於聲」　由物感。

「聲成文，謂之音」　五者之變。

「是故治世之音安以樂」至「聲音之道，與政通矣」　安樂、怨怒、哀思，季札論《詩》詳矣。

以治、亂、亡三者分例，治世爲進來，亡國爲退往。

「宫爲君」　上。

「商爲臣」　中。

「角爲民」　下三位。

「徵爲事」　事有本末。

「羽爲物」　物有終始。

「宫亂則荒，其君驕」至「如此則國之滅亡無日矣」　人則君、臣、民，物則事、財。

「鄭衛之音，亂世之音也」至「誣上行私而不可止也」　亂、亡，承上三等。

「是故知聲而不知音者，禽獸是也」　海外樂器，祇能爲聲。

「知音而不知樂者，衆庶是也」　中國今日之樂，祇能爲音。

「唯君子爲能知樂」　後之皇帝一統，乃能爲樂，合八聲、五音以爲統，是謂大樂。

「是故審聲以知音，審音以知樂，審樂以知政，而治道備矣」　八方一王爲聲，五帝爲大五音，皇一統爲樂。由小推大，由野而文。

「是故不知聲音，不可與言音」　聲爲方位，音者聲之變化。

「不知音者，不可與言樂」　合音。

「知樂，則幾於禮矣」　大禮。

「《清廟》之瑟，朱弦而疏越，壹倡而三歎，有遺音者矣」　聲希味淡。

「大饗之禮」　鄉飲酒。

「尚玄酒而俎腥魚，大羹不和，有遺味者矣」　《鄉飲酒》有。

「是故先王之制禮樂也」至「而反人道之正也」　合九德爲三。○樂道以取異化同爲要。凡對冲者。皆取以益，化異爲同，乃名曰樂。六情北好南惡，舉以示例，餘可知。

「人生而靜」　《左傳》、《中庸》作「中」。

「天之性也」　天命之謂性。

「感於物而動，性之欲也」　作「發」。○七情居中爲欲。

「物至知知，然後好惡形焉」　物至知知，物來心感也。

「好惡無節於内，知誘於外」　好北惡南，内中外對衝。

「不能反躬，天理滅矣」　反躬，温而栗，威而不猛，恭而安。温、威、恭爲躬，栗、不猛，安則反也。

「夫物之感人無窮，而人之好惡無節，則是物至而人化物也」　物感亦由心招。

「人化物也者」　中無主，爲物所牽。

「滅天理而窮人欲者也」　此物競天擇學説。

「於是有悖逆作僞之心」至「此大亂之道也」　推原於物感。○外人學説倫常大約爲亂，中國古亦如之。聖人撥亂反正，而禮樂興焉。

「射、鄉、食、饗，所以正交接也」　射、鄉、食、饗四字必有誤。鄉，古「饗」字，不應重見。舊以爲鄉飲之名，飲於鄉當以飲名，不當以鄉名，如士見不舉，公食不舉，公以飲乃爲禮，不舉飲，知本不多飲。按：射饗鄉即饗禮，下饗當爲燕。

「禮樂刑政，四達而不悖，則王道備矣」　以上《樂本》。第一，《别》同。

「樂者爲同，禮者爲異」至「樂文同，則上下和矣」　《記》爲樂發，每以禮陪，當類爲一表，名曰《禮樂宗旨異同表》，以清眉目，化多爲少之法。

「刑禁暴」 新民。

「爵舉賢」 明德。

「仁以愛之，義以正之」 能好人，能惡人。

「禮自外作，樂由中出」 内外。

「大樂必易，大禮必簡」《易大傳》易簡説。

「大樂與天地同和，大禮與天地同節」 大一統，皇。節、和即中庸。

「禮者，殊事合敬者也。樂者，異文合愛者也。禮樂之情同，故明王以相沿也」 萬方之宜俗不同，分之爲殊事，一統爲合敬。萬方之聲音不一，分之爲異文，合之爲合愛。

「故知禮樂之情者能作，識禮樂之文者能述。作者之謂聖，述者之謂明。明聖者，述作之謂也」 作者知其情①，述者守其文。知者可以意起，述者但守其形迹。至聖生知前知，所以能作，爲萬世師。將來實行家雖自作，亦但仍居於述耳。

「則此所與民同也」 以上《樂論》。第二，《别》同。

「王者功成作樂」至「執亭而祀，非達禮也」 樂之至極，則通天地，感鬼神，所謂大樂、天樂矣。下而言之，則無王伯，即匹夫匹婦皆有音聲自娱，然校其名實，如琴瑟專一，擊

① 情：原作「精」，據文意改。

缶調竽，只爲音聲，不足爲樂。以大統論，小統之樂，只爲一方之音而已。

「五帝殊時，不相沿樂」《月令》，五帝各王萬二千里，不必同時；即同時而地異，故各方之樂不同。○經爲古史，可以推行後世，此足以破之。

「三王異世，不相襲禮」人學三代。○禮分大小，大禮則非禮矣。三王三千里，由野而文，故進化之理，禮不能相同。大約由質而文，由庶人而王公，故不能同。

「樂極則憂」樂而湛。

「禮粗則偏矣」禮從宜。

「及乎敦樂而無憂，禮備而不偏者，其唯大聖乎」皇大一統。

「天高地下，萬物散殊」至「而樂興焉」。《易》説。

「樂者敦和，率神而從天；禮者①別宜，居鬼而從地」樂天神地，即天人之分。《論語》射御配天地，執御即執禮，下學而後上達也。

「故聖人作樂以應天」「如此，則樂者天地之和也」禮別樂和。○《易大傳》分别别、和，今《大傳》文不備，記最爲顯明。

「化不時則不生，男女無辨則亂升，天地之情也」化生，《易》説，窮高極遠而測深厚。

---

① 禮：原作「神」，據《禮記・樂記》改。

上浮下徵，遠游四極。

「樂著①大始，而禮居成物」　或始。○樂爲天學，故詳《詩》、《易》。《詩》陰陽五行。

「故聖人曰禮樂云」　以上《樂禮》。第三，《别録》五。

「昔者舜作五弦之琴以歌《南風》」　五弦，五方，五行。○《詩》貴南抑北，以南北二字上下天地。《莊子》南溟、北溟魚鳥之説本此。○《詩》風本取御風而行，風水分天人，人御風，天御風，風乎舞雩，亦同此義。

「故其治民勞者，其舞行綴遠」　虞夏不勝質。

「其治民逸者，其舞行綴短」　殷周不勝文。

「天地之道，寒暑不時則疾，風雨」至「善則行象德矣」　樂可以調寒暑、節風雨，《列子》寒谷回春，劉子駿取六合，即②

「其移風易俗，故先王著其教焉」　以上《樂施》。第四，《别》三。

「是故志微、噍殺之音作，而民思憂」　中央思。○民雖曰由音變，實則音以俗成。

「嘽諧、慢易、繁文、簡節之音作，而民康樂」　東。

---

① 著：原作「者」，據右引改。

② 此下當有脱文。

「粗厲、猛起、奮末、廣賁之音作，而民剛毅」　北剛。

「廉直、勁正、莊誠之音作，而民肅敬」　西。

「寬裕、肉好、順成、和動之音作，而民慈愛」　南柔。○前五音分五方，與好、惡、喜、怒、欲略同，但不言哀樂耳。五門爲古樂，移風易俗。

「流辟、邪散、狄成、滌濫之音作，而民淫亂」　淫亂與上四相反。八字分配四方，淫亂則如中央之思憂矣。

「是故先王本之情性，稽之度數，制之禮義」　凡言性命，皆爲皇帝學，指四方人民；燮理陰陽，專指全球地方。宋以後誤以爲指本身，乃以六合之事縮之方寸間。

「合生氣之和」　五方二十五民。

「道五常之行」　法四時，旋相本。

「使之陽而不散，陰而不密，剛氣不怒，柔氣不懾」　剛不猛，柔而栗。

「四暢交於中，而發作於外」　四指四方，不謂一身。中，地中，交會合和。《中庸》：「喜怒哀樂之未發謂之中，發而皆中節謂之和。」

「皆安其位而不相奪也」　六宗，借六情以爲符號。

「律小大之稱，比終始之序，以象事行」　小大爲小大派，終始爲少老派。言近旨遠。

「土敝則草木不長」至「世亂則禮慝而樂淫」　與「四靈至」説反，是以①君子賤之也。　以上《樂言》。第五，《別》四。

「凡姦聲感人，而逆氣應之」　逆以知來。

「逆氣成象，而淫樂興焉」　新樂先出。

「正聲感人，而順氣應之」　順以教往。

「順氣成象，而和樂興焉」　古樂反後出。

「倡和有應，回邪曲直，各歸其分，而萬物之理，各以類相動也」　有應者，八聲、十二律。回者，周旋。回邪曲直，如八十二也，各得其所，合乃爲樂。

「是故君子反情以和其志，比類以成其行」　反情者，樂主反。比類者，禮主進。志，《詩》言志。行，行在《春秋》。又父在觀志，父没觀行。

「姦聲亂色，不留聰明，淫樂慝禮，不接心術。惰慢邪辟之氣，不設於身體」　四亂。

「使耳目口鼻心知」　六根。

「百體皆由順正，以行其義」　禮在先。

「然後發以聲音，而文以琴瑟」至「從以簫管」　樂在後。

---

① 是以：原重出「是以」二字，據文意删。

「奮至德之光，動四氣之和，以著萬物之理」　至德，皇帝；四氣，四時、四帝。

「是故清明象天，廣大象地」　高明博厚。

「終始象四時」　卿士惟月。

「周還象風雨」　庶民惟星。星有好風好雨。

「五色成文而不亂」　禮五色，樂則五聲。

「八風從律而不姦」　内八卦、外十二律從之。

「百度得數而有常」　百王、百九州、百度惟貞。

「小大①相成，終始相生」　小、大二統也，終始相生，循環無端。

「倡和清濁，叠相爲經」　周而更始。

「故樂行而倫清，耳目聰明，血氣和平」　治身。

「移風易俗，天下皆寧」　治天下。

「故曰：樂者樂也」至「以欲忘道，則惑而不樂」　欲者，情也。○如《大學》賢賢、親親、樂樂、利利。

「是故君子反情以和其志」　徑情直行，與反情和志相反。

---

① 大：原作「同」，據《禮記·樂記》改。

「廣樂以成其教」　廣於天下。

「樂行而民鄉方」　知方，猶音聲。

「德者性之端也」　原。

「樂者德之華也」　正。

「金石絲竹，樂之器也」　末。

「詩言其志也，歌詠其聲也，舞動其容也」　志爲主。

「三者本於心，然後樂器從之」　三者詩、歌、舞，心者志也，樂器末也。

「是故情深而文明，氣盛而化神」　情深内，文明外，氣盛始，化神終也。

「和順積中，而英華發外」　駿發爾私。

「樂者，心之動也」　根本。

「聲音，樂之象也」　干。

「文采節奏，聲之飾也」　枝葉。

「君子動其本，樂其象，然後治其①飾」　飾爲末。

「極幽而不隱」　微而顯。

① 其：原脱，據《禮記·樂記》補。

「從之以牛羊之群，則所以贈諸侯也」　以上《樂象》。第六，《別》八。

「樂也者，情之不可變者也」　樂情猶言禮意。

「樂統同，禮辨異」　大同小異。

「窮本知變，樂之情也；著誠去僞，禮之經也」　當作「窮本知變，禮之經也；著誠去僞，樂之情也」。上「唯樂不可以爲僞」。禮減而進，樂盈而反。

「禮樂偩天地之情，達神明之德，降興上下之神」　天道。

「而凝是精粗之體，領父子君臣之節」　人事。

「是故大人舉禮樂，則天地將爲昭焉」　《易》大人説，大人爲作者之之聖，專詳樂情禮意。舉者，作也。德成而上，與天地合德。

「天地訢合，陰陽相得」至「則樂之道歸焉耳」　大同之極，萬物得所，天人交合，而後樂生。○可以作樂，非此則不足言樂。

「樂者，非謂黄鐘、大吕、弦歌、干揚也，樂之末節也，故童者舞之」　藝。

「鋪筵席，陳尊俎，列籩豆，以升降爲禮者，禮之末節也，故有司掌之」　藝。

「樂師辨乎聲詩，故北面而弦」　藝。

「宗祝辨乎宗廟之禮，故後尸」　事成而後。

「商祝辨乎喪禮，故後主人」　喪禮爲事後，主人者德先。

「是故德成而上，藝成而下」　聖神能作，道德爲上，技藝爲下。
「行成而先，事成而後」　上句聖，下句明。○德行與周禮同，一藝字，又分事一層。
「是故先王有上有下，有先有後」　上，堂上主；下，童與有司。先尸、主人，後宗祝、喪祝。
「然後可以有制於天下也」　以上《樂情》。第七，《别》六。
「魏文侯問於子夏曰」　寓言。
「吾端冕而聽古樂」　四代。
「則惟恐卧」　乖時。
「聽鄭衛之音」　當時。
「則不知倦」　合時。
「敢問古樂之如彼，何也？新樂之如此，何也？」　以法後王言，新樂是也。○古「告」「鵠」固同字，皆謂經爲標准鵠的。古之樂後世乃能造，當時何有古樂？樂又何能久傳，即彼時所有，亦與今海外同，不足爲樂。此以古新立説，亦爲後世立法耳，不必當時有此。
「子夏對曰：今夫古樂，進旅退旅」至「此新樂之發也」　以雅、鄭分今、古。
「今君之所問者樂也，所好者音也。夫樂者，與音相近而不同」　方術爲音，大同乃爲樂。

音，樂之一分子，樂則合諸音而一貫之。○《白虎通》引《記》以八聲配八方、八卦、八風，然則今中外之所謂樂，只得爲聲音而已。

「子夏對曰：夫古者，天地順而四時當」　大一統成歲。

「民有德而五穀昌」　太平天人通。

「疾疢不作，而無妖祥，此之謂『大當』」　天地合一，大同神化。

「然後聖人作爲父子、君臣，以爲紀綱」　天學與人同而異，有精麤之分。

「紀綱既正，天下大定」　功成。

「天下大定，然後正六律，和五聲」　合十二月、十二牧、五方、十干。

「弦歌詩頌，此之謂德音」　此乃爲詩教。

「德音之謂樂」　謂合衆音爲一。《左傳》：「瑟瑟專一，誰能聽之？」八音和，八風平，乃爲樂。以世界言，五洲五種，各爲一音。今各音其帝，不足爲樂，必合。足爲經之樂。

「《詩》云：莫其德音，其德克明」　明德舉賢。○莫，讀作「合」。

「克明克類，克長克君；王此大邦」　四克，四時，八聲，合上五音。○四嶽。

「克順克俾」　二「克」爲二「公」。

「俾于文王，其德靡悔」　悔，當作「⿰每卜」，無邪極。

「既受帝祉，施于孫子。此之謂也」 天下一家。

「今君之所好者，其溺音乎」 《左傳》：「瑟瑟專一，以水濟水，以火濟火。」

「鄭音好濫淫志，宋音燕女溺志，衛音趨數煩志，齊音敖辟喬志」 鄭、宋、衛、齊皆非國風，亦非國名，假四字以符號，後世有淫、溺、煩、喬四弊者，借此名之即是。

「此四者，皆淫於色而害於德，是以祭祀弗用也」 配上四克。

「《詩》云：「肅雍和鳴，先祖是聽」」 《左傳》論和同。

「夫肅肅，敬也；雍雍，和也」 孔子繙經垂教，亦如今之新名詞。

「君好之則臣爲之，上行之則民從之」 所謂同聲相應、同氣相求。◯《論語》：「君子和而不同，小人同而不和。」

「然後聖人作爲鞉、鼓、椌、楬、壎、篪」 壎爲坎。

「此六者，德音之音也」 合樂

「鐘聲鏗，鏗以立號」至「君子聽鐘聲則思武臣」 兑。◯合樂亦有分樂，可以專聽。

「石聲磬磬①以立辨」 子擊磬於衛。◯巽。

「君子聽磬聲則思死封疆之臣」 子路禦侮。

① 此「磬」字原脱，據《禮記·樂記》補。

「絲聲哀」至「君子聽琴瑟之聲則思志義之臣」離。

「竹聲濫」至「君子聽竽笙簫管之聲則思畜聚之臣」艮。

「鼓鼙之聲讙」至「君子聽鼓鼙之聲則思將帥之臣」震。○《白虎通》引《樂記》：「土曰壎，竹曰管，皮曰鼓，匏曰笙，絲曰弦，石曰磬，金曰鐘，木曰柷敔。」此謂八音也，法《易》八卦也。○壎，坎音也。管，艮音也。鼓，震音也。磬，巽音也。弦，離音也。

鐘，兑音也。柷敔，乾音也。

「彼亦有所合之也」和，合樂。○以上《魏文侯》。第八，《别》十一。

「賓牟賈侍坐於孔子，孔子與之言及樂，曰：夫《武》之備戒之①已久，何也」《左傳》所引《武》爲樂名，非《詩》。

「子曰：唯！丘之聞諸萇弘，亦若吾子之言是也」寓言。

「且夫《武》，始而北出，再成而滅商，三成而南」「出自北門」，「陟彼南山」。〇此《詩》之《武》，非《書》所能。

「四成而南國是疆」「惠此京師，以綏四國」。〇南，二《南》。《詩》以南爲上，北爲下。北即邶，與南對文。南爲丘陵，故北鯤南鵬，《山經》各門皆以南爲首。此詩貴南賤北，南爲《易》三、四，北爲初、上。南爲絺綌，夏服；北爲四表，寒裘。

「五成而分，周公左，召公右；六成復綴，以崇」周「雎鳩」，召「鳲鳩」。

「武王克殷」至「然後天下知武王之不復用兵也」文出《逸周書》，爲《牧誓》之傳。以下至「武之遲久，不亦宜乎」亦同。〇一。

「散軍而郊射」至「虎賁之士說劍也」二。

「祀乎明堂而民知孝」三。

「朝覲，然後諸侯知所以臣」四。

---

① 之：原脱，據《禮記·樂記》補。

「耕藉，然後諸侯知所以敬」　五。

「食三老五更於太學」　爲師。○三老五叟，猶三卿五大夫。經以學校爲議院，老叟爲教師謀主，幼者孤子學，壯者行分三派行，爲見在。壯爲老之已往、少之未來，此少、壯、老爲三劫之説。

「所以教諸侯之弟也」　尚年。

「則夫武之遲久，不亦宜乎」　以上《賓牟賈》。第九《别》同。

「君子曰：禮樂不可斯須去身」　以内外説禮樂。○荀子主之。

「致樂以治心」　以禮、樂分身、心。

「久則天，天則神」　天人、神人。○《詩》爲天學，屬《中庸》，非人帝所能，在神化之域。道家所謂天人、神人，統爲至誠、至聖。

「天則不言而信，神則不怒而威」　《中庸》説。

「致禮以治躬，則莊敬，莊敬則嚴威」　下有脱文，脱二簡四十八字。

「故樂也者，動於内者也」　無聲之樂。

「禮也者，動於外者也」　無體之禮。

「故德煇動於内」至「而民莫不承順」　禮、樂以治身、心爲本，推以治天下。

「故禮主其減，樂主其盈」　防亂始於質，和樂要其終。○以損、益説禮、樂。

「禮減而進，以進爲文」　減而進者，由少至壯，進化由少而多。開化之初，以先進而制禮，減之至矣。立於至卑之地，而以進化爲主，由士禮以達於天子。

「樂盈而反，以反爲文」　由盛而衰，退化遞降。

「禮減①而不進則銷」　禮減，士禮；進則諸侯、天子。銷者野鄙。

「樂盈而不反則放」　樂盈者，從周；不反者，倒行逆施也。放者，無所底止也。

「故禮有報而樂有反」　報，進也。

「禮得其報則樂」　由禮進樂。○禮在初，樂在後。進化主義則由禮以至於樂，如野人至君子。退化主義則由樂以反於禮，如皇帝降爲王伯。世界進退，已往未來，皆屬之禮樂。

「樂得其反則安」　由樂反禮。

「禮之報，樂之反，其義一也」　一始一終，互相循環。

「夫樂者樂也，人情之所不能免也」　六情之一。

「先王耻其亂，故制《雅》、《頌》之聲以道之，使其聲足樂而不流」　退逆。○樂。

「使其文足論而不息」　進化。○禮。

---

① 減：原作「滅」，據《禮記·樂記》改。

「使其曲直、繁瘠、廉肉、節奏足以感動人之善心而已矣」　一曲一直，一繁一瘠。

「先王之道，禮樂可謂盛矣」　以上《樂化》。第十，《别》七。

「子贛見師乙而問焉，曰：「賜聞聲歌各有宜也，如賜①者，宜何歌也」　工歌乃爲詩，凡全奏笙吹皆樂，非詩，自古文家買菜求益，而奏吹皆混入詩界矣。

「故《商》者，五帝之遺聲也」　當在「商人識之」之上，「商之遺聲也」五字衍。

「肆直而慈愛者宜歌《商》，温良而能斷者宜歌《齊》」　宜取反，衍「愛」字。《周禮》六歌。

「《齊》者，三代之遺聲也」　三代，三皇也。

「明乎《商》之音者，臨事而屢斷」　剛。

「明乎《齊》之音者，見利而讓」　柔。

「故不知手之舞之，足之蹈之也」　以上《師乙》。第十一，《别》十。

「子貢問樂」　四字衍文。

樂奏十二	季札十八
樂器十三	樂道十九

① 賜：原作「此」，據《禮記·樂記》改。

樂作十四	樂義二十
意始十五	樂本二十一
樂穆十六	昭頌二十二
說律十七　當即《周語》。	竇公二十五　大司樂

《呂覽·仲夏》四篇

大樂	侈樂	適音	古樂

《季夏》四篇

音律	音初	制樂	明禮

雜記上第二十

《禮經》十七篇，經本一篇可推至數篇者，如《士喪禮》但言士，若十等偏立，經則冗矣，故餘皆見於《記》。天子、諸侯、公、卿、大夫、大國、次國、小國、士，又分庶人，則有十等，大同小異。但《記》異節，從同則省，此《記》附經，一《記》可推爲數篇經文。

「大夫卜宅與葬日」　宅，宅兆，葬地，非居宅。

喪大記第二十二

《士喪禮》爲經，此篇《大記》詳天子、諸侯、卿、大夫異等之制。經本士，《記》則可推爲數十篇。○有《大記》，則有《小記》矣。

「夫人爲寄公夫人出」　寄公，如申侯。

祭法第二十三

詳於制度，不言孝。

「祭法：有虞氏禘黄帝而郊嚳」至「祖文王而宗武王」　禘，大禘，祀上帝，不皇不禘。故

《春秋》有郊無禘，四郊四帝，感生帝也。○黄帝、嚳、堯、鯀、顓頊、冥、契皆符號。

「是故厲山氏之有天下也，其子曰農，能殖百穀」　厲山氏，天神也。《左氏》、《山經》說。

「夏之衰也，周棄繼之，故祀以爲稷」　《詩》說。

「共工氏①之霸九州也」　地示。

「其子曰后土，能平九州，故祀以爲社」　《左氏》、《山經》。

「帝嚳能序星辰以著衆」　人鬼。

「黄帝正名百物，以明民共財」　黄，讀作「皇」。

「山林、川谷、丘陵，民所取財用也」　西山林，東川谷，南丘陵。

祭義第二十四 爲《孝經》師說，各經皆有祭義，異同由經而出。

「是故君子合諸天道，春禘秋嘗」　經曰春秋祭祀，《中庸傳》亦曰春秋，緣經立說；單提春秋，實則四時皆祭。如《祭統》亦《孝經》師說，鄭注以春禘爲夏殷禮，非。

「樂以迎來，哀以送往。故禘有樂，而嘗無樂」　義詳《郊特牲》。來往以進化、退化爲主，

① 氏：原脱，據《禮記·祭法》補。

進故樂，退故哀，詩之哀樂以此。

「祭之日，入室，僾然必有見乎其位」深。

「周還出户，肅然必有聞乎其容聲」外。

「是故先王之孝也」至「終身弗辱也」祭如在，所以感通鬼神之故，唯聖人爲能饗帝。不皇不禘。

「命婦相夫人」命婦，大夫妻。

「文王之祭也，事死者如事生，思死者如不欲生」事存。

「饗之必樂，已至必哀」往。

「夫言豈一端而已，夫各有所當也」《祭義》多言義理心性之事。

「曾子曰：夫孝，置之而塞乎天地，溥之而横乎四海，施諸後世而無朝夕」俟後。

「是故鄉里有齒，而老窮不遺，强不犯弱，衆不暴寡，此由大學來者也」《春秋》、《易》。

「天子設四學」《詩》、《書》、《禮》、《樂》。○《賈子》：學禮四學，合泰學而五。

「八十、九十者東行，西行者弗敢過；西行，東行者弗敢過」《公羊傳》曰「過我也」，言竚立以俟。

「昔者聖人建陰陽天地之情」至「以尊天也」卜筮。

祭統第二十五亦《孝經》説。

「夫祭者，非物自外至者也」至「是故唯賢者能盡祭之義」　祭屬天學，人行祭不能盡其義，所謂無其德，用其事。

「賢者之祭也，必受其福，非世所謂福也」　非賢則不必受福。

「無所不順者謂之備①，言内盡於己，而外順於道也」　己，京師；道，周游也。《孝經》「以順天下」。

「是故孝子之事親也，有三道焉：生則養，没則喪，喪畢則祭」　經文「夫祭也者，必夫婦親之，所以備内外之官也」　内命婦百二十女，外百二十官，與王后同爲夫婦。

「凡祭有四時：春祭②曰礿，夏祭曰禘，秋祭曰嘗，冬祭曰烝」　禘、礿二字當互易。

「禘者陽之盛也，嘗者陰之盛也，故曰莫重於禘嘗」　經曰春秋祭祀，從重言之，《中庸》言春秋禘嘗是也。

---

① 謂之備：原作「之謂備」，據《禮記・祭統》乙。
② 春祭：原作「春秋」，據《禮記・祭統》改。

「其德盛者，其志厚」　天學。

「祭敬，則竟内之子孫莫敢不敬矣」　天下一家例。

「其德薄者，其志輕」　人學。

「昔者周公旦有勳勞於天下」　及武王。

「周公既没，成王、康王追念周公之所以勳勞者，而欲尊魯」　王魯。

「故賜之以重祭」　魯爲王後。

「外祭則郊、社是也，内祭則大嘗、禘是也」　天子稱大。○《詩》説。

「康周公，故以賜魯也」　「康」下當脱「王」字。

表記第三十二

先師撰輯，如大傳、外傳。名曰「表」，與《坊記》同。「表」猶標，立表於此，取景於彼。○《詩》、《書》、《易》三經，而《詩》最詳。

「子言之」　先師，非孔子。

「子曰：君子不失足於人，不失色於人，不失口於人」　足，貌也；口，言也。

「子曰：裼、襲之不相因也，欲民之毋相瀆也」　欲民，與《坊記》「坊民」同。下同。

「子曰：君子莊敬曰强，安肆曰偷」　體操之精。

「子言之：仁者，天下之表也」 《表記》之所以名。

「子曰：以德報怨，則寬身之仁也」

「子曰：無欲而好仁者，無畏而惡不仁者，天下一人而已矣」 仁，均當作「人」。

「是故君子議道自己，而置法以民」 己，克己；民，民四目。

「子曰：仁有三，與仁同功而異情」 上「仁」作「行」，下「仁」作「人」。

「與仁同功，其仁未可知也；與仁同過，然後其仁可知也」 觀過知仁，「仁」均當作「人」。

「仁者安仁，知者利仁，畏罪者强仁」 《中庸》「或安而行之，或利而行之，或勉强而行之」三「仁」字皆當作「行」。○論說。

「仁者右也，道者左也。仁者人也，道者義也」 「仁」當作「行」，「道」均當作「義」，「義」當作「我」。

「道有至、義、有考；至道以王，義道以霸，考道以爲無失」 當爲「道有至、有義、有考」。

「子言之，仁有數義」至「資仁者也」 「仁」均當作「行」。

「《詩》云：豐水有芑，武王豈不仕」 豐水，中央也。武王，西伯也。

「詒厥孫謀，以燕翼子」 公子公孫，天下一家。

「數世之仁也」 數世，及孫子也。「仁」當作「行」。○引《詩》多斷章取義，不必皆本義，與《外傳》引《詩》證事同，又與以《序》說《詩》同，多非本旨。

「《國風》曰：『我今不閱，皇恤我後。』終身之仁也」　「皇」作「西皇」讀。我不能曰我及遠，皇則能全終始、謀後世。○「仁」當作「行」。

「子曰：仁之爲器重」至「夫勉於仁者，不亦難乎」　《論語》曾子「任重致遠」。○「勉於仁」、「仁」當作「行」。

「子曰：中心安仁者，天下一人而已矣」　天下一人例。《靈》、《素》推一身以合天地，爲六合以外，皇；中國一人，則帝例。一説中國一人屬人學，天下一家屬天學。

「《大雅》曰：德輶如毛，民鮮克舉之」　德，《中庸》至德。「毛」讀作「表」。《中庸》「民鮮能久矣」。

「我儀圖之」　士主儀圖。

「《小雅》曰：高山仰止，景行行止」　高山，地中也。止，居上；景行者，下行。一居一行。

「子曰：《詩》之好仁如此，鄉道而行，中道而廢，忘身之老也，不知年數之不足也。俛焉日有孳孳，斃而後已」　「廢」讀爲「發」，謂過時而學，自忘其老與年歲之不足。炳燭夜游。

「是故君子服其服，則文以君子之容」　服服。

「有其容，則文以君子之辭」　言言。

「遂其辭，則實以君子之德」　行行。

「彼記之子，不稱其服」　「不」讀①作「丕」。

「君子之所謂義者，貴賤皆有事於天下。天子親耕，粢盛秬鬯，以事上帝，故諸侯勤以輔事於天子」　貴者專，主賤者、主祭。◯「下」字衍文。天惟天子得祀，而諸侯助祭，得中其勤。聖人定禮，定一尊，亦通下情。

「子曰：下之事上也」　上，君也；下，臣也。

「雖有庇民之大德」　歸美於上。

「不敢有君民之心」　嗣子不可，則取之。◯一説「不敢」句讀作「有事」。

「不自尚其事」　「尚」讀作「上」。

「《詩》云：莫莫葛藟，施於條枚」　《斯干》。◯莫莫，葉也。綏、荒、成皆服名。◯周本末例。《周南》三木爲根本，皇灌木，周、召樛喬，皆在京師。八千爲八州，十二支爲外十二牧。枝葉外州，條枚在內，八千也。

「凱弟君子，求福不回」　大深。◯君子，周、召。父母，求四表裘服。「不」讀作「丕」。

「其舜、禹、文王、周公之謂與」　此《詩》之舜、禹、文王、周公。

---

① 讀：原作「德」，據文意改。

「《詩》云：『惟此文王，小心翼翼，昭事上帝，聿懷多福，厥德不回，以受方國。』」　昭，昭文穆武之「昭」。上帝指皇，福爲輻員。「不」讀作「丕」，大也；丕回，猶大深也。方，四方大國。四國小。

「子曰：先王謚以尊名，節以壹惠，恥名之浮於行也」　鄭注：「謚者，行之迹也；名者，謂聲譽也。言先王論行以爲謚。以尊名者，使聲譽可得而尊信①也。」按：上「名」名字之「名」，下「名」聲譽之「名」。謚以尊名，謂以謚易其名，名終將諱之。注誤。

「子言之：君子之所謂仁者，其難乎」　「仁」當作「人」。

「《詩》云：『凱弟君子，民之父母』。凱以强教之，弟以説安之」　凱，雎鳩；弟，鳲鳩。强教謂兵刑，説安謂教舉。

「樂而毋荒，有禮而親」　毋荒者，猶言不淫。樂柔禮剛。

「威莊而安，孝慈而敬」　上句剛，下句柔。

「使民有父之尊，有母之親」　父尊如司馬，母親如司空。

「如此而後，可以爲民父母矣」　《詩》父母、君子二見，專指義、和。以尊親爲定解。

「非至德，其孰能如此乎」　皇爲至道，帝爲至德，故泰伯爲至德。《孝經》：「非至德，其

---

① 信：原誤作「言」，據《禮記·表記》鄭注改。

孰能順民如此其大者乎！」君子、父母，即三帝皇佐義、和。

「今父之親子也，親賢而下無能」 子夏云：可者與之，其不可者拒之。

「母之親子也，賢則親之，無能則憐之」 子張云：「嘉善而矜不能。」

「母親而不尊，父尊而不親。水之於民也，親而不尊，火尊而不親」 子產水火之喻。

「命之於民也，親而不尊，鬼尊而不親」 命，號令，條教。人事與鬼神相反。

「子曰：夏道尊命，事鬼敬神而遠之」《墨子·明鬼》。〇三統說兼進化言。

「近人而忠焉」 兼愛。

「先祿而後威，先賞而後罰」 兼愛如宗教，親而不尊，母道也。

「其民之敝，惷而愚，喬而野，樸而不文」 質勝文則野，《墨子》用夏，其說如此。

「殷人尊神，率民以事神，先鬼而後禮，先罰而後賞，尊而不親」 「鬼」讀作「威」。先罰後賞，如申、韓。尊而不親，父道也。

「其民之敝，蕩而不靜，勝而無恥」 擾亂不安，民免無恥。

「周人尊禮尚施，事鬼敬神而遠之，近人而忠焉」 禮剛施柔也。下二句同夏。

「賞罰用爵列，親而不尊」 儒家以二而易，合夏矣。

「其民之敝，利而巧，文而不慙，賊而蔽」 文勝質則史。

「子曰：夏道未瀆辭」至「賞爵刑罰窮矣」 文有脱誤，當引三統説補證之。

「子曰：虞、夏之質，殷、周之文，至矣！虞、夏之文不勝其質，殷、周之質不勝其文」　此用先進、後進説，與退化遞降相反。如此，則孔賢於堯舜者遠。

「子言之：後世雖有作者，虞帝弗可及也已矣」至「寬而有辨」　作者，謂後聖。虞帝，指《尚書》之虞帝。「矣」讀作「俟」。此用遞降説，虞降三王，就《書》之帝言之；如此，則孔子不能賢之。

「《甫刑》曰：『德威惟威，德明惟明。』非虞帝其孰能如此乎」　威，天討；明，天命。即刑賞斧柯。

「子曰：事君不下達，不尚辭，非其人弗自」　當作「上達不尚辭，非其人弗自」。感以忠誠，不僅在言辭。

「神之聽之，式穀以女」　不以耳聽。◯「穀」讀作「轂」。

「《易》曰：不事王侯，高尚其事」　高尚，即《詩》「高岡」。玄黄，天地也。王侯在侯牧之例，以皇后爲主。

「子曰：唯天子受命於天，士受命於君」至「則臣有逆命」　《穀梁》：人之於天，以道受命；於人，以言受命。不若於道①，天絶之；不若於言②，人絶之。故臣子大受命。《繁露》亦有其文，並與《記》同。

「《詩》曰：鵲之姜姜，鶉之賁賁」「維鵲有巢」，冬至鵲巢在南，鶉火南宿。

「人之無良，我以爲君」「無」讀作「譕」。「譕良」，順命。我以爲君，臣有順命也。

「故天下有道，則行有枝葉」天下有道者，《易》三四居中，一匡天下，行者兩北居邊。枝葉者本末例。

「天下無道，則辭有枝葉」天下無道者，二五居中，中分天下。〇赤道爲南，南爲言辭，如一匡，則二南爲京師，兩黑道爲邊鄙，故曰「行有枝葉」。若如晉、楚中分天下，狎主齊盟，則一匡之中，正當中分之戰場，故曰「辭有枝葉」。本義如是，取喻則隨意所安。

「子曰：君子不以口譽人」口惠實不至。

「《國風》曰：心之憂矣，於我歸説」朋友死，於我歸。

「《國風》曰：言笑晏晏，信誓旦旦，不思其反。反是不思，亦已焉哉」「不思其反」者，天人之異；「反是不思」者，天外有天。又反也，亦已焉哉，言無有窮極也。「不」字均讀

---

① 不若於道：「道」原作「天」，據《春秋穀梁傳・莊公元年》改。

② 言：原作「人」，據右引改。

作「丕」。

「子言之：昔三代明王」至「不違龜、筮」　《洪範》稽疑，卜筮學。

「子曰：牲牷、禮樂齊盛，是以無害乎鬼神」　主祭神享。

「無怨乎百姓」　治民民治。

「《詩》曰：后稷兆祀，庶無罪悔，以迄於今」　《大雅》。后稷與公劉對，爲東西二伯。

「子曰：大人之器威敬」　器，卜龜也。

「天子無筮」　鄭注：謂征①伐出師，若巡狩也。天子至尊，大率②皆用卜也。《春秋傳》曰：「先王卜征五年，歲襲其祥。」按：卜征即行三垣。《書》曰「五載一巡狩」，寅年在中，午年在南上，戌年在北下，爲五年歲襲其祥。

「諸侯非其國不以筮，卜宅寢室」　鄭注：「諸侯受封乎天子，因國而國，唯宮室欲改易者得卜之耳。」按：諸侯在他國，彼自非筮，故不用筮，以避奪主，而反用卜矣。

---

① 征：原作「徵」，據《禮記》鄭注改。下二「征」字同。

② 大率：原作「大事」，據右引改。

緇衣第三十三為先師《詩》、《書》説，如《尚書大傳》、《韓詩外傳》，經師各有此作。

「子曰：好賢如《緇衣》，惡惡如《巷伯》」　讀《詩》斷章取義之法，各以景像取之，不必爲正旨。

「子曰：夫民，教之以德」至「則民有遁心」　《論語》。

「《甫刑》曰：苗民匪用命，制以刑，惟作五虐之刑，曰法」　下肉刑五，是其傳説。

「故上之所好惡，不可不慎也，是民之表也」　「表」讀如「標」。

「子曰：禹立三年，百姓以仁遂焉，豈必盡仁」　「禹」下文有脱誤。

「《大雅》曰：成王之孚，下土之式」　二引《大雅》，皆前十篇。

「則民言不危行，而行不危言矣」　「危」讀如「詭」。

「葉公之《顧命》曰」　《書》有《顧命》，葉公亦有之，如舅犯、《楚書》，傳記中一事，非專篇。

「是故邇者不惑，而遠者不疑也」　邇者，内八才子；遠者，外十二女。

「《君奭》曰：昔在上帝，周田觀文王之德，其集大命於厥躬」　鄭注：古文「周田觀文王之德」爲「割申勸寧王之德」，今博士讀爲「厥亂勸寧王德」，三者皆異，古文似近之。

「子曰：南人有言曰：人而無恒，不可以爲卜筮」　《論語》誤作「巫醫」。

「古人之遺言與？龜、筮猶不能知也，而况於人乎」　卜居龜策，誠不能知此事。《卜居》全爲此章師說，專以說《咸卦》。《漁父》執一，雖死不悔，是爲恒。

《詩》云：我龜既厭，不我告猶」　「我龜既厭」者，變動不居，不可方物。

《易》曰：『不恒其德，或承之羞。』『恒其德，貞婦人吉，夫子凶。』」　《易・咸卦》當爲「或」，與「恒」字反對。「不恒其德」句以「或」解「不恒」。「恒其德」句「偵」句以「偵」解「恒」。《卜居》、《漁父》爲《易》、《咸》、《恒》二卦之傳說。

奔喪第三十四

此篇如在《喪大記》、《雜記》中正合，以文繁，故别出。○邵氏《禮經通論》以十七爲全經，經無佚篇，其說精確。此爲喪禮，變一節當爲記，附《士喪禮》。喪禮中如此變節亦多矣。本篇題名無《記》，文不備耳。吴以遂以爲《禮》之佚篇，謂爲《禮經》之文佚在《戴記》者。夫《記》之不可以爲經，固不待煩言而解者矣。

問喪第三十五

吴氏所補，凡取於兩戴者，如《奔喪》、《投壺》、《釁廟①》、《公冠》之類，皆爲特别記文，立此篇名，以爲逸經，誤之甚矣。如諸篇本經，何以不入經，而附於記？

① 釁廟：「廟」原作「庙」，據《大戴禮記》改。

服問第三十六

「《傳》曰：『有從輕而重』」《大傳篇》文。○問。

「公子之妻爲其皇姑」答。

「有從重而輕，爲妻之父母」上句問，下句答。

「有從無服而有服」問。

「公子之妻爲公子之外兄弟」答。

「有從有服而無服」問。

「公子爲其妻之父母」答。○四句爲《大傳》從服文。

「《傳》曰：母出，則爲繼母之黨服」此出《大傳篇》。

問傳第三十七以喪六事容體、聲音、語言、飲食、居處、衣服爲綱，以五服爲緯，下加師説。

「斬衰三升」王、侯、甸。

「齊衰四升、五升、六升」男、采、衛。○齊衰如侯服。

「大功七升、八升、九升」　蠻、夷、鎮。○大功如緦服。

「小功十升、十一升、十二升」　藩、垣、屏。○小功如要服。

「緦麻十五升」　翰、寧、城。○緦麻如荒服。○十五升以起凶服五，三五十五，每服得三。

「斬衰三升，既虞、卒哭，受以成布六升，冠七升」　六升加倍。　爲母。

「疏衰四升，受以成布七升，冠八升」　四升降一升。

「去麻服葛，葛帶三重」　《詩》「葛」。

三年問第三十八

「三年之喪何也」　據夏喪三月。

「曰：稱情而立文」　《論語》「女安則爲之」，《尚書》「乃能之」。

「因以飾群，别親疏貴賤之節，而弗可損益也」　上下通。

「創鉅者其日久，痛甚者其愈遲。三年者，稱情而立文，所以爲至痛極①也」　有三年之

---

①　極：原誤作「杖」，據《禮記·三年問》改。

愛。

「斬衰苴杖①」至「所以爲至痛飾也」　墨初野，主三月。

「然而服以是斷之者」　未盡三年。

「將由夫患邪淫之人與，則彼朝死而夕忘之」　海外野人。

「然而從之，則是曾鳥獸之不若也，夫焉能相與群居而不亂乎」「鳥獸不可與同群」。

「將由夫修飾之君子與」　儒家。○徑情直行，戎狄之道。

「然則何以至期也？曰：至親以期斷」　父在爲母。

「是何也？曰：天地則已易矣」至「以是象之也」　宰我説同此。

「然則何以三年也」　據父在，爲母亦期。

「曰：加隆焉爾也，焉使倍之？故再期也」　如隆，大同程度乃加之。《尚書》「百姓如喪考妣，三載，四海遏密八音」是也。中人今日三年，爲無其德，用其事。

「由九月以下何也？曰：焉使弗及也」　不一而足，四等分三代。

「故三年以爲隆，緦、小功以爲殺」　三年，皇帝大同；緦、小功，蠻野初制服。

「期，九月以爲間」　間居其中，服分三等，以象程度。

---

① 杖：原誤作「枝」，據右引改。

「上取象於天」　三年如三萬里，三月如三千里。

「下取法於地」　執御法地。

「中取則於人」　人居中，如草木之仁。

「故三年之喪，人道之至文者也」　惟《尚書》乃有資格，若開創，則用《墨子》夏喪三月，次則用宰我之期，終乃歸極於三年之加隆。

「夫是之謂至隆」　人學止此。

「是百王之所同」　天下九百方千里，爲九州者百，横説與七十二代同。

「古今之所壹也」　豎説。

「孔子曰：子生三年，然後免於父母之懷。　夫三年之喪，天下之達喪也」　引《論語》。○有三年之愛於父母。然後用三年之服，由情制文，否則不必「今女安則爲之」之説也。有三年之愛於君后，則三年，否則不必，此宰我短喪之説。

深衣第三十九

「要縫半下」　《大行人》以蠻、夷、鎮三服爲要，故帶居中。　五服上則冠、衣，下則裳、履，帶居其中。十五服以蠻、夷、鎮三服爲要，内則王、侯、甸三服爲冠，男、采、衛爲衣，外則藩、垣、屏爲裳，翰、寧、城爲履也。

「帶，下毋厭髀」至「制十有二幅，以應十有二月」　帶以下裳十二輻，以法十二月、十二州、十二女。

「袂圜以應規，曲袷如矩以應方」　開方、辨方、計地以方。○以下傳説。

「負繩及踝以應直，下齊如權衡以應平」　中心爲直。「周道如砥，其直如矢」。

「具父母、大父母，衣純以繢；　具父母，衣純以青」　吉。

「如孤子，衣純以素」　凶。

投壺第四十

《左傳》：晉侯、齊侯投壺。○正禮十七篇，此乃射禮之附記，後儒以爲《逸禮》補經，非也。

「取半以下爲投壺禮，盡用之爲射禮」　足見投壺附於射禮。

「魯鼓○□○○□□○○」至「半○□○□○○○○□○」　如今工尺符號。

儒行第四十一

「魯哀公問於孔子曰：　夫子之服，其儒服與」　九流儒家以傳經之主派爲主，孟、荀是也。

孔子至聖無名，非儒，後世所言儒家孔子者，當以屬子思耳。

「孔子對曰：丘少居魯，衣逢掖之衣」《魯頌》。

「長居宋，冠章甫之冠」素統，故宋。

「丘聞之也，君子之學也博，其服也鄉，丘不知儒服」「余殷人也」。○鄉飲酒禮鄉服與此異，鄉猶操土音。

「哀公問①曰：敢問儒行」至「悉數之乃留，更僕未可終也」下分十六門，韓子云儒分爲八，此其倍數。

「孔子侍，曰：儒有席上之珍以待聘」至「其自立有如此者」四「待」字與「俟後聖」「俟」同。

「儒有衣冠中，動作慎；其大讓如慢，小讓如僞」至「其容貌有如此者」小大派

「儒有忠信以爲甲胄」至「其自立有如此者」「自立」重出，又與特立獨行犯。

「儒有今人與居，古人與稽」古人已往，稽者述古。

「今世行之，後世以爲楷」後世，謂未來，以爲楷者，俟後。

「適弗逢世，上弗援，下弗推」弗逢世者，生非其時。上援，如堯舜；下推者，百姓與能

① 問《禮記·儒行》無此字。

也。

「禮之以和爲貴，忠信之美」《論語》：「先王之道斯爲美」。

冠義第四十三

「凡人之所以爲人者，禮義也」 人不知禮義倫常，則不成爲人。言學則必學六藝，言身則必慎言行，外國所謂人民資格；至是而後冠，冠而後許以爲人格，否則不成其人格。

「君臣正，父子親，長幼和，而後禮義立」 不言夫婦者，以詳於《昏義》。實則父子、君臣皆屬於夫婦，首在男女有別。

「古者冠禮，筮日，筮賓」 通之鬼神，天屬。

「醮於客位，三加彌尊，加有成也」 鄭注：「冠者，初加緇布冠，次加皮弁，次加爵弁。每加益尊，所以益成也。」按：初用士冠，再三攝盛，各以統色分別，非用異代上古之冠。舊説誤。

「遂以贄見於鄉大夫、鄉先生，以成人見①也」　當爲卿大夫，仕者；鄉先生者，鄉官也。

「成人之者，將責成人禮焉也」至「其禮可不重與」　倫理説。

昏義第四十四 由《春秋》始定昏禮。

「昏禮者，將合二姓之好，上以事宗廟，而下以繼後世也」　野人所無。

「是以昏禮，納采、問名、納吉、納徵、請期」　六禮皆以坊男女之亂。

「父親醮子而命之」至「蓋親受之於父母也」　所以坊自由婦有不至之弊。

「婦至，壻揖婦以入，共牢而食，合巹而酳，所以合體，同尊卑，以親之也」　夫婦相齊，不分貴賤。◯女子初至亦廟見，至三月以後廟見別一事，非初遂不見。經以可知，故不言。《左傳》先配後祖，所以補此説。

「男女有別，而後夫婦有義」至「故曰昏禮者，禮之本也」　倫理之學，始於男女有別，所以撥自由之亂而反之正。若野人男女無別，故夫婦、父子不親不義。孔子制禮之時，亦如今之外人，可知。

① 「見」下原衍「者」字，據《禮記・冠義》刪。

「夫禮始於冠，本於昏，重於喪祭，尊於朝聘，和於射鄉，此禮之大體也」 喪，士喪，喪服。祭亦二。朝即謂覲禮。聘，聘禮。士相見、射、大射。鄉讀作饗。○《禮經》次序當從此，鄭本不合，據此知經無逸篇。

「古者婦人先嫁三月，祖廟未毁，教於公宫」 京師。

「祖廟既毁，教於宗室」 内八州。

「教成，祭之，牲用魚」 鳥上主南，魚下主北。

「芼之以蘋藻」 「芼」讀作「表」。「蘋」同「屏」，藻同「表」。

「所以成婦順也」 十二牧爲十二女。

「古者天子后立六宫、三夫人、九嬪、二十七世婦、八十一御妻」 六宫亦如六軍。夫人，三公妻。嬪，九卿妻。世婦，大夫妻。御妻，元士妻。《記》卿佐君，世婦佐夫人。

「以聽天下之内治」 命婦，不專指王宫。

「以明章婦順，故天下内和而家理」 畿内舉百二十二女立説。

「天子立六官」 宫，后内朝；官，天子外朝。

「三公、九卿、二十七大夫、八十一元士，以聽天下之外治」 内外同爲夫婦。○既曰《昏義》，則必夫婦。君帥外百二十官，后帥内百二十女。天子、后爲夫婦，則二百四十人亦爲夫婦，不能獨天子、后二人爲夫婦，下則以内女配外官。

「故曰：天子聽男教」　百二十官從之。

「后聽女順」　百二十女從之。

「外内和順，國家理治，此之謂盛德」　《昏義》主夫婦。

「是故男教不脩，陽事不得」至「陰之與陽，相須而後成者也」　以天子比日月，懸象著明，莫大於日月，陰陽晝夜之説。○《春秋》紀日食以定朔，雖有六曆，二十正朔則從同。不書日食者，朔定而望可知。災異之學，則大同以後天學。

「天子脩男教，父道也」至「爲后服齊衰，服母之義也」　《詩》「民之父母」，《尚書》「百姓如喪老妣」。

鄉飲酒義第四十五 本爲饗記，鄉人則名飲酒，不名饗。　經義言饗中有鄉人飲酒，故並饗與飲酒言。

「鄉人、士、君子，尊於房户之間」至「貴其質也」　《論語》鄉人飲酒，士君子謂大夫。

「賓主，象天地也」　經文饗禮，賓主皆爲卿，本名卿相饗禮，故義言三卿，經通不見卿字，以賓主皆卿也。

「介僎，象陰陽也」　經作「遵」者，陰陽四方也。

「三賓，象三光也」　三賓，三卿也。

「讓之三也，象月之三日而成魄也」　三日、三千里，三五而盈。

「天地嚴凝之氣，始於西南，而盛於西北」　西南坤維，西北乾維。

「此天地之尊嚴氣也」　尊尊。

「天地温厚之氣，始於東北，而盛於東南」　温厚仁也，東北艮維，東南巽維。

「此天之盛德氣也」　親親。

「主人者尊賓，故坐賓於西北，而坐介於西南以輔賓」　西北盛，西南始。

「賓者，接人以義者也，故坐於西北」　尊尊。

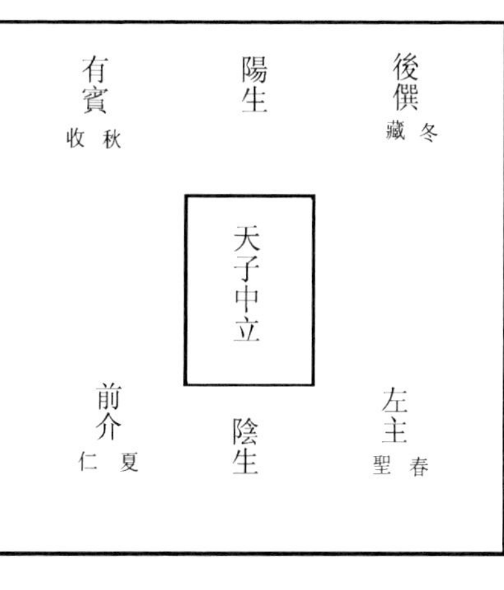

「主人者，接人以仁以德厚者也」至「以輔主人也」　東南盛，東北始。

「鄉飲酒之禮，六十者坐，五十者立侍，以聽政役」至「合諸鄉射，教之鄉飲酒之禮，而孝弟之行立矣」　「鄉飲酒」皆當作「鄉人飲酒」。政役，鄉官所發。鄉射非經之饗射。鄭注：「如今郡國下令長於鄉射、飲酒，從太守相臨之禮也。」○此節兼及鄉人飲酒禮。《論語》：「鄉人飲酒，杖者出，斯出矣。」鄉黨以齒，故詳長幼之序。至於經之饗禮，乃朝廷大典，及晉、楚相饗之事，全篇無尚齒之文，則與鄉人飲酒不同。饗禮重，鄉人飲酒輕，今以經爲饗，鄉人飲酒附之可也。○此節經文無，以其爲鄉人飲酒也。

「孔子曰：吾觀於鄉，而知王道之易易也」　鄉，當作「饗」。

「主人親速賓及介」至「貴賤之義別矣」　饗分貴賤，與鄉人不同。

「隆殺之義辨矣」　以上經文有饗正義。○二。

「工入，升歌三終，主人獻之」至「知其能和樂①而不流也」　與燕禮同。○笙詩。《小雅》樂備，惟諸侯、公卿有之，故與燕禮多同，非鄉黨所能備。○三。

「賓酬主人」至「知其能弟長而無遺矣」　長幼以齒，爲通禮，非饗所獨。同班之中，以年分先後，此爵同論齒，經文所略。○四。

① 樂：原脱，據《禮記·鄉飲酒義》補。

「降，說屨，升坐，修爵」至「知其能安燕而不亂也」　五。○五段先序經文，末一句則其義。

「貴賤明」至「此五行者，足以正身安國矣」　總論五事。

「故曰：吾觀於鄉，而知王道之易易也」　「鄉」當作「饗」。

「鄉（飲酒之）義，立賓以象天，立主象地」　此說上義。

「設介、僎以象日月」　《義》作陰陽。

「立三賓以象三光」　三賓，即三卿。《左氏》以卿主饗者，如晉、楚。

「賓必南鄉，東方者春」至「介必東鄉，介賓主也」　聖左，仁前，義右，藏後，天子中天下而立。《義》用陰陽五行家之言。○四方，即上四維說。

「主人必居東方」至「主人者造之，産萬物者也」　下三時從略。

「月者三日則成魄」　魄月以爲量。

「三月則成時」　九九八十一。

「是以禮有三讓，建國必立三卿。三賓者，政教之本，禮之大參也」經本當爲卿相饗禮，賓主皆卿，故與《鄉》、《射》二篇全無「卿」字；《義》出「卿」字，所以證明其義。

射義第四十六射今變礮，而禮節全同。

「卿大夫士之射也，必先行鄉飲酒之禮」　「饗」今古文皆作「鄉」。「飲酒」二字，所以爲注饗禮與食禮之別。

「鄉飲酒之禮者，所以明長幼之序也」　分尊卑，仍以齒序。

「故射者，進退周還必中禮」　前後圓折方。

「内志正，外體直」　内志京師，外體天下。

「然後持弓矢審固」　弓，二公；矢，四緌；固，「告」之變體，今之「鵠」字；「固」象侯外，「古」象矢中中心。

「持弓矢審固，然後可以言中。此可以觀德行矣」　「固」讀如「鵠」。

「其節，天子以《騶虞》爲節」至「《采蘩》者，樂不失職也」　《騶虞》、《采蘋》、《采蘩》皆樂名，偶與《詩》篇名同。

「故《詩》曰：『曾孫侯氏，四正具舉。大夫君子，凡以庶士。小大莫處，御於君所。以燕以射，則燕則譽』」　此古撮引詩句之法，如《論語》、《唐棣》，集數篇而成，文句小異。經原無定字。

「孔子射於矍相之圃」　竊比老彭。

「蓋觀者如堵牆」　行可爲法，故觀者衆。

「射至於司馬，使子路執弓矢出，延射曰」　子路爲素臣，司馬。

「與爲人後者」　贅壻，以男從女姓。

「又使公罔之裘、序點揚觶而語」　司徒。

「不在此位也」　「不」字衍，下同。

「序點又揚觶而語曰」　司空。

「故心平體正，持弓矢審固」至「故射者各射己之鵠」　下「鵠」與「審固」之「固」本爲一字，鈔寫兩歧耳。○皆謂經説倫理，借射爲喻耳。

「故天子之大射謂之射侯」　六經爲後世立法，即鵠也。先立標準，待人而行，故侯、侯形近義通。鵠一名侯，即鵠。本作固，固又變古，古即象矢中的之形，故經亦稱古也。

「射者，人之道也」　天地人，人在中。

「射求正諸己，己正而後發」　「駿發爾私」。戊己、甲己皆謂中土、京城。

「發而不中，則不怨勝己者」　《中庸》「發而皆中節」。

「反求諸己而已矣」　正京師以正天下。

「孔子曰：君子無所爭，必也射乎」　六經侯後。

「揖讓而升，下而飲」　進化有升必有降，有降必有升，進退升降皆俟後世。

「其爭也君子」　心射。

「循聲而發，發而不失正鵠者，其唯賢者乎」　不過不及，與不偏不倚。

「若夫不肖之人」　非聖。

「則彼將安能以中」　不能知聖法經。

喪服四制第四十九

「凡禮之大體，體天地，法四時，則陰陽，順人情，故謂之禮。訾之者，是不知禮之所由生也」　訾之者，如今新學。

「資於事父以事母，而愛同」　平也。

「天無二日，土無二王，國無二君，家無二尊，以一治之也」　家無二尊，國無二君，女主平等，則二君矣。

「喪有四制」至「凡此八者，以權制者也」

東恩仁父

北權知不守常　　南節禮分久暫同異

西理義君

禮運禮器郊特牲訂

廖平　撰
楊世文　校點

校點説明

《禮運禮器郊特牲訂》又名《禮運三篇經傳合解》、《禮運三篇合解》。廖平認爲《禮運》三篇爲子游大同學。孔門子游、子夏爲文學科，爲《中庸》之道。前定子夏言《詩》，爲君子儒，居北方，爲魏文侯師；子游言禮，傳大同學，居南方。二方二人各分居，故無所不統。列子爲鄭人，去宋如楚，考《列》、《莊》所言，道家者流南人尤多。《論語》子游論子夏之門人小子當灑掃、應對、進退，有末無本；子夏由君子以至聖人。是南北二大宗師，不妨斟酌，以求折中一是。廖平將《禮運》三篇分經、傳、記、注，並略加詮釋，闡發天人小大、皇帝王伯之學。民國五年（一九一六）《國學薈編》第二、三、四期連載，民國十年（一九二一）四川存古書局刊入《六譯館叢書》，兹據此本整理。

目録

禮運禮器郊特牲訂

子游大同學。○子游、子夏爲文學科，爲《中庸》之道。前定子夏言《詩》，爲君子儒，居北方，爲文侯師；子游言禮，傳大同學，居南方。二方二人各分居，故無所不統也。列子爲鄭人，去宋如楚，考《列》、《莊》所言，道家者流南人尤多。《論語》子游論子夏之門人小子當灑掃，有末①無本；子夏由君子以至聖人。是南北二大宗師，不妨斟酌，以求折中一是。

昔者仲尼與於蜡賓，蜡用黃衣、黃冠，取譬於土德，黃衣狐裘。天子八大蜡，十二小蜡，於每方歲終索饗年穀，不順成，則不通賓，即王後爲賓之義。

【蜡義】天子大蜡八。伊耆氏始爲蜡。蜡也者，索也，歲十二月，合聚萬物而索饗之也。蜡之祭也，主先嗇而祭司嗇也，祭百種以報嗇也。饗農及郵表畷、禽獸，仁之至，義之盡也。古之君子，使之必報之。迎猫，爲其食田鼠也；迎虎，爲其食田豕也，迎而祭之也。祭坊與水庸，事也，曰：「土反其宅，水歸其壑，昆蟲毋作，草木歸其澤。」皮弁、素服而祭。素服以送終也。葛帶、榛杖，喪殺也。蜡之祭，仁之至，義之盡也。黃衣、黃冠而祭，息田夫也。野夫黃冠，黃冠，草服也。大羅氏，天子之掌鳥獸也，諸侯貢屬焉。草笠而至，尊野服也。羅氏致鹿與女，而詔客告也。以戒諸侯曰：「好田、好女者，亡其國。」天子樹瓜華，不斂藏之種

① 末：原作「未」，據《論語・子張》改。

也。」八蜡以記四方。四方年不順成，八蜡不通，以謹民財也。順成之方，其蜡乃通，以移民也。既蜡而收，民息已。故既蜡，君子不興功。

事畢，出游於觀之上，喟然而嘆。

仲尼之嘆，蓋嘆魯也。《明堂位》：「廣魯於天下。」如《魯頌》爲東方，文家，天皇。《論語》：「齊一變至魯，魯一變至道。」道爲《周頌》。魯爲天皇，齊則東方之王。

孔子曰：「嗚呼哀哉！我觀周道，《周頌》。幽、厲傷之。吾舍魯《魯頌》。何適矣！」此爲東周，即居東魯之義。

言偃在側，曰：「君子何嘆？」

孔子曰：「大道皇用道。之行也，天道九行，《尚書》、《周禮》學。

大道之行也，五行爲天氣。天下爲公，《李尋傳》說，五帝官天下。選賢德。與與通舉。能，才。講信修睦。外交。故人不獨親其親，不獨子其子，父子。使老有所終，老者安。壯有所用，幼有所長，少者懷。矜寡孤獨廢疾者，皆有所養。《孟子》文王節。男有分，外無曠夫。女有歸。内無怨女。貨工商賈。惡其棄於地也，伏而不發。不必藏於己。自利。力勤勞。惡其不出於身也，勿伐善施勞。不必爲己。是故謀權謀智略。閉而不興，縱横息。盜竊亂臣。賊子。而不作，消亂原。故外户而不閉，社不閉户。是謂大同。」用緯書。故聖人經說。耐以天下六合以内。爲一家，天下一家說。○祖、父、母、子、孫、兄、弟、甥、舅、士、女、男、婦爲一家例，《詩》「齊侯之子」一章。以中國爲一人者，中國一人說。○心腹、元首、股肱、耳目、手足、四聰、四目、十目、十手爲一人例。《詩》「手如柔荑」一章。非意空言。之也，私見。必知其情，六情。辟於其義，十義。明於其利，五福。達於其患，六極。然後能爲之。皇帝説實行。與三代之英，三皇則素、青、黄，三王黑、白、赤，爲《春秋》王學制。

今經就衰而作。大道既隱，道不可離，時未顯耳。天下爲家，不禪讓。各親其親，各子其子，與不獨異。貨力爲己，伯君。大人君長。世父子及兄弟。以爲禮，繼立法。城郭溝池以爲固，守險。禮君。義伯。以爲紀，不用道德。以正君臣，國學。以篤父子，以睦兄弟，以和夫婦，家學。以設制度，以立田里，以賢勇智，以功爲己。國學故謀用是作，「謀夫孔多，是用不輯」。而兵由此起。如戰國。今世界爲大戰國也。

禹、湯、文、武、成王、周公，由此其選也。

此六君子者，未有不謹於禮者也。以禮爲小康，樂爲大同。○六君子以王伯三王二伯分之，禹夏、湯殷、文武成王周爲三代，周公左、召公右爲二伯之首。以人學言，小康統於《春秋》；以天學言，小康統於《詩》。《三頌》爲三王，《二南》爲二伯。此乃王伯小康之説也。人學在《尚書》爲大同，天學在《易》爲大同。及《尚書》首堯、舜，《易》首《乾》、《坤》。由堯、舜、高陽、高辛合禹爲小五帝，由伏羲、神農、黄帝、少皞、顓頊爲大五帝。以天、地、人爲三皇。皇之終，帝之始。大五帝之終爲小五帝之始，小康爲六君子，大同合爲十一人。大小之分。以著其義，以考其信，著有過，刑仁講義，示民有常。如有不由此者，在執者去，衆以爲殃，是謂小康。凡「是謂」亦如《大學篇》「此謂」，下皆屬經文。《大學》「此謂」文全見首章，此篇文「是謂」多不在本篇，當在别篇。故「故」爲古注解書名。《藝文》所云《齊詩故》、《魯詩故》，以「故」名書者數十見。此「故」亦爲書名，皆以解正文。君者所明也，非明人者也。君者所養也，非養人者也。君者所事也，非事人者也。故君明人則有過，養人則不足，事人則失位。故百姓則君以自治也，養君以自安也，事君以自顯也。故禮達而分定，故人皆愛其死而患其生。

是故昔先王尚有德，尊有道，任有能，舉賢而置之，聚衆而誓之。故用人之知去其詐，用人之勇去其怒，用人之仁去其貪。故國有患，君死社稷，謂之義；大夫死宗廟，謂之變。

丘未之逮也，《中庸》：「待其人而後行。」而有志焉。緯云「志在《春秋》」。不惟皇帝不能行，即王伯亦有志未逮。

言偃復問曰：「如此乎，禮之急也？」此禮爲小禮，小康。○《春秋》爲人學小康，《尚書》爲人學大同。《詩》爲天學小康，《易》爲天學大同。舊以王伯爲已見之行事，以皇帝大同之《詩》乃爲志，皆誤。考治有大小，三傳大，爲天學①；《詩》之治小，爲人學。志在《春秋》，就以孔子之世運程度而言，并無大同，概是小康。故《春秋》爲孔子之志，而非當時有此制度也。故六經之教，始於《春秋》。《春秋》②終於哀公之獲麟，孔子之生有年矣，亦如今之中國矣。故王伯之學，仿經而行。就全球言之，則孔子《春秋》二伯九合諸侯之制不及全球，而中國亦未嘗再見其可爲。仿經而行，合世界言之，則爲大同，爲宇宙之新法，爲小康。異日之法，必就今日世界立法，當仿《公羊》大一統之制，推中國王伯小康之法於全球。故今日大同之説，當由三傳起者也。

孔子曰：「夫禮，先王皇。以承天包地言。之道，上下。以治人中。之情。故失之者死，得之者

① 三傳：原作「二傳」，據文意改。

② 春秋：原作「獲麟」，據文意改。

生。如魚之於水。《詩》曰：「相鼠有體，人而無禮。人而無禮，胡不遄死。」是故夫禮，必本於天，殽於地，

是故夫政必本於天，殽以降命。命降於社天子禮天地，郊社。之謂殽地，方。降於祖廟經姓氏學。之謂仁義，上下所同。降於山川之謂興作，諸侯。降於五祀之謂制度。大夫。此聖人所以藏身之固也。

其降曰命，其官於天也。夫禮必本於天，動而之地，列而之事，變而從時。列於鬼神，務民之義，敬鬼神而遠之。

故聖人參於天地，並於鬼神，以治政也。象天出治。處其所存，上下定位。禮之序也。安上治民。玩其所樂，陰陽合。民之治也。故天生時主一天。而地生財，人其父生而師教之。三本之說。四者，君以正用之，故君者立於無過之地也。合中無爲。

達於喪

喪義 及其死也，升屋而號告曰：「皋！某復！」然後飯腥而苴孰，故天望而地藏也。體魄則降，知氣在上。神游。故死者北首，生者南鄉，皆從其初。由禽獸、野人而引進。聖人爲禮，使人自知別於禽獸。

祭

祭義 大廟之内敬矣！君親牽牲，大夫贊幣而從。君親制祭，夫人薦盎；君親割牲，夫人薦

酒。卿大夫從君，命婦從夫人。洞洞乎其敬也，屬屬乎其忠也，勿勿乎其欲其饗之也。納牲詔於庭，血毛詔於室，羹定詔於堂。三詔皆不同位，蓋道求而未之得也。設祭於堂，爲祊乎外，故曰於彼乎？於此乎？

大廟堂之上，罍尊在阼，犧尊在西。廟堂之下，縣鼓在西，應鼓在東。君在阼，夫人在房。大明生於東，月生於西，此陰陽之分，夫婦之位也。君西，酌犧象，夫人東，酌罍尊。禮交動乎上，樂交應乎下，和之至也。禮也者，反其所自生；樂也者，樂其所自成。是故先王之制禮也以節事，修樂以道志。故觀其禮樂，而治亂可知也。

孔子曰：「我戰則克，祭則受福。」蓋得其道矣。君子曰：「祭祀不祈，不麾蚤，不樂葆大，不善嘉事，牲不及肥大，薦不美多品。」孔子曰：「臧文仲安知禮？夏父弗綦逆祀而弗止也，燔柴於奧。夫奧者，老婦之祭也，盛於盆，尊於瓶。」

饗禘有樂，而食嘗無樂，陰陽之義也。凡飲養陽氣也，凡食養陰氣也。故春禘而秋嘗，春饗孤子，秋食耆老，其義一也。而食嘗無樂。飲養陽氣也，故有樂；食養陰氣也，故無聲。凡聲，陽也。鼎俎奇而籩豆偶，陰陽之義也。籩之實，水土之品也。不敢用褻味而貴多品，交於神明之義也。

孔子曰：「繹之於庫門内，祊之於東方，朝市之於西方，失之矣。」

恒豆之菹，水草之和氣也；其醢，陸産之物也。加豆，陸産也；其醢，水物也。籩豆之薦，水土之品也，不敢用常褻味而貴多品，所以交於神明之義也，非食味之道也。先王之薦，可食也，而不可耆也。卷冕、路車，可陳也，而不可好也。《武》壯，而不可樂也。宗廟之威，而不可安也。宗廟之器可用也，而不可便其利也。所以交於神明者，不可以同於所安樂之義也。

有虞氏之祭也，尚用氣，血、腥、爓祭，用氣也。殷人尚聲，臭味未成，滌蕩其聲，樂三闋，然後出迎牲。聲音之號，所以詔告於天地之間也。周人尚臭，灌用鬯臭，鬱合鬯臭，陰達於淵泉。灌以圭璋，用玉氣也。既灌，然後迎牲，致陰氣也。蕭合黍稷，臭陽達於牆屋。故既奠，然後焫蕭合羶薌。凡祭，慎諸此。魂氣歸於天，形魄歸於地。故祭求諸陰陽之義也。殷人先求諸陽，周人先求諸陰。詔祝於室，坐尸於堂，用牲於庭，升首於室。直祭祝於主，索祭祝於祊。不知神之所在，於彼乎？於此乎？或諸遠人乎？祭於祊，尚曰求諸遠者與。祊之爲言倞也，肵之爲言敬也。富也者福也，首也者直也。相，饗之也。嘏，長也，大也。尸，陳也。毛、血，告幽全之物也。告幽全之物者，貴純之道也。血祭①，盛氣也。祭肺、肝、心，貴氣主也。祭黍稷加肺，祭齊加明水，報陰也。取膟膋燔燎，升首，報陽也。明水、涚齊，貴新也。凡涚，新之也。其謂之明水也，由主人之絜著此水也。君再拜稽首，肉袒親

① 血祭：原作「血氣」，據《禮記·郊特牲》改。

割，敬之至也。敬之至也，服也。拜，服也。稽首，服之甚也。肉袒，服之盡也。祭稱「孝孫」、「孝子」，以其義稱也。稱「曾孫某」，謂國、家也。祭祀之相，主人自致其敬，盡其嘉，而無與讓也。腥，肆爓，腍祭，豈知神之所饗也？主人自盡其敬而已矣。舉斝、角，詔妥尸。古者尸無事則立，有事而後坐也。尸，神像也。祝，將命也。縮酌用茅，明酌也。醆酒涚於清，汁獻涚於醆酒，猶明、清與醆酒於舊澤之酒也。祭有祈焉，有報焉，有由辟焉。齊之玄也，以陰幽思也。故君子三日齊，必見其所祭者。

社義 社祭土而主陰氣也。君南鄉於北墉下，答陰之義也。日用甲，用日之始也。天子大社，必受霜露風雨，以達天地之氣也。是故喪國之社屋之，不受天陽也。薄社北牖，使陰明也。社所以神地之道也。地載萬物，天垂象，取財於地，取法於天，是以尊天而親地也，故教民美報焉。家主中霤，而國主社，示本也。唯爲社事，單出里。唯爲社田，國人畢作。唯社，丘乘共粢盛，所以報本反始也。季春出火爲焚也。然後簡其車賦而歷其卒伍，而君親誓社，以習軍旅。左之右之，坐之起之，以觀其習變也。而流示之禽，而鹽諸利，以觀其不犯命也。求服其志，不貪其得，故以戰則克，以祭則受福。

昔者先王開創，英雄。未有宮室，未者，有待。冬則居營窟，夏則居橧巢。未有火化，食草木之實，鳥獸之肉，飲其血，茹其毛。未有麻絲，衣其羽皮。後聖有作，作者爲聖人。《大傳》：後世聖人作書契。然後修火之利，範金合土，以爲臺榭、宮室、牖户，以炮以燔，以亨以炙，以爲醴酪。

食。治其麻絲，以爲布帛，衣。以養生送死，人。以事鬼神、上帝，神器。皆從其朔。《論語》所謂「從先進」。

【郊義】魯之郊禘，魯爲《頌》，故有王魯例。周公實已立，故用天子禮樂。非禮也，如用俗説，以爲非禮，謂諸侯不用王禮。周公其衰矣。則周公及立之説不明，周公則僭禮矣。杞之郊也禹也，宋之郊也契也，是天子之事守也。

郊血，大饗腥，三獻爓，一獻孰。至敬不饗味，而貴氣臭也。

祀帝於郊，敬之至也。宗廟之祭，仁之至也。喪禮，忠之至也。備服器，仁之至也。賓客之用幣，義之至也。故君子欲觀仁義之道，禮其本也。

天子適四方，先柴。郊之祭也，迎長日之至也，大報天而主日也。兆於南郊，就陽位也。埽地而祭，於其質也。器用陶匏，以象天地之性也。於郊，故謂之「郊」。牲用騂，尚赤也。用犢，貴誠也。郊之用辛也，周之始郊日以至。卜郊，受命於祖廟，作龜於禰宮，尊祖親考之義也。卜之日，王立於澤，親聽誓命，受教諫之義也。獻命庫門之内，戒百官也。大廟之命，戒百姓也。祭之日，王皮弁以聽祭報，示民嚴上也。喪者不哭，不敢凶服，氾掃反道，鄉爲田燭，弗命而民聽上。祭之日，王被衮以象天，戴冕，璪十有二旒，則天數也。乘素車，貴其質也。旂十有二旒，龍章而設日月，以象天也。天垂象，聖人則之，郊所以明天道也。帝牛不吉，以爲稷牛。帝牛必在滌三月，稷牛唯具，所以別事天神與人鬼也。萬物本乎天，人本乎祖，此所以配上帝也。郊之祭也，大報本反始也。

孔子曰：「三日齊，一日用之，猶恐不敬。二日伐鼓，何居？」

射

孔子曰：「射之以樂也，何以聽？何以射？」孔子曰：「士使之射，不能則辭以疾，縣弧之義也。」

御當作鄉，古饗字。

饗義 大饗《禮經・鄉飲酒禮》爲卿相饗禮。大饗，所謂兩君相見，《禮經》所謂「若有諸公」是也。尚腶脩而已矣。

大饗，君三重席而酢焉。三獻之介，三相位於門。君專席而酢焉。此降尊以就卑也。兩君相見，爲諸公。

賓入大門，而奏《肆夏》，示易以敬也。《左傳》「金奏《肆夏》」爲兩君相見禮，與卿相饗不同。

大饗，其王事與？三牲、魚、腊，四海、九州之美味也。籩豆之薦，四時之和氣也。內金，示和也。束帛加璧，尊德也。龜爲前列，先知也。金次之，見情也。丹、漆、絲、纊、竹、箭，與衆共財也。其餘無常貨，各以其國之所有，則致遠物也。其出也，《肆夏》而送之，蓋重禮也。

卒爵而樂闋，孔子屢歎之。奠酬而工升歌，發德也。歌者在上，匏竹在下，貴人聲也。樂由陽來者也，禮由陰作者也，陰陽和而萬物得。

大夫而饗君，非禮也。大夫強而君殺之，義也，由三桓始也。

冠

冠義 冠義：始冠之，緇布之冠也。大古冠布，齊則緇之。其緌也，孔子曰：「吾未之聞也，冠而敝之可也。」適子冠於阼，以著代也。醮於客位，加有成也。三加彌尊，喻其志也。冠而字之，敬其名也。委貌，周道也。章甫，殷道也。毋追，夏后氏之道也。周弁，殷冔，夏收，三王共皮弁、素積。無大夫冠禮，而有其昏禮。古者五十而後爵，何大夫冠禮之有？諸侯之有冠禮，夏之末造也。天子之元子，士也，天下無生而貴者也。

昏

昏義 天地合，而後萬物興焉。夫昏禮，萬世之始也。取於異姓，所以附遠厚別也。幣必誠，辭無「不腆」，告之以直信。信，事人也；信，婦德也。壹與之齊，終身不改，故夫死不嫁。男子親迎，男先於女，剛柔之義也。天先乎地，君先乎臣，其義一也。執摯以相見，敬章別也。男女有別，然後父子親；父子親，然後義生；義生，然後禮作；禮作，然後萬物安。無別無義，禽獸之道也。壻親御授綏，親之也。親之也者，親之也。敬而親之，先王之所以得天下也。出乎大門而先，男帥女，女從男，夫婦之義，由此始也。婦人，從人者也，幼從父兄，嫁從夫，夫死從子。夫也者，夫也。夫也者，以知帥人者也。玄冕齊戒，鬼神陰陽也。將以爲社稷主，爲先祖後，而可以不致敬乎？共牢而食，同尊卑也。故婦人無爵，從夫之爵，坐以夫之齒。器用陶匏，尚禮然也。三王作牢，用陶匏。厥明，婦盥饋；舅姑卒食，婦餕餘，私之也。舅姑降自西階，婦降自阼階，授之室也。昏禮不用樂，幽陰之義也。樂，陽氣也，昏禮不賀，人之序也。

朝聘。

朝聘義　諸侯爲賓，灌用鬱鬯，灌用臭也。

旅幣無方，所以別土地之宜，而節遠邇之期也。龜爲前列，先知也。以鐘次之，以和居參之也。虎豹之皮，示服猛也。束帛加璧，往德也。

庭燎之百，由齊桓公始也。大夫之奏《肆夏》也，由趙文子始也。朝覲，大夫之私覿，非禮也。大夫執圭而使，所以申信也。不敢私覿，所以致敬也。而庭實私覿，何爲乎諸侯之庭？爲人臣者無外交，不敢貳君也。

天子無客禮，莫敢爲主焉。君適其臣，升自阼階，不敢有其室也。覲禮，天子不下堂而見諸侯；下堂而見諸侯，天子之失禮也。由夷王以下。

諸侯之宮縣，而祭以白牡，擊玉磬，朱干設錫，冕而舞《大武》，乘大路，諸侯之僭禮也。臺門而旅樹，反坫，繡黼，丹朱中衣，大夫之僭禮也。故天子微，諸侯僭；大夫强，諸侯脅。於此相貴以等，相覿以貨，相賂以利，而天下之禮亂矣。諸侯不敢祖天子，大夫不敢祖諸侯。

而公廟之設於私家，非禮也，由三桓始也。

天子存二代之後，猶尊賢也。尊賢不過二代。

諸侯不臣寓公，故古者寓公①不繼世。

君之南鄉，答陽之義也。臣之北面，答君也。

大夫之臣不稽首，非尊家臣，以辟君也。

大夫有獻弗親，君有賜不面拜，爲君之答己也。

鄉人裼，孔子朝服立於阼，存室神也。

故聖人以禮示之，

協於分藝，其居人也曰養，其行之以貨力、辭讓、飲食、冠昏、喪祭、射御、朝聘。「御」當作「鄉」，鄉、饗古今字。

故禮義也者，人之大端也，所以講信修睦，而固人肌膚之會、筋骸之束也，所以養生送死、事鬼神之大端也，所以達天道，順人情之大竇也。唯聖人爲知禮之不可以已也，故壞國、喪家、亡人，必先去其禮。故禮之於人也，猶酒之有蘗也，君子以厚，小人以薄。

君子曰：「甘受和，白受采。《論語》「禮後乎」。忠信即忠恕。之人，可以學禮。」大統皇帝。苟無

① 寓公：二字原脱，據《禮記·郊特牲》補。

忠信之人，則禮不虚道。《易》「道不虚行」。是以得其人之爲貴也。待其人而後行。孔子曰：「誦《詩》①三百，不足以一獻；一獻之禮，不足以大饗；大饗之禮，不足以大旅；大軍旅。大旅具矣，不足以饗帝。毋輕議禮。」子路爲季氏宰，季氏祭，逮闇而祭，日不足，繼之以燭。雖有强力之容，肅敬之心，皆倦怠矣。有司跛倚以臨祭，其爲不敬大矣。他日祭，子路與，室事交乎户，堂事交乎階，質明而始行事，晏朝而退。孔子聞之，曰：「誰謂由也而不知禮乎？」禮也者，合於天時，設於地財，順於鬼神，合於人心，理萬物者也。

故天下謂《尚書》皇帝之制。國家謂《春秋》王伯之制。可得而正也。

故天子有田以處其子孫，諸侯有國以處其子孫，大夫有采以處其子孫，是謂制度。經曰「考制度」，凡「是謂」以下皆指經而言。

故天子適諸侯，必舍其祖②廟；而不以禮籍入，是謂天子壞法亂紀。祝嘏辭説，藏於宗、祝、巫、史，非禮也，是謂幽國。

---

① 詩：原作「思」，據《禮記·禮器》改。

② 祖：原作「宗」，據右引《禮運》改。

醆、斝及尸君，非禮也，是謂僭君。冕、弁兵革，藏於私家，非禮也，是謂脅君。大夫具官，祭器不假，聲樂皆具，非禮也，是謂亂國。故仕於公曰臣，仕於家曰僕。三年之喪，與新有昏者，期不使。以衰裳入朝，與家僕雜居齊齒，非禮也。是謂君與臣同國。諸侯非問疾、弔喪而入諸臣之家，是謂君臣爲謔。是故禮者，君之大柄也，所以別嫌明微，《春秋》說言人事。儐鬼神，幽冥。考制度，治平說。下有傳，是謂制度。別仁義，道術。所以治政安君也。蘧伯玉曰：「君子之人達。」故觀其器而知其工之巧，觀其發而知其人之知。故曰：君子慎其所以與人者。

故政不正則君位危，君位危則大臣倍，小臣竊。刑肅而俗敝，則法無常，法無常而禮無列，禮無列則士不事也。刑肅而俗敝，則民弗歸也，是謂疵國。

故政者，君之所以藏身也。以上爲人學。

言偃復問曰：「夫子之極言禮也，此禮爲大禮、大同。《大戴禮·主言篇》，皇帝如王伯，爲卿大夫之言，由人學以推天學，據禮立説，《禮》所謂大禮，《左傳》所謂天之經、地之義、民之行。以《春秋》、《尚書》、《詩》、《易》四經分四統。禮樂四統皆有之。禮主於別，樂主於和，其大分人學象日，天學象月。故大禮包禮樂而言，借禮以立法，以《詩》、《易》天學，亦歸於禮。可得而聞與？」夫子之極言禮，皆以大禮而言。《論語》：「禮云禮云，玉帛云乎哉！」所謂大禮非禮，又「貧而樂，富而好禮」，《左傳》：「禮者，天之經，地之義，民之行。」歲以時次，治順五小禮，與下所云大禮不同。

孔子曰：「我欲觀夏道，學法夏之禮。是故之杞，而不足徵也，學在世守之外。吾得《夏時》焉。我欲觀殷道，是故之宋，而不足徵也，文明俟後之説，非古所有。吾得《坤乾》焉。先陰後陽，即爲坤乾。《坤乾》之義，《夏時》①之等，《易》與《詩》皆爲天學。吾以是觀之。考三《頌》有新周、王魯、故宋，終於殷，殷爲主，周道已亡，而《詩》作，謂以魯、宋在周也。三代夏、殷、周之禮有已往、有未來、有三王、有三皇。孔子所説之夏、商、周，乃爲百世下大統之三皇，所謂大禮、大用。杞、宋爲已往二王之制，又其世界尚當草昧，故孔子所言三統之典禮，多爲二國所無，故曰「杞、宋不足徵」。杞、宋爲王者之後，世守其典禮。孔子之夏、殷制乃多出於其外，可見孔子爲生知，爲聖，制作六經，所以爲新經。史爲舊史，則不與二國所掌盡皆附和，以此明俟後宗旨。舊解爲二國文獻自有遺失，非夏、殷之舊者，誤矣。孔子因夏時繙爲今之《夏小正》，爲六曆之夏令。下言十二月還相爲本，五運六氣，内八州爲八正，外十二州爲十二歲，同時有二十一歲。夏時爲南方，二暑同時，巳午未之十二月得坤乾，先陰後陽，爲草昧先女後男之制度，孔子繙改之，《易》象先乾後坤，猶以否、泰爲大同。《列子》曰天地之外有大天地，猶乾、坤之外有否、泰。此言商得坤乾。《易大傳》云：「作《易》者其有憂患乎？其當殷之末世、周之盛德耶？當文王與紂之事耶？」自孔子所得繙本確受於殷、周，其時紂與文王之先。古文家説乃以《易》爲姬周之書，謂爲文王、周公所作。古文所言經學源流，百無一真，皆當改正者也。

夫禮之初，始諸飲食。其燔黍捭豚，污尊而抔飲，蕢桴而土鼓，猶若可以致其敬於鬼神。

① 夏時：原作「時夏」，據《禮記·禮運》乙。

故玄酒在室，醴、醆在户，粢醍在堂，澄酒在下。陳其犧牲，備其鼎俎，列於琴、瑟、管、磬、鐘、鼓，修其祝嘏，以降上帝天。與其先祖，人鬼。以正君臣，有敬。以篤父子，有親。以睦兄弟，有序。以齊上下，朋友有信。夫婦有所，《中庸》：「天下之達道五。」是謂承天之祜。

作其祝號，玄酒以祭，薦其血毛，腥其俎，熟其殽，與其越席，疏布以冪，衣其澣帛，醴、醆以獻，薦其燔炙，君百廿官，與夫人百廿女。交獻，以嘉魂魄，是謂合莫。道家説。

然後退而合亨，體其犬、豕、牛、羊，實其簠簋、籩豆、鉶羹，祝《天官》太祝，《周禮》九祝。以孝告，《詩》孝孫。嘏以慈告，天用慈，人用孝。是謂大祥。祝宗，《左》、《國》説。天人合一。

故先王秉蓍龜，列祭祀，瘗繒①，宣祝嘏辭説，設制度，故國有禮，官有御，事有職，禮有序。

故先王患禮之不達於下也，故祭帝於郊，所以定天位也；祀社於國，所以列地利也；祖廟，所以本仁也；山川，所以儐鬼神也；五祀，所以本事也。故宗祝在廟，天官。三公在朝，民師。三老在學。師。王前巫而後史，卜筮瞽侑皆在左右，王中心，無爲也，以守至正。故禮行於郊，而百神受職焉；禮行於社，而百貨可極焉；禮行於祖廟，而孝慈服焉；禮行於五祀，而正法則焉。故自郊社、祖廟、山川、五祀，義之修而禮之藏也。按：夏、殷、周以小康言，則爲三王，以大同言，則爲三皇。董子所謂法夏而王、法殷而王、法周而王。考三王所尚，夏尚黑，殷尚白，周尚赤。以殷中，夏、周

---

① 繒：原作「繪」，據《禮記·禮運》改。

在南北，紺緅紅紫。以三皇言，夏在東，爲緇衣；周在中，爲黃衣；殷在西，爲素衣。三王爲直數經線之白、赤、黑道，三皇爲橫數緯度，同在黃道之中，而分爲素、青、黃三色，不用南北之赤、黑。《論語》之緇衣羔裘、素衣麑裘、黃衣狐裘，著《詩》之以素、以青、以黃，皆爲三統。此大小同合夏、商、周三代之舊號，而所尚之色，小則爲經度之黑、白、赤，大則爲緯度之青、黃、素。其夏造殷因者，青爲天皇，素爲地皇，黃爲人統，天造草昧，以統乎地。下文居青，故以夏爲造，殷爲因，此天地之別也。

禮，時爲大。皇如道。

堯授舜，舜授禹，帝運，觀天象爲大同。湯放桀，武王伐紂，草昧之時，故革命、征誅。時也。《詩》云：「匪革其猶，聿追來孝。」

三代之禮一也，此大三統之三皇，非小三統之三王。民卅六民。共由之，道由車軸。或素商素皇白統。或青，夏爲青統，與尚黑不同。夏造初簡單，如三廟，三月喪。殷因。踵事增華，如九月喪、五六廟。周坐尸，詔侑武方，其理亦然，其道一也。各因時。

夏立尸而卒祭，法夏之王。殷從尸，法殷之王。周旅酬六尸。法周之王。曾子曰：「周禮其猶醵與？」凡此可以循環，皆爲三統，經師說。○《論語》：哀公問社於宰我，夏后氏以松，殷人以柏，周人以栗，曰使民戰栗。子曰：「成事不說，遂事不諫，既往不咎。」此發明經傳三王三統之制也。凡經傳一統循環之制，皆說後來，法夏、法殷、法周，皆爲後來立法，非已往之三代。孔子論宰我松、柏、栗三統之制，故曰「成事不說」，謂後來之夏以松，已往之夏則不說也；未來之殷以柏，已往之殷則遂事不諫也；以栗之周爲後來之周，姬周已往，則不咎也。三統所有制度，皆爲今新制，既定一尊，又與三者通其變，如《明堂位》與《禮記》諸子所有三統，其制度多爲以前三代之所無，如《春秋》譏世卿，乃興選舉，由選舉而興學校，《孟子》所謂夏曰校、殷曰序、周曰庠，後來之三統乃存，而古來之三代無之。即今立一切要之法，學者推行，凡可循環者，爲三統之三代；不可循環者，爲古之真三代。可循環者，如宰我之論社；不可循環者，如《明堂位》「夏官百」三句。

是故昔先王之制禮也，經據衰而作，故託先王。因其財物順時。而致其義焉爾。制作。故作大事，皇，大一統。必順天時，五運六氣、廿一曆法。爲朝夕，必放於日月，東西，朝夕。爲高，必因丘陵，爲下，必因川澤。二句見《孟子》引。

是故天時雨澤，君子達亹亹焉。

順次之，皇如德。

天地之祭，宗廟之事，父子之道，君臣之義，倫也。

仁者義之本也，順之體也，得之者尊。

故治國不以禮，猶無耜而耕也。爲禮不本於義，猶耕而不種也。爲義而不講之以學，猶種而弗耨也。講之以學而不合之以仁，猶耨而弗穫也。合之以仁而不安之以樂，猶穫而不食也。安之以樂而不達於順，猶食而不肥也。四體既正，膚革充盈，人之肥也。父子篤，兄弟睦，夫婦和，家之肥也。大臣法，小臣廉，官職相序，君臣相正，國之肥也。天子帝。以德五帝德。爲車，輪輻。以車御爲喻，與《盛德篇》同。以樂德音。爲御，六官爲六轡。諸侯五等之君。以禮相與，君以禮。大夫以法是非賞罰。相序，如卒正。士以信相考，百姓以睦相守，天下之肥也。是謂大順。

大順者，所以養生送死，事鬼神之常也。故事大積焉而不苑，並行而不繆，細行而不失，深而通，茂而有閒，連而不相及也，動而不相害也，此順之至也。故明於順，然後能守危也。

故禮之不同也，宜俗因時也。不豐也，不殺也，平等。所以持情而合危也。故聖王所以順，不違俗。山者西，山林。不使居川，東，川澤。不使渚者北，墳衍。居中原，中，原隰。而不敝也。用水、火、南北。金、木、東西。飲食分陰陽。必時。《素問》說。合男九男。女，十二女。頒爵位，伯牧五長。必當年德。年均以德，德均以卜。用民必順。《月令》順天。故無水旱昆蟲之災，說詳《月令》。民無凶饑妖孽之疾。《五行志》。

則是無故，先王能修禮以達義，體信以達順，故此順之實也。

體次之，王如仁。

社稷山川之事，鬼神之祭，體也。吉禮。

禮也者，猶體也。體不備，君子謂之不成人。設之不當，猶不備也。禮有小有大，有顯有微，大者不可損，小者不可益，顯者不可揜，微者不可大也。故經禮①三百，選舉官三百。曲禮

① 經禮：原作「禮經」，據《禮記·禮器》乙。

三千，五刑之屬三千。其致一也。未有入室而不由户者。

君子之於禮也，有所竭情盡慎，致其敬而誠若，有美而文而誠若。

君子之於禮也，九等。有直而行也，有曲而殺也，有經而等也，有順而討也，有撕而播也，有推而進也，有放而文也，有放而不致也，有順而摭也。

禮之所尊，尊其義也。失其義，陳其數，祝史之事也。故其數可陳也，其義難知也。知其義而敬守之，天子之所以治天下也。

禮器，是故大備，大備，盛德也。禮釋回，增美質，措則正，施則行。其在人也，如竹箭《詩》「如竹」。之有筠也，在外爲竹。如松三公。柏二伯。之有心京。也。在内爲二公。二者居天下之大端矣，一内一外。故貫四時而不改柯易葉。

故君子有禮，則外諧而内無怨，

故物無不懷仁，鬼神饗德。

先王之立禮也，有本内。有文。外。忠中心。信，絜矩。禮之本也；義理，禮之文也。無本不立，無文不行。

宜次之，伯如義。

喪祭之用，賓客之交，義也。

故禮也者，義之實也。協諸義而協，則禮雖先王未之有，可以義起也。義者，藝之分，仁之節也。協於藝，講於仁，得之者强。

稱次之。君如禮。

羔、豚而祭，百官皆足；大牢而祭，不必有餘。此之謂稱也。

諸侯以龜爲寶，以圭爲瑞①，家不寶龜，不藏圭，不臺門，言有稱也。

是故天時有生也，地理有宜也，人官有能也，物曲有利也。故天不生，地不養，君子不以爲禮，鬼神弗饗也。居山以魚鼈爲禮，居澤以鹿豕爲禮，君子謂之不知禮。故必舉其定國之數，以爲禮之大經。禮之大倫，以地廣狹。禮之厚薄，與年之上下。是故年雖大殺，衆不匡懼，則上之制禮也節矣。

孔子曰：「禮，不可不省也。禮不同，不豐，不殺。」此之謂也，蓋言稱也。

古之聖人，内之爲尊，外之爲樂，少之爲貴，多之爲美。是故先王之制禮也，不可多也，不可寡也，唯其稱也。

是故君子大牢而祭，謂之禮；匹士大牢而祭，謂之攘。

管仲鏤簋、朱紘、山節、藻棁，君子以爲濫矣。

晏平仲祀其先人，豚肩不掩豆，澣衣濯冠以朝，君子以爲隘矣。是故君子之行禮也，不可不

① 瑞：原作「琢」，據《禮記・禮器》改。

慎也。衆之紀也，紀散而衆亂。

此禮之大成也。

按：禮樂有三等之分。有小六藝之禮樂，凡身家所行與少儀之等，爲小禮樂，《禮記》多詳之。其次爲大六藝之禮樂，詳於天子、諸侯朝聘、禘享，《儀禮》詳之。至於皇帝政法，合乎時宜，因地時改變，則大禮，非玉帛之禮，《周禮》詳之，故曰大禮。蓋三者之中，以《禮經》爲正，大、小二種，則不得爲正矣。

禮有以多爲貴者，

天子七廟，諸侯五，大夫三，士一。天子之豆二十有六，諸公十有六，諸侯十有二，上大夫八，下大夫六。諸侯七介七牢，大夫五介五牢。天子之席五重，諸侯之席三重，大夫再重。天子崩，七月而葬，五重八翣。諸侯五月而葬，三重六翣。大夫三月而葬，再重四翣。此以多爲貴也。

禮之以多爲貴者，以其外心者也。德發揚，詡萬物，大理物博。如此，則得不以多爲貴乎？

故君子樂其發也。

一獻質，三獻文，五獻察，七獻神①。

---

① 七獻神：原作「上獻」，據《禮記·禮器》改。

有以少爲貴者，

天子無介。祭天特牲。天子適諸侯，諸侯膳以犢；諸侯相朝，灌用鬱鬯，無籩豆之薦；大夫聘禮以脯醢。天子一食，諸侯再，大夫、士三，食力無數。大路繁纓一就，先路三就，次路繁纓五就。圭璋特，琥璜爵。鬼神之祭單席。諸侯視朝，大夫特，士旅之：此以少爲貴也。

禮之以少爲貴者，以其内心者也。德産之致也精微。觀天下之物，無可以稱其德者，如此則得不以少爲貴乎？是故君子慎其獨也。《大》、《中》皆言慎獨，主一無適，謂京師爲獨。郊特牲，而社稷太牢。天子適諸侯，諸侯膳用犢；諸侯適天子，天子賜之禮太牢，貴誠之義也。故天子牲孕弗食也，祭帝弗用也。

有以大爲貴者，

宫室之量，器皿之度，棺椁之厚，丘封之大，此以大爲貴也。

有以小爲貴者，

宗廟之祭，貴者獻以爵，賤者獻以散。尊者舉觶，卑者舉角。五獻之尊，門外缶，門内壺，君尊瓦甒。此以小爲貴也。

有以高爲貴者，

天子之堂九尺，諸侯七尺，大夫五尺，士三尺。天子、諸侯臺門。此以高爲貴也。

有以下爲貴者。至敬不壇，掃地而祭。天子、諸侯之尊廢禁，大夫、士棜禁。此以下爲貴也。

禮有以文爲貴者，天子龍衮，諸侯黼，大夫黻，士玄衣纁裳。天子之冕，朱緑藻十有二旒，諸侯九，上大夫七，下大夫五，士三。此以文爲貴也。

有以素爲貴者。至敬無文，父黨無容，大圭不琢，大羹不和，大路素而越席，犧尊疏布鼏，樿杓。此以素爲貴也。

故聖人作則，必以天地皇取天。爲本，

是故夫禮，必本於大一，天神至尊，上帝靈耀魄。《緯》太乙，《郊祀志》天帝垣。分而爲天地。洞同天地，渾沌①爲樸，未造而成物，謂之太一。《淮南子·詮言訓》：體太一者，明於天地之情，通於道德之倫，聰明耀於日月，精神通於萬物，動静調於陰陽，喜怒和於四時，德澤施於方外，名聲傳於後世。故曰帝者體大一。又秉大乙者，牢籠天地，彈壓山川，含吐陰陽，伸曳四時，綱紀八極，經緯六合，覆露照導，普汜無私，蠉飛蠕動，莫不仰德而生。以天地爲本，故物可舉也。

① 渾沌：原作「渾混」，據《淮南子·詮言訓》改。

故人者，王，京。其天地之德，陰陽之交，鬼神之會，五行之秀氣也。以陰陽帝，陰陽。爲端，

君子曰：禮之近人情者，非其至者也。郊血，大饗腥，三獻爓，一獻孰。是故君子之於禮也，非作而致其情也，此有由始也。是故七介以相見也，不然則已愨；三辭三讓而至，不然則已蹙。故魯人將有事於上帝，必先有事於頖宮；晉人將有事於河，必先有事於惡池；齊人將有事於泰山，必先有事於配林。三月繫，七日戒，三日宿，慎之至也。故禮有擯詔，樂有相步，温之至也。

禮也者，反本修古，不忘其初者也。故凶事不詔，朝事以樂；醴酒之用，玄酒之尚；割刀之用，鸞刀之貴；莞簟之安，而①稾鞂之設。是故先王之制禮也，必有主也，故可述而多學也。

君子曰：無節於内者，觀物弗之察矣。欲察物而不由禮，弗之得矣。故作事不以禮，弗之敬矣；出言不以禮，弗之信矣。故曰：禮也者，物之致也。

轉而爲陰陽。二后、二宫，紫微、太微，二而易。「天地之氣，莫大於和」。和者，陰陽調。又曰：「積陰則沈，積陽則

①　而：原脱，據《禮記·禮器》補。

飛。陰陽相接，乃能成和。」《淮南子・氾論訓》：「陰陽者，承天地之和，形萬殊之體，含氣化物，以成埒類。贏縮捲舒，淪①於不測，終始虛滿，轉於無原。」又：「法陰陽者，德與天地參，明與日月並，精與鬼神通，戴圓履方，抱表懷繩，內能治身，外能得人，發號施令，天下莫不從風。」②**以陰陽爲端，故情可睹也。**

以四時王四時。**爲柄，變而爲四時。**四而易。《淮南子・齊物訓》③：「四時者④，春生、夏長、秋收、冬藏，取予有節，出入有時，開闔張歛，不失其序，喜怒剛柔，不離其理。」「則四時者，柔而不脆，剛而不鞼，寬而不肆，肅而不悖，優柔委從，以養群類。其德含愚而容不肖，知其所私愛⑤。」**以四時爲柄，故事可勸也。**

以日、星爲紀；五星循軌，而不⑥失其行。《淮南子・齊物訓》⑦。**以日、星爲紀，故事可列也。**

---

① 淪：原作「論」，據《淮南子・本經訓》改。

② 案：「陰陽者承天地」以下引自《淮南子・本經訓》。

③ 以下引自《淮南子・本經訓》，廖平原稿誤。

④ 者：原作「説」，據《淮南子・本經訓》改。

⑤ 愛：原作「受」，據右引補。

⑥ 不：原脱，據《淮南子・本經訓》補。

⑦ 齊物訓：據以上引文，當作「本經訓」。

故天秉陽，垂日星。

月以爲量，《考工記》：一轂三十幅，以象月量，即量人以土圭建國之法。每方一萬五千里，爲十五服，本書所謂三五而盈。

月以爲量，故功有藝也。《考工記》三匠人職皆爲量人之誤。

地秉陰，竅於山川。《淮南子·地形訓》：山爲牡，川爲牝。播五行就地行五行。於四時，紀之以四時，要之以太歲。和交通《樂記》。天地定位，位之列也，此天地之和也。而後月生也。一月之制，輻湊乃成。是以三五而盈，由朔至望進。三五而闕。由望至晦退。從中起四方各萬五千里，以爲四表。

鬼神以爲徒，

列而爲鬼神。天學說。五祀，《左傳》說。

鬼神以爲徒，故事有守也。在上行星爲天神，在下行星爲地示，四旁星辰爲人鬼。《墨子》有天鬼、地鬼、人死爲鬼，鬼不止宗廟。

五行以爲質，五帝說，《素問》。

五行以爲質，故事可復也。

五行之動，迭相竭也。五行、五方，九州。四時、四時、八節、四岳。十二月，十二州，爲六合。還相爲本也。《管子·幼官》、《靈樞》八正。五聲、九宮、八風。六律、分爲六。十二管，十二次。還相爲宮也。

《性理精義》律有圖。五味、六和、十二食，六爲十二之半。還相爲質①也。五色、六章、十二衣，衣分十二，別無明說，因承州國，故以爲說。還相爲質也。

故人者，世界。天地之心也。按：人對物而言，則有倮蟲之人；對天地而言，則爲地球世界之人。在上之星辰即爲天，在下之星辰即爲地。世界居於天地之中，則爲人。《山海經》、《列子》、《地形訓》同引禹曰：「六合之間，四海之内，照之以日月，經之以星辰，紀之以四時，要之以太歲」。皆以地球爲天地之間，而三才之天、地、人皆有定例，不可以常解解之。在虚空爲天之本名，三才之天包裹天地，故曰天之外有大天地，故以世界之星辰爲天。所謂地，以世界之土地爲本名，三才之地，則指在下之星辰而言，離於本地球而有地言。所謂人，則不止男女爲本世界，故曰人爲天地之心也。

五行陰陽五行家。之端也，以五分方。食味、別聲、被色而生者也。《詩》、《易》多以聲色、衣食、時節爲世界州國、方伯之起例。

禮義以爲器，禮器是故大備。

禮義以爲器，故事行有考也。

人情以爲田，食氣者壽，不耕而食。

人情以爲田，故人以爲奧也。

何謂人情？喜、怒、哀、懼、愛、惡、欲，七者弗學而能。

① 質：原作「滑」，據《禮記・禮運》改。

何謂人義？父慈、子孝、兄良、弟弟、夫義、婦聽、長惠、幼順、君仁、臣忠，十者謂之人義。講信修睦，謂之人利。争奪相殺，謂之人患。故聖人之所以治人七情，修十義，講信修睦，尚辭讓，去争奪，舍禮何以治之？飲食男女，人之大欲存焉。死亡貧苦，人之大惡存焉。故欲惡者，心之大端也。人藏其心，不可測度也，美惡皆在其心，不見其色也。欲一以窮之，舍禮何以哉！

故聖王修義之柄、禮之序，以治人情。故人情者，聖王之田也。修禮以耕之，陳義以種之，講學以耨之，本仁以聚之，播樂以安之。

四靈以爲畜。

四靈以爲畜，故飲食有由也。

何謂四靈？麟、鳳、龜、龍，謂之四靈。故龍以爲畜，故魚鮪不淰；鳳以爲畜，故鳥不獝；麟以爲畜，故獸不狘；龜以爲畜，故人情不失。

是故因天事天，因地事地，因名山泰山獨在中國，餘在海外。升中於天，封禪。因吉土以饗帝於郊。郊社所以禮上帝。升中於天，而鳳皇降，龜龍假。地與天通，天人往來。饗帝於郊，精爽上通。而風雨節，寒暑時。所以必通天人之故。

是故聖人南面而立，無爲。而天下大治。用才因時。天道日月星辰軌道。至教，《中庸》至道，「率性之謂道，修道之謂教」。聖人《大學》。帝之聖人。至德。《賈子·德説》。

故天不愛其道，地不愛其寶，人不愛其情。故天降膏露，地出醴泉，山出器車，河出馬、圖。鳳皇、麒麟，皆在郊椒，龜、龍在宫沼，其餘鳥獸之胎卵，皆可俯而闚也。

大學中庸演義

廖平 撰
楊世文 校點

校點説明

廖平以《大學》爲皇帝之學，專在治平，乃以修身爲本，不過推修齊以比治平。認爲舊説之誤，在以皇帝爲入德之門、成人之學。宋人之言格致，乃方名物理多識之事，與《大學》宗旨相去霄壤。「齊家傳」與平天下相通，「修身傳」與治國相通。又以「知止而後有定」五句分爲聖人、至人、化人、神人、真人五等次序，以「古之欲明明德於天下者」八句爲《大學》四傳，而删「欲正其心者先誠其意」九字及「意誠而後心正」六字，俱謂爲後儒所加，以相連綴。又「知至而後意誠」下删「意誠而後心正」六字。又謂「誠意章」古本在經後，爲《中庸》「至誠」説，朱子乃移與「修身傳」相接。經文「誠」爲天學，「正」乃人學初基，不相連。其他如訓詁字句，也多與舊説異。後附《大中引書詩爲人天學説界劃表》，其意引《書》爲人學，引《詩》爲天學，以證《大學》爲人學，而《中庸》全爲天學。篇首自記爲「丙辰四月作」，當成於民國五年（一九一六）。民國六年（一九一七）《國學薈編》第六期刊載，民國十年（一九二一）四川存古書局印入《六譯館叢書》，兹據此本整理。

目録

大學中庸演義

吾國古學校以《大學》爲標準。前清鶩格致而國亡，宋、明崇誠正而社亦屋，經説之誤人家國，固如是其烈哉！今乃合讀《大》、《中》，次第人天，而爲之説。幽深隱微，頗不合於時好，然就經言經，於今日教育宗旨，或足以聊備一解，未始非千慮一得也。丙辰四月，四益自記。

經云：「自天子至於庶人，壹是皆以修身爲本。」是功用從修身始，不應於修身以前加入正、誠、格、致。若宋元學派困於格、致，終身不至修、齊，何論治、平？蓋《大學》爲皇帝標準，專在治、平，乃以修身爲本，不過推修、齊以比平、治。今以五等學校比，平如大學校，治如法政學等，齊如中學校，修如高小，正心蒙學。凡修身、齊家，皆中小以上之科學，非入法政乃初習此科條。皇帝之學，不見不聞，故分格、人學。致，天學。以示標準。今則地球全周，但以修身爲本，而已非格、致、誠、正，有四等程級。大學如今京師大學堂，王伯小學如今高等學堂，格、致即分別學堂之等級，與大學設立之因緣；將入大學之先，不能不改易。小學之主義雖則四門，不過初至學中時演説一次而已，並不以此立課程，分等級，有物格而知未至、知至而意未誠、意誠而心未正、心正而身未修之各等級，嚴定課程，分別班次，如所謂「七日格庭前竹」、「十年去一『矜』字不得」之誤説。欲講大學，不可不以天下爲志；欲知治法，不可不分先後。一言而已明，不必求虚索隱，泛濫蒙混，以童蒙物理方名等事責之德行。科學如今西人格致，乃古蒙學，專屬技藝，仕宦初不主之。即西土政治哲學，亦與格致南轅北轍。蓋大學乃首出庶物之神聖事，經爲百世法，並非古人成迹。舊説之誤，在以皇帝爲入德之門，成人之學乃在言行，本末相反，正中顛倒之弊。故中土之論格致，乃蒙學，西人之格致，乃技藝，非大學德行宗旨，舊説皆屬附會。總之，經文以修身爲本，屢言「知本」之爲要，是修身以前，大學不當再有，朱子之所謂四條目也。《中庸》云「本諸身」，《孟子》云「天下之本在國，國之本在家，家之本在身」，專爲《大學》師説。

京師五學，乃爲大學，以下諸侯可立國學，皆不得爲大學。大學之設，專爲平天下一科。如四科之德行，可謂南面學；凡政治、言語，則國學可以詳，至於考查物理，收束身心，則蒙學早已修明。千萬人入蒙學，入大學不過一二人。《齊詩》六情説，北好、南惡、東怒、西喜、上樂、下哀。考《王制》：冬夏教以《禮》、《樂》，春秋教以《詩》、《書》，爲帝四郊之四學，合之城内泰學習《易》、《春秋》者，爲六經之教。以《書》、《詩》爲人天之界劃。〇「物有本末，事有終始」二句，物字有明文，本末，先後，爲格物。「知所先後，則近道矣」二句，知有明文，能分先後，即爲致知。數言可了，不似《大學或問》至數萬言，而愈使人迷罔也。大學爲皇帝之學，與小學相對。小者爲小共、小球、小東、小雅，大者爲大共、大球、大東、大雅。《容經傳》所謂大節、小節，《莊子》所謂大言、小言、大年、小年，而大小戴之分亦由於此。《大戴》爲皇帝之學，《小戴》爲王伯之學。西人之格致、體操爲古之蒙學，宋人之格致亦爲方名物理多識之事，與大學宗旨相去霄壤。大學之條目，以此篇四傳爲主。如《帝德篇》小學之教，當以《王制》代之。《王制》如春秋王伯治國之程式，王伯有爲，故詳政治。皇帝無爲，故大學但詳好惡，爲《詩》六情之學。《王制》爲小人儒，《大學》爲君子儒。未入大學之先，必先治《王制》。如《春秋》爲《書》、《詩》之本，入大學在治王伯之後，是《大學》修齊實爲重複。不知《大學》之所謂身修家齊並非身家，故不如《王制》政治、官制詳明，空言事理，蓋用「中國一人、天下一家」例言平天下，而不言修齊，幾於無本，故借身家以寓國與天下之理，然後再徵其事。故「齊家」傳與「平天下」相通，「修身」傳與「治國」相通，四傳當三例解之。故正朝廷以正百官，正百官以正萬民，爲群經大例，即《周禮》之所謂官府、邦國、都鄙，由内推外，京師爲心，邦國爲身，都鄙爲家。《大學》以修身爲本，「富潤屋，德潤身，心廣體胖」，所謂心即指國而言。小學齊家之事，即爲大學平天下之比例，蓋修身、齊家皆歸蒙學，如《容經》於一身言行倫理是也。蒙學之人，其才不皆俊秀卿相之選，但能自治身家。高等中等，《主言篇》所謂卿相之言，《論語》所謂小人儒，則於蒙學選其才智開敏、能任政事者爲之。大學堂乃爲大學君子儒，品級愈高，選者愈少。至於人天之分，所謂「文章可得而聞」者，《大學》之人學①；「性與天道不可得而聞」，《中庸》之天學也；《主言篇》所謂君子之言、三無三至，專屬皇帝。三學互相爲用，而宗旨各異。由遠自邇，升高自卑，蒙養已精，然後選擇入小學；小學已精，然後選入大學。故大學不以蒙養爲教，等級森嚴。《詩》、《易》爲大學之學，乃多言修身、齊家，既爲大學，乃參用蒙養課程。今於大學既以修身爲主，不用宋人、西人格致之說，又以治國爲本，平天下爲末。所有修齊皆屬比喻，化五爲三，直不啻化三爲一。儒者博而寡要，勞而少功，唐宋以後，尤空疎無用，不能與吏胥相比。删去枝葉，獨標精蘊，專心致志，事半功倍，再不致蹈幽繆無據之阱，以卿相之選，談市井之言，以老宿治童穉之事。《格物章補傳》、《或問》，即二字名義亦老死不能解，學堂何得有此名目難解之課程？名目已難解，其課程更可知矣。

《大學》古本以《書》《詩》分人天考

大學之道，統人天言之。

① 大學之人學：原作「人學之大學」，據後文「中庸之天學」例改。

在明明德，司空封教。

在新民，司馬兵刑。

在止於至善。至爲至人，善與「道」同義。○上二句《書》人事，下一句《詩》天學。○下「明德」傳三引《書》，「新民」傳二引《書》，終以一《詩》。「止至善」傳全引《詩》，與《中庸》十五引《詩》同。

知 知爲天學，行爲人學。

止 心之所之在六合以外。

而後有定，聖人。

定而後能静，至人。

静而後能安，化人。

安而後能慮，神人。

慮而後能得。真人。○此節爲天學五等次序，故道家之書專主之。慮當作「虚」。《列》、《莊》、《楚詞》、《詩》、《易》皆主此五等立説，亦如人之皇帝王伯爲五等大小優劣之分。

物有本末，心、身、家、國、天下爲物。○此爲大學行事。

事有終始。正、修、齊、治、平爲事。○所謂格物。○二句《大學》知人，結云「此謂知本」。

知所先後，此謂天學思想。則近道矣。所謂致知。○中二句《中庸》知天下，結「此謂知之至」。

古之欲明明德於天下者，先治其國。欲治其國者，先齊其家。欲齊其家者，先修其身。欲修其身者，先正其心。以上《大學》四傳。○後三句別見。刪「欲正其心者先誠其意」九字，經本止此，後儒誤合心意，故加此九字以連綴之。經「誠意」特起，不與「正心」相連。

欲誠其意者，「誠其意」以功用言，如《中庸》「誠之者」。「誠意」以境地言，如《中庸》之「誠者」與「自誠」也。先致其知。《文言》曰：「知至致之，知終終之。」知至讀作知始，謂《易》原始要終，與人格物同。○先行後知，即先人後天。《論語》「未知生，焉知死」，「未能事人，焉能事鬼」之説也。

致知在格物。《詩》、《易》爲六合以外，《尚書》爲六合以内，言質諸鬼神之天學，其根原在格於上下，《尚書》之帝學也。○節「欲正其心者先誠其意」九字，以誠意特起，上不連格致，下不連正心。

傳物格人學。《帝典》「格於上下」之格。而後知至，天學。爲知至，爲至人。《中庸》詳「至」字，與「至善」「至」字同。

知至而後意誠。《中庸》天學，至誠，誠者。○節「意誠而後心正」六字，此後人所加，以連綴心意者。○以上二句，由人企天，由人帝以至天真之本末。○「誠意」章古本在經後，爲《中庸》「至誠」説，朱子乃移與「修身」傳相接。經文「誠」

爲天學，「正」乃人學初基，不相連。

心正而後身修，身修而後家齊，家齊而後國治，國治而後天下平。《大學》四傳。〇首三句別見。

自天子《卷阿》：「媚於天子。」至於乃上推，非降數。庶人，《卷阿》：「媚於庶人。」聖人以上至化神真，乃爲庶人。天子《大學》，庶人《中庸》，人、天之分以此。〇天子、庶人有五說，上爲二帝三王，下爲玄聖素王。《莊子》之天子、庶人，三五與彭咸對舉，《楚詞·九章》之天子、庶人。壹是包天、人二學言。皆以修身爲本。人學分心、身、家、國、天下，天學分定、静、安、慮、得。〇《中庸》「九經」首修身，亦爲本之義。古本祇四傳，朱本於「修身」前加四條目作八條目者，大誤。

其本亂而末治者，否矣。《大學》心、身、家爲本，國、天下爲末。《中庸》定、静爲本，慮、得爲末。其所厚者薄，而其所薄者厚，未之有也。此人學。謂知本，物有本末，事有終始。〇指上節言。此《中庸》「誠意」。謂知之至也。指「誠意」節言。知爲天學，至謂至人，在聖人之上。《中庸》三及「其至也」是。〇「誠意」即《中庸》「至誠」之「誠」，「慎獨」爲天學，故同《中庸》。〇此句引下「誠意」章。

所謂誠其意者，意與「知止」止字同義。毋自欺也。「欺」當作「期」。《詩》無邪、無期，所謂六合以外，無極無盡。

如無而爲有乃爲「如」。**惡惡臭**①，《中庸》：「戒慎乎其所不睹，恐懼乎其所不聞」，「莫見乎隱，莫顯乎微。」**如好好色**，《中庸》：「上天之載，無聲無臭。」又：「鬼神之德，視之不見，聽之不聞。」**此之謂自慊**，獨往獨來，獨見獨聞，君子之所不可及，其惟人之所不見乎！**故君子必慎**讀作「内卦曰貞」之「貞」。**其獨也**。《中庸》首章詳慎獨。遺世獨立、獨往獨來，《詩》所謂「獨行踽踽」，《老子》「抱獨②不言」，亦此「獨」字。**小人**王伯以下。《莊子》：「五變而形名，九變而是非。」**閒居**攘據國土，自私自大。**爲不善**，功利富强，刑名法術。**無所不至**，與至善成反比例。**見君子**《中庸》：君子之所不可及者，其惟人之所不見乎？天學君子不可見、不可聞，最不易見，能見之則莫見乎隱，莫顯乎微。**而後厭然**，《莊子·秋水》篇，河伯見海若事是也。《詩》曰：「未見君子，憂心殷殷。既見君子，我心則悦。」此《易》未濟、既濟之説。見之至難，問道問津，皆欲求見至真而不可得。**掩其不善，而著其善**。如穆王神游化人之宫，視天下如敝屣，感神聖而自化。**人**小人。**之視己**，己爲京師，即上文「見君子」也。**如**天學乃加「如」。**見**《中庸》專詳隱、見。「見」字如釋書之見性、見佛。**其肺肝然**，肺

---

① 臭：原脱，據《禮記·大學》補。

② 獨：原作「蜀」，據《老子》改。

爲相傅①之官，肝爲將軍之官，腦爲心君，肺肝二伯，所謂「天下一人」例。至真本不易知易見，然其誠内形外不可掩，有如此者。**則何益矣**？益，卦名。「何」讀爲「荷」。言小人因見自化，荷益於君子。**此謂誠於中**，《中庸》：「其次致曲。」曲能有誠。**形於外**。《中庸》：「誠則形，形則著，著則明，明則動，動則變，變則化。」**故君子必慎其獨也**。《論語》：「敏於事而慎於言。」「敏」、「慎」當讀作「敂」、「貞」。内貞外敂，非「戒慎」之「慎」。**曾子曰**：「**十目所視**，**十手所指**，**其嚴乎**！**富潤屋**，**德潤身**，**心廣體胖**，**故君子必誠其意**。」「是故君子必誠其意」下不與「正心」相接，古本「誠意」緊接朱本所謂經文之後。經末言平治，此誠意則《中庸》之提綱，故誠與慎獨皆詳見《中庸》。誠意品格極高，乃平治以後由人企天之功。夫朱本移此篇於修身之前，補作「格致」章。「誠意」以後乃正修，以「誠意」如佛家之傳送識，本末顛倒，設此迷津，以罔後人。學術不明，賢者之過也。《詩》云：「瞻彼淇澳，緑竹猗猗。有斐君子，如切如磋，如琢如磨。瑟兮僩兮，赫兮喧兮。有斐君子，終不可諠兮。」「如切如磋」者，道學也。「如琢如磨」者，自修也。「瑟兮僩兮」者，恂栗也。「赫兮喧兮」者，威儀也。「有斐君子，終不可諠兮」者，道盛德至善，民之不能忘也。《詩》云：「於戲！前王不忘。」君子賢其賢而親其親，小人樂其樂而利其利，此以没世不忘也。朱本移此二節於引「文王」之後，同爲釋「止至善」，而二篇無「止」字也。

---

① 傅：原作「傳」，形近而誤。

《康誥》曰：「克明德。」《大甲》曰：「顧諟天之明命。」《帝典》曰：「克明峻德。」皆自明也。三引《書》以傳「明德」。

湯之《盤銘》曰：「苟日新，日日新，又日新。」《康誥》曰：「作新民。」

《詩》曰：「周雖舊邦，其命維新。」是故君子無所不用其極。二引《書》，終引《詩》以傳「新民」。

《詩》云：「邦畿千里，惟民所止。」天皇。《詩》云：「緡蠻黄鳥，止於丘隅。」地皇。子曰：「於止知其所止，可以人而不如鳥乎？」《詩》云：「穆穆文王，於緝熙敬止。」人皇。○均有「止」字。爲人君止於仁，爲人臣止於敬，爲人子止於孝，爲人父止於慈，與國人交止於信。三引《詩》以傳「止於至善」，亦如「平天下」三引《詩》。分三統，不能再加二篇。

子曰：「聽訟，吾猶人也。必也使無訟乎！」無情者不得盡其辭，大畏民志，此謂知本。

以上古本如此。朱本以後各有更易，今以古本爲正。以下四傳各本皆同，故不録。餘詳後書《詩分人天表》。

《大》《中》引《書》《詩》爲人天學説界劃表

大學十二引《書》，爲人學。十二引《詩》，爲天學。

「誠意」二一引《詩》。朱本移二引《詩》於釋「至善」後，合爲五引《詩》。不知二引《詩》無「止」字，不釋「止至善」，專屬「誠意」也。

《詩》云「瞻彼淇澳」一章九句。此爲未來，終以聖言。

《詩》云：「於戲！前王不忘。」此爲已往，結引「子曰」，折衷至聖。

「明德」傳三引《書》。釋「明德」皆有「明」字。

《康誥》曰：「克明德。」三引《康誥》。○《家語》：明明德爲舉賢，天下之人皆明德，不謂一人自明。

《大甲》曰：「顧諟天之明命。」

《帝典》曰：「克明峻德。」帝主德，皇主道。《大學》與《典》、《謨》言德不言道，《中庸》則言道不言德，至德即道。

「新民」傳始二引《書》，釋「新民」皆有「新」字。終一引《詩》由人企天。

《湯之盤銘》曰：「苟日新，日日新，又日新。」

《康誥》曰：「作新民。」《大學》專以好惡立柱，明德選舉爲好，新民兵刑爲惡也。

《詩》云：「周雖舊邦，其命維新。」《詩》云：「析新①如之何？匪斧弗克。」司馬執斧鉞爲新民。

「止至善」傳三引《詩》。釋「止至善」皆引「止」字。三傳朱本所云三綱領，各三條，共爲九條，古本之次第如此。

《詩》云：「邦畿千里，惟民所止。」方千里一畿，民七十二侯。○天皇青統。

《詩》云：「緡蠻黃鳥，止於丘隅。」黃鳥爲西皇，素統。

① 新：《詩・齊風・南山》作「薪」。

《詩》云：「穆穆文王，於緝熙敬止。」據《詩》，昭爲文王，穆當爲武王，與「亹亹文王」對舉。○地皇，黄統。

「修身」傳。不引《書》、《詩》，「中國一人」例。心爲君主之官，《帝謨》之元首，忿懥、恐懼、好樂、憂患屬四方，與「治國」傳四國相應。又如《論語》之視、聽、言、動，《齊詩》之六情説也。

「齊家」傳。不引《書》、《詩》，一引諺，「天下一家」例。親愛、賤惡、畏敬、哀矜、敖惰，以五起例，如「平天下」之五引《書》，《素問》所謂「天地之間，六合之内，不離乎五」。

「治國」傳。一引《書》，三引《詩》。

《康誥》曰：「如保赤子。」此爲天下一家例。「以民爲子」下引「民之父母」，必上能視之如子，則下亦敬愛如父母矣。

《詩》云：「桃之夭夭，其葉蓁蓁。之子于歸，宜其家人。」引《詩》在「故治國在齊其家」之後，人事已結，再言天學，天學中亦自分家國。

《詩》云：「宜兄宜弟。」由家推國，宜與正皆以修身爲本。

《詩》云：「其儀不忒，正是四國。」四國，由小推大，自近而遠，再傳「故治國在齊其家」，以明人天之分。

「平天下」傳。三引《詩》，五引《書》。○《周禮》：「外史掌三皇五帝之書。」《左傳》：「是能讀三墳、五典。」平天下事固屬之三五也。

《詩》云：「樂只君子，民之父母。」《商頌》，泰皇。○與「治國」傳「赤子」對。

《詩》云：「節彼南山，維石巖巖。赫赫師尹，民具爾瞻。」《魯頌》，天皇。

《詩》云：「殷之未喪師，克配上帝。」《周頌》，地皇。

《康誥》曰　中央，配《書・顧命》。

《楚書》曰　南方，配《書・呂刑》。

《舅犯》曰　北方，配《書・文侯之命》。

《秦誓》曰　西方，《尚書》同。

《孟獻子》　東方，配《書・費誓》。

《中庸》十五引《詩》，不引《書》，全爲天學。《大學》一引孔子，一引曾子，十二引《書》。《中庸》專引孔子與《詩》，上卷一「仲尼」連引十七「子曰」，下卷一「仲尼」三引「子曰」。

《詩》云：「鳶飛戾天，魚躍於淵。」三「至」字與「止至善」至相接，聖人所不能知行，則歸於天學之至人、真人也。

《詩》云：「伐柯伐柯，其則不遠。」執柯以伐柯，睨而視之，猶以爲遠。「伐柯」讀作「杙柯」，「不遠」讀作「丕圍」，説詳《皇帝疆域圖》。○以下爲《孝經》師説，堯、舜、文、武、周公即「天子大孝」傳。

《詩》曰：「妻子好合，如鼓瑟琴。兄弟既翕，和樂且湛。宜爾室家，樂爾妻孥。」如《大學》「治國」傳所引三《詩》。

《詩》曰：「神之格思，不可度思，矧可射思！」《詩》爲鬼神學，質鬼神不疑，爲知天。《論語》知天、事鬼，爲《中庸》、《大學》知生、事人，爲天學、人學。

《詩》曰：「嘉樂君子，憲憲令德。宜民宜人，人當讀作神，人則與民字犯。受禄于天。保佑命之，自天申之。」故大德者必受命。○以上《孝經》，以下《詩》、《易》。

《詩》曰：「維天之命，於穆不已。」「蓋曰天之所以爲天也」，「蓋曰」爲《詩》説。「於乎丕顯，文王之德之純。」十字亦引《詩》。「蓋曰文王之所以爲文也，純亦不已」，「蓋曰」爲解，説同上。○以下下卷，兼爲《易》學，始詳《大學》「誠」字之義。誠者，天之道；誠之者，人之道。至誠則如神，與「誠意」章相通。注疏本從「在下位」起至「無爲而成」，共見二十三「誠」字。

《詩》曰：「既明且哲，以保其身。」以下引《詩》，通於《易》。○《中庸》屢言身，即《大學》「爲本」之義。

《詩》曰：「在彼無惡，在此無射，庶幾夙夜，以永終譽。」「是故君子動而世爲天下道，行而世爲天下法，言而世爲天下則。遠之則有望，近之則不厭。」「是故」爲《詩》説。○百世俟聖爲人學，質諸鬼神爲天學。

《詩》曰：「衣錦尚絅。」「故君子之道至可與入德」，故爲訓詁之詁。○以下一章七引《詩》。

《詩》云：「潛雖伏矣，亦孔之昭。」「故君子内省不疚，無惡於志。君子之所不可及者，其爲人之所不見乎？不以目視，不以耳聽。」

《詩》云：「相在爾室，尚不愧於屋漏。」「故君子不動而静，不言而信。」按凡《詩》説皆引「君子」。

《詩》云：「奏假無言，時靡有争。」「是故君子不賞而民勸，不怒而民威於鈇鉞。」「是故」與「故」同。大學①詳賞罰，天學則不賞不怒。

《詩》曰：「不顯惟德，百辟其刑之。」「是故」，「故」爲解《詩》、《書》名，《三家詩故》是也。

---

① 大學：下文言「天學」，此「大學」似當作「人學」。

《詩》云：「予懷明德，不大聲以色。」引「子曰」説《詩》。

《詩》曰「德輶如毛」，毛猶有倫，「上天之載，無聲無臭」，至矣。至誠、至聖，終結《大學》「止至善」之義。《中庸》一言至聖、至誠，據《易大傳》當作「神」。《中庸》「惟天下至聖誠惟能」者兩見，與《易大傳》「非天下至神其孰能」云云相合，爲《詩》、《易》天學説。

坊記新解

廖平　撰
楊世文　校點

校點説明

據廖宗澤《六譯先生年譜》，是書成於光緒三十三年（一九〇七），仿明黄道周《坊記集傳》之意（黄書以《坊記》爲經，每章臚舉《春秋》事迹爲證，意存鑒戒），作《坊記新解》。民國二年癸丑（一九一三）廖平《自序》云：「按春秋時代，由禽獸進于野人，大約與今海外程度相同。孔子撥亂反正，作《禮經》以引進之，所以用夏變夷，爲禮以教人，使人自知别于禽獸，如用之，則吾從先進者也。由秦漢至今二千餘年，驗小推大，二十二行省，人倫禮教，浹髓入神，至聖之賜也。自歐化東行，一二喜新之士乃欲用夷變夏，所謂以舊坊爲無用而棄之，正爲今世言之。故仿黄氏之意，再解此書。用進化説，獨尊孔經，以撥全球之亂，推禮教于外人，所謂『凡有血氣，莫不尊親』者，禮教固不囿于中國一隅也。」其書意在以孔經駁西學，尊崇中國禮教。民國三年（一九一四）《國學薈編》第一期刊載《坊記新解》，同年《四川國學雜誌》第十一號刊載《坊記新解序例》。收入《六譯館叢書》，兹據此本整理。

目録

坊記新解序

明黄道周《坊記集傳提要》云：「自序以爲聖人之坊亂①，莫大於《春秋》。故其書以《坊記》爲經，而每章之下皆臚舉《春秋》事迹以證，意存鑒戒于君臣、父子、兄弟、夫婦之閒，原其亂之所由生，究其禍之所由極，頗爲剴切。」云云。按春秋時代，由禽獸進于野人，大約與今海外程度相同。孔子撥亂反正，作《禮經》以引進之，所以用夏變夷，爲禮以教人，使人自知別于禽獸，如用之，則吾從先進者也。由秦漢至今二千餘年，驗小推大，二十二行省，人倫禮教，浹髓入神，至聖之賜也。自歐化東行，一二喜新之士乃欲用夷變夏，所謂以舊坊爲無用而棄之，正爲今世言之。故仿黄氏之意，再解此書，用進化説，獨尊孔經，以撥全球之亂，推禮教于外人。所謂「凡有血氣，莫不尊親」者，禮教固不囿于中國一隅也。癸丑冬至，廖平自序。

① 「自序」句：「以爲」原脱，「亂」誤作「記」，兹據《四庫提要》補改。

坊記新解序例

引《禮察》、《經解》、《度制》三篇注之，以當序例。

《大戴記·禮察篇》：《小戴·經解篇》、《史記·禮書》同有。「孔子曰：『君子之道，初爲禽獸、野人，進之以君子。譬猶防與！孔子撥亂反正，立禮爲防。夫禮之塞，野人以下無禮。亂之所從生也。春秋以前爲亂世。猶防之塞，如今欲廢禮，用夷變夏之學説。水之所從來也。洪水狂瀾，將更見于中土。故以舊防爲無用而壞之者，中土素來無此學説，近十年内溺于歐美，乃有非聖廢禮之奮言，故凡習禮專家，亦以禮經從此無用，可廢。必有水敗；防以御水，去防自招水禍。以舊禮中國已服習二千餘年，故稱舊。爲無所用而去之者，一切改用所謂新法。必有亂患。』外國禍亂，譯書諱言之，或更崇獎亂人，惟小説中時有流露，亦同吾國春秋以前。故婚姻之禮廢，狂吠之言，乃欲公妻。則夫婦之道苦，非别男女，則無真夫婦；無真夫婦，即無真父子。而淫辟之罪多矣。禽獸之行，首在男女。聖人爲禮，最重夫婦，故經以居首。○男女，夫婦之倫。鄉飲酒之禮廢，此《論語》鄉人飲酒禮，後代通行之鄉飲酒禮，不指《儀禮》中鄉飲酒禮言。則長幼之序失，《儀禮》爲卿相饗禮，尊卑以爵，惟鄉人飲酒乃尚齒。而争鬬之獄繁矣。强權時代，專言優勝劣敗，與貴壯賤老。○長幼之倫。聘射《經解》作「覲」。之禮廢，則諸侯之行惡，無君黨，專主獨立平權。而盈溢之敗起矣。中國未有聘覲之先，列强紛争。《春秋》立一王法以統之，所以弭兵息亂。今日欲謀共和統一，非此不行。若競言平權獨立，則禍亂彌甚。中國之往事，即世界之將來。《論語》曰：「告諸往而知來者。」若謀世界統一，非《禮經》何以勝之！○君臣之倫。喪祭之禮廢，海外所無，今學者欲從之。則臣子之恩薄，家庭革命之說。而倍死不祭享。忘生不同居，不同財，不責以收養，父子如同路人，此外人通例。之徒衆矣。皆以天爲父。《禮經》曰：「野人曰：父母何算焉？」此之謂也。○父子之倫。凡人之知，能見已然，過去。不能見將然。未來。惟聖人見微知著，能知未來。禮者禁將然之前，如《坊記》所記各條是也。而法者禁於已然之後。外國以刑禁亂，不尚倫理，經驗未備，是非未明，且多獎亂之舉動。是故法之用易見，中人以下，能知能行。而禮之所爲生難知也。中人以上，宜乎用夷變夏者之多。若夫慶賞以勸善，合于《禮經》者爲善。刑罰以懲惡，反經而行，同于野人、禽獸者爲惡。先王法古、託古。執此之正，堅如金石，行此之信，順如四時，處此之功，無私如天地法天地四時，爲經説大綱，所謂道外人所説，皆形而下者。爾，豈顧不用哉！立防以後，有不率教而逾防者，《坊記》所謂「以此坊民，猶有」云云是也，則以刑罰處之，所謂刑以弼教。然如曰『禮云禮云』，猶言「禮乎禮乎」，重禮之詞。貴絶惡於未萌，有備無患。而起敬於微眇，轉移無形。使民日徙善遠罪而不自知也。先王之治天下，户户而賞之，不能徧也，人人而刑之，又不可勝誅也。是故因人之情而爲之節，又以喪祭之禮作其孝，以射鄉之禮作其讓，以朝覲聘享之禮作其恭，天下卉然知天子之意，曰：禮於死者尚不忘也，况生者乎！禮於他人之長尚如此其敬也，况君父乎！是故示之以恭，則不臣者愧；示之以讓，則不弟者恥；示之以孝，則不子者悔。其不可化也，然後從而刑之。禮行於上，則四海之内鮮刑民矣。故曰：「使民日徙善遠罪而不自知也。」孔子曰：『聽訟吾猶人也，刑罰。必也，使無訟乎！』禮防。此之謂也。」又《禮記・經解》云：「發號出令而民説謂之和，上下相親謂之仁，民不求其所欲而得之謂之信，除去天地之害謂之義。義與信、和與仁，霸王之器也。有治民之意，而無其器，則不成。禮之於正國也，猶衡之於輕重也，繩墨之於曲直也，規矩之於方圜也。故衡誠縣，不可欺以輕重；繩墨誠陳，不可欺以曲直；規矩誠設，不可欺以方圜。君子審禮，不可誣以姦詐。是故隆禮、由禮，謂之有方之士；不隆禮、不由禮，謂之無方之民。敬讓之道也。故以奉宗廟則敬，以入朝廷則貴賤有位，以處室家則父子親、兄弟和，以處鄉里則長幼有序。孔子曰：『安上治民，莫善於禮。』此之謂也。故朝覲之禮，所以明君臣之義也；聘問之禮，所以使諸侯相尊敬也；喪祭之禮，所以明臣子之恩也；鄉飲酒之禮，所以明長幼之序也；昏姻之禮，所以明男女之別也。夫禮，禁亂之所由生，猶坊止水之所自來也。故以舊坊爲無所用而壞之者，必有水敗；以舊禮爲無所用而去之者，必有亂患。故昏姻之禮廢，則夫婦之道苦，而淫辟之罪多矣。鄉飲酒之禮廢，則長幼之序失，而爭鬬之獄繁矣。喪祭之禮廢，則臣子之恩薄，而倍死忘生者衆矣。聘覲之禮廢，則君臣之位失，諸侯之行惡，而倍畔侵陵之敗起矣。故禮之教化也微，其止邪也於未形，使人日徙善遠罪而不自知也。是以先王隆之也。《易》曰：『君子慎始，差若毫釐，繆以千里。』此之謂也。」

《春秋繁露·度制》：「孔子曰：『不患貧而患不均。』故有所積重，則有所空虛矣。大富則驕，大貧則憂，憂則爲盜，驕則爲暴，此衆人之情也。聖者則於衆人之情，見亂之所從生，故其制人道而差上下也。使富者足以示貴而不至於驕，貧者足以養生而不至於憂，以此爲度而調均之，是以財不匱，而上下相安，故易治也。今世棄其度制，而各從其欲，欲無所窮，而俗得自恣，其勢無極。大人病不足於上，而小民羸瘠於下，則富者愈貪利而不肯爲義，貧者日犯禁而不可得止，是世之所以難治也。」所言皆海外現狀。

「孔子曰：『君子不盡利以遺民。』《詩》云：『彼有遺秉，此有不斂穧，伊寡婦之利。』故君子仕則不稼，田則不漁，食時不力珍。大夫不坐羊，士不坐犬。《詩》曰：『采葑采菲，無以下體。德音莫違，及爾同死。』以此坊民，民猶忘義而争利，以亡其身。天不重與，有角不得有①上齒；故已有大者，不得有小者，天數也。夫已有大者，又兼小者，天不能足之，况人乎？故明聖者象天所爲爲制度，使諸有大奉禄亦皆不得兼小利，與民争利業，乃天理也。」

「凡百亂之源，皆出嫌疑纖微，以漸寖稍長至於大。聖人章其疑者，别其微者，絶其纖者，不得嫌，以蚤防之。聖人之道，衆堤防之類也，謂之度制，謂之禮節。故貴賤有等，衣服有制，朝廷有位，鄉黨有序，則民有所讓而不敢争，所以一之也。《書》曰：『轝服有庸，誰敢弗讓，敢不敬應？』此之謂也。」

「凡衣裳之生也，爲蓋形暖身也。然而染五采、飾文章者，非以爲益肌膚血氣之情也，將以貴貴尊賢，而明别上下之倫，使教亟行，使化易成，爲治爲之也。若去其度制，使人人從其欲，快其意，以逐無窮，是大亂人倫而靡斯財用也，失文采所遂生之意矣。上下之倫不别，其勢不能相治，故苦亂也；嗜欲之物無限，其數不能相足，故苦貧也。今欲以亂爲治，以貧爲

① 有：原脱，據《春秋繁露·度制》補。

富，非反之度制不可。古者天子衣文，諸侯不以燕，大夫衣緈①，士不以燕，庶人衣縵，此其大略也。」海外無差等之别，游學者宗之，不知此義者也。

「質者，天所爲也；文者，地所爲也；人所爲謂之禮。禮者，因人情而爲之節文也，以救其亂。夫堤者，水之防也；禮者，人之防也。刑防其末，禮防其本。」《藝文類聚》三十八引董子書。

①　緈：原作「緣」，據《春秋繁露·度制篇》改。

坊記

鄭《目録》云：「名曰《坊記》者，以其記六藝之義，所以坊人之失者也。此於《別録》屬通論。」沈約曰：「《月令》取《吕氏春秋》，《中庸》、《表記》、《坊記》、《緇衣》皆取《子思子》，《樂記》取《公孫尼子》。」見《隋書・音樂志》。

子言之：此子爲先師。據沈約，爲子思，非孔子，故六經外並引《論語》。「君子之道，孔子經教。辟則坊與！撥亂反正，如障狂瀾。坊民與人同在「野」上。之所不足者也。不足，謂不足于禮，放辟邪侈也。坊與《表記》對。表以觀善，坊以遏惡。大爲之坊，坊爲水堤，因水漲高下，設坊堵御之，爲止亂。表則樹立標準，以示趨向。《坊》、《表》二記一如慎罰，一如新民。民猶逾之，言嚴其禁，尚不能止，况不禁乎？○坊因水立法，水有特別高過于坊，則坊不能御。故君子禮以坊德，道之以德，齊之以禮。刑以坊淫，道之以政，齊之以刑。命命謂天命，如所謂《定命録》。《孟子》：「有命焉，不謂性也。」以坊欲。」「欲」謂枉利力征經營，知命則不妄求。

子云：引先師説，故下引及《論語》。「小人貧斯約，《論語》：「小人窮斯濫矣。」富斯驕；恃財逾分。約斯盜，不能安貧約，變爲盜。驕斯亂。」由驕生亂，無德不能處境。禮者，野人無禮，徑情直行。因人之情由人程度而作，非由外至。而爲之節文，辨尊卑，別同異。以爲民坊者也。以太過言之。故聖人之制富貴也，海外流弊，富者愈富，貧者愈貧。中史所云富者田並阡陌，貧者家無立錐。聖人定制，雖不能遂化貧富爲一，然不平之中，略有平意，故有地均、均令制。使民富不足以驕，如下章限制。貧不至於約，井田貧者足以自贍。貴不慊嫌疑敵君。於上，决嫌疑，別尊卑。故亂益亡。貧富均平則止亂。○注：此節文者，謂農有田里之差，士有爵命之級也。「慊」或作「嫌」。正聖人制爲富貴貧賤之法。富者居室丈尺、俎豆衣服之事須有法度，不足至驕也。貧者制農田百畝，桑麻自贍，比閭相賙，不令至于約也。貴，卿士之屬也，君制其禄秩，隨功爵而施，則貴臣無復恨君薄于己也。益，漸也；亡，無也。爲亂之道漸亡也。不言賤者，從可知也。

子云：「貧而好樂，四字當因上章而衍。富而好禮，齊以禮。衆諸侯地大民衆。而以寧者，歸寧乃邦。天下合天下爲三萬里。其幾矣。」幾，讀爲《周禮》「九畿」之「畿」。帝用服制，皇大一統，乃用畿制。《詩》云：「民之貪亂，優勝劣敗，弱肉①强食。寧寧服在十四等。《傳》：「懷德爲寧。」爲荼毒。」《書》：「蠻夷猾夏。」故制國方伯以上。不過千乘，封地方三百一十六里。都城不過百雉，家富不過百乘。方百里。孟獻子百乘之家，方伯、三卿千乘，三卿分之，各方百里、百乘。以此坊民，以此諸侯、卿、大夫以程度言，猶爲民。諸侯猶有畔者。如春秋列國。〇注：古者方十里，其中六十四井，出兵車一乘，此兵賦之法也。成國之賦千乘。雉，度名也。高一丈、長三丈爲雉，百雉爲長三百丈、方五百步，子男之城方五里。百雉者，此謂大都，三國之一。

子云：「夫禮者，《曲禮》詳矣。所以章疑別微，《春秋》之法，名器不可假人，决嫌疑，別同異。以爲民坊者也。」海外之民質勝于文，上下、衣服、宫室、文物、器械不大分別，故主自由，無貴賤之等，故易于釀亂。聖人特立坊以救之。故貴賤有等，海外藩屬等差不明。衣服有別，衣服同等無差別。朝廷有位，海外不言南北面，不分上下，混同一視。則民有所讓。不足者仰而企之。〇注：位，朝位也。劉氏臺拱曰：「以下三十章言禮以坊德。」子云：《公羊》大一統説。「天指日系世界。無二日，一日統八行星。土指地球言。無二王，讀爲「皇」。三皇統全球，若三千

① 肉：原作「内」，據文意改。

里之王，則有八十一矣。家無二主，列國大夫爲家，其臣稱爲主。尊如《春秋》天王治國。無二上，以一王統二伯，以二伯統八方伯，九州之内無二尊。示民有君臣之别也。」譯海外學説，欲廢去君臣二字名辭。不惟野人有君，禽獸亦各有主。《春秋》不稱楚、越當作吴。之王喪，齊家學。禮，君諸侯。不稱天，王乃稱天王，帝乃稱天子。大夫不稱君，稱主。恐民之惑也。謂不書葬也。《春秋傳》曰：「吴、楚之君不書葬，辟其僭號也。」臣者天君，稱王①爲天王，稱諸侯不言天，辟王也。大夫有臣者稱之曰主，不言君，辟諸侯也。此皆爲使民疑惑，不知孰者尊也。《周禮》曰：「主友之讎視從父昆弟。」《正義》：「《春秋》不稱楚、越之王喪，謂書卒不書葬也。若書葬，則稱葬某王，辟王之名，故不書葬。」《詩》云：「相彼盍旦，尚猶患之。」注：盍旦，夜鳴求旦之鳥也。求不可得也，人猶惡其欲反晝夜而亂晦明，况於臣之僭君，求不可得之類，亂上下，惑衆也。此逸《詩》也。言夜是闇時，此鳥意欲反夜而爲旦，猶若臣之奢僭，欲反下而爲上也。

子云：「君不與同姓同車，先王先公子孫有繼及之道者也，其非此則無嫌也。僕右恒朝服，君則各以時事，唯在車同服爾。陳可大曰：「不同車，遠害也。篡弑之禍常起於同姓，故與異姓同車則不嫌。」與異姓同車不同服，淆亂耳目。示民不嫌也。」禮：三公尊，所以必與主異面。以此坊民，中國之民得此坊而水患平。初如寒熱病，以温補清泄之藥救之，父子相傳，高曾連繼，至於二千餘年，舊日病狀已久消滅，無踪跡可尋，或反怪此等藥味爲無用之品。《記》曰「以舊坊爲無用而棄之」，則坊之爲功大矣哉！民民猶瞑盲，既謂其惷愚，亦謂太遠，不可得見聞，故謂之「冥冥在下」。鄒衍驗小推大之法，由儒者九州推之至于人之所不覩，此由中國以推海外，由《王制》以推《周禮》之法也。中外進化程度亦如人

① 王：原作「天」，據文意改。

幼稚壯老之情形，彼此莫相同，凡幼稚之狀態皆爲老大所必經，不能飛渡，亦不能出乎範圍。中國舊服之，古方久已無用，海外此病傳染方深，同病相憐，轉以持贈，談虎色變，聞者定當發猛省也。猶得同姓以弑其君。弑君代立，如魯桓、宣。

子云：「君子文明進化與草昧野人相反。辭貴不辭賤，不争權。辭富不辭貧，不争利。則亂益亡。」競争爲草昧學派禍亂多，乃立坊以救之，坊立而水患止。故君子與其使食浮於人也，寧使人浮於食。注：「亡，無也，食謂禄也。在上曰浮。禄勝己則近貪，己勝禄則近廉。」方性夫曰：「賤不貪貴，貧不慕富，則無争奪之禍矣，故亂益亡。」夫權輿之無餘，不害爲賢者。《伐檀》之素餐，君子所不爲。浮，與「行浮於名」之「浮」同。子云：説養老法。「觴酒豆肉，讓敬老以養口。而受惡，民酋長。禽獸貴壯賤老。猶犯齒。禮立少長之儀，民不敬老。衽席之上，朝廷之位。讓而坐下，貴者坐，賤者下，而不分差等，聖人乃立此坊。民猶犯貴。賤貴。朝廷之位，讓而就賤，如王南面，三公則北面，相嫌則遠，别朝廷，序爵非可讓。民猶犯君。」決别嫌，疑猶有未革之事。《詩》云：此皆斷章之法，非《詩》本旨。「民海外。之無良，相怨一方。放利而行多怨。受爵不讓，如朋黨争權利。至於己斯亡。」《正義》：《詩・小雅・角弓》之篇。言小人在朝，共相怨恨，各在一方，不相往來，又受爵不讓，至於滅亡。引之者，證上每事須讓也。方性夫曰：「禮六十以籩豆有加，故觴酒豆肉以犯齒言。三命不齒。席於尊東，故衽席之上以犯貴言。族人不得以其戚戚君，故朝廷之位以犯君言。禮以卧者爲衽，坐者爲席，合言之，一也。」

子云：「君子君子與野人反。又君子、野人如《春秋》中國、夷狄。夷狄進于中國則中國之，中國退爲夷狄亦夷狄之，唯人自取。貴人而賤己，先人而後己，野人先己而後人，貴己而卑人。則民即野人之進步者。作讓。」以此坊民，民皆知舍争競而相讓。故稱人之君曰君，《論語》：「異邦人稱之曰君夫人。」自稱其君曰寡《老子》孤、寡、不穀。君。稱諸異邦，曰寡小君。○揚子曰：「自後者人先之，自下者人高之。」蓋謂是矣。子云：草昧之初，專尚勢力，貴生而賤死。凡中國、外藩、土酋風俗，諸書詳矣。「利禄如戰陳論功行賞。先死者急封以慰死者。而後生者①，生死以性命分之。則民不偝；人死情斷之風可息。先亡者其人有功，因事亡佚；或德澤在民，遷徙他職。而後存者，存與亡先後同，有功德者因人存而先之。則民可以託。」注：「言不偷於死、亡，則於生、存信。」王氏念孫曰：「不偝，謂不偝死者而棄其老弱，所謂上恤孤而民不倍。可以託，謂可以大事相託。」下文「民猶偝死而號無告」，觀鄭注云云，正與此相反。《詩》云：經爲撥亂之書。「先君已死。之思，思以通之。以畜寡人。」愛人及烏之意。以此坊民，野人草昧，堅持無鬼之論，以鬼神有知坊之。民已坊之民爲中國，未坊之民爲海外。坊者何？禮義也。禮義非由外設，由心而生。中土由海中成陸，在五大州之先，如四弟之長兄，故文明占地球之先。草昧之初，專意生活程度，弱稚難與爲言，此孔子所以不生于堯舜三代之時者，以其時人民程度尚未足與言禮義也。至于春秋時代，飽食暖衣，大致與今西人等，孔乃降生，以立經教，先就三千里設爲小標本，故中國當時之民可以言禮義，乃與之言禮義。至于今三千年，初由魯、衛以推九州，由九州以推外藩，由外藩以推海外，乘桴浮海，正其時也。此「民」蓋謂海外耳。猶偝死凡言猶者，即其本象。民俗皆偝死，誨②之以鬼神説，而利令智昏，反其故常。而號無告。《孟子》：窮民無告。

子云：「有國家者，横强之世，諸侯紛争，利己損人，以鄰爲壑，在中國如戰國是。貴人讀作「仁」。而賤禄，即孟子以仁義答利國之説。則民興讓；民專言利，如賈長沙疏，則無親；去利言仁以坊之，則禮讓可興。尚技而賤

① 者：原脱，據《禮記・坊記》補。

② 誨：原作「海」，據文意改。

車，則民興藝。」注：「言人君尚賢者、能者，而不吝於班禄賜車，則讓道興。技猶藝也。」故君子約言，小人先言。注：「言人尚德不尚言也。『約』與『先』互言也。君子約，則小人多矣；小人先，則君子後矣。」《正義》：「小人行在於後，必先用其言；君子則後言先行。」

子云：野蠻專制，文明①。議院，經制別由議院改良數十百倍者。「上酌民言，「天視自我民視，天聽自我民聽」。畏天敬民，視民語如天言。則下天上施。施所言政令。人之于天，以道受命，于人以言受命。君代天宣化，民以君命爲天道。上不酌民言，人言不足恤。則犯也；《論語》「好犯上」。下不天上施，犬馬、寇仇與手足、腹心，其理相同。則亂《論語》「好作亂」。也。故君子信讓以蒞百姓，酌民言，其初爲議院。則民之報禮重。」《中庸》：「篤恭而天下平。」《詩》云：『先民有言，詢於芻蕘。』」先民，謂上古之君也。詢，謀也。芻蕘，下民之事也。言古之人君將有政教，必謀之於庶民，乃施之。

子云：「善則稱人，「人」讀作「天」，下二「人」字同。天爲鬼神、卜筮，與君親配，爲三達尊。凡所引皆爲皇帝事實，二《詩》二《書》爲天人之别。過則稱己，此爲人謀不臧。則民不争。善則稱人，讀作「天」。《詩》、《書》天命、天佑，凡休祥、富禄皆歸于天。過則稱己，有災異則自修省。則怨益亡。」《詩》云：「爾卜爾筮，卜筮爲《洪範》稽疑學。《易》曰：「人謀鬼謀。」卿士、庶民爲上下議院，卜筮則不敢恃人謀，决之于天。履指四方之民。無咎言。」無言，即怨益止。

① 文明：原作「明明」，據文意改。

子云：泰西宗教家尚株守尊天之説，政治、格致家則恒反對，尚不知神道設教之義也。「善則稱人①，讀作「天」。過則稱己，《洪範五行傳》以五事爲綱，凡災異皆自責。則民讓善。《詩》云：《詩》爲天學。『考卜惟王，讀作「皇」。皇與天道直接，鬼神飛身往來，不用卜；上下阻格，以誠相通，用卜筮。度此鎬京。鎬京，借昆侖爲喻，出地高一萬五千里也。《易》高尚即得玄黄，則不在六合以内矣。惟龜正之，歸功于天命，卜定其議。武王成之。』」以人力助成之。天出號令，武王不過司法而已。

子云：此説專爲臣言。所謂與子言孝，爲君者不得據以責臣；又當用其道，善則稱臣，過則稱己，乃爲兩得。「善則稱君，臣以君爲天，由一天而推三本。過則稱己，忠與孝對。泰西學説既無孝字思想，于忠字尤所深惡。此初離羈勒，犬馬寇讐之聲口，故其説欲天下絶君字之名辭，更何有于忠？不知各國于君之名辭雖去，其實必有所歸。且中土之恒言曰「虐我則仇」，師曠、伍胥之説，吾非不以爲是，然其下又云「撫我則后」。如其易暴虐而爲神明，愛民如赤子，久之相習，民有不愛之如父母者乎？則民作忠。《春秋·襄十九年》：晉士匄帥師侵齊，至穀，聞齊侯卒，乃還。《穀梁傳》：「君不尸小事，臣不專大名。善則稱君，過則稱己，則民作讓矣。士匄外專君命，故非之也。然則爲士匄者，宜奈何？宜墠帷而歸命乎介。」《君陳》曰：《大學》「平天下」章歷引《書》、《楚書》、舅犯、孟獻子，皆不在《尚書》中。《百篇》序據此立《君陳篇》名，乃作僞。『爾有嘉謀嘉猷，入告爾君于内，此君陳爲外諸侯，不在寰以内。女乃順之與天下同宣德化。于外，《尚書》：「雖爾身在外，乃心罔不在王室②。」曰：此謀此猷，推行因君矣，並以謀歸之。惟我君之德。不分君

① 人：原誤作「天」，據《禮記·坊記》改。
② 室：原作「堂」，據《尚書·康王之誥》改。

美，如後世焚諫草。於乎！此嘆美歸善于君之詞，非君自贊君也。是惟良顯哉！』」《書》「股肱良哉」。

子云：「善則稱親，子以父爲天，由一天以推三本。過則稱己，國學在先，家學在後。野人以下皆有國，士君子先有家學。或以家小國大、先家後國者，非也。則民作孝。孝爲孔子薪傳，經爲孔子創作。以孝爲六經中心點，統括百行。説詳《孝經凡例》。《大誓》曰：《大誓》即《牧誓》之别名。《牧誓》有經有傳，傳今在《逸周書》。諸書所引有不在經文者，皆屬傳。漢人以傳配而行，名爲後得《泰誓》。『予克紂，非予武，惟朕文考無罪。革命進于無君，故以尊父合言之，救民水火，革命亦所以爲孝。紂克予，非朕文考有罪，惟予小子無良。』」注：「《大誓》，《尚書》篇名也。克，勝也；非予武，非我武功也；文考，文王也；無罪，則言有德也；無良，無功也。此武王誓衆以伐紂之辭也。」

子云：「君子弛其親之過，而敬其美。」《孝經》：「將順其美，匡救其惡。」《論語》既引《論語》爲説，則上之云云①非孔子，明矣。曰：「三年《論語》立言多有别解，諸書引用則就文解釋。無改於父之道，此指可以改，可以無改者言。可謂孝矣。」《采風記》：西人不能譯孝字，以尚無此字思想與名辭。孔子以前之中國，當亦如今西人，孔子乃作《孝經》。故《孝經》之作，天地震動。使如俗説，則亦如今文昌《勸孝歌》耳，何足爲經！大惡不待三年，大美不須更改，《春秋》毁泉臺是也。高宗云：《無逸篇》中所引《百篇》序别爲一篇，妄也。「三年其惟不言。孔子之制禮，皆有所託。三年不言，託于高宗，自必因有事實，乃始託之。不然，亦不必屬高宗矣。然高宗不言之故或非因喪，故哀公、子張屢以是事爲問。《論語》所記答辭曰：「何必高宗，古之人皆然。」使古人皆然，經承襲之，固不是爲經，弟子何以又發問？故知此爲微言。古人皆然者，謂《堯典》耳。《經》云「三載，四海遏密八音」。以實事言，《春秋》時實無三年喪期；以經制言，則

① 云云：疑當作「子云」。

《堯典》已通行矣。言乃讙。」春秋以前不行三年喪，在喪不去官，故春秋世官，父死子繼，父老子代政，父死即于本年出使，以衰斬當使臣，孟子亦在喪赴官，此世族政治之法。《春秋》譏世卿，乃斷父子不相繼世位之制，又立喪禮：有喪則去官，居喪不與外事。三年之喪，君不呼其門，公卿以下不世。居喪去職，不與外事可也，若天子、諸侯與不世之公卿不能。因尊卑而異其禮，故乃創爲三年不言，冢宰攝政之喪制，託始高宗。

子云：「從命不忿，微諫不倦，勞而不怨，可謂孝矣。注：「微諫不倦者，子於父母尚和順，不用鄂鄂。」《論語》曰：「事父母幾諫，見志不從，又敬不違，勞而不怨。」《内則》曰：「父母有過，下氣、怡色、柔聲以諫；諫若不入，起敬起孝，説則復諫。」此所謂不倦。陳可大曰：「一説『忿』當作『怠』。聽從而不怠，語意正與此同。」王氏念孫曰：「一説是也。怠與倦義相近，謂久而不衰也。《大戴禮·曾子立孝篇》曰：『微諫而不倦，聽從而不怠。』語意正與此同。《内則》：『子婦孝者、敬者，父母舅姑之命，勿逆勿怠。』若從命而不忿戾，未得爲孝也。」王氏引之曰：「高誘注《淮南·精神篇》：勞，憂也。此承上『微諫不倦』而言，言諫而不入，恐其得罪於鄉黨州閭，孝子但心憂之，而不怨其親也。」《詩》云：『孝子不匱。』」注：匱，乏也。孝子無乏止之時。《正義》：「是《大雅·既醉》，美成王告太平之詩。」

子云：「睦於父母之黨，可謂孝矣。黨謂父族母族，衆矣，而尤以兄弟爲重。春秋以前，倫常之學未立，風氣大約同今泰西。五倫之中，略言朋友，君臣、父子、夫婦，所謂三綱，或頗極力反對之，兄弟則在若有若亡之間。經創立家學，故重孝道。父母之所愛敬，亦愛敬之，至于犬馬盡然，而况于人乎？而况于兄弟乎？故由孝以推之，而各得其所也。故君子因睦以合族。同宗合族。姓氏之學，西人所略，經立家學，乃言敬宗收族也。《詩》云：『此令兄弟，海外兄弟如路人，經乃以此進之。綽綽有裕；兄弟相助以成家。不令兄弟，其不善者如海外。交相爲瘉。』」每以兄弟爲病。

子云：「於父之執，父執友。可以乘其車，不可以衣其衣，君子以廣孝也。」注：「父之執，與父執①志同者也。可以乘其車，車差遠於身者也，謂今②與己位等。」《正義》：「若尊卑懸絶，不可傳同車服。」方性夫曰：「於父之執，猶且如此，則孝之所及廣矣，故曰以廣孝也。」

子云：「小人進化所謂庶人。皆能養其親，凡野人不養老人，則有禮當養親。君子資格在卿大夫，加人不止一等。不敬，德彌進者養彌隆。何以辨？」無以稱君子之名，此孝分等級之説。

子云：「父子不同位，注：同位尊卑等，爲其相褻。以厚敬也。禮：父子異宮而居，所以申子之孝，謂有孫則異宮而居，則訂禮以後之小別。《商鞅傳》：「秦國有夷狄風，父子同居，男女無別。」則同居當爲異居。蓋秦當時如今海外，父子不相收養，男女成立已後，異財別居，如同路人。故草昧父子異居，言其不同財、不相養。定禮以後，亦有父子異宮者，乃使子別居，以申其孫之孝思。《書》云：『厥辟不辟，忝厥祖。』」辟，君也；忝，辱也。爲君不君，與臣子相褻則辱先祖矣。君父之道也。尊，嚴也；厥，其也。○海外無家學，有名無姓，與單于同。經立家學，乃詳譜牒、姓氏、祖宗、孫曾。至於海外各邦，父子且有不相聞問，至於祖孫，更無從詰究；其久留中國者，或頗仿中國法，亦言姓氏、祖宗。能中國則中國之，此當急引長。

子云：「父母在，不稱老。文詳《曲禮》。言孝不言慈。今反對三綱者皆言慈不言孝。父父子子各有其道，凡爲父者不患不慈，非立坊則道不明也。閨門之內，門以内恩掩義。戲而不歎。恐致親不歎。君子以此坊

---

① 與父執：三字原脱，據《禮記·坊記》鄭注補。

② 今：原作「令」，據右引鄭注改。

民，中外之俗，其愛子女之心理同。外人則親不收恤，如路人然，故專以孝作坊。民猶有薄於孝外俗原無老老之俗，反其初。而厚於慈。」但如其常，即是厚也。

子云：「長民者，朝廷敬老，則民作孝。」上老老而民興孝。○注：長民，謂天子、諸侯也。

子云：「祭祀海外無祭先之禮。之有尸也，事死如事生。宗廟海外無宗廟之制。之有主也，示民有事也。事亡如事存。修宗廟，敬祭事，教民追孝也。《論語》慎終追遠。以此坊民，坊民忘先。民猶忘其親。」注：「有事，有所事也。」方性夫曰：「尸設於祭祀之時，主藏於宗廟之内，故於祭祀言有尸，宗廟言有主也。事死如事生，事亡如事存，所以示民。」有事追孝，與《祭統》言追①養繼孝同義。

子云：「敬則用祭器。注：「祭器，籩、豆、簠、鉶之屬也。有敬事於賓客則用之，謂饗食也。盤、盂之屬爲燕器。」故君子不以菲從質之義。廢禮，不以美没禮。注：言不可以其薄不及禮而不行禮，亦不可以其美過禮而去禮。禮主敬，廢滅之是不敬。故食禮，主人親饋，則客祭；敬主人親行。主人不親饋，則客不祭。故君子苟無禮，雖美不食焉。君子不享多儀。《易》曰：『東鄰文家。殺牛，不如西鄰質家。之禴祭，寔受其福。』《詩》云：『既醉以酒，既飽以德。』以此示民，示與表同。《表記》立爲標準，以示民趨向，所以勸誘之。《坊記》則新建堤坊以捍御狂瀾，所以禁遏淫溢也。民猶争利而忘義。」坊立則效。凡「民猶」云云，皆謂秦漢以下，若春秋，則尚無坊。不言水災，且大言之，則《地形訓》三十六民本指海外而言。中國古有水患，因坊而得救。以今日言，舊坊

① 追：原脱，據《禮記・祭統》補。

幾于無用，群思去之，海外之民有水患，浩浩滔天，下民昏墊，遠來乞援，不得不以舊坊示之。是凡言「民猶」云云者，謂中國爲小坊，尚將推之全球，立爲大坊也。

子云：此條三事，皆海外所無，經初創以示教者。「七日戒，致齊七日。三日齊。散齊三日。承①一人焉以爲尸，立尸之法。過之者趨走，以教敬也。注：戒謂散齊也，承，猶事也。醴酒醴最淡。在室，室最貴。醍酒在堂，次酒在中。澄酒在下，甘酒在堂下。示民不淫也。「禹惡旨酒」。○注：「淫猶貪也；澄酒，清酒②也。三酒尚質不尚味。」尸飲三，衆賓飲一，以多寡分。示民有上下也。注：「上下，猶尊卑也。主人、主婦、上賓獻尸，乃後主人降，洗爵獻賓。」因其酒肉，聚其宗族，祭以收族法。以教民睦也。注：言祭有酒肉，群昭、群穆皆至而獻酬之，咸有薦俎。故堂上觀乎室，堂下觀乎上。方氏苞曰：「事尸於室中者，主人、主婦也。待事於堂上者，長賓、長兄弟也。觀禮堂下者，衆賓、衆兄弟也。賓長、長兄弟有加爵，皆獻尸於室中。」《詩》云：『禮儀卒度，笑語卒獲。』」注：「卒，盡也。獲，得也。言在廟中者不失其禮儀，皆歡喜得其節也。」《正義》：「《詩·小雅·楚茨》之篇」。

子云：「賓禮每進以讓，喪禮每加以遠，浴於中霤，飯於牖下，小斂于户內，大斂於阼階，殯於客位，祖于庭，葬于墓，所以示遠也。鬼道遠。○注：「遠之所以崇敬也。阼或爲堂。」《正義》：「按鄉飲酒禮，主人迎賓，至門，三辭，至階，三讓，皆主人先入登。是賓禮每進以讓。」殷人弔於壙，殷人鬼。周人弔於家，不遠

---

① 「承」上原衍「齊」字，據《禮記·坊記》删。

② 清酒：二字原脱，據《禮記·坊記》鄭注補。

弔生及哀。示民不偝也。」注：「既葬，哀而哭踊，于是弔之。」

子云：「死，民之卒事也，墨與殷爲野，人用之，爲從先進。吾從周。注：「周於送死尤備。」以此坊民，《孟子》：「蓋上世嘗有不葬其親者。」海外喪禮，略如經説堯舜以前。再以經説大坊之。諸侯猶有薨而不葬者。」背殯士會諸位，如宋子、衛子、陳子。○《正義》：「殷人即壙上而弔，于送死太簡。周人孝子反哭，至家乃始弔，是情理備具。」方性夫曰：「自浴于中霤之下，皆喪禮示遠之事。弔于壙，即《檀弓》所謂殷既封而弔也。弔於家，即所謂反哭而弔也。」

子云：「升自客階，受弔于賓位，教民追孝也。注：「反哭，時也。既葬矣，猶不由阼階，不忍即父位也。」《正義》：「知反哭時者，《既夕禮》云：乃反哭。入，主人升自西階，是也。」未没喪，不稱君，《白虎通》説。示民不争也。故《魯春秋》記晉喪曰：『殺其君之子奚齊，以子繫于父，以示父爲子天。及其君卓。』獻公没，奚齊已立，不稱君而繫之父，曰君之子。以父統子，雖父死子立，猶如此，以明父爲子天之義。卓子逾年已稱君，與上義不合，當屬衍文。以此坊民，以父爲子天，父母在，不得私其身與財産。春秋以前，初無此法，孔子撥亂世，乃新立此坊。子猶有弑其父者。」謂六朝以下，如元凶劭、隋煬是也。春秋弑君父者多矣，此無坊之世則然，經因此而立坊，其後遂少，見此經撥亂之功也。或疑元凶劭、隋煬在孔經之後，疑孔前實行六經，周衰，其法不行，進化之中，寧無退化？不知元凶劭、隋煬人面畜鳴，本爲鴞怪，當世不齒，皆不得死所，不似春秋時代人民樂從，安然無恙之不一而足也。

子云：「孝海外無忠孝名義，先教以孝，乃推于君。以事君，移孝作忠。弟海外不敬老。以事長，長謂長官，爲官屬例。示民不貳也。《詩》：「無貳爾心。」人各有父兄，與君長官義分相同，然朝廷義掩恩，君尊于父，長貴于兄，一入仕宦，則父兄壓于君長，言公義詘私恩。故君子有君君臣無故。不謀仕，不貳心于外。唯卜之日有故而去。無位于國，卜所適之國。稱二君。禮言舊君有服，已去未仕之日，乃有二君，若仕新君，則又一心于新君。喪父三年，《禮經》：父至尊也。喪君三年，《禮經》：君至尊也。示民不疑也。君父同。○《尚書》：「百姓如喪考妣，三載四海遏密八音。」父母在，父子同居，子以父爲天。不敢有其身，海外學説以人爲國民，身爲國有，父母不得干涉。以孝立教，乃知身爲父母所有，《孝經》云「身體髮膚，受之父母，不敢毁傷」是也。不敢私其財，海外父子異財，父有養子之義務，父老亦自食其力，經教則子統于父。示民有上下也。注：「身及財皆當統于父母也。有猶專也。」故天子諸侯之于天子，如子之于親。四海之内《素問》所謂六合以内。無客禮，諸侯雖自主封地，不敢以天子爲客，惟敵國乃有客禮。莫敢爲主焉。天子至侯國館于廟，升自阼階。故君適其臣，此諸侯適卿大夫。升自阼階，即位於堂，以主自居，卿大夫不敢以爲客。示民不敢有其室也。注：「臣亦統於君。」父母在，饋獻《曲禮》作「三賜」，「三」字誤，當爲饋賜。不及車馬，示民不專也。注：「車馬，家物之重者。」以此坊民，當時無君父之義，故設此坊，今則當推之海外矣。民猶忘其親而貳其君。」

子云：「禮之先辭而後幣帛也，欲民之先事而後禄也。注：「此禮謂所執之摯以見者也。既相見，乃奉幣帛以修好也。或云：禮之先辭而後幣帛。」先財而後禮先後之間分意尚。則民利，注：「財，幣帛也。利，猶貪也。」無辭而行情則民爭，注：「辭，辭讓也；情，主利欲也。」故君子於有饋者，弗能見則不視其饋。注：「饋，遺也。不能見，謂有疾也；不視，猶不内也。」《易》曰：『不耕穫，不菑畬，凶。』以此坊民，爭競之風，以爲事皆自利，而不言義。民猶貴禄而賤行。」注：「行猶事也。言務得其禄，不務其事。」陸農師曰：「弗能見，非特有疾而已。若陽貨歸孔子豚，弗見；孟子由鄒之任，見季子，由平陸之齊，不見儲子，是也。」

子云：「君子不盡利海外競爭，專以奪利爲優勝，富者愈富，則貧者愈貧。以遺民。此貧富當①《周禮》土均、均人。《論語》「不患寡而患不均」，留有餘以待人。《詩》云：『彼有遺秉，此有不斂穧，不盡取。穧，子賜反。伊寡婦之利。』注：「言穫者之遺餘，捃拾所以爲利。」故君子仕則不稼，不兩利，有取則有所舍。田則不漁，務本則不逐末。食時不力珍。大夫不坐羊，士不坐犬。《大學》：「伐冰之家，不畜牛羊。」○注：「食時，謂食四時之膳也。力，猶務也。天子、諸侯有秩膳。古者殺牲，食其肉，坐其皮，不坐犬羊，是不無故殺之。」《詩》云：『采葑采菲，無以下體。德音莫違，及爾同死。』葑，芳容反。菲，房尾反。以此坊民，海外亦如戰國，一言利之風俗，朋友、夫婦皆以利交，故優勝劣敗，弱肉强食，故秦稱爲虎狼之國。飽暖以後，故進之以仁義，而坊其争。民猶忘義而争利，中國當時亦言利而不言義，必大同以後，世界進化，争競豪挩之事革而不用。如賈子疏，文帝時民俗猶争利，而不知恩義，導之以禮教，而後教化行。以亡其身。」利與害鄰，争利者忘害，所謂利令智昏。

子云：「夫禮，坊民所淫，《曲禮》：「聖人爲禮，使人自知別于禽獸。」章民之別，《禮記》：「禮始于男女有別。」使民無嫌，草昧之初，男女無別，自由結婚，禍亂無極。聖之立坊，以救其亂萌也。嫌，嫌疑也。以爲民紀者也。《禮經傳》曰：「禽獸知有母而不知有父。野人曰父母何算焉？」庶人之所以別于禽獸、野人者，在男女有別。故男女無媒媒妁所以禁自由。春秋以前亦如外邦，無媒妁。不交，不得結婚。無幣制爲六禮，以正夫婦之倫，首納幣。不相見，見指親迎，非男女以幣則可相結納。恐男女之無別也。重男女之會，所以遠別於禽獸也。以此坊民，

① 當：原作「黨」，據文意改。

婚禮男女之大坊。民猶有自獻其身。未定婚禮之先，人皆自由相許，如《春秋》季姬遇鄫子于防，使鄫子來請己是也。制以禮後，暴男泆女閒猶不免自獻，《孟子》所謂不待父母之命、媒妁之言。《詩》云：『伐柯今本作析薪。如之何？按：「柯」蓋別一條，與《考工記・車人》之「柯」不同，故毛作「析薪」。匪斧不克。娶妻如之何？匪謀不得。』初無媒，立坊以後乃如此。經語所以震聾聵。此語海外聞之，則如震雷也。『蓺麻如之何？横從其畝。取妻如之何？必告父母。』」劉氏臺拱曰：「以下六章言刑以防淫。」按：海外男女平權，經乃扶陽抑陰，使男外女内，皆各得所。

子云：「娶妻不取同姓，草昧多血族相婚，酋長自貴其種，更自相婚嫁，男親王娶女親王是也。聖人制禮，乃分別種族，惡同喜異。《左傳》「男女同姓，其生不蕃」，外國近詳種學，專以發明斯旨。以厚別也。其遠爲防絶種，其近則防争殺，且以自別于禽獸，故禁血族爲婚，中律已通行二千餘年矣。故買妾海外學説，一夫一妻，不置妾；經重繼嗣，乃置媵。不知其姓，則卜之。注：「妾言買者，以其賤。」士庶妾恒多凡庸，有不知其姓。以此坊民，此在立坊之前，爲當日通行實事，據經乃譏之。《魯春秋》猶去夫人之姓不言孟姬。曰謂曰「繫」注之。『吴』，《春秋》但書孟子卒，直同宋女矣。後人不必知爲娶同姓，故先師傳受，讀此孟子曰繫吴字，故《論語》云「謂之吴孟子」。其死曰『孟子卒』。」或疑《論語》「吴孟子」三字爲昭公自稱夫人之辭，不知國君于夫人無直呼姓氏之禮。春秋時娶同姓，天下通行，不以爲非。孔子作經，乃始譏之。所云「吴孟子」，即指《春秋》書法而言，非昭公辟其姓，特目吴也。○《春秋》哀十二年《左傳》：「夏五月，昭夫人孟子卒。昭娶于吴，故不書姓；死不赴，故不稱夫人；不反哭，故不言葬小君。」

子云：外人男女相友，賓主酬酢，並無同姓異姓之别，此主外賓言。「禮，非祭，男女不交爵。《記》曰「非祭非喪，男女不相授受。」以此坊民，海外男女無别，燕會之際，女主與男賓酬酢，男主亦與女賓酬酢，酒以結歡，禍亂稠疊。故經饗、食、燕三禮皆無女主賓，所以撥亂反正，挽其殺劫也。陽侯猶殺繆侯而竊其夫人。此事當亦在孔子前，然孔經雖立，當時並未通行，故孔子云「經成而世愈亂」，則或在立坊以後也。故大饗《禮經》鄉飲酒即饗禮。廢夫人之禮。」饗禮無女主。○王氏引之曰：「繆當讀爲蓼，聲相近而假借也。《淮南·氾論篇》：『陽侯殺繆侯而竊其夫人。』高注曰：『陽侯，陽陵國侯也。蓼侯，皋陶之後，偃姓之國侯也。今在廬江。』按：漢始有陽陵侯傅寬，古無陽陵國侯也。閔①二年《春秋》：齊人遷陽。杜注曰：『陽，國名。』則古有陽國。」

子云：《記》曰：「夫婦有義，而後父子有親；男女有別，而後夫婦有義。」故禮始于別男女。今海外男女自由，天生子滿街，不治宗廟，享親不言神，不言非族，與土司酋長略同。「寡婦之子，不有見焉，此言男女之別，並及於新納交其子者。則弗友也，文詳《曲禮》。君子以辟遠也。辟嫌遠患。故朋友之交，男與男爲友，男有外事，須朋友。至于婦女無外交，不言朋友一倫。主人不在，獨女眷在。不有大故，則不入其門。私人則有嫌。以此坊民，立男女之坊。民猶以色厚當作「亂」。於德。海外子不養親，故婦人不以養子爲事。法國丁口大減，此滅種之道也。《孟子》：「不孝有三，無後爲大。」外人頗嗤其說，其得失可覩矣。經術創祭祀以事其先，則貴血脈。重血脈，則必先別男女。故雖朋友之母，亦必致其謹，朋友妻室，更無論矣。

子云：「好德如好色。食色天性，《禮經》立坊以禁亂，又立表以勸善，移其好色之心以好德，雙方並進之法也。諸侯立法自貴者始。不下漁色，凡草昧之世，如猓玀，皆自貴種人，黑骨不與白骨通婚姻。又如日本女親王嫁男親王，其風氣至今猶未革除，争挩妒殺，積爲禍害。經撥其亂，立爲同姓不昏以格絕之。至于諸侯禁其下嫁漁色，亦所以遠別也。

①「也」、「閔」二字原脱，據《經義述聞》卷一六「陽侯」條補。

○注謂不内取於國中也。内取國中，爲下漁色。昏禮始納采，謂采擇其可者也。國君而内取，象捕魚然，中網取之，是無所擇。故君子遠色，以爲民紀。如昏禮不稱主人。故男女授受不親，注：「不親者，不以手相與也。」《内則》曰：「非祭、非喪不相授。」則女受以篚，其無篚則皆坐奠之而後取之。御婦人則進左手。注：「御者在右前，左手則身微偝之。」姑、姊妹、女子子已嫁而反，孔子以前，如齊桓姑、姊妹不嫁者七人；非僅不嫁，謂自相匹配耳。又如諸兒之事，在當日亦如海外，視爲常禮，經已立，乃以爲怪耳。男子不與同席而坐。男女同姓，其生不殖。海外種學頗爲發達，然未能實踐。經則雖骨肉隔絶之以遠嫌。寡婦不夜哭。注：「嫌思人道。」婦人疾，問之，不問其疾。注：「嫌媚略之也，問增損而已。」以此坊民，内嫌同姓異姓。民猶淫泆指異姓。而亂於族。指同姓。○海外近慕華風，游歷中國，婦女亦知遠恥，此當引進之，故《坊記》初坊中國之亂，爲小用之，今坊全球之亂，爲大用之。

子云：春秋時奪婚之事多矣，甚至見于家庭。外國結婚以後，別有所見，而改約者猶多。「昏禮，孔子所訂。壻親迎，親迎所以免奪婚事。見於舅姑，海外婦于舅姑尤視同路人，終身不相見者多矣。此當引進之者。舅姑承子以授壻，親自交接。恐事之違也。違，謂奪攘反覆，不能達婚姻之目的。○王氏念孫曰：「孔曰『承』爲『承奉』，非也。承者，引也，言引女以授壻也。」《漢書·賈誼傳》：『人主胡不引殷、周、秦事以觀之也？』《大戴記·禮察篇》引作『承』。是『承』即『引』也。」以此坊民，春秋使人迎娶，多爲道淫攘奪。婦猶有不至者。」至，謂至夫家。親迎以後，在途或別有事。故海外小説記婚殺之事，禍變奇離，多出意計之外。

容經淺注

廖平　撰
楊世文　校點

校點説明

《漢書·儒林傳》云：「魯徐生善爲頌，孝文時，以善頌爲禮官大夫，傳子至孫延、襄。襄其資性善爲頌，不能通經；延頗能，未善也。襄亦以頌爲大夫，至廣陵内史。延及徐氏弟子公户滿意、柏生、單次皆爲禮官大夫。而瑕丘蕭奮以禮至淮陽太守。諸言禮爲頌者由徐氏。」顔師古注曰：「頌讀與容同。」廖平認爲賈誼《新書》中的《容經》爲《禮經》之緯，曾作《容經學凡例》，意在以《容經》作學堂修身教本，欲習儀者，當由容始。認爲《容經》以《洪範》五事爲綱：一曰貌，二曰言，三曰視，四曰聽，五曰思。以《周禮》保氏六儀爲緯：一曰祭祀之容，二曰賓客之容，三曰朝廷之容，四曰喪祭之容，五曰軍旅之容，六曰車馬之容。《容經淺注》就賈子《容經》旁引經史子書爲注，闡發容禮。原載《國學薈編》一九一六年第三期，又見《中國學報》一九一六年第五期，兹據《國學薈編》整理。

目録

容經淺注①

《容經》以《洪範》五事爲綱：一曰貌，二曰言，三曰視，四曰聽，五曰思。以《周禮》保氏六儀爲緯：一曰祭祀之容，二曰賓客之容，三曰朝廷之容，四曰喪紀之容，五曰軍旅之容，六曰車馬之容。按：經多詳四儀，車馬有專目，賓客則略。

容當爲志。在心爲志，即《洪範》「思」。下云四志，是其徵。有四興：在内。朝廷於情爲喜。之志，《鄉黨》該朝廷中。淵然，清以嚴；正直。祭祀於情爲樂。之志，《鄉黨》宗廟。愉然，思以和；柔德。吉禮二。○盧文弨云：建本、別本「愉」作「諭」，今從潭本。軍旅於情爲怒。之志，軍旅屬軍禮。怫然，慍然，《玉藻》：「戎容暨暨。」精以厲；剛德。喪紀於情爲哀。之志，凶禮。謬然，瀝然，憂以湫。哀傷。《玉藻》：「喪容纍纍。」○湫音愁，潭本「湫」作「下」。按：《意林》作「愁」。四二吉一軍一凶，均屬六儀，外有賓客、車馬附焉。志形中，中爲心思，即京師之比。形中，《中庸》所謂「誠於中，形於外」，指本節。四色以視、聽、言、動屬四方，爲四色。發外，《中庸》：「喜、怒、哀、樂之未發謂之中，發而皆中節謂之和。」維如。○下有缺文，潭本無「維如」二字。

右志色之二字衍。經。《論語》：「一日克己復禮，天下歸仁。」一日喻王畿千里。色即四方之視聽言動。「目上事也」建本誤連上，今仿後立容、坐容之例改正。潭本脱，舊志下有「色之」二字，今删。

① 《中國學報》一九一六年第五期亦刊《賈子容經淺注》，文字小有異同。題下有注云：「盧校以圈爲別。」

容即上四色形外。有四起：即上四色形外。朝廷賓客附此。之容，如春。師師然，翼翼然，《少儀》：「朝廷之美，濟濟翔翔。」整以敬；祭祀之容，吉禮如夏。遂遂然，粥粥然，《少儀》：「祭祀之美，齊齊皇皇。」敬以婉；《玉藻》：「凡祭，容貌顏色如見其所祭者。」軍旅軍禮。之容，如秋。《曲禮》：「介胄則有不可犯之色。」湢然，肅然，《玉藻》：「戎色容厲肅。」固以猛；《少儀》：「軍旅思險，隱情以虞。」喪紀凶禮。之容，如冬。《曲禮》：「臨喪則必有哀色。」怮然，懾然，《玉藻》：「喪容顛顛。」若不還。《少儀》：「喪事主哀，祭祀主敬，會同主詡，賓客主恭。」○建本脱「肅然」二字，潭本有。怮音幽，憂也。

右《容當爲「色」。志在中，色在外，不然，則與大名重複。經》。志專主心，色則發外，指全身而言。足容重，手容端，凡身體皆有容。

視有四則：朝廷之視，端沠平衡；平視。《曲禮》：「大夫衡視，士視五步。」○「沠」即「流」字，潭本作「若」，訛。下同。祭祀之視，如有將；微俯視。《曲禮》：「凡視，上於面則傲，下於帶則憂，傾則姦。」軍旅之視，固植虎張；上視。《玉藻》：「視容清明。」喪紀之視，下流垂網。垂頭下視。《玉藻》：「視容瞿瞿。」《左傳》①：邾隱公來朝，子貢觀焉。邾子執玉高，其容仰，公受玉卑，其容俯。子貢曰：「以禮觀之，二君者皆有死亡焉。夫禮，死生存亡之體也，將左右周旋進退俯仰，於是乎取之，朝祀喪戎，於是乎觀之。今正月相朝，而皆不度，心已亡矣。嘉事不體，何以能久？高、仰②驕也，卑、俯替也。驕近亂，替近疾。君爲主，其先亡乎？」

① 左傳：原作「左轉」，誤，今改。
② 仰：原誤作「即」，據《左傳・定公十五年》改。

右《視經》。《論語》：「非禮勿視。」

《眼銘》：齊竟陵王蕭子良。惟正是視，玄黄匪惑。非禮不覿，儀型是則。慎爾所覿，無愆斯德。

《視箴》：宋程伊川頤①。心兮本虛，應物無迹。操之有要，視之爲則。蔽交於前，其中則遷。制之於外，以安其内。克己復禮，久而誠矣。

右《視經》附文二則。

《耳銘》：齊竟陵王蕭子良。惟耳司聽，仁愛是聞。詳查巧言，離辨異群。無迷邪諂，炫惑莫分。

《聽箴》：宋程伊川頤。人有秉彝，本乎天性。知誘物化，遂亡其正。卓彼先覺，知止有定。閑邪存誠，非禮勿聽。

右《聽經》補。《聽經》缺，今以《耳銘》、《聽箴》補之。《論語》：「非禮勿聽。」

言有四術：《禮記》：「君子服其服，則文以君子之容；有其容，則文以君子之辭。」言②敬事上。以和，臨下。朝廷《曲禮》：「公庭不言婦女。」之言也；《鄉黨》：「朝，與上大夫言，侃侃如也；與下大夫言，誾誾如也。」○和，《意林》

---

① 宋程伊川頤：「頤」原作「灝」，誤，據《近思録》卷五改。下同。

② 言：原脱，據《新編諸子集成》本《新書校注》卷六補。

作「正」，別本作「固」，建本脱此字，今從潭本。文言有序，祭祀之言也；《曲禮》：「祭祀不言凶。」○《意林》作「和以序」。屏氣折聲，《玉藻》：「戎言詻詻。」軍旅之言也；○《意林》作「併聲氣」。言若不足，《玉藻》：「言容繭繭。」喪紀之言也。《記》：「言不文。」又：「言而不語，對而不問。」

右《言經》。《論語》：「非禮勿言。」○建、潭本並脱，別本有。

《家語》引《金人銘》曰：「古之慎言人也，戒之哉！戒之哉！無多言，無多事。多言多敗，多事多患。安樂必戒，無行所悔，勿謂何傷，其禍將長。勿謂何害，其禍將大。勿謂不聞，神將伺人。燄燄弗滅，炎炎若何。涓涓不壅，終爲江河。綿綿不絶，或成網羅。毫末不機，將尋斧柯。」

《口銘》：《傅子》。○四勿言關繫尤重，故古銘箴較①視聽尤詳。神以感通，心由口宣。情莫多妄，口莫多言。病從口入，禍從口出。存亡之機，開闔之術。

《口銘》：齊竟陵王蕭子良。惟舌是慎，慎乎語笑。三緘是戒，事重周廟。戒之戒之，無貽厥誚。

《口箴》：宋謝惠連。宣納之由，實爲樞機。惟舌是出，馳駟安追。差釐千里，君子慎微。何用口爽，信在甘肥。

① 較：原作「校」，據文意改。

《口箴》：唐姚元崇。君子欲訥，吉人寡辭。利口作戒，長舌爲詩。斯言不善，千里違之①。勿謂可復，駟馬難追。惟謹惟默，澄清之極。去甚去泰，居物之外。多言多失，多事多害。聲繁則淫，聲希則太。室本無暗，垣亦有耳。何言者天，成蹊者李。似不能言，爲世所尊。言不出口，冠時之首。無摇爾舌，以速爾咎。無易爾言，亦孔之醜。敬之慎之，可大可久。敬之伊何，三命而走。慎之伊何，三緘其口。勖哉夫子，行矣勉旃。書之牆屋，以代韋弦。

《舌箴》：唐李文饒德裕。粤自帝舜，洎於殷宗。龍命惟允，説言乃雍。周有良弼，王之喉舌。鼓舞而生，涣汗乃發。《傳》以言從作義，《易》以講習施悦。天以卷舌屏讒，儒以金口駕説。伯陽之戒，柔存剛缺。言貴無瑕，辭貴若訥，則知門猶善閉，囊不在括。是以揚雄悼讒者之冤，梅福痛忠臣之烈。善乎！聖人之言，既明且清，國之以寧，人之不朽。犯無隱，情無恃，爾言駟馬不及。嗟爾君子，念兹在兹，勿以寤一言而取宰相，勿以三寸舌而爲帝師。徒見婁敬掉而獲爵，不知魏其齰而可悲。雖言必有中，而貴適其時。子房用其策，難以争立愛。奉春善建不拔，無以免纍縲。衛武警夫莫捫，叔向哀於是出。惟敬仲之難明，由匠石之無質。楊子曰：「重則有法，輕則招尤。」言能如是，可以寡憂。

---

① 違之：原作「遠而」，據《唐文粹》卷七八改。

《言箴》：宋程伊川頤。人心之動，因言以宣。發禁躁妄，内斯静專。矧是樞機，興戎出好。吉凶榮辱，惟其所召。傷易則誕，傷煩則支。已肆物忤，出悖來違。非法不道，欽哉訓辭。

右《言經》附文。

固頤正視，平肩正背。《玉藻》：「立容辨，卑毋讇，頭頸必中，山立時行。」臂如抱鼓，足間二寸，端面《玉藻》：「頭容直。」攝纓。○建本此下空一行，誤。端股整足，《玉藻》：「足容重。」體不摇肘，《玉藻》：「手容恭。」曰經立；平居。因以微磬，小敬。曰共讀作恭敬之恭。立；《玉藻》：「立容德。」○建、潭本脱「微」字，别本有。因以磬折，曰肅立；中禮。因以垂佩，大禮分三等。曰卑立。《曲禮》：「立則磬折垂佩，主佩倚則臣佩垂，主佩垂則臣佩委。」

右《立經》。《論語》：「非禮勿動。」在《容經》爲行趨坐立、跪拜起伏。○潭本題在前，非也，下同。

《動箴》：宋程伊川頤。哲人知幾，誠之於思。志士勵行，守之於爲。順理則裕，從欲惟危。造次克念，戰兢自持。習與性成，聖賢同歸。

右《立經》附文。

坐以經立之容：古席地而坐，如今盤足。以經坐爲本，由經坐推之。胻不差而足不趺，《曲禮》：「坐必安，執爾顔。」○别本「胻」作「肘」。視平衡，曰經坐；閒燕之坐。微俯視四坐皆以視爲分别。尊者之膝，曰共坐；小禮。仰首視不出尋常之内，《禮記》「視五尺」。曰肅坐；中禮。廢首低肘①，曰卑坐。大禮前五門以六儀爲緯，即《周官》之官聯。立經以下不分四儀，而以平常與小中大三禮立爲標，互文起例，各言一端，要在善學者推之耳。

右《坐容》。或疑古坐即今跪拜之跪。按下有跪容專名，則古坐自與跪别。

行以微磬之容：共立。臂不摇掉，肩不下上，不側聳。身似不側，從容而任。「任」當作「往」。《玉藻》：「凡行容惕惕，朝中齊齊，朝廷濟濟翔翔。」

右《行容》。所謂緩走也。

趨以微磬之容：飄然翼然，《論語》：「趨進，翼如也。」肩狀如流，《玉藻》：「行不舉足，齊於流。」足如射箭。《玉藻》：「端行，頤霤如矢；弁行，剡剡起屨。」

右《趨容》。《玉藻》「君與尸行」以下七條爲《容經》傳文。

旋此如陳法之圓方，周旋中規，折旋中矩。以微磬之容：其始動也，穆如驚倏；其固復也，圓方皆周而復始。旄毛濯絲。

右蹕旋之容。蹕與盤同。

跪以微磬之容：以上皆統于微磬。揄右而下，先屈右足。進左後屈左足。而起，起亦先右。手有抑

① 肘：原作「時」，據賈誼《新書·容經篇》改。

揚，跪之二手容。各尊其紀。跪亦分差等。

右《跪容》。或疑古無跪禮，經不見跪文，據此足以補證之。

拜以磬折之容：《少儀》有肅拜、手拜之分，以下主磬折。吉事九拜吉拜。上左，凶事九拜凶拜。上右，位與手足，吉凶皆有等差。隨前以舉，項衡以下，跪下。寧速無遲，拜取迅速。背項之狀，如屋之氏。氏，平也。《詩》：「周道如砥。」「砥」訓「平」。○潭本、别本作「統」，訛。「氏」疑即「低」字，所謂「覆夏屋」是也。

右《拜容》。

《周禮》：「司祝辨九拜：一曰稽首，二曰頓首，三曰空首，四曰振動，五曰吉拜，六曰凶拜，七曰奇拜，八曰褒拜，九曰肅拜。以享右祭祀。」鄭注：稽首，拜頭至地也。頓首，拜頭叩地也。空首，拜頭至手，所謂拜手也。吉拜，拜而後稽顙。齊衰不杖以下者言吉者，此殷之凶拜。周以其拜與頓首相近，故謂之吉拜云。凶拜，稽顙而後拜，謂三年服者。杜子春云：振讀爲振鐸之振，動讀爲哀慟之慟，奇讀讀奇偶之奇，謂先屈一膝，今雅拜是也。或云奇讀曰倚，倚拜謂持節、持戟拜，身倚之以拜。鄭大夫云：動讀爲董，書亦或爲董。振董，以兩手相擊也。奇拜，謂一拜也。褒讀爲報；報拜，再拜是也。

右《拜容》附文。

拜而未起。《禮經》「拜」下多有「興」字，此云「拜而未起」，知拜必先屈足，或以磬折爲拜，非。○此條有脱文。

右《伏容》。伏與匐同。《詩·谷風》：「匍匐救之，生民誕實。」匍匐，《禮記·檀弓》「以扶服爲之。」《問喪》：「故匍匐而哭之。」《左·昭十三年傳》作「蒲伏。」

坐乘以經坐之容：經爲平，居下三等，皆自卑而尊人。手撥《曲禮》：「不廣欬，不妄指。」式①，視五旅，即《曲禮》所云「立視五嶲，式禮馬尾。」欲無顧，《論語》：「車中不內顧。」顧不過轂。《曲禮》同。小禮動，中禮式，《論語》：「式負版者。」大禮下。《曲禮》：「國君下齊牛，式宗廟，大夫、士下公門，式路馬。」

右坐車之容。

立乘以經立之容：右持綏而左臂詘，存劍之緯②，《少儀》：「僕者右帶劍。」欲無顧，○建、潭本無「無」字。顧不過轂。小禮據，中禮式，大禮下。六儀有車馬，上經不詳，此二節補言之。○四句與坐車文全同，或以爲衍文，非是。

右立車之容。

禮：介者不拜，《曲禮》：「介者不拜。」○建、潭本脱「者」字。兵車不式，《少儀》：「武車不式，介者不拜。」不顧，不言《論語》：「車中不內顧，不疾言。」反，抑式以應，武容也。此屬軍旅之容。

右兵車之容。

若夫立而跂，去智反。《曲禮》：「立毋跛。」○建、潭本訛「跂」，別本作「跛」。坐而蹁，《曲禮》：「立如尸，坐如齋。」體怠懈，體指外言。志驕傲，志指內言。《曲禮》：「志不可滿，傲不可長。」趮視數顧，《曲禮》：「視瞻勿回。」○

① 手撫式：原作「手撥式軾」，據中華書局本《新書校注》卷六改。

② 緯：原作「偉」，據中華書局本《新書校注》卷六改。

趮與躁同，舊皆訛「趮」。容色不比，動静謂手足也。不以度，安咳唾，讓食不唾。疾言，《曲禮》：「長者不及，毋儳言。」嗟，當食而歎。氣不順，屏氣似不息者。皆禁者。○潭本此條前題「總論」，非。

右容禁。傳記言勿、言無者屬此。

原載《國學薈編》一九一六年第三期，又見《中國學報》一九一六年第五期。

周禮訂本略注

廖平 撰 黃鎔 注
楊世文 校點

校點説明

《周禮訂本略注》三卷，廖平撰，樂山黄鎔箋述。廖宗澤《六譯先生年譜》：「庚子《井研志》著録大統各書後，先生復取其地輿諸説輯爲《大共圖》。政事、風俗、典章注《周禮》，名《周禮新義》，並推考義例注《詩》、《易》二經。至是（光緒二十七年，一九〇一），均完成（《知聖續編》頁六十二）。」《周禮新義》又名《周禮皇帝治法考》，地官、夏官、秋官存稿殘缺不完。黄鎔之《周禮訂本略注》即本其寫定之經文，而未用其注。廖平舊有《周禮定本》，仿《王制訂本》之例，分經、傳、説寫定，其稿未見。至民國六年（一九一七），黄鎔爲之注而刊之，名《周禮訂本略注》。以《周禮》爲《書》傳，如《王制》爲《春秋》傳，與《書尚書宏道編》互相發明。但止完成天官、地官二卷，當是未完之作。民國六年《國學薈編》第三期刊載，收入《六譯館叢書》，兹據此本整理。

目録

周禮訂本略注第一

《周禮》爲《書》傳。如《王制》爲《春秋》傳，前已刊《王制訂本集説》，今爲《周禮訂本略注》，全與《書經弘道編》互相發明。

天官冢宰

皇制六相法天，以天官統東南，即《書・皇道篇》之「命羲」，所謂天以六節。帝制五官法地，以冢宰統四方，如《書・顧命》五篇，分之即五帝，所謂地以五制。由五進六，由漸進化，故《周禮》止五官，而小宰舉六屬，寓由帝進皇之意。

【序】**惟王**王讀作皇，王、皇古通。**建國**，《召誥》「相宅於土中」，《大司徒》土圭測日求地中，交會和合，百物阜安，乃建皇國。**辨方正位**，《素問》移光定位，觀其方月而可知，故内八干八正，外十二州十二正，而全球方位定。《皇道篇》四仲但舉四方之正。**體國**國爲邦國，指外八州。**經野**。野爲都鄙，指外十二州。**設官分職**，皇六相有冬官，如《皇道篇》之「命羲和」。帝五官無司空。**以爲民極**。《洪範》皇極居中，《詩》「商邑翼翼，四方之極」，《淮南・時則訓》「中央之極，黄帝所司，方萬二千里」。**乃立**如《皇道篇》「乃命」。**天官冢宰**，《盛德篇》六官首舉冢宰，本篇首《大宰》，與《曲禮》天官先六大同在皇統，爲常設之官。以天立名，如南正重司天屬神，與王喪之冢宰名同實異，又與《王制》制國用之冢宰不同。**使帥其屬而掌邦治**，小宰天官，其屬六十，掌邦治。皇統則用官屬，帝統用官聯。説詳《周禮新義凡例》。**以佐王**王古通「皇」。**均邦國**。

經　大宰即冢宰。《爾雅》：冢，大也。之職，掌以下皆冢宰職務，司空攝之。建邦之六典，皇法天用六。《内經》：天以六節。以佐王皇。治邦國内八州爲邦國，先治内，然後及外州。

傳　一曰治典，小宰天官，掌邦治。以經邦國，鎮以内八州。以治官府，甸以内王畿。以紀萬民。藩以外六畿爲都鄙外州。二曰教典，地官掌邦教。以安邦國，以教官府，以擾馴也。萬民。萬民爲都鄙之變文。三曰禮典，春官掌邦禮。以和邦國，以統百官，百官爲官府之變文。以諧萬民。《洪範》「庶民惟星」，乃九夷、八蠻、六戎、五狄。四曰政典，夏官掌邦政。以平邦國，以正百官，以均萬民。《月令》有七十二候，《淮南》有三十六民之説。五曰刑典，秋官掌邦刑。以詰邦國，以刑百官，以糾萬民。以官民爲内外岳牧之代辭。六曰事典，冬官掌邦事。以富邦國，以任百官，以生萬民。《周禮》疆域分官府、邦國、都鄙三等，説詳《周禮新義凡例》。

經　以八八取義於八方。灋八灋，小宰、司會、司書掌之。治官府。由王畿數至侯甸爲官府。

傳　一東方。○從《易》八卦首震之次序。曰官屬，小宰以官府之六屬舉邦治。以舉邦治。二東南。曰官職，小宰以官府之六職辨邦治。以辨邦治。三南方。曰官聯，小宰以官府之六聯合邦治。以會邦治。四西南。曰官常，官之常職。以聽邦治。宰夫八職，四曰旅，掌官常以治數。五西方。曰官成，小宰以官府之八成經邦治。以經邦治。宰夫二曰師，掌官成以治凡。六西北。曰官灋，以正邦治。宰夫一曰正，掌官灋以治要；三曰司，掌官灋以治目。七北方。曰官刑，《秋官司寇》五刑，四曰官刑，上能糾職。以糾邦治。八東北。

曰官計，小宰以聽官府之六計，弊群吏之治。以弊斷也。邦治。

經 以八則小宰、司會、司書掌之。治都鄙。由藩數至城爲都鄙。

傳 一東方。○如上八灋之例，下不贅。曰祭祀，《周禮》掌祀之官最多，或目爲神權迷信，不知上古多神，固如九黎亂德，迄於大統文明，民之精爽不貳，能與天通，祭則受福，故又重祭祀。以馭其神。如天地、社稷五祀。二曰灋則，以馭其官。鄭注：法則其官之制度。三曰廢置，退其不能者，舉賢而置之。以馭其吏。四曰禄位，禄若今月奉；位，爵次也。以馭其士。《王制》諸侯之下士禄食九人，天子之元士視附庸。五曰賦貢，《禹貢》九州之賦貢。以馭其用。冢宰制國用。六曰禮俗，昏姻、喪紀，舊所行者。以馭其民。七曰刑賞，《謨》曰：「天命有德，五服五章；天討有罪，五刑五用。」以馭其威。八曰田役，田獵之役。以馭其衆。

經 以八柄權柄。詔告也。王皇也。馭群臣。如《書·帝典》之稱群后，《春秋》之稱諸侯。

傳 一曰爵，五等之封建，九命之等級。以馭其貴。《帝典》：「輯五瑞，班瑞於群后。」二曰禄，《王制》：「王者制禄，位定然後禄之。」以馭其富。《洪範》：「凡厥正人，既富方穀。」五福，二曰富。三曰予，言行偶合於善，則有以賜予之。以馭其幸。《文侯之命》：「惠康小民。」四曰置，以馭其行。有賢行者置之於位。○《謨》曰「行有九德」。五曰生，生猶養也，賢臣之老者有以養之。成王封伯禽於魯，曰「生以養周公，死以爲周公後」是也。以馭其福。《洪範》五福之柄，皇極操之，故曰「惟辟作福」。六曰奪，臣有大罪，没人家財者。以馭其貧。《洪範》六極之一。七曰廢，猶放也。以馭其罪。如《帝典》「放驩兜於崇山」之類，四罪而天下咸服。八曰誅，責，讓也。以馭其過。《吕刑》五過之疵。○八柄，前五主慶賞，後三主刑威，多寡不一。皇法天，天之道，任德不任刑也。

經 以八統取統御八方之義。詔王馭萬民。《典》曰黎民，《範》曰庶民，《無逸》萬民兩見。

傳 一曰親親，王化自近始。二曰敬故，故舊。三曰進賢，四曰使能，五曰保庸，鄭注：民功曰庸。○大司徒以庸制禄，則民興功。六曰尊貴，七曰達吏，察舉勤勞之小吏。八曰禮賓。《秋官》「掌客」、「掌訝」所掌。○合計八灋、八則、八柄、八統，共四名。地有四方、四正，兼四隅，合則爲四，分則爲八，故《皇篇》舉四仲，《典》稱四岳，《伏傳》乃有八伯。

經 以九職由八而九，取法《範》之九疇，《貢》之九州。任萬民。

傳 一曰三農，春、夏、秋三時之農。生九穀。九州之穀，説見《職方氏》。二曰園圃，毓草木。三曰虞衡，《地官》「山虞」、「澤虞」、「林衡」、「川衡」。作山澤之材。四曰藪澤無水曰藪。牧，畜牧。○《地官》「牧人」。養蕃鳥獸。《帝典》「益」作「虞」，掌上下草木鳥獸。五曰百工，《帝典》「垂」作「共工」。飭化八材。《考工記》百工審曲面執以飭五材。六曰商賈，阜盛也。通貨賄。金玉曰貨，布帛曰賄。○《帝謨》懋遷有無，化居。七曰嬪婦，九嬪、世婦。化治絲枲。麻也。○《天官》「典絲」、「典枲」。八曰臣妾，《左傳》説男爲人臣，以晉太子圉質秦比之，女爲人妾，以爲宦女。○臣妾二字見《費誓》。聚斂疏材。疏材，百草根實可食者。九曰閒民，游民也。無常職，轉移職事。

經 以九賦九服九畿之賦。斂財賄。大府、内府、司會職内掌之。

傳 一曰邦中王畿、邦畿、國畿。之賦，大府：邦中之賦，以待賓客。二曰四郊侯服、侯畿。之賦，四郊之賦，以待稍秣。三曰邦甸甸服、甸畿。之賦，邦甸之賦，以待工事。四曰家削男服、男畿。之賦，家削之賦，以待匪頒。五曰邦縣采服、采畿。之賦，邦縣之賦，以待幣帛。六曰邦都衛服、衛畿。之賦，邦都之賦，以待祭祀。七曰關市蠻服、蠻畿。之賦，關市之賦，以待王之膳服。八曰山澤夷服、夷畿。之賦，山澤之賦，以待喪紀。九曰幣餘鎮服、鎮畿。之賦。幣餘之賦，以待賜予。

經 以九式鄭曰：式謂用財之節度。均節財用。司會職歲掌之。

傳 一曰祭祀之式，《王制》：祭，豐年不奢，凶年不儉。二曰賓客之式，秋官掌客，掌四方賓客之牢禮、餼獻、飲食之等數。三曰喪荒之式，《王制》：喪用三年之仂，荒凶年也。《左傳》：修城郭，貶食省用，務嗇勸分。四曰羞飲食之物也。服之式，羞，膳夫、庖人所掌；服，司服、內司服等所掌。五曰工事之式，《曲禮》：天子之六工，曰土工、金工、石工、木工、獸工、草工，典司六材。《考工記》即其傳記。六曰幣帛之式，幣掌於職幣，帛掌於典絲。七曰芻秣之式，芻秣，牧人、牛人、圉師、圉人所掌。八曰匪頒之式，先鄭曰：匪，分也。頒讀作班布之班。班，賜也。九曰好用之式。大府：凡式貢之餘財，以供玩好之用。

經 以九貢九服、九畿之貢。致邦國之用。大府、內府、司會職內掌之。〇《大傳》九共爲《禹貢》舊名，九共即九貢。

傳 一曰祀貢，大行人：邦畿千里，其外方五百里，謂之侯服，歲壹見，其貢祀物。二曰嬪貢，又其外方五百里，謂之甸服，二歲壹見，其貢嬪物。三曰器貢，又其外方五百里，謂之男服，三歲壹見，其貢器物。四曰幣貢，又其外方五百里，謂之采服，四歲壹見，其貢服物，當曰幣物。五曰材貢，又其外方五百里，謂之衛服，五歲壹見，其貢材物。六曰貨貢，又其外方五百里，謂之要服，六歲壹見，其貢貨物。要服當云蠻服，要包蠻、夷、鎮言之。七曰服貢，大行人要下無服。《職方》言九服，當云又其外方五百里，謂之夷服，七歲壹見，其貢服物。八曰斿貢，又其外方五百里，謂之鎮服，八歲壹見，其貢斿物。九曰物貢，九州之外謂之藩國，世壹見，各以其所貴寶爲贄。藩統□□六服言之，故大行人總稱藩國。要包三服，藩包六服，如至藩而止，則不得云各以貴寶爲摯也。

經 以九兩鄭曰：兩猶耦也。蓋東西兩半球之九州分而爲耦也。繫邦國九服止於邦國。之民。

傳 一北坎。曰牧，以地得民。，二南離。曰貴，以長得民。三東震。曰師，以賢得民。四西兑。曰儒，以道得民。五中。曰宗，以族得民。六西北乾。曰主，以利得民。七東南巽。曰吏，以治得民。八東北艮。曰友，以任得民。九西南坤。曰藪，以富得民。此《召誥》、《洛誥》所以分建兩京。

經 正月天官居中央，以寅爲正月。《帝典》：四方巡守，協時月正日，内州有八正，外州有十二正。之吉，與《典》之「既月乃日」同爲空白，月日所以俟後施行。始和地中陰陽之所和也。布治由王畿、官府推布之。於邦國内八州之地。都鄙。外十二州之地。

傳 乃縣治象天官掌邦治。之灋于象魏，司農云「闕」也。使萬民觀治象，家宰言治象，司徒言教象，司馬言政象，司寇言刑象，宗伯不言象，且無司空。蓋司空攝天官，司徒主東北，統宗伯卿，司馬主西南，統司寇卿，爲帝制五官。

挾日司農云：由甲至甲謂之挾日，凡十日。而斂之。

經 乃施典於邦國。內八州之地，每州六千里。

傳 而建其牧，州牧。〇《酒誥》、《召誥》謂之邦伯。立其監，如《春秋》監大夫。設其參，三卿。傅其伍，五大夫。〇《王制》下大夫五人，與此傳其伍相符。按：三卿當九大夫。《爵國篇》作九大夫是也。今云五下大夫，有四上大夫，可知上下分二等，乃省文見義之例。陳其殷，上士。置其輔。中士。〇建牧立監，詳於《王制》。《周禮》大統，國地較《王制》增加若干倍，食禄亦當照數加倍。《王制》八州八牧，每州三監，大國三卿爲參，下大夫五人爲伍，上士二十七人爲殷輔，當爲八十一中士。不列下士者，如《王制》下士不封國。

經 乃施則于都鄙。外十二州，每州六千里，《謨》謂之外薄四海。

傳 而建其長，《曲禮》五官之長曰伯，即二伯。立其兩，方伯。設其伍，卒正。陳其殷，連帥。置其輔。屬長。〇五等品級合於《王制》經制，大小雖異，官制則同，名目雖殊，爵次如一。此五等之分，即《謨》所謂咸建五長也。

經 乃施灋于官府。王、侯、甸方六千里之地。

傳 而建其正，三公。立其貳，九卿。設其考，二十七大夫。陳其殷，八十一上士。置其輔。二百四十三中士，餘七百二十九下士不數。

經 凡治，冢宰掌邦治。

傳 以典待邦國小統指侯、綏。之治，以則待都鄙指要、荒。之治，以灋待官府指王畿。之治，帝之官府、邦國、都鄙各方三千里，皇則各方六千里。以官成待萬民此萬民與賓客對文，別爲一義。之治，以禮待賓客萬民統内而言，賓客對外而言。之治。

【經】祀五帝，《周禮》屢言五帝，若以爲已行之典制，則西京五帝時當有可考，乃《封禪書》僅有四帝，皆秦因事新立者。如祀白帝始於襄公，祀青帝始於宣公，祀黄帝、炎帝始於靈公，迄於漢高，五時始備。則《周禮》非周公舊有之制，而爲孔子經制無疑矣。則掌百官之誓戒，齊戒也。與其具修。鄭曰：具所當共脩掃除、糞洒。

【傳】前十日，散齊七日，致齊三日。帥執事宗伯、大卜之屬。而卜日，遂戒，百官誓戒。及執事眡同視。滌濯溉祭器及甑甗之屬。及納亨，納牲將告殺以授亨人。贊王牲事。及祀之日，贊玉幣爵之事。所謂具脩。

【説】祀大神示亦如之，享先王亦如之，贊玉几、玉爵。

【聯】大朝覲會同，贊玉幣、玉獻、玉几、玉爵。

【聯】大喪，贊贈玉、含玉。

【聯】作大事，《左傳》：「國之大事，在祀與戎。」則戒於百官，贊王命。

【經】王皇。眡治朝，則贊聽治。

【傳】眡四方之聽朝四方巡守，朝諸侯。亦如之。

說 凡邦之小治，則冢宰即大宰。聽之，待四方之賓客之小治。

經 歲終，以歲計者，如泰西陽曆，冬至對冬至爲一歲。則今百官府各正其治，受其會，聽其致事，而詔王廢置。

傳 三歲，則大計群吏之治而誅賞之。《書》：「三載考績，三考黜陟幽明。」事在《帝典》篇末。《周禮》大宰之職亦終於此，是爲經傳合一之鐵證。

經 小小爲小統之名稱，各經皆由小而大，如小共、大共、小球、大球、小大近喪、小往大來、小大謀猷，是爲驗小推大之例，故先小後大。《天官·小宰》次於《大宰》，與大小司徒、大小宗伯、大小司馬、大小寇、大小行人，皆取大統包小統之意，故先大後小。宰之職，掌建邦之宮刑，以治王宮杜曰：宮皆當作「官」。《左傳》單子爲王官伯，以《王制》論，天子三公、九卿、二十七大夫、八十一元士，皆可稱王官。《周禮》則官府六屬三百六十，當稱爲皇官。之政令。

傳 凡宮從杜作「官」。之糾禁。此如今之肅政使。

經 掌邦之六典、八灋、八則之貳。先鄭云：貳，副也。〇大宰董其成，小宰爲之副。

傳 以逆迎受之。邦國、都鄙、官府之治。

經 執邦之九貢、九賦、九式之貳。

傳 以均財，節邦國。

【經】以官府之六叙鄭曰：叙，秩次也。正群吏。

【傳】一上。曰以叙正其位，二下。曰以叙進其治，鄭曰：治功狀也。三左。曰以叙作其事，四右。曰以叙制其食，食禄之多少。五前。曰以叙受其會，六後。曰以叙聽其情。情，争訟之辭。

【經】以官府之六屬六屬即六官，爲皇之六相，即《書·皇道篇》之義和四子，《大戴·盛德》古之御政以治天下者，六官以爲轡，故御四馬，執六轡，天子御者，太史、内史左右手也。六官亦六轡也。舉邦治。經文以如今《會典》之一司，以下同。

【傳】一上方。曰天官，天官冢宰。○《大戴》冢宰之官以成道。其屬六十，今天官之屬六十三，以下四官皆有溢數。後儒欲提工職以補冬官，然合併《考工》則三百八十有奇，又不符六六之數。不知五官不用官屬例，大宰曰官聯以會官治，小宰曰六聯合邦治。蓋分爲六屬，所以預備皇六，相合爲官聯，所以成爲帝五官。此義不明，故有據六屬以爲冬官闕者，誤也。説詳《鄭注商榷》及《經話》。掌邦治，《書大傳》：「咎繇可以觀治。」蓋咎繇司馬如南正司天，即天官也。大事則從其長，小事則專達。凡職中有三公者，皆大事，六卿從之。無三公之文者爲小事，則六卿可以自專。二下方。曰地官，地官司徒。○《大戴》：「司徒之官以成德。」其屬六十今地官之屬七十八，用官聯也。掌邦教，大事則從其長，小事則專達。三東方。曰春官，春官宗伯。○《大戴》：「宗伯之官以成仁。」其屬六十，今春官之屬七十一。掌邦禮，大事則從其長，小事則專達。四南方。曰夏官，夏官司馬。○《大戴》：「司馬之官以成聖。」其屬六十，今夏官之屬七十。掌邦政，大事則從其長，小事則專達。五西方。曰秋官，秋官司寇。○《大戴》：「司寇之官以成義。」其屬六十，今秋官之屬六十六。掌邦刑，大事則從其長，小事則專達。六北方。曰冬官，《大戴》：「司空之官以成禮。」○《周禮》無冬官，蓋帝五官，以司空攝冢宰，司徒乃代司空爲地官，居北，即冬官也。後人以《考工記》補之，遂成蛇足。其屬六十，惟皇乃六官用官屬。掌邦事，《書大傳》「《禹貢》可以觀事」，蓋禹爲司空，即冬官掌邦事也。大事則從其長，小事則專達。

【經】以官府之六職辨邦治。五方各篇互見，此六職之官不用官屬法，每方各爲一局。

【傳】一天。曰治職，天官掌邦治。以平邦國，內八州。以均萬民，外十二州。以節財用。天官之屬有大府、內府、外府、司會諸職。二地。曰教職，地官掌邦教。以安邦國，以寧萬民，以懷賓客。地官之屬有司門、司關之職。三春。曰禮職，春官掌邦禮。以和邦國，以諧萬民，以事鬼神。春官自宗伯以下至大祝、司巫多祀神之官。四夏。曰政職，夏官掌邦政。以服邦國，以正萬民，以聚百物。夏官之屬有職方、懷方、訓方、山師、川師之職。五秋。曰刑職，秋官掌邦刑。以詰邦國，以糾萬民，以除盜賊。秋官之屬有司寇、士師等職。六冬。曰事職，冬官掌邦事。以畜萬邦，以養萬民，以生百物。

【經】以官府之六聯按：六屬言六官之統屬，六聯言六官之權攝，其實《周禮》五官統用官聯，不與六屬之例相符。蓋五官五極分之則各官皆備，故官多兼攝，不必摘出各官以補冬官矣。合六聯取六合之義。邦治。按：六聯即《容經》之六儀，説詳《容經凡例》。

【傳】一曰祭祀之聯事，二曰賓客之聯事，三曰喪荒之聯事，四曰軍旅之聯事，五曰田役之聯事，六曰斂弛之聯事。聯事即兼差之事，詳於五官各職中。

說 凡小事皆有聯。大而皇統用六屬分治，小而帝王皆用官聯。

經 以官府之八成《王制》：百官各以其成質於三官大司徒、大司馬、大司空，以百官之成質於天子。經邦治。

傳 一坎。曰聽政役以比居，地官大司徒：鄉師、比長所掌。二艮。曰聽師田以簡稽，小司徒稽國中及四郊都鄙之夫家九比之數，以起軍旅，以作田役。三震。曰聽閭里以版圖，閭師掌國中及四郊之人民六畜之類，司民登萬民之數書于版，遂人以土地之圖經田野。四巽。曰聽稱責以傅別，先鄭曰：稱責謂貸予，傅別謂券書也。○泉府：凡民之貸者，與其有司辨而授之。五離。曰聽禄位以禮命，春官典命所掌。六坤。曰聽取予以書契，泉府，凡賒者祭祀無過旬日，喪禮無過三月。七兑曰聽賣買以質劑，司市、質人所掌。八乾。曰聽出入以要會。宰夫歲終則令群吏正歲會，月終則令正月要。

經 以聽官府之六計，取法六宗。弊斷也。群吏之治。

傳 一上方。曰廉善，二下方。曰廉能，三東方。曰廉敬，四西方。曰廉正，五南方。曰廉灋，六北方。曰廉辨。以一廉統馭六計，有七十從心之義。

經 以灋掌祭祀、朝覲、會同、賓客之戒具。軍旅、田役、喪荒亦如之。

傳 七事者，令百官府《書・帝謨》曰：「百僚師師。」即百官也。稱百官府者，統畿内王官諸職言之，故大宰六典變官府稱百官。共其財用，治其施舍，聽其治訟。

【聯】凡祭祀，贊王幣爵之事，祼將之事。所謂祭祀之聯事。

【聯】凡賓客，贊祼，大行人：上公再祼而酢，侯一祼而酢，子男一祼不酢。凡受爵之事，凡受幣之事。所謂賓客之聯事。

【聯】喪荒，受其含、襚、幣、玉之事。所謂喪荒之聯事。

【經】月終小宰主每月之小計，大宰主每歲之大計，此《洪範》皇歲卿士月之例。則以官府之叙，受群吏之要。

【傳】贊冢宰受歲會，歲終則令群吏致事。

【經】正歲，冬至對冬至爲歲，今所謂陽曆八正，以八節爲正，月十二正，各以所占之歲爲正，即《素問》運氣法。○《帝典》協時月正日。帥治官之屬而觀治象之灋。

【傳】徇以木鐸，曰：「不用灋者，國有常刑。」乃退。

【經】以宮刑憲，禁于王宮。宮皆讀作「官」。

【傳】令于百官府此畿内所以稱官府。曰：「各修乃職，考乃灋，待乃事，以聽王命。其有不共，則國有大刑。」

【經】【宰夫】之職，掌治朝之灋，以正王及三公、五官之長，司馬、司空、司徒爲定名。六卿、一公三卿，合爲九卿，舉上中言則爲六，六相又别一法。大夫、二十七大夫。群吏統稱八十一元士，二百四十三中士。之位，掌其禁令。

[傳]叙群吏包舉公、卿、大夫、士。之治，以待賓客之令，聯事。諸臣之復，鄭曰：復，報也，反也，謂於朝廷奏事。萬民之逆。逆謂上書。

[經]掌百官府之徵令，王之徵召。辨其八職。

[傳]一曰正，三公。掌官灋以治要；二曰師，九卿。掌官成以治凡；三曰司，上大夫。掌官灋以治目；四曰旅，中大夫。掌官常以治數；五曰府，下大夫。掌官契以治藏；六曰史，上士。掌官書以贊治；七曰胥，中士。掌官叙以治叙；八曰徒，下士。掌官令以徵令。府史胥徒皆官名，僞《序官》乃以爲徒役，自由自辟，何必預定人數。舊本有不入正文者，可知爲後師羼補也。説詳《周禮商榷》。

[經]掌治灋，以考百官府、群都、縣、鄙舉官府、都鄙以包邦國。之治，乘其財用之出入。

[傳]凡失財用物、辟名者，辟名，詐爲書，以空作見文書，與實不相應也。以官刑詔冢宰而誅之。其足用、長財、善物者，賞之。

[聯]以式灋掌祭祀之戒具，與其薦羞，從大宰而眂滌濯。

[聯]凡禮事，贊小宰比官府之具。

聯 凡朝覲、會同、賓客，以牢禮之灋掌其牢禮、委積、膳獻、飲食、賓賜之飧牽，與其陳數。

聯 凡邦之弔事，掌其戒令與其幣①、器、財用，凡所共者。

說 大喪、小喪，掌小官之戒令，帥執事而治之。

三公、六卿之喪，與職喪帥官有司而治之。凡諸大夫之喪，使其旅帥有司而治之。

經 歲終，則令群吏正歲會。此以元旦正月爲斷。月王如月。終，則令正月要，旬一月三旬。終，則令正日成，一旬十日，如一公九大夫。而以考其治。

傳 治不以時舉者，以告而誅之。

經 正歲，則以灋警戒群吏，令修宮中之職事。政事以時節舉，如農田、祭祀不拘月分者，如陽曆法。

傳 書其能者與其良者，而以告於上②。

經 宮正掌王宮之戒令、糾禁，以時比宮中之官府、官府之名始於王宮，由近及遠，推之甸服，甸畿皆同此名。次舍之寡衆。

① 幣：原作「弊」，據《周禮·天官冢宰》改。

② 上：原作「王」，據右引改。

傳 爲之版以待。夕擊柝而比之。

說 國有故，則令宿，其比亦如之。

經 辨外内①而時禁。

傳 稽其功緒，糾其德行，幾其出入，均其稍食，去其淫怠與其奇衺之民，會其什伍而教之道藝。

經 月終②則會其稍食。

傳 歲終則會其行事。

經 凡邦之大事，令于王之官府、王宫諸職守稱官，府外則稱百官府。次舍。

傳 無去守而聽政令。

經 春秋，以木鐸修火禁。

① 外内：原作「内外」，據《周禮·天官冢宰》乙。

② 終：原作「中」，據《周禮·天官冢宰》改。

聯 凡邦之事，蹕宮中、廟中，則執燭。

聯 大喪，則授廬舍，辨其親疏貴賤之居。

經 宮伯 掌王宮之士、庶子凡在版者。經如今本《會典》之綱。

傳 掌其政令，行其秩叙①，作其徒役之事。傳如今本《會典》之注，説如事例。

經 授八次、八舍之職事。

傳 若邦有大事，作宮衆，則令之。

經 月終則均秩，歲終則均叙。

傳 以時頒其衣裘，掌其誅賞。

經 膳夫 掌王之食、飲、膳、羞，以養王及后、世子。

傳 凡王讀作「皇」。之饋，食用六穀，皇統六合六宗，故食品皆用六。膳用六牲，以六起例。飲用六清，羞用百二十品，取象百二十官。珍用八物，八方之産物。醬用百二十甕。備此數以應天道。

① 叙：原作「序」，據據《周禮·天官冢宰》改。

[經]王日一舉，《白虎通》：「王者所以日食者①何？明有四方之物，食四時之功也。」鼎有十二取象外十二州。物，皆有俎，以樂侑食。《白虎通》：「王者食所以有樂何？樂食天下之太平，富積之饒也。明天子至尊，非功不食，非德不飽，故傳曰：天子食時舉樂。」

[傳]膳夫授祭，品嘗食，王乃食。

[説]卒食，以樂徹于造。

[經]王齊，日三舉。

[傳]大喪則不舉，大荒則不舉，大札則不舉，天地有烖則不舉，邦有大故則不舉。

[經]王燕食，則奉膳贊祭。

[傳]凡王祭祀，賓客食，則徹王之胙俎。

[傳]凡王之稍食，設薦脯醢。

[傳]王燕飲酒，則爲獻主。

---

① 者：原脱，據《白虎通義·社稷》補。

經 掌后及世子之膳羞。

傳 凡肉脩之頒賜，皆掌之。凡祭祀之致福者，受而膳之。

說 以摯見者，亦如之。

經 歲終則會。

傳 惟王及后、世子之膳不會。有定數，以下同。

經 庖人 掌共六畜、六獸、六禽，義取六宗、六合。辨其名物。

傳 凡其死、生、鱻、薧之物，以共王之膳、與其薦羞之物，及后、世子之膳羞。

聯 共祭祀之好①羞。

聯 共喪紀之庶羞、賓客之禽獻。

經 凡令禽獻，令，獸人也。以灋授之。

說 其出入亦如之。

---

① 好：原脱，據《周禮·天官冢宰》補。

【傳】凡用禽獻，春行羔、豚，膳膏香；牛脂也。夏行腒、乾雉。鱐，乾魚。膳膏臊；杜曰：犬膏也。秋行犢、麛，膳膏腥；豕膏也。冬行鱻、魚也。羽，雁也。膳膏羶。羊脂也。

【經】歲終則會。

【傳】惟王及后之膳禽不會。

【經】【内饔】掌王及后、世子膳羞之割亨煎和之事。

【傳】辨體名、肉物，辨百品味之物。

【經】王舉，則陳其鼎俎，以牲體實之。

【傳】選百羞、醬物、珍物，以俟饋。

【説】共后及世子之膳羞。

【經】辨腥、臊、羶、香之不可食者。

【傳】牛夜鳴則庮；朽木臭也。羊泠毛毛長總結也。而毳，羶；犬赤股而躁，臊；鳥皫色失色不澤美也。而沙澌也。鳴，貍；貍，《内則》作「鬱」。豕盲視杜云望視。而交睫，腥；馬黑脊而般臂，臂毛有文。螻。螻蛄臭也。〇螻，《内則》作漏。

【聯】凡宗廟之祭祀，掌割亨之事。

【説】凡燕飲，食亦如之。

【經】凡掌共羞、脩、鍛脯也。刑、鄭曰：鉶羹。膴、先鄭曰：刑膴，夾脊肉，或曰膺肉也。胖、如脯而腥者。骨、鱐，鄭曰：骨，牲體也。鱐，乾魚。以待共膳。

【傳】凡王之好賜肉脩，則饔人共之。

【經】【外饔】掌外祭祀之割亨。

【傳】共其脯、脩、刑、膴，陳其鼎俎，實之牲體、魚、腊。

【説】凡賓客之飧、饔、饗、食之事，亦如之。

【聯】邦饗耆老、國學之教師。孤子，國學之弟子。則掌其割亨之事。《記》：春饗孤子，秋食耆老，別一義。

【説】饗士、庶子，亦如之。專就大學言。

【聯】師役，則掌共其獻、賜脯肉之事。

【聯】凡小喪紀，陳其鼎、俎而實之。

【經】【亨人】掌共鼎、鑊，以給水火之齊。

【傳】職外、内饔之爨亨煑，辨膳羞之物①。

【聯】祭祀，共大羹、不致五味。鉶羹。加鹽菜矣。

【説】賓客，亦如之。

【經】【甸師】掌帥其屬而耕耨王藉，以時入之，以共齍盛。

【聯】祭祀，共蕭、茅，共野果、蓏之薦②。

【聯】喪事，代王受眚烖。既殯，大祝作禱辭授甸人，以禱藉田之神，受眚烖。

【經】王之同姓有辠，則死、刑焉。

【傳】帥其徒以薪蒸，役外、内饔之事。

【經】【獸人】掌罟田獸，辨其名物。

【傳】冬獻狼，夏獻麋，春秋獻獸物。

①　物：原作「事」，據《周禮·天官冢宰》改。

②　薦：原作「屬」，據右引改。

經 時田，則守罟。

傳 及弊田，先鄭云：春火弊，夏車弊，秋羅弊，冬徒弊。令①禽注于虞中。置禽於虞人所植虞旗之中。

聯 凡祭祀、喪紀、賓客，共其死獸、生獸。

經 凡獸入于腊人。

傳 皮毛筋骨入于玉府。

經 凡田獸者，掌其政令。

經 ⿰⿸虍魚攵同「漁」。人 掌以時⿰⿸虍魚攵，爲梁。

傳 春獻王鮪，言春獻以包夏、秋、冬，爲舉隅例。辨魚物，爲鱻薧，以共王膳羞。

聯 凡祭祀、賓客、喪紀，共其魚之鱻薧。

經 凡⿰⿸虍魚攵者，掌其政令。

傳 凡⿰⿸虍魚攵征，入於玉府。

---

① 令：原作「合」，據《周禮・天官冢宰》改。

經 鼈人 掌取互物，以時簎以杈刺泥中搏取之。魚、鼈、龜、蜃，凡貍莫皆反。物。

傳 春獻鼈蜃，秋獻龜魚。

聯 祭祀，共蠯、蛤也。蠃、螔蝓。蚳，蛾子，即蟻子也。以授醢人。

傳 掌凡邦之簎事。

經 腊人 掌乾肉。凡此皆爲隸役事，非官。

傳 凡田獸之脯、腊、膴、胖之事。

聯 凡祭祀，共豆脯、薦脯、膴、胖，凡腊物。

聯 賓客、喪紀，共其脯腊。

傳 凡乾肉之事。

經 醫師 掌醫之政令，聚毒藥以共醫事。

傳 凡邦之有疾病者，疕頭瘍也，亦謂禿也。瘍者，造焉，則使醫分而治之。分科。

經 歲終，則稽其醫事，以制其食。

傳 十全爲上，十失一次之，十失二次之，十失三又次之，十失四爲下。

經 **食醫** 掌和王之六食、膳夫六穀。六飲、六清。六膳、六牲。百羞、百二十品，舉成數，下同。百醬、百二十罋。八珍八物。之齊。和調也。

傳 凡食齊才細切，下同。視春時，宜溫。○《白虎通》：王居中央，制御四方，平旦食，少陽之始也。羹齊視夏時，宜暖。○晝食，太陽之始也。醬齊眡秋時，宜涼。○餔食，少陰之始也。飲齊眡冬時。宜寒。○暮食，太陰之始也。

經 凡和，以相反之味調和之。春東散本辛。多酸，以酸收之。夏南炎本鹹。多苦，以水清之。秋西收本酸。多辛，以辛散之。冬北寒本苦。多鹹，以火溫之。○四時各有其正味，以分四方。調以滑甘。土。○《洪範》：木酸，火苦，金辛，水鹹，土甘，分配四方，此以四方之味合和於中。萬物入土則化，猶四方會朝於京師則歸化矣。○五方、五味之說，惟《內經》最爲詳明。

傳 凡會膳食之宜，即所謂和也。牛南。○《月令》季夏食牛。宜稌，羊東。○春食羊。宜黍，豕北。○冬食豕。宜稷，犬西。○秋食犬。宜粱①，雁上方。宜麥，魚下方。宜苽。

說 凡君子《詩》：「豈弟君子，民之父母。」《洪範》：「天子作民父母。」《白虎通》：「帝稱天子。」即君子。之食恒

① 粱：原作「梁」，據《周禮・天官冢宰》改。

放猶依也。焉。

經 疾醫 掌養萬民之疾病。常病多内因。四時皆有癘疾。時疾多外因。

傳 春時有痟酸削也。首疾，頭痛。夏時有痒疥疾，秋時有瘧寒疾，冬時有嗽上氣疾。四時之疾，《内經》言之甚詳，推而大之，則四方異制，異俗、異齊、異宜，惟王者調劑而醫治之耳。

經 以五味、五穀、五藥養其病，以五聲、五氣、五色眂其死生。純以五立義。《内經》「地以五制」，其舉五爲例，如五氣、五運、五行、五星、五音、五常政、五藏、五官之類，皆由此推衍而出，所以譬喻大地球之五方，非沾沾言醫而已。

傳 兩之以九竅惟口爲單竅。之變，上七下五。參之以九藏之動。即《内經》脈診三部九候所舉。○以三部肺、胃、腎爲上、中、下之綱，各有三部，合爲九藏，而十二經備。

經 凡民之有疾病者，分而治之。於内科中又分科。

傳 死終，則各書其所以，而入于醫師。如今醫案。

經 瘍醫 掌腫瘍、潰瘍、金瘍、折瘍之祝，藥、劀、殺之齊。外科。

傳 凡療瘍，以五毒攻之，以五氣養之，以五藥療之，以五味節之。《内經》：「天地之間，六合之内，不離乎五。」五象五方。《洪範》謂之五行、五事，《吕刑》謂之五極，《周禮》五位、五官、五土、五民、五動植物，皆取五方之義。

【傳】凡藥，以酸木。養骨，以辛金。養筋，以鹹水。養脈，以苦火。養氣，以甘土。養肉，五味五養，《内經》發明此義不少。以滑滑足以調劑五味，合數爲六。古説天六地五，數之常也，又曰五六者，天地之中也，皆經傳之大例。養竅。凡有瘍者，受其藥焉。

【經】【獸醫】掌療獸病、療獸瘍。

【傳】凡療獸病，灌而行之，以節之，以動其氣，觀其所發而養之。

【傳】凡療獸瘍，灌而劀之，以發其惡，然後藥之，養之，食之。

【説】凡獸之有病者，有瘍者，使療之。死，則計其數以進退之。以上醫官。

【經】【酒正】掌酒之政令，以式灋授酒材。

【傳】凡爲公酒者，亦如之。

【經】辨五齊杜讀作「粢」，下同。之名。酒以養人，齊以享神。

【傳】一曰泛齊，二曰醴齊，三曰盎齊，盎猶翁也，成而翁翁然，葱白色。四曰緹齊，緹者，成而紅赤。五曰沈齊。

【經】辨三酒之物。

傳　一曰事酒，二曰昔酒，三曰清酒。

經　辨四飲之物。

傳　一曰清，二曰醫，三曰漿，四曰酏。今之粥。

説　掌其厚薄之齊，以共王之四飲三酒之饌，及后、世子之飲與其酒。

聯　凡祭祀，以灋共五齊奠神。三酒，享尸。以實八尊。

説　大祭王服大裘、衮冕所祭也。三貳，三益副之也。中祭王服鷩冕、毳冕所祭也。再貳，小祭王服希冕、玄冕所祭也。壹貳，皆有酌數。唯齊酒不貳，神用少。皆有器量。

聯　共賓客之禮酒，共后之致飲於賓客之禮。

説　醫、酏、糟，皆使其士奉之。

經　凡王之燕飲酒，共其計。

傳　酒正奉之。

聯　凡饗士、庶子，饗耆老、孤子，皆共其酒，無酌數。

傳　掌酒之頒賜，皆有灋以行之。凡有秩酒者，《王制》九十日有秩。以書契授之。

經 酒正之出，日入其成，月入其要。

傳 小宰聽之。

經 歲終則會。

傳 唯王及后之飲酒不會。

說 以酒式誅賞。

經 酒人 掌爲五齊三酒。祭祀，則共奉之，以役世婦。共賓客之禮酒、飲酒而奉之。

傳 凡事，共酒而入於酒府。

聯 凡祭祀，共酒以往。

聯 賓客之陳酒，亦如之。

經 漿人 掌共王之六飲。

傳 水、漿、醴、凉、醫、酏，入於酒府。

聯 共賓客之稍禮，共夫人致飲於賓客之禮。

說 清醴、醫、酏糟，而奉之。

凡飲共之。

經 凌人 掌冰。

傳 正歲十有二月，此夏正建丑之月，非周正建亥之月，可見《周禮》非姬周也。令斬冰，三其凌。三倍其冰。

經 春始治鑑。春者，夏正寅卯辰之月。

傳 凡外、内饔之膳羞，鑑焉。

說 凡酒、漿之酒，醴亦如之。

聯 祭祀①，共冰鑑。

聯 賓客，共冰。

聯 大喪，共夷槃冰。

經 夏頒冰，夏正建午未之月，暑氣盛，天子以冰頒賜。掌事。

---

① 祀：原脱，據《周禮·天官冢宰》補。

傳 秋，刷。秋凉之時，刷除冰室，以備冬藏。蓋經制皆從夏正，若周正，則秋適當暑。

經 籩人 掌四籩之實。

傳 朝事之籩，其實麷、先鄭曰：熬麥曰麷。蕡、麻曰蕡。白、稻曰白。黑、黍曰黑。形鹽、鹽虎形。膴、鄭曰：腜生魚爲大臠。鮑、鮑者，於煏室中糗乾之。魚鱐。鱐者，析乾之。饋食之籩，其實棗、栗、桃、乾䕩、榛實。加①籩之實，蔆、芡、栗、膴。，蔆、芡、栗、膴以四物爲八籩。羞籩之實，糗、餌、粉、餈。

聯 凡祭祀，共其籩薦羞之實。

聯 喪事及賓客之事，共其薦籩、羞籩。

傳 爲王及后、世子，共其內羞。

說 凡籩事，掌之。

經 醢人 掌四豆之實。

---

① 加：原作「如」，據《周禮·天官冢宰》改。

【傳】朝事之豆，其實韭菹、醓肉汁也。醢、昌本、昌蒲根切之四寸爲菹。麋臡、菁菹、菁，蔓菁也。鹿臡、茆菹、茆，鳧葵也。麇臡。饋食之豆，其實葵菹、蠃醢、蠃，螔蝓。脾析、牛百葉也。蠯醢、蠯蛤也。蜃、大蛤。蚳蛾子。醢、豚拍、鄭、杜皆以拍爲膊，謂脅也。魚醢。加豆之實，芹菹、兔醢、深蒲、醓醢、肉醬也。箈水中魚衣。菹、雁醢、筍竹萌也。菹、魚醢。羞豆之實，酏食、糝食。

【聯】凡祭祀，共薦羞之豆實，賓客、喪紀亦如之。

【傳】爲王及后、世子共其内羞。王舉，則共醢六十甕，以五齊、七醢、七菹、三臡實之。

【聯】賓客之禮，共醢五十甕。

【傳】凡事，共醢。

【經】【醯人】掌共五齊、七菹，凡醯物。

【聯】以共祭祀之齊菹，凡醯、醬之物。賓客，亦如之。

【經】王舉，則共齊、菹醯物六十甕，共后及世子之醬、齊、菹。

聯 賓客之禮，共醢五十罋。

傳 凡事，共醢。

經 鹽人 掌鹽之政令，以共百事之鹽。

傳 祭祀，共其苦鹽、散鹽。

聯 賓客，共其形鹽、散鹽。

傳 王之膳羞，共飴鹽。后及世子，亦如之。

說 凡齊事，鬻鹽，以待戒令。

經 冪人 掌共巾冪。

聯 祭祀，以疏布巾冪八尊，以畫布巾冪六彝。

傳 凡王巾皆黼。

經 宮人 掌王六寢之脩，爲其井匽，先鄭云：路厠也。除其不蠲，猶潔也。去其惡臭，共王之沐浴。

傳 凡寢中之事，埽除、執燭、共鑪炭，凡勞事。

【說】四方之舍事，亦如之。

【經】【掌舍】掌王之會同之舍。

【傳】設梐枑鄭曰：梐枑謂行馬。再重。鄭曰：以周衛有内外别。設車宮、轅門，爲壇，壝宮，棘門，爲帷宮，設旌門。無宮，則共人門。

【說】凡舍事，則掌之。

【經】【幕人】掌帷、在旁曰帷。幕、在上曰幕。幄、四舍象宮室曰幄。帟王在幕若帷中坐，上承塵。綬凡四物者，以綬連繫之。之事。

【聯】凡朝覲、會同，軍旅、田役、祭祀，共其帷、幕、幄、帟、綬。

【聯】大喪共帷、幕、帟、綬。

【說】三公、卿大夫之喪，共其帟。

【經】【掌次】掌王次之灋，以待張事。

【聯】王讀作皇。大旅上帝，《帝典》：「肆類于上帝。」大宗伯掌祀昊天上帝，上帝乃天之尊神，皇則配天，故大旅上帝。則張氈案，設皇邸。朝日、《書大傳》：古者帝王躬率有司、百執事，而以正月朝迎日於東郊，以爲萬物先，而尊事天也。祀上帝於南郊，所以報天德。迎日之辭曰：「維某年月上日明光於上下，勤施于四方，旁作穆穆，維予一人某敬拜迎日東郊。」《堯典》曰「寅賓出日」，此之謂也。祀五帝，則張大次、小次，設重帟、重案。

【說】合諸侯，亦如之。

【聯】師、田，則張幕，設重帟、重案。

【說】師、田，則張幕、設案。

【聯】諸侯朝覲、會同，則①張大次、小次。

【說】孤、世子。卿三卿。有邦事，則張幕、設案。

【聯】凡喪，王則張帟三重，諸侯再重，孤、卿、大夫不重。

【聯】凡祭祀，張其旅幕，張尸次。

【聯】射，則張耦次。

【傳】掌凡邦之張事。

---

① 則：原脱，據《周禮·天官冢宰》補。

經 大府 掌九貢、九賦、九功九功，謂九職也，即《禹貢》九州。功與共通，故古文有《九共》之説。之貳，以受其貨賄之入，頒其貨於受藏之府，頒其賄于受用之府。

傳 凡官府、都鄙之吏，及執事者，受財用焉。

經 凡頒財，以式灋授之。

傳 關市之賦，此段較大宰九賦之次序稍有移易。以待王之膳服；邦中之賦，以待賓客；四郊之賦，以待稍秣；家削之賦，以待匪頒；邦甸之賦，以待工事；邦縣之賦，以待幣帛；邦都之賦，以待祭祀；山澤之賦，以待喪紀；幣餘之賦，以待賜予。

傳 凡邦國之貢，此大宰九貢中器貢、幣貢、材貢、貨貢、服貢、斿貢之貢。以待弔用；凡邦民之貢，此九職之財。以充府庫；凡式貢九式九貢。之餘財，以共玩好之用。

說 凡邦之賦用，取具焉。

傳 歲終，則以貨賄之入出會之。

經 玉府 掌王之金玉、玩好、兵器，凡良貨賄之藏。

傳 共王之服玉、先鄭曰冠飾十二玉。佩玉、《玉藻》：天子佩白玉，而玄組綬。珠玉。

【聯】王齊，則共食玉。

【聯】大喪，共含玉、復衣裳、角枕、角柶。

【經】掌王之燕衣服、衽席、牀笫，凡褻器。

【聯】若合諸侯，則共珠槃、玉敦。

【傳】凡王之獻金玉、兵器、文織、良貨賄之物，受而藏之。

【説】凡王之好賜，共其貨賄。

【經】【内府】掌受九貢、九賦、九功《書序》因有《九共》之篇。之貨賄，良兵、良器，以待邦之大用。

【傳】凡四方之幣獻之金玉、齒革、兵器，凡良貨賄入焉。此段掌其入。

【傳】凡適四方之使者，共其所受之物而奉之。此段掌其出。

【説】凡王及冢宰之好賜予，則共之。

【經】【外府】掌邦布之入出，以共百物，而待邦之用。

【傳】凡有灋者，共王及后、世子之衣服之用。

【聯】凡祭祀、賓客、喪紀、會同、軍旅，共其財用之幣齎，賜予之財用。

【說】凡邦之小用，皆受焉。

【經】歲終，則會。

【傳】惟王及后之服不會。

【經】【司會】掌邦之六典、八灋、八則之貳，以逆邦國、都鄙、官府之治。

【傳】以九貢之灋致邦國之財用，以九賦之法令田野之財用，以九功之法令民職之財用，以九式之灋均節邦之財用。

【經】掌邦國之官府、郊、野、縣、都之百物財用。

【傳】凡在書契、版圖者，以逆群吏之治，而聽其會計。

【傳】以參互考日成，一旬十日，如一公、九大夫，以三旬考之，故云參互。以月要考月成，三十日爲一月，如三公、二十七大夫統於一王。以歲會考歲成，十二月爲一歲，如外十二州統於一皇。以周知《周禮》十二言周知、周徧也，乃統括全球之辭，爲皇統之國號，非姬周也。四國《書·多士》、《多方》皆言四國。之治，以詔王及冢宰廢置。

經 司書 掌邦國之六典、八灋、八則、九賦、九正、九賦，九貢之正税。九事即九式。邦中之版、土地之圖，以周知入出百物，以叙其財，受其幣，使入於職幣。

傳 凡上之用財用，必考於司會。

經 三歲，則大計群吏之治。《尚書》「三載考績」。

傳 以知民之財、器械之數，以知田野、夫家、六畜之數，以知山林、川澤之數，以逆受而鈎考之。群吏之徵令。

說 凡税斂，掌事者受灋焉。及事成，則入要貳焉。

傳 凡邦治考焉。

經 職内 掌邦之賦入，辨其財用之物，而執其總。

傳 以貳官府、都鄙之財入之數，以逆邦國之賦用。

說 凡受財者，受其貳令而書之。

傳 及會，以逆職歲與官府財用之出，而叙其財，以待邦之移用。

經職歲掌邦之賦出，以貳官府、都鄙之財①出賜之數，以待會計而考之。

傳凡官府、都鄙群吏之出財用，此邦之賦出。受式灋於職歲。凡上之賜予，此出賜之數。以叙與職幣受之。

說及會，以式灋贊逆會。

經職幣掌式灋，以斂官府、都鄙，與凡用官財者之幣。

傳振掌事者之餘財，皆辨其物而奠其録，以書楬之，以詔上之小用、賜予。

經歲終，則會其出。

傳凡邦之會，以式灋贊之。

經司裘掌爲大裘，以共王皇。祀天之服。

傳中秋，獻良裘，王乃行羽物。季秋，獻②功裘，以待頒賜。

---

① 財：原作「賦」，據《周禮·天官冢宰》改。

② 獻：原作「行」，據《周禮·天官冢宰》改。

聯 王大射，則共虎侯、熊侯、豹侯，設其鵠。諸侯則共熊侯、豹侯，卿大夫則共麋侯，皆設其鵠。

聯 大喪，廞裘，飾皮車。

說 凡邦之皮事，掌之。

經 歲終，則會。

傳 唯王之裘與其皮事不會。

經 掌皮 掌秋斂皮，冬斂革，春獻之。

傳 遂以式灋頒皮革於百工。

說 共其毳毛爲氈，以待邦事。

經 歲終，則會其財齎。

經 内宰 掌書版圖之灋，以治王内之政令。

傳 均其稍食，分其人民以居之。

經 以陰禮教六宮，《禮·昏義》：天子后立六宮。以陰禮教九嬪，九嬪即九卿之命婦，若妾媵不得稱數，不得干預陰教。舉九嬪以上包三夫人，下包二十七世婦諸職。以婦職之灋教九御。《國語》：內官不過九御，外官不過九品。九御在宮中當差使者，即傅母之類，不進御於王。《董子·爵國篇》：宮中女御各有名數，此爲內命婦。凡進御之十二女，統於六宮包之矣。

傳 使各有屬，以作二事，故《書》作三事。正其服，禁其奇衺，展其功緒。

聯 大祭祀，后祼獻，①則贊。瑤爵亦如之。

經 正后之服色，內司服所掌。而詔②其禮樂之儀。

傳 贊九嬪之禮事。九嬪爲外命婦，與九卿爲夫婦，故有禮事。若係妾媵，則統於干后，不得並行爲禮。

聯 賓客之祼獻、瑤爵，皆贊。

說 致后賓客之禮。

聯 凡喪事，佐后使治外、內命婦，內命婦謂九御，外命婦即百二十女。正其服位。

經 凡建國，佐后前後之後。立市。《考工》：「匠人營國，面朝後市。」

---

① 祼：原作「裸」，據《周禮·天官冢宰》改。

② 詔：原作「治」，據右引改。

傳 設其次，置其敘，正其肆，陳其貨賄，出其度、量、淳、制，祭之以陰禮。

經 中春，詔后帥外、內命婦內命婦即傅姆、女御，老寡而有賢行者爲之，如今僕婦，例不進御。始蠶於北郊。

《祭義》：古者天子、諸侯必有公桑蠶室，近川而爲之，築宮仞有三尺，棘牆而外閉之。及大昕之朝，君皮弁素積，卜三宮之夫人、世婦之吉者，使入蠶於蠶室，奉種浴於川，桑於公桑，風戾以食之。

傳 以爲祭服。《祭義》：世婦卒蠶，奉繭以示於君，遂獻繭於夫人，夫人曰：「此所以爲君服與。」遂副褘而受之，因少牢以禮之。古之獻繭者，其率用此與？及良日，夫人繅，三盆手，遂布於三宮夫人、世婦之吉者，使繅。遂朱綠之，玄黃之，以爲黼黻文章。服既成，君服以祀先王、先公，敬之至也。《月令》：后妃齊戒，親東鄉，躬桑。禁婦女毋觀省，婦使以勸蠶事。蠶事既登，分繭稱絲效功，以共郊廟之服，毋有敢惰。

經 歲終，則會內人之稍食，稽其功事。

傳 佐后而受獻功者，比其大小與其麤良而賞罰之。

說 會內宮之財用。

經 正歲，均其稍食，施其功事，憲禁令於王之北宮。

傳 而糾其守。

經 上春，詔王后帥六宮之人而生穜稑之種。

【傳】而獻之於王。

【經】【内小臣】掌王后之命，正其服位，后出入，則前驅。

【聯】若有祭祀、賓客、喪紀，則擯，詔后之禮事，相九嬪之禮事，正内人之禮事，徹后之俎。

【傳】后有好事於四方，則使往。

【説】有好令於卿大夫，亦如之。

【傳】掌王之陰事、陰令。陰事、陰令，所指無限。《列女傳》中所論甚詳。

【經】【閽人】掌守王宫之中門之禁。喪服、凶器不入宫，潛服、若衷甲者。賊器不入宫，奇服、怪民不入宫。

【傳】凡内人、公器、賓客無帥，則幾其出入。

【經】以時啓閉。

【傳】凡外、内外、内指世婦言之，公、卿、大夫、士不居宫中。命夫百二十官。命婦百二十女。出入，則爲之闢。

【説】掌埽門庭。

聯 大祭祀、喪紀之事，設門燎，蹕宮門、廟門。

說 凡賓客亦如之。

經 寺人 掌王之内人，及女宫之戒令。 相道其出入之事而糾之。

傳 若有喪紀①、賓客、祭祀之事，則帥女宫而致於有司。

說 帥世婦致禮事。

傳 掌内人之禁令。

說 凡内人弔臨於外，則帥而往，立於前，而詔相之。

經 内豎 掌内外之通令，凡小事。

聯 若有祭祀②、賓客、喪紀之事，則爲内人蹕。

聯 王后之喪，遷於宫中，則前蹕。

---

① 「喪紀」原在「賓客」下，據《周禮·天官冢宰》乙。

② 祭祀：二字原脱，據《周禮·天官冢宰》補。

說 及葬，執褻器以從遣車。

經 九嬪即九卿之命婦。掌婦學之灋，以教九御考《繁露》十二女之名目，又各有保姆、師傅、史役人數，如民間之僕婦、使女，其人多選寡居有賢行及良家女子爲之，亦有品俸，是爲内官。雖掌燕寢之事，天子禮不得下淫，不如後世宫女，隨主者所喜，召御之。其官既有升降，其人亦隨時放遣，不如後世入宫則不得再出也。考《宋書·后妃傳》，後宫通尹爲一品，列叙爲二品，司儀、司政、女林爲三品，都掌、治職等爲四品，通關、參事等爲五品，中臺、執御、執衛等爲六品①，合堂帥等爲七品，其名目、職掌與《繁露》相合，即《周禮》之九嬪、九御。《周禮》有内外命婦之文，歷代史志多有之，九御即内命婦，百二十官之妻即外命婦，内外命婦皆官，非天子之妾媵。考之《宋書》制猶如此，則經制更可知矣。婦德、婦言、婦容、婦功。以下詳女官。

傳 各帥其屬，而以時御叙於王所。

聯 凡祭祀，贊玉齍、贊后薦，《祭義》：君牽牲，夫人奠盎；君獻凡，夫人薦豆。卿大夫相君，命婦相夫人。此九嬪贊后薦，即《祭義》所謂命婦相夫人薦豆也。則九嬪爲九卿命婦，確非宫中妃嬪矣。徹豆籩。

聯 若有賓客，則從后。

聯 大喪，帥叙哭者亦如之。

---

① 品：原作「等」，據《宋書·后妃傳》改。

【經】【世婦】即二十七大夫之命婦。○《春官》亦有世婦之職，互文相起，以見每方自爲一局。掌祭祀、賓客、《春官》世婦，凡王后有擽事於婦人，則詔相。○相外内宗之禮事，大賓客之饗食亦如之。喪紀之事，詔王后之禮事。帥女宮而濯摡爲齍盛。帥六宮之人共齍盛。

【傳】及祭之日，涖陳女宮之具，及祭祀比其具。凡内羞之物。

【傳】掌弔臨於卿大夫之喪。與内宗所掌同。○《春官》：世婦大喪，比外内命婦之朝莫哭不敬者而苛罰之。

【經】【女御】即九御，選寡居有賢行及良家女爲之。掌御叙於王之燕寢，以歲時獻功事。絲枲成功之事。

【聯】凡祭祀，贊世婦。故女宮帥於世婦。

【聯】大喪，掌沐浴。后之喪，持翣。翣，棺飾也。

【說】從世婦而弔於卿大夫之喪。

【經】【女祝】掌王后之内祭祀，凡内禱祠之事。

【傳】掌以時招①、梗、禬、禳之事，以除疾殃。

---

① 招：原作「昭」，據《周禮・天官冢宰》改。

經 女史 掌王后之禮職。

傳 掌内治之貳，以詔后治内政，逆内宫，鈎考六宫之計。書内令。后之令。

說 凡后之事，以禮從。如太史之從於王。

經 典婦功 掌婦式之灋，以授嬪、婦及内人女功之事齎。

傳 凡授嬪、婦功，及秋獻功，辨其苦良、比其小大而賈之，物書而楬之。

說 以共王及后之用，頒之於内府。

經 典絲 掌絲入而辨其物，以其賈楬之。掌其藏與其出，以待興功之時。頒絲於外、内工，皆以物授之。

說 凡上之賜予，亦如之。

傳 及獻功，則受良功而藏之，辨其物而書其數，以待有司之政令，上之賜予。

聯 凡祭祀，共黼畫、組就之物。

【聯】喪紀，共其①絲、纊、組、文之物。

【説】凡飾邦器者，受文、織、絲、組焉。

【傳】歲終，則各以其物會之。

【經】【典枲】掌布、緦、縷、紵之麻草之物，以待時頒功而授齎。

【傳】及獻功，受苦功，以其賈楬而藏之，以待時頒。

【説】頒衣服，授之。賜予，亦如之。

【經】【内司服】掌王后之六服：以王后統六服爲七，如皇帝統六相爲七政。褘衣②，《玉藻》：王后褘衣。揄狄，夫人揄狄。○三公之三夫人。闕狄，君命屈狄。○九卿之九嬪。鞠衣，再命鞠衣。○二十七大夫之命婦。展衣，一命襢。○八十一上士之御妻。緣衣，士褖衣。○二百四十三中士之御妻。素沙。七百二十九下士之御妻。○按：《玉藻》六服無素沙，蓋王統百二十官，止於襢，帝統三百六十三官，止於褖，皇統千九百二十官，故有素沙。分裂之世，王僭皇制；一統之世，王當降等。

---

① 其：原脱，據《周禮·天官冢宰》補。

② 衣：原作「服」，據《周禮·天官冢宰》改。

傳 辨外、内命婦之服：鞠衣，展衣，禒衣，素沙。

聯 凡祭祀、賓客，共后之衣服，及九嬪、世婦。凡命婦，共其衣服。

說 共喪衰，亦如之。

聯 后之喪，共其衣服，凡内具之物。

經 縫人 掌王宮縫線之事。以役女御，以縫王及①后之衣服。以卜皆技役，非官。

聯 喪，縫棺飾焉，衣翣柳之材。

傳 掌凡②内之縫事。

經 染人 掌染絲帛。

傳 凡染，春暴練，夏纁玄③，秋染夏，冬獻功。

① 及：原脱，據《周禮·天官冢宰》補。

② 凡：原脱，據右引補。

③ 纁玄：原作「玄纁」，據右引乙。

說 掌凡染事。

經 追師 掌王、后之首服，爲副、編、次，追衡、笄。

傳 爲九嬪及外内命婦之首服，以待祭祀、賓客。

聯 喪紀，共笄、絰，亦如之。

經 屨人 掌王及后之服屨，爲赤舄、黑舄、赤繶、黄繶、青句、素屨、葛屨。屨有七，與内司服之七服相符。

傳 辨外内命夫、命婦之命屨、功屨、散屨。

聯 凡四時之祭祀，以宜服之。

經 夏采 掌大喪，以冕服復於大祖。

傳 以乘車建綏，復於四郊。

周禮訂本略注第二

地官司徒

地官，六相之一，爲皇三才學。司徒民師民事，帝官之主教，柔克之公。

序　惟王王讀作皇。建國，地中乃建皇國。辨方四方，每方三月，又八方。正位，此爲正北之位。體國内八州爲邦國。經野，外十二州爲野，爲都鄙。設官分職，分方建官。以爲民極。北方之極。○五官合爲五極。《考工》乃本書之記，不入篇數者。乃立地官司徒，地官本司空職，因司空攝天官，故以司徒代地官。使帥率。其屬①，兼有官聯。○本書所統之官，則不用官屬，以官聯互文相起。以佐王安擾邦國。

經　大大統之符號。司徒之職，掌以下皆司空職務，司徒代掌。建邦之土地之圖，與其人民之數，《大學》有人此有土。以佐王安擾邦國。《盛德篇》：「地宜不殖，財物不蓄，萬民飢寒，教順失道，風俗淫僻，百姓流亡，人民散敗，曰危也。危則飭司徒。」

傳　以天下土地《詩》：「普天之下，莫非王土。」之圖，周徧也。知九州大九州。之地域廣輪之數。輪輻

---

① 據《周禮・地官司徒》，「其屬」下脱「而掌邦教」四字，當補。

三十以象月。

傳辨其山川、西庚辛。川澤、東甲乙。丘陵、南丙丁。墳衍、北壬癸。原隰中央戊己。之名物，所生之物。而辨其邦國內八州。都鄙外十二州。之數。

傳制其畿疆方千里曰國畿。而溝封之，設其社稷之壝而樹之田主，各以其野十二外州。之所宜以土宜之法辨十有二土。木，遂以名其社與其野。《淮南》七舍，德在室則刑在野，室謂北極，野謂赤道南。

經以土會之灋，辨五地五方。之物生。凡言「以」者爲一司。

傳一曰山林，西非洲。其動物宜毛《月令》「其蟲毛」。物，其植物宜早物，其民毛而方。《靈樞・二十五人篇》。二曰川澤，東美洲。其動物宜鱗「其蟲鱗」。物，其植物宜膏物，其民黑而津。三曰丘陵，南澳洲。其動物宜羽物，「其蟲羽」。其植物宜核物，其民專而長。四曰墳衍，北歐洲。其動物宜介物，「其蟲介」。其植物宜莢物，其民晳而瘠。五曰原隰，中央亞洲。其動物宜贏物，「其蟲倮」。其植物宜叢物，其民豐肉而庳。因此五物者民之常。

說而施十有二教焉：一曰以祀禮教敬，子。則民不苟。二曰以陽禮教讓，丑。則民不爭。三曰以陰禮教親，亥。則民不怨。四曰以樂教和，寅。則民不乖。五曰以儀辨等，戌。則民不越。六曰以俗教安，卯。則民不偷。七曰以刑教中，酉。則民不虣。八曰以誓教恤，辰。則民不怠。九曰以度教節，申。則民知足。十曰以世事教能，巳。則民不失職。

十一曰以賢制爵，未。則民慎德。十二曰以庸制禄，午。則民興功。

經　以土宜之灋辨十有二土外十二州。之名物。黄帝正名百物。

傳　以相民宅，而知其利害，利害爲一書。以阜人民，以蕃鳥獸，以毓苹木，以任土事。

説　辨十有二壤之物，而知其種，以教稼穡樹蓺。

經　以土均之灋辨五物五方之物。九等。《禹貢》厥賦上上、上中、上下、中上、中中、中下、下上、下中、下下。

傳　制天下之地征，咸則三壤。以作民職，今謂之義務。以令地貢，今謂之地方税。以斂財賦，底慎財賦。以均齊天下之政。

經　以土圭之灋玉人：土圭尺有五寸，以致日，以土地。測土深，《周髀》覆矩以測深。正平矩以正繩。日景，《典》「光被四表」。以求地中。地球之中。

傳　日南偏於南。則景短，多暑；赤道熱。日北偏於北。則景長，多寒；黑道寒。日東偏於東。則景夕，多風；日西偏於西。則景朝，多陰。日至冬至、夏至。之景，尺有五寸，與圭合度。謂之地中，天地適均之地。天地之所合也，上下相合。四時之所交也，《素問》氣交。風雨之所會也，陰陽之所和也。然則百物阜安，乃建王讀作皇。國焉。《康誥》：「作新大邑於東國洛，四方民大和會。」

傳　凡建邦國，由男至鎮爲邦國。以土圭土讀作度。其地而制其域。劃分疆域。諸公如《王制》之二伯。

之地封疆方五百里，爲方五千里之王，乃能封此五百里之公。其食食如上農夫食九人之食。者半；三易之制。互文相起，此爲一易。諸侯如《王制》之方伯。之地封疆方四百里，其食者參之一；此爲再易，下同。諸伯如《王制》之率正。之地封疆方三百里，其食者參之一；諸子如《王制》之連帥。之地封疆方二百里，其食者四之一；此爲三易，下同。諸男如《王制》之屬長。之地封疆方百里，其食者四之一。

說 凡造都鄙，由藩至鎮爲都鄙。制其地域而封溝之，以其室人民一夫爲一室。數制之。不易之地，上地肥饒。家百晦；一夫受田百畝。一易之地，中地。家二百晦；再易之地，下地薄惡。家三百晦。

傳 乃分地職，《謨》曰咸建五長。奠地守，各守封地。制帝貢，《禹貢》九等。而頒職事焉，即下十二職事。以爲地灋，制地之法。而待政令。中央命令。

經 以荒政十有二聚萬民。經之數多取於地域，如九鹹法九野。

傳 一曰散利，即下文通財。二曰薄征，輕税。三曰緩刑，四曰弛力，免力役。五曰舍禁，弛禁令。六曰去幾，關市不幾。七曰①眚禮，掌客凶荒殺禮。八曰殺哀，省凶禮。九曰蕃樂，蕃作藩，謂閉藏樂器。十曰多昏，不備禮而聚。十有一曰索鬼神，十有二曰除盜賊。**傳** 多實指事目，與經不必同，各明一義。

---

① 七曰：原作「七月」，據《周禮·地官司徒》改。

經 以保息六養萬民。六取六宗。

傳 一曰慈幼，二曰養老，三曰振窮，四曰恤貧，五曰寬疾，六曰安富。

經 以本俗六安萬民。

傳 一曰媺宫室，二曰族墳墓，三曰聯兄弟，四曰聯師儒，五曰聯朋友，六曰同衣服。

經 正月外州十二，各有正位之月。之吉，内九、外十二，各用一曆，元旦各不同。始和地中，陰陽之所和也。布教於邦國、内八州。都鄙，外十二州。乃縣教象之灋于象魏，月會之教。使萬民觀教象，挾日而斂之。

經 乃施教灋于邦國、都鄙，使之各以教其所治民。以下詳鄉官民爵法制。

傳 令五家爲比，有比長聯則爲十，以下從同。使之相保。五比二十五家聯則五十。爲閭，有閭長。使之相受。四閭百家。爲族，有族師。使之相葬。五族五百家。爲黨，有黨正。使之相救。五黨二千五百家。爲州，有州長。使之相賙。五州萬二千五百家。爲鄉，有鄉師、鄉老、鄉大夫。使之相賓。秦漢少吏法，皆鄉官民爵。

經 頒職事十有二於邦國、都鄙，使以登萬民。十二從十二州起義，傳以十二事説之。

傳 一曰稼穡，二曰樹蓺，三曰作材，四曰阜蕃，五曰飭材，六曰通財，七曰化材，八曰斂材，九曰生材，十曰學藝，十有一曰世事，十有二曰服事。

【經】以【鄉】三物三以三德起義，傳別以三事説之。教萬民而賓興①之。《管子》：「家國之間，有鄉一等。」此經説也。

【傳】一曰六德：知、仁、聖、義、忠、和。與《尚書》小異。二曰六行：孝、友、睦、婣、任、恤。三曰六藝：禮、樂、射、御、書、數。

【經】以【鄉】八刑糾萬民。八由八方取義，傳以八事説之。

【傳】一曰不孝之刑，二曰不睦之刑，三曰不婣之刑，四曰不弟之刑，五曰不任之刑，六曰不恤之刑，七曰造言之刑，八曰亂民之刑。

【經】以五五爲五帝例。禮防萬民之僞，而教之中。

【經】以六六爲六宗例。樂防萬民之情，而教之和。此爲鄉禮、鄉樂言。

【傳】凡萬民之不服教而有獄訟者，與其地治者聽而斷之，其附於刑者歸於士。《典》：「皋陶作士，明於五刑」。

---

① 興：原脱，據《周禮·地官司徒》補。

聯祀五帝，祭儀。奉牛牲，羞進也。其肆。陳骨體也。享先王，亦如之。

聯大賓客①，賓客儀。令野脩道、委積。少曰委，多曰積。

聯大喪，喪紀。帥六鄉《莽傳》有六鄉之説。之衆庶，屬其六引，引喪車索也，六鄉主六引。而治其政令。

聯大軍旅、大田役，軍田。以旗致萬民，而治其徒庶之政令。

聯若國有大故，則致萬民於王門，令無節掌節之職。者不行於天下。

聯大荒、大凶年。大札，大疫病。則令邦國移民、通財、十二荒政曰散利。舍禁、弛力、薄征、緩刑。

經歲終，以歲計，冬至對冬至，如泰西陽曆不計月。則令教官司徒屬樂正胥。正治而致事。

傳正歲，内八政，外十二次，各有正當之歲。令於教官曰：「各共爾職，脩乃事，以聽王命。其有不正，則國有常刑。」

經小司徒之職，掌建邦之教灋。司徒主教，雖錯舉以示例，仍以教爲主，不專詳司空職。

---

① 客：原脱，據《周禮·地官司徒》補。

[傳]以稽國中京城。及四郊畿甸。都鄙藩至城六服，男至鎮六服略之。之夫家猶言男女。九比大宰九職九兩。之數，以辨其貴賤、老幼、廢疾。

[傳]凡征役之施舍，與其祭祀、飲食、喪紀之禁令。

[説]乃頒比灋於六鄉之大夫，鄉官故氏，《國語》齊三鄉、五屬爲此經詳制。鄉師、鄉老同。使各登其鄉之衆寡、六畜、車輦，辨其物，以歲時入其數，以施政教，行徵令。

[傳]及三年，則大比。

[説]大比則受邦國之比。要乃會萬民之卒伍而用之。五人爲伍，五伍爲兩，四兩爲卒，五卒爲旅，五旅爲師，五師爲軍。以起軍旅，以作田役，以比追胥，以令貢賦。

[傳]乃均土地，以稽其人民，而周知其數。

[説]上地，家七人，可任也者家三人；中地，家六人，可任也者二家五人；下地，家五人，可任也者家二人。

凡凡「凡」皆爲傳説。起徒役，毋過家一人，以其餘爲羡，唯田田獵。與追胥竭盡也。作。

凡用衆庶，則掌其政教，與其戒禁，聽其辭訟，施其賞罰，誅其犯命者。

凡國之大事，戎事。致民；大故，喪葬。致餘子。《孟子》所謂餘夫。

傳 乃經土地，而井牧其田野。

說 九夫爲井，四井爲邑，四邑爲丘，四丘爲甸，四甸爲縣，四縣爲都。以任地事，而令貢賦。

凡稅斂之事，乃分地域而辨其守，五長各有守土。施其職而平其政。

聯 凡小祭祀，奉牛牲，羞其肆。

聯 小賓客，令野脩道、委積。

聯 大軍旅，帥其衆庶。

聯 小軍旅，巡役，致其政令。

聯 大喪，帥邦役，治其政教。

凡建邦國，立其社稷，正其畿疆之封。

凡民訟，以地比正之。地訟，以圖正之。《孟子》正經界。

經 歲終，則考其屬官之治成而誅賞，令群吏正要會而致事。

傳 正歲，則帥其屬而觀教灋之象，徇以木鐸，曰：「不用灋者，國有常刑。」

經令群吏憲禁令，修灋糾職，以待邦治。

經及大比，六鄉、四郊之吏，平教治，正政事，考夫屋及其衆寡、六畜、兵器，以待政令。

經鄉師之職，各長其所治鄉之教，而聽其治。

傳以國比之灋，以時稽其夫家衆寡，辨其老幼、貴賤、廢疾、馬牛之物，辨其可任者與其施舍者，掌其戒令糾禁，聽其獄訟。

經大役，則帥民徒而至，治其政令。

傳既役，則受州里之役要，以考司空此鄉師舊屬於司空之證。之辟，法也。以逆其役事。

凡邦事，令作秩叙。

聯大祭祀，羞牛牲，共茅蒩。

聯大軍旅、會同，正治其徒役與其輂輦，戮其犯命者。

聯大喪用役，則帥其民而至，遂治之。及葬，執纛，以與匠師御匶，而治役。及窆，執斧以涖匠師。

聯凡四時之田，前期，出田灋於州里，簡其鼓鐸、旗物、兵器，修其卒伍；及期，以司徒司徒代攝司空。之大旗致衆庶而陳之。以旗物辨鄉邑而治其政令、刑禁，巡其前後之屯，而戮其犯命者，斷其争禽之訟。

傳 凡四時之徵令有常者，以木鐸徇於市朝。以歲時巡國及野，而賙萬民之囏阨，以王命施惠。

經 歲終，則考六鄉六鄉之制舉行於新莽有傳。之治，以詔廢置。

傳 正歲，稽其鄉器，比五家。共吉凶二服，閭二十五家。共祭器，族百家。共喪器，黨五百家。共射器，州二千五百家。共賓器，鄉萬二千五百家。共吉凶禮樂之器。

傳 若國大比，則考教、察辭、稽器、展事，以詔誅賞。

經 鄉大夫之職，各掌其鄉之政教禁令。鄉老、鄉大夫皆氏，鄉非正官，乃民爵。

傳 正月説見前。之吉，受教灋於司徒，退而頒之於其鄉吏，使各以教其所治，以考其德行，察其道藝。

經 以歲時登其夫家之衆寡，辨其可任者。

傳 國中自七尺以及六十，野自六尺以及六十有五，皆征之。《孟子》力役之征。其舍者，國中貴者、賢者、能者、服公事者、老者、疾者，皆舍。

經 以歲時入其書，三年則大比。

傳 考其德行、道藝，而興賢者、能者，鄉老及鄉大夫帥其吏與其衆寡，以禮禮賓之。

經 厥明，鄉老及鄉大夫、群吏獻賢能之書於王，王再拜受之，登於天府，内史貳之。退而以鄉射之禮五物詢衆庶。

說 一曰和，二曰容，三曰主皮，四曰和容，五曰興舞。此謂使民興賢，出使長之；使民興能，入使治之。

經 歲終，則令六鄉之吏皆會政致事。

傳 正歲，令群吏考灋於司徒以退，各憲之於其所治。國大詢於衆庶，則各帥其鄉之衆寡而致於朝。國有大故，則令民各守其閭，以待政令。以旌節輔令，則達之。

經 州長各掌①其州之教、治、政、令之灋。民爵，非正官，如今保甲，故無官多之嫌。

傳 正月之吉，各屬其州之民而讀灋，以考其德行、道藝而勸之，以糾其過惡而戒之。

① 掌：原作「長」，據《周禮·地官司徒》改。

說 若以歲時祭祀州社，則屬其民而讀灋，亦如之。

傳 春、秋以禮會民，而射於州序。

聯 凡州之大祭祀、大喪，皆涖其事。

聯 若國作民而師、田、行、役之事，則帥而致之，掌其戒令，與其賞罰。

經 歲終，則會其州之政令。

傳 正歲，則讀教灋如初。三年大比，則大考州里，以贊鄉大夫廢興。

經 黨正各掌其黨之政、令、教、治。

傳 及四時之孟月吉日，則屬民而讀邦灋，以糾戒之。

說 春秋祭禜，亦如之。

傳 國索鬼神而祭祀，則以禮屬民，而飲酒於序，以正齒位。一命齒於鄉里，再命齒於父族，三命而不齒。

聯 凡其黨之祭祀、喪紀、昏、冠、飲酒，教其禮事，掌其戒禁。

聯 凡作民而師、田、行、役，則以其灋治其政事。

經 歲終，則會其黨政，帥其吏而致事。

傳 正歲，屬民讀灋，而書其德行、道藝，以歲時涖校比。及大比，亦如之。《管子・問篇》此經之說。

經 族師各掌其族之戒令、政事。

傳 月吉，則屬民而讀邦灋，書其孝、弟、睦、婣有學者。春秋祭酺，亦如之。

經 以邦比之灋帥四閭之吏。

傳 以時屬民而校登其族之夫家衆寡，辨其貴賤、老幼、廢疾、可任者，及其六畜、車輦。五家爲比，十家爲聯；聯則爲成數，凡單舉者皆以聯計之。五人爲伍，十人爲聯；四閭爲族，八閭爲聯。以聯計，則與《國語》、《管子》合。使之相保相受，刑罰慶賞相及相共，以受邦職，以役國事，以相葬埋。

說 若作民而師、田、行、役，則合其卒伍，簡其兵器，以鼓鐸、旗物帥而至。掌其治令、戒禁、刑罰。

經 歲終，則會政致事。

經 閭胥各掌其閭之徵令。

傳 以歲時各數其閭之衆寡，辨其施舍。

聯 凡春秋之祭祀、役、政、喪紀之數聚衆庶。既比，則讀灋，書其敬、敏、任、恤者。

傳 凡事，掌其比、觥、撻罰之事。

經 比長各掌其比之治。

傳 五家相受、相和親，有辠、奇衺則相及。

傳 徙於國中及郊，則從而授之。

說 若徙於他，則爲之旌節而行之。

說 若無授無節，則唯圜土内之。

經 封人掌詔王之社壝。爲畿封而樹之。《中候》三篇言封，《大傳》「封若圭璧」，即此封人。

傳 凡封國，設其社稷之壝，封其四疆。造都邑之封域者，亦如之。爲司空屬官，專掌封建、度地、居民事。

傳 令社稷之職。

聯 凡祭祀，飾其牛牲，設其楅衡，置其絼，共其水稾，歌舞牲及毛炮之豚。

聯 凡喪紀、賓客、軍旅、大盟，則飭其牛牲。

經 鼓人掌教六鼓、四金之音聲。以下爲樂官，本司徒之屬，又雜見春官。此一極互見五官之大例。

傳 以節聲樂，以和軍旅，以正田役。

傳 教爲鼓，而辨其聲用。

説 以以節聲樂。雷鼓以下六鼓。鼓神祀，以靈鼓鼓社祭，以路鼓鼓鬼享，以鼖鼓鼓軍事，以鼛鼓鼓役事，以晉鼓鼓金奏。

説 以金錞以下四金。和鼓，以金鐲節鼓，以金鐃止鼓，以金鐸通鼓。

傳 凡祭祀百物之神，鼓兵舞、帗舞者。

傳 凡軍旅，夜鼓鼜，以和軍旅。軍動則鼓其衆，田役以正田役。亦如之。

聯 救日月，則詔王鼓。

聯 大喪，則詔大僕鼓。

經 舞師掌教兵舞，帥而舞山川之祭祀；教帗舞，帥而舞社稷之祭祀；教羽舞，帥而舞四方之祭祀；教皇舞，帥而舞旱暵之事①。

傳 凡野舞，則皆教之。凡小祭祀，則不興舞。

經 牧人掌牧六牲。即五官共奉之六牲。

傳 而阜蕃其物，以共祭祀之牲牷。

說 凡陽祀，用騂赤色。牲毛之；陰祀，用黝黑色。牲毛之；望祀，各以其方之色五方五色。牲毛之。

說 凡時祀②之牲，必用牷物。

說 凡外祭，毀事，用尨雜色。可也。

說 凡祭祀，共其犧牲，以授充人繫之。

說 凡牲不繫者，共奉之。

經 牛人掌養國之公牛。公猶官也。

---

① 事：原作「祭祀」，據《周禮·地官司徒》改。

② 祀：原作「祭」，據《周禮·地官司徒》改。

【傳】以待國之政令。

【説】凡祭祀，共其享獻也。牛、求牛，禱神求福之牛。以授職人而芻之。

【説】凡賓客之事，共其牢禮、積、膳之牛。饗、食、賓射，共其膳羞之牛。軍事，共其犒牛。犒師之牛。喪事，共其奠牛。喪所薦饋曰奠。

【説】凡會同、軍旅、行役，共其兵車之牛，與其牽徬，以載公任器。

【説】凡祭祀，共其牛牲之互，與其盆所以盛血。簝，受血籠也。以待事。

【經】充人掌繫祭祀之牲牷。

【傳】祀五帝，則繫於牢，閑也。芻之三月。

【説】享先王，亦如之。

【傳】凡散祭祀之牲，繫於國門，使養之。展牲則告牷，《特牲饋食禮》曰：「宗人視牲告充，舉獸尾告備。」碩牲則贊。助也。

【經】【載師】掌任土《禹貢》九州、九土，庶土交正，古文因有任土作貢之説。之灋。以物地事，地如大司徒五地及十二土、十二壤，事如職事十有二，又如大宰九職。授地職，地官諸職。而待其政令。

【傳】以廛里遂人夫一廛，田百畮。《孟子》：方里而井，井九百畝。任國中之地，大宰九賦，一曰邦中之賦，如國畿、邦畿。以場圃任園地，大宰九職，二曰園圃，毓艸木。以宅田、《孟子》：五畝之宅。士田、《王制》：天子縣内九十三國，其餘以禄士，以爲閒田。賈田《孟子》：「法而不廛，商願藏於市。」趙注：當以什一之法征其地，不征其廛，是即賈田之説。任近郊之地，九賦，二曰四郊之賦，如侯服。以官田、《王制》：「名山大澤不以封，其餘以爲附庸閒田。」牛田、牧人掌養國之公牛。賞田、賞賜之田。《王制》：「諸侯之有功者，取於閒田以禄之。」牧田牧人掌牧六牲，而阜蕃其物。任遠郊之地，每服五百里，三百里爲近郊，五百里爲遠郊。每畿千里，五百里爲近郊，千里爲遠郊。以公邑之田《小司徒》：四井爲邑。《穀梁》：井田者九百畝，公田居一。任甸地，九賦，三曰邦甸之賦，如甸服。以家邑之田《孟子》：八家皆私百畝。任稍地，四曰家稍之賦，如男服。以小都《左傳》：大都不過參國之一，中五之一，小九之一。之田任縣地，五曰邦縣之賦，如采服。以大都之田都爲都鄙，即邊鄙。都有小大，即地有廣狹。王、帝、皇由此分等。任畺地。六曰邦都之賦，如衛服。《大行人》：六服止於衛，九服、十五服由此加增。○此段文有參互。

【説】凡任地，國宅無征。《孟子》：「市廛而不征。」園廛二十一，近郊十一，遠郊二十而三，甸、稍、縣、都皆無過十二，唯其漆林之征二十而五。征有多寡，不能一致，貴酌其宜。

【説】凡宅不毛者，有里布。注重森林業。

【説】凡田不耕者，出屋粟。

【說】凡民無職事者，出夫、家之征，罰之以儆游惰。○閭師凡無職者出夫布。以時徵其賦。

【經】【閭師】掌國中及四郊由近及遠。之人民、六畜之數。

【傳】以任其力，《王制》任力。以待其政令，以時徵其賦。

【說】凡任民：　任農以耕事，貢九穀；大宰九職，一曰三農，生九穀。任圃以樹事，貢艸木；二曰園圃，毓草木。任工以飭材事，貢器物；五曰百工，飭化八材。任商以市事，貢貨賄；六曰商賈，阜通貨賄。任牧以畜事，貢鳥獸；四曰藪牧，養蕃鳥獸。任嬪以女事，貢布帛；七曰嬪婦，化治絲枲。任衡以山事，貢其物；三曰衡虞，作山澤之材。任虞以澤事，貢其物。此段與大宰九貢相表裏。

【說】凡無職者，九曰閒民，無常職，轉移職事。出夫布。《載師》：民無職事者，出夫家之征。

【說】凡庶民不畜者，祭無牲；不耕者，祭無盛；不樹者，無椁；不蠶者，不帛；不績者，不衰。所以使民務實業。

【經】【縣師】掌邦國都、鄙、稍、甸、郊、里之地域①，而辨其夫家《小司徒》：九夫爲井。人民、田萊之數，《遂人》上地、中地、下地，夫家田萊之說甚詳。及其六畜、車輦之稽。

① 域：原脱，據《周禮·地官司徒》補。

傳 三年大比，則以考群吏，而以詔廢置。《尚書》：三載考績，黜陟幽明。

説 若將有軍旅、會同、十三年大朝覲。田、役農隙田獵。之戒，則受灋於司馬，司馬掌兵事。以作其衆庶及馬牛、車輦，會其車人之卒伍，《漢書·刑法志》因井田制軍賦、馬牛、車乘、士卒之數甚詳。使皆備旗鼓、兵器，以帥而至。

説 凡造都邑，量人所掌，匠人所司。量其地，辨其物，而制其①域，以歲時徵野之賦貢。大宰九賦、九貢。

經 遺人 掌邦之委積，以待施惠。委人掌斂薪芻，凡疏材、木材，凡其餘聚以待頒賜，爲此經分司。

傳 鄉里之委積，以恤民之艱阨；門關之委積，以養老孤；郊里之委積，以待賓客；委人以稍聚待賓客。野鄙之委積，以待羈旅；以甸聚待羈旅。縣都之委積，以待凶荒。

聯 凡賓客、會同、師、役，掌其道路之委積。《委人》：賓客共其芻薪，軍旅共其委積、芻薪。

説 凡國野之道，十里有廬，廬有飲食；三十里有宿，宿有路室，路室有委；《小司徒》：小賓客令野修道委積。五十里有市，市有候館，候館有積。

① 其：原作「之」，據《周禮·地官司徒》改。

說 凡委積之事，巡而比之，以時頒之。《遂師》：賓客則巡其道修，庀其委積。

經 均人 掌均地政，政讀作征。 均地守，縣正、鄙師、酇長、里宰及衡虞之屬。 均地職，園圃藪牧之屬。 均人民、牛馬、車輦之力政。力役之征，如建築、轉運之屬。

傳 凡均力政①，以歲上下。豐年則公旬用三日焉，中年則公旬用二日焉，無年則公旬用一日焉。凶札，則無力政，無財賦，不收地守、地職，不均地政。凶札之年，概從豁免，以恤民艱。

說 三年大比，則大均。以三年之率均之。

經 師氏 掌以媺詔王。

傳 以三德教國子。

說 一曰至德，以爲道本；《論語》孔子志道據德。 二曰敏德，以爲行本；聖門四科，德行居首。 三曰孝德，《孝經》宗旨。 以知逆惡。《春秋》所誅絶。

傳 教三行。

---

① 政：原作「役」，據《周禮・地官司徒》改。

【說】一曰孝行，以親父母；孔經言孝，使人自知别於禽獸。二曰友行，以尊賢良；三曰順行，以事師長。孔經興學，因有師長。

【傳】居虎門之左，司王朝。王視朝，則察道以詔王。

【傳】掌國中去聲，故書「中」爲「得」。失之事，以教國子弟。

【說】凡國之貴游子弟學焉。

【聯】凡祭祀、賓客、會同、喪紀、軍旅，王舉則從，聽治亦如之。

【傳】使其屬帥四夷之隸，《秋官》：蠻隸、閩隸、夷隸、貉隸。各以其兵服守王之門外，司隸掌帥四翟之隸，使之皆服其邦之服，執其邦之兵，守王宫與野舍之厲禁。且蹕。警蹕。

【聯】朝在野外，大會同。《明堂位》：在近郊三十里。則守内列。内列即《覲禮》「爲宫方三百步」之宫。《逸周書・王會》：「其守營牆者，衣青，操弓、執矢。」

【經】【保氏】掌諫王惡，而養國子以道。

【傳】乃教之六藝。六法，六宗。

【說】一曰五禮，吉、凶、軍、賓、嘉。二曰六樂，說詳《大司樂》。三曰五射，法天五宫。四曰五馭，法地五方。五曰六書，班氏象形、象事、象意、象聲、轉注、假借六者，即孔氏古文所創始。六曰九數。九，法天九野、地九州。

【傳】乃教之六儀。

【說】一曰祭祀之容，二曰賓客之容，三曰①朝廷之容，四曰喪紀之容，五曰②軍旅之容，六曰車馬之容。《賈子·容經》言之詳矣。

【聯】凡祭祀、賓客、會同、喪紀、軍旅，王舉則從，聽治亦如之。

【說】使其屬守王闈。

【經】【司諫】《孝經》：天子、諸侯、大夫皆有諍臣。掌糾萬民外州群牧。之德，而勸之朋友，内州方伯。正其行而强之道藝，《論語》：志道爲皇，游藝爲霸。巡問而觀察之。

【傳】以時書其德行道藝。

【說】辨其能而可任於國事者，以考鄉里之治，以詔廢置，以行赦宥。

---

① 曰：原作「月」，據《周禮·地官司徒》改。

② 曰：原作「月」，據《周禮·地官司徒》改。

【經】【司救】掌萬民之衺惡過失而誅讓之，以禮防禁而救之。《大司徒》：以五禮防萬民之僞而教之中。

【傳】凡民之有衺惡者，三讓而罰，三罰而士加明刑。

【說】恥諸嘉石，嘉石，朝士所掌，在外朝門左，使坐焉以恥之。役諸司空。地官爲司空本職，故仍見司空明文，而不云司徒，以司徒乃代攝也。

【傳】其有過失者，三讓而罰，三罰而歸於圜土。

【聯】凡歲時有天患民病，說詳《内經》。則以節巡國中及郊野，而以王命施惠。

【經】【調人】掌司萬民之難互相仇難。而諧和之。

【傳】凡過而殺傷人者，以民成之。與民共和解之，如《左傳》「惠伯成之」。

【說】鳥獸亦如之。

【傳】凡和難，父之讎辟諸海外，兄弟之讎辟諸千里之外，從父兄弟之讎不同國；君之讎眡父師，長之讎眡兄弟，主友之讎眡從父兄弟。

【說】弗辟，則與之瑞節而以執之。

【傳】凡殺人有反殺者，使邦國交讎之。

【傳】凡殺人而義者，不同國，令勿讎。

【說】讎之則死。

【傳】有鬭怒者，成之。

【說】不可成者書之，先動者誅之。

【經】媒氏古無媒妁，經制設媒氏以司之。掌萬民之判。判，半也。《喪服傳》曰：「夫妻判合。」

【傳】凡男女自成名以上，皆書年月日名焉。

【說】男三十而娶，女二十而嫁。中男、中女以三十、二十爲率。

【傳】凡娶判妻再醮婦。入子者，養媳不聘者。皆書之。

【說】中春之月，令會讀去聲。男女。於是時也，奔者不禁。禮不備爲奔，非淫奔而不禁。若無故而不用令者，罰之。嫁娶之禮各從其便，無一定之期，故《春秋》不譏非時。司男女之無夫家者女無夫，男無家。而會之。會讀去聲，謂會計其數。

【傳】凡嫁子娶妻，入幣純帛，無過五兩。昏禮不可過奢。禁遷葬者女未嫁而死，遷葬於男家祖塋。與嫁殤者。男未娶而殤，女仍嫁之。

傳 凡男女之陰訟，聽之於勝國亡國。之社，其附於刑者，歸之於士。

經 司市 掌市之治、教、政、刑，量度、禁令。《周禮》最重商務，故設司市諸職以董之。

傳 以次敍分地而經市，思次涖以市師，介次涖以胥師、賈師，各有分地。以陳肆辨物而平市，陳列百物，以衡市價。以政令禁物靡而均市，《王制》所禁，不粥於市者甚詳。以商賈阜貨《帝謨》所謂化居。而行布。布，泉也，行用泉法。以量度成賈去聲。而徵儥，買也。物有定價以招徠。以質劑結信而止訟，《質人》：大市以質，小市以劑，掌稽市之書契。以賈民禁僞而除詐，胥師察其詐僞，飾行儥慝者而誅罰之。以刑罰禁虣而去盜，司稽掌執市之盜賊以徇，且刑之。以泉府同貨而斂賖。泉府，民貨不售，則斂而買之；民無貨，則賖貰而予之。

說 大市日昃而市，百族爲主。民衆交易以爲常。朝市朝時而市，商賈爲主。通物曰商，居售曰賈。夕市夕時而市，販夫販婦爲主。朝資夕賣，小販謀生。

傳 凡市入，則胥執鞭度守門，胥之職司見下。市之群吏胥師以下諸職。平肆①、肆長陳其貨賄而平正之。展成奠賈。賈師辨其物而均平之，展其成而奠其賈，然後令市。

① 肆：原作「市」，據《周禮·地官司徒》改。

說 上旌旌以爲衆望。於思次市中候樓。以令市。市師涖焉，即司市。而聽大治、大訟。胥師、賈師涖於介次，區域小於思次者。而聽小治、小訟。

傳 凡萬民之期於市者，欲賣買決於市者。辟布者、故書辟爲辭，辭訟泉物者。量度者、刑戮者，市刑見下。各於其地之敍。即分地之次敍。

說 凡得貨賄、六畜者，亦如之，得遺牲畜者，亦於其地之敍。三日而舉之。

傳 凡治市之貨賄、六畜、珍異，亡通無。者使有，利者使阜，起其價以徵之。害者使亡，靡者使微。抑其價以卻之。

傳 凡通貨賄，以璽節出入之。

說 國凶荒、札喪，則市無征，而作布。多鑄泉以裕民。

傳 凡市僞飾之禁，此禁令之傳，如《王制》所禁。在民者十有二，在商者十有二，在賈者十有二，在工者十有二。皆取十二之數以法月。

傳 市刑，此政刑之傳。小刑憲罰，中刑徇罰，大刑扑罰，其附於刑者歸於士。

說 國君過市，則刑人赦。夫人過市，罰一幕。世子過市，罰一帟。命夫過市，罰一蓋。

命婦過市，罰一帷。

聯 凡會同、師、役，市司帥賈師而從，治其市政，掌其賣儥之事。

經 質人 掌成市之貨賄、人民、牛馬、兵器、珍異。

傳 凡賣儥者質劑焉。

説 大市以質，小市以劑。

傳 掌稽市之書契，同其度量，此《帝典》同度量之傳。壹其淳制，淳讀爲純，謂幅廣，制謂匹長。巡而考之，犯禁者舉而罰之。《王制》所禁，不中度量，不粥於市者，甚詳。

説 凡治質劑者，國中一旬，郊二旬，野三旬，都三月，邦國期。以遠近爲期限。期内聽，聽其訟。期外不聽。

經 廛人 掌斂市絘布、如店房税。總布、如城門統税。質布、質劑税。罰布、質人所罰犯禁之泉。廛布，貨賄諸物、邸舍之税。而入於泉府。

傳 凡屠者，斂其皮角筋骨，入於玉府。以備器用。

傳 凡珍異之有滯者，斂而入於膳府。膳夫掌之。

經 胥師 各掌其次司市所經之介次。之政令，而平其貨賄，憲刑禁焉。

傳 察其詐僞、飾行價慝者而誅罰之，聽其小治、小訟而斷之。如今巡警分區之所司。

經 賈師 各掌其次所涖之介次。之貨賄之治。

傳 辨其物而均平之，展其成而奠其賈，讀價。然後令市。

聯 凡天患，禁貴價者，使有恒賈。米穀食用，禁其昂價。

說 四時之珍異亦如之。

傳 凡國之賣價，各帥其屬而嗣掌其月。

聯 凡師役、會同，亦如之。

經 司虣 掌憲市之禁令。

傳 禁其鬬囂者，與其虣亂者，出入相陵犯者，以屬游飲食於市者。若不可禁，則搏而戮之。

今警察之干涉，即師此法。

經 司稽 掌巡市，而察其犯禁者，與其不物者，不物，如《王制》「用器、兵車不中度，布帛精粗不中數，幅廣狹不中量，五穀不時，果實未熟木不中伐，禽獸魚鼈不中殺」之類。而搏之。

【傳】掌執市之盜賊以徇，且刑之。

【經】【胥】各掌其所治之政。如今之分區巡警。

【傳】執鞭度而巡其前，掌其坐作、出入之禁令，襲掩捕也。其不正者。

【説】凡有罪者，撻戮而罰之。

【經】【肆長】各掌其肆之政令。

【傳】陳其貨賄，名相近者相遠也，名似而實殊者，使之別異。實相近者相邇也，實相同者使聚一肆。而平正之。

【説】斂其總布，掌其戒禁。○從司市至此皆市政。

【經】【泉府】掌以市之征布。所征之市泉。

【傳】斂市之不售，貨之滯於民用者，以其賈讀價。買之，物楬而書之，以待不時而買者。

【説】買者各從其抵，抵通柢，本也。本即所屬主吏、有司也。都鄙從其主，國人、郊人從其有司，然後予之。

【聯】凡賒者，祭祀無過旬日，喪紀無過三月。

傳 凡民之貸者，與其有司辨而授之。

說 以國服爲之息。如莽時民貸以治産業者，但計贏所得受息，無過歲什一。

傳 凡國事之財用取具焉。

說 歲終，則會其出入，而納其餘。

經 司門掌授管鍵，以啓閉國門。

傳 幾出入不物者，異言異服。正其貨賄。正讀爲征。

說 凡財物犯禁者舉之，如《王制》所禁。以其財養死政之老與其孤。

聯 祭祀之牛牲繫焉，監門養之。

傳 凡歲時之門，《月令》「春祀户」。受其餘。

聯 凡四方之賓客造焉，則以告。

經 司關掌國貨之節，如今商家之貨券。以聯門市。檢查貨券，以通於司門、司市。

傳 司貨賄之出入者，掌其治禁，與其征廛。

【説】凡貨不出於關者，舉其貨，罰其人。

【傳】凡所達貨賄者，則以節、傳出①之。

【説】國凶札，則無關門之征，猶幾。

【聯】凡四方之賓客叩關，則爲之告。有外内之送令，則以節傳出内之。《國語》：周之秩官有之曰，敵國賓至關，尹以告行理以節逆之。按《國語》乃《春秋》傳，而引《周官》，可見《周禮》在《左氏》之先，爲聖門所傳。

【經】【掌節】掌守邦節而辨其用，以輔王命。

【傳】守邦國者内八州之方伯。用玉節，守都鄙者外十二州牧。用角節。

【聯】凡邦國之使節，山國用虎節，土國用人節，澤國用龍節，皆金也，以英蕩輔之。用函器盛此節。

【傳】門關用符節，貨賄用璽節，道路用旌節，皆有期以反節。

【説】凡通達于天下者，必有節，以傳輔之。無節者，有幾則不達。

---

① 出：原脱，據《周禮·地官司徒》補。

經 遂人 掌邦之野，以土地之圖經田野。

傳 造縣鄙形體之灋。五家爲鄰，以五起例。五鄰爲里，○二十五家。四里爲酇，一百家。五酇爲鄙，五百家。五鄙爲縣，二千五百家。五縣爲遂。萬二千五百家。○此制以家數計，由少增多，由近而遠。《莽傳》以雒陽諸郡縣合爲六遂，師用此制，與下夫間有遂不同，故此爲《洛誥》東京之制。

説 皆有地域，溝樹之，使各掌其政、令、刑、禁。

傳 以歲時稽其人民，而授之田野，簡其兵器，寓兵於農。教之稼穡。

説 凡治野，以下劑以下田爲率。致甿，甿通氓。以田里安甿，以樂昏昏姻媒氏所掌。擾甿，以土宜教甿稼穡，以興耡利甿，以時器勸甿，以疆予任甿，疆予以田，《王制》無曠土，無游民。以土均平政。政讀作徵。

傳 辨其野之土：上地、中地、下地，以頒田里。由三等區爲九等，《禹貢》九州之田因有八十一等。

説 上地夫一廛，田百晦，萊五十晦，餘夫亦如之。中地夫一廛，田百晦，萊百晦，餘夫亦如之。下地夫一廛，田百晦，萊二百晦，餘夫亦如之。

傳 凡治野，夫間有遂，遂上有徑，十夫有溝，溝上有畛，井田之制，方十夫必方三里，而三分里之一。百夫有洫，洫上有塗，方三十三里而强。千夫有澮，澮上有道，方三百里而强。萬夫有川，川上有路，方三千里而强，爲一王之制。○此段乃《帝謨》濬畎澮距川之説。以達於畿。井田之制，一夫百畮，由遂而澮道川路，由小而大，以至京畿，即九畿之國畿，爲《召誥》西京之制，兩京通畿，故兩遂之制不同。

【傳】以歲時登其夫家之衆寡，及其六畜、車輦，辨其老幼、廢疾與其施舍者，以頒職作事，以令貢賦，以令師田，以起政役。

【説】若起野役，則令各帥其所治之民而至，以遂之大旗致之，其不用命者誅之。

【聯】凡國祭祀，共野牲，令野職。

【聯】凡賓客，令脩野道而委積。

【聯】大喪，帥六遂之役而致之，掌其政令。及葬，帥而屬六綍，及窆，陳役。

【聯】凡事致野役，而師、田作野民，帥而至，掌其政、治禁令。

【經】【遂師】各掌其遂之政令、戒禁。

【傳】以時登其夫家之衆寡、六畜、車輦。

【説】辨其施讀作「弛」。舍，與其可任者。

【傳】經、牧其田野。

説 辨其可食者，下農夫食五人。周知其數而任之，以徵財征。

傳 作役事則聽其治訟，巡其稼穡，而移用其民，以救其時事。

聯 凡國祭祀，審其誓戒，共其野牲入野職、野賦於玉府。

聯 賓客，則巡其道脩，庀其委積。

聯 大喪，使帥其屬以幄、帟先，道野役。及窆，抱磨，共丘籠及蜃車之役。

聯 軍旅、田獵，平野民，掌其禁①令，比敍其事而賞罰。

經 遂大夫 各掌其遂之政令。

傳 以歲時稽其夫家之衆寡、六畜、田野。

説 辨其可任者與其可施舍者，以教稼穡，以稽功事。掌其政令戒禁，聽其治訟。

傳 令爲邑者，《書·康誥》「作新大邑於東國洛」，《召誥》、《洛誥》營建東西兩京都邑之事。歲終則會政致事。歲終畢事，以備次年寅月大會同。正歲，邑居地中，頒曆天下，每方各有其歲之正。内州八正，以八節爲正；外州十二

① 禁：原作「戒」，據《周禮·地官司徒》改。

正，以斗建爲正。簡稼器，修稼政。《書·帝典》「東作」，《月令》「孟春，王命布農事」。三歲大比，《帝典》「三載考績」。則帥其吏而興甿，明其有功者，屬其地治者。

說 凡爲邑者，以四達戒其功事，「匠人營國方九里」，「國中九經九緯」。而誅賞廢興之。

經 縣正 各掌其縣之政、令、徵、比。

傳 以頒田里，以分職事。

說 掌其治訟，趨其稼事，而賞罰之。

聯 若將用野民，師、田、行、役、移執事，則帥而至，治其政令。

說 既役，則稽功會事而誅賞。

經 鄙師 各掌其鄙之政令、祭祀。與縣正互文見義。

聯 凡作民，則掌其戒令。以時數其衆庶，而察其媺惡而誅賞。

傳 歲終，則會其鄙之政而致事。

經 酇長 各掌其酇四里一百家。之政令。與縣正、鄙長互文見義。

傳 以時校登其夫家，比其衆寡。

【聯】以治其喪紀、祭祀之事。

【聯】若作其民而用之，則以旗、鼓、兵革帥而至。

【傳】若歲時簡器，與有司數之。

【説】凡歲時之戒令，皆聽之，趨其耕耨，修其女功。

【經】【里宰】民爵，非實官。掌比其邑之衆寡，與其六畜、兵器，治其政令。

【傳】以歲時合耦於耡，以治稼穡。

【説】趨其耕耨，行其秩敍。

【傳】以待有司之政令，而徵斂其財賦。

【經】【鄰長】民爵。掌相糾相受。

【傳】凡邑中之政，相贊；徙於他邑，則從而授之。

【經】【旅師】掌聚野之耡粟、井田什一之稅。屋粟、屋不毛者所罰。閒粟閒田所納之粟。而用之。

【傳】以質劑致民，平頒其興積，施其惠，散其利，而均其政令。

說 凡用粟，春頒而秋斂之。《孟子》：「春省耕而補不足，秋省斂而助不給。」

說 凡新甿之治，皆聽之，使無征役，以地之媺惡爲之等。

經 稍人 掌令丘乘之政令。丘乘，即春秋之丘甲。《小司徒》：「四井爲邑，四邑爲丘，四丘爲甸。」《漢·刑法志》：「甸六十四井，有戎馬四匹，兵車一乘，甲士三人，卒七十二人，干戈備具。」

傳 若有會同、師、田、行、役之事，則以縣師之灋稍人屬於縣師。作其同徒輂輦，縣師作其衆庶及馬牛、車輦。帥而以至，治其政令，以聽於司馬。地官中有屬於司馬者，故《周禮》用官聯，不用官屬。

聯 大喪，帥蜃車與其役以至，掌其政令，以聽於司徒。喪爲《王制》司徒所司六禮之一，地官亦以司徒代攝。

經 委人 掌斂野之賦，斂薪芻。凡疏材、木材，凡畜聚之物。

傳 以稍聚待賓客，以甸聚待羈旅。凡其余讀作餘。聚，以待頒賜。

聯 以式灋共祭祀之薪蒸、木材。賓客，共其芻薪。喪紀，共其薪蒸，木材。軍旅，共其委積薪芻。

說 凡疏材，共野委兵器，與其野囿財用。

說 凡軍旅之賓客，館焉。

經 土均 掌平土之政。

傳 以均地守，以均地事，以均地貢，以和邦國、都鄙之政令、刑禁。

聯 與其施讀作弛。舍、《小宰》斂弛之聯事。禮俗、喪紀、祭祀。

說 皆以地媺惡爲輕重之灋而行之，掌其禁令。

經 草人 掌土化之灋。

傳 以物地五物，五地。相其宜，職方内九，外十二州，所宜穀。而爲之種。

說 凡糞種，以下農學辨壅料之灋。騂剛用牛，赤緹用羊，墳壤用麋，渴澤用鹿，鹹潟用貆，勃壤用狐，埴壚用豕，彊檃用蕡，輕爂用犬。共九種，與《禹貢》九州、九土相符，又「庶土交正」。

經 稻人 掌稼下地。下地者，低下多水之地。以地球論，惟南半球多水，故《典謨》命禹專治南半球。

傳 以瀦畜水，以防止水，以溝蕩水，以遂均水，以列舍水，以澮寫水，《帝謨》濬畎澮。以涉揚其芟作田。此爲農田大興水利，即《禹貢》滌九川、陂九澤以後之事。

說 凡稼澤，夏以水殄草而芟夷之，澤草所生，種之芒種。

聯旱暵，共其雩斂；喪紀，共其葦事。

經土訓屬於職方。掌道地圖，周知天下土地之圖。以詔地事，告王以人民、財用、九穀、六畜之數要。道地慝，周知其利害。慝即害也。以辨地物内九，外十二州之其利、其畜、其穀。而原其生，各地生物各有時。以詔地求。即地球。《大司徒》所謂地域廣輪，古文省作求，今作球。

聯王讀作皇。巡守，十二歲巡守殷國，即周徧地球。則夾王車。

經誦訓掌道方志，辨方正位，内八州、外十二州，以干支爲岳牧之符記，即方志。志，記也。以詔觀事；《易·觀卦》：省方觀民之事。掌道方慝，《王制》：凡居民，必因天地寒暖燥濕，廣谷大川異制，剛柔輕重遲速異齊，五味異和，器械異制，衣服異宜。以詔辟忌。五方之民皆有性也，不可推移。

傳以知地俗。民生其間者異俗，又修其教，不異其俗。

聯王皇。巡守，則夾王車。

經山虞掌山林之政令，山林警察。物爲之厲，而爲之守禁。

傳仲冬斬陽木，仲夏斬陰木。《孟子》：「斧斤以時入山林。」

説凡服耜，斬季材，以時入之，令萬民時斬材，有期日。

說 凡邦工入山林而掄材，不禁。春秋之斬木，不入禁。

說 凡竊木者，有刑罰。

聯 若祭山林，則爲主，而脩除，且蹕。

聯 若大田獵，則萊山田之野。及弊田，田者止也。植虞旗於中，致禽而珥焉。珥者，取禽左耳以效功。

經 林衡 屬於山虞。掌巡林麓之禁令，而平其守。森林警察。

傳 以時計林麓而賞罰之。

說 若斬木材，則受灋於山虞，而掌其政令。

經 川衡 掌巡川澤之禁令，而平其守。水道警察。

傳 以時舍其守，犯禁者，執而誅罰之。

聯 祭祀、賓客，共川奠。

經 澤虞 屬於川衡，如巡警分區。掌國澤之政令，爲之厲禁。

傳 使其地之人守其財物，以時入之於玉府，頒其餘於萬民。

聯 凡祭祀、賓客，共澤物之奠。

聯 喪紀，共其葦蒲之奠。

聯 若大田獵，則萊澤野。及弊田，植虞旌以屬禽。

經 迹人 掌邦田之地政，田獵之事。爲之厲禁而守之。

傳 凡田獵者受令焉，禁麛卵者，與其毒矢射者。

經 卝人 掌金玉錫石之地，而爲之禁厲以守之。礦務警察。

傳 若以時取之，則物其地圖而授之，巡其禁令。

經 角人 掌以時徵齒、角、凡骨物於山澤之農，以當邦賦之政令。

傳 以度量受之，以共財用。

經 羽人 掌以時徵羽翮之政於山澤之農，以當邦賦之政令。

傳 凡受羽，十羽爲審①，百羽爲摶，十摶爲縳。

---

① 爲審：二字原脱，據《周禮·地官司徒》補。

經 掌葛 掌以時徵絺綌之材於山農。

傳 凡葛征，徵艸貢之材於澤農，以當邦賦之政令。

說 以權度受之。

經 掌染草 掌以春秋斂染草之物。

傳 以權量受之，以待時而頒之。

經 掌炭 掌灰物、炭物之徵令。

傳 以時入之，以權量受之，以共邦之用。

說 凡炭灰之事。

經 掌荼 掌以時聚荼。

聯 以共喪事。

傳 徵野疏材之物，以待邦事。

說 凡畜聚之物。

經　掌蜃　掌斂互物蜃物，以共闉壙之蜃。

聯　祭祀，共蜃器之蜃，共白盛之蜃。

經　囿人　掌囿游之獸禁。

傳　牧百獸。

聯　祭祀、喪紀、賓客，共其生獸、死獸之物。

經　場人　掌國之場圃，而樹之果蓏、珍異之物。

傳　以時斂而藏之。

聯　凡祭祀、賓客，共其果蓏。

說　享，亦如之。

經　廩人　掌九穀之數，九州之穀，說詳職方氏。以待國之匪頒、賙賜、稍食。

傳　以歲之上下數邦用，以知足否，以詔穀用，以治年之凶豐。

說　凡萬民之食食者，人四鬴，上也；人三鬴，中也；人二鬴，下也。若食不能人二鬴，則令邦移民就穀，詔王殺邦用。

聯 凡邦有會同、師、役之事，則治其糧與其食。

聯 大祭祀，則共其接盛。

經 舍人 掌平宮中之政。

傳 分其財守，以灋掌其出入。

聯 凡祭祀，共簠簋，實之陳之。賓客，亦如之。共其禮車米、筥米、芻、禾。

聯 喪紀，共飯米、熬穀。

傳 以歲時縣穜稑之種，懸之使風氣燥達。以共王后之春獻種。

傳 掌米粟之出入，辨其物。

傳 歲終，則會計其政。

經 倉人 掌粟入之藏。

傳 辨九穀之物，以待邦用。

說 若穀不足，則止餘灋用。有餘則藏之，以待凶而頒之。

聯 凡國之大事，共道路之穀積、食飲之具。

經 司禄 闕。

經 司稼 掌巡邦野之稼，而辨穜稑之種。

傳 周知其名，與其所宜地，如《職方》内九州、外十二州所宜穀。以爲灋，而縣於邑閭。此專爲典謨開闢南服而言，爲司空治水後后稷教稼穡之事。

說 巡野觀稼，以年之上下出斂灋。

傳 掌均萬民之食，而賙其急，而平其興。

經 舂人 掌共米物。

聯 祭祀，共其齍盛之米。

聯 賓客，共其牢禮之米。

傳 凡饗食，共其食米。

說 掌凡米事。

經 饎人 掌凡祭祀共盛。

傳 共王及后之六食。皇用六法六宗。○按：祭祀爲職事共六，食爲水職。

聯 凡賓客，共其簠簋之實。

說 饗食，亦如之。

經 槀人「槀」一作「犒」。掌共外、内朝冗食者之食。

傳 若饗耆老、孤子、士、庶子，共其食。

聯 掌豢祭祀之犬。

周禮新義凡例

廖平　撰
楊世文　校點

校點説明

《周禮新義凡例》共四十七條。廖平認爲，舊以《周禮》爲周官、周公作者，其謬誤顯著。考《周禮》十一言「周」，知鄭注云「周，猶徧也」，是《周禮》爲大統皇帝周知天下之書，與《周頌》、《周南》、《周易》同。《周禮》爲百世以後俟聖人之書，爲皇帝輿輻圖制。五官法五帝，五土即五大洲。此書爲改「今古」爲「小大」之後的著作。認爲《王制》與《周禮》體例相同。《周禮》首天官而四輔，《王制》亦首天子自掌，而後四輔，二書體例全同，當分讀以判皇王，又當合讀以備終始。大約凡《王制》所已見，《周禮》不再見，故《周禮》大綱有缺略。鄭注皆據《王制》補之，是也。《王制》未詳，固可借證《周禮》，而《周禮》與《王制》互文隱見，尤關緊要。故二書非合讀則兩傷，故《王制》所有諸政典數目皆當加三倍、八倍、三十五倍推，以合於《周禮》。知二書互文隱見，則相得益彰。凡例共四十七條，民國元年（一九一二）連載於《四川國學雜誌》第一、二號。民國六年（一九一七）四川存古書局印入《六譯館叢書》，民國十一年（一九二三）重印，兹據此本整理。

目録

周禮新義凡例四十七條

周字名義。

舊以《周禮》爲周官、周公作者，其謬誤顯著，不具論。考《周禮》十一言周，知鄭注云「周，猶徧也」，是《周禮》爲大統皇帝周知天下之書，與《周頌》、《周南》、《周易》同。《雅》以大、小分皇帝，亦如《南》以周、召分君、臣。《左》、《國》稱《周易》者，皆指一爻變而五爻不變，即《大傳》所謂「周流六虛」也。《詩經》以周爲三皇國號，「南北東西，無思不服」，「王國克生，維周之楨」。能解「周」字名義，則《周禮》爲皇帝之書，與《王霸記》、《王制》大小不同，不待煩言而解也。

《周禮》爲百世以後俟聖人之書。

西人海外天地大局諸説，中國於二千年以前早已著録，遺文墜典，散見各書。即如鄒衍談天之海外九州，九九八十一州，昔人駭爲異聞者，實乃《大行人》九州之外爲蕃國之師説，爲皇大九州之制。蓋孔子以《春秋》、《尚書》爲行，《詩》、《易》爲志，《論語》所謂「志道」，志即《詩》也。行以述往，志以開來。王伯之事，《王制》詳之；皇帝之事，著在《周禮》。《王制》與《周禮》同爲七十子之傳。六經之傳説，百世可知，必至今日海禁大開，而後《周禮》之説乃顯著也。

皇帝輿輻圖制。

凡講史學者，必先考地輿；凡治經學者，必先明疆宇。蓋必先定版圖之廣狹，而後政事由之而出。《王制》言疆域曰：「四海之内，方三千里。」《孟子》亦曰：「方千里者九。」蓋專爲春秋言之。《周禮》皇帝之書，其疆域有三萬里、二萬七千里與萬里七千里各等之分。「土圭一尺五寸，以求地中」，鄭注：「大地三萬里」。此三皇版圖方三萬里，經、注之明文也。《大行人》「九州之外爲蕃國」，方三千里爲一州，九九八十一州，合以《板》詩之六服，爲大五帝；一萬二千里開方，《時則訓》「五帝分司五極，各萬二千里」者，是也。提封萬里曰萬國，九畿以一萬里開方，方二千里爲一州，此小五帝方萬里之版圖也。邦畿方千里爲《禹貢》之制，四等輿圖，於《禹貢》或加三倍，或加八倍，或加三十五倍，統括地球而言，與《禹貢》僅就中國五千里地勢立制者大小不同。版圖既大，所有政事、典章由之而變，此所以與《王制》、《王霸記》王伯之法萬不相同者也。

與《王制》同爲五官大小兩峙表。

《王制》與《周禮》體例相同。《周禮》首天官而四輔，《王制》亦首天子自掌，而後四輔，二書體例全同，當分讀以判皇王，又當合讀以備終始。大約凡《王制》所已見，《周禮》不再見，故《周禮》大綱有缺略。鄭注皆據《王制》補之，是也。《王制》未詳，固可借證《周禮》，而《周禮》

與《王制》互文隱見，尤關緊要。故二書非合讀則兩傷，故《王制》所有諸政典數目皆當加三倍、八倍、三十五倍推，以合於《周禮》。知二書互文隱見，則相得益彰。

五官法五帝。

皇三萬里，分爲五帝、五極，各萬三千四百里。《周禮》五官，五言「以爲民極」，即《地形訓》五極之説。按：《大戴禮》數言五官，《周禮》本經云五官奉六牲，是《周禮》本爲五官，以法五帝、五神。考《盛德篇》雖言六官，《千乘篇》只言四輔，是《周禮》言皇則爲六合，《曲禮》天官與五官並見。皇法天，帝司五極，六太爲天子自統，冢宰如黄帝居中央土，司徒司春，司馬司夏，司寇司秋，司空司冬，一定之制。帝則爲五土，天子有故，使司空宅百揆，攝冢宰，乃以司徒攝司空，宗伯攝司徒，合爲一中四方；除喪以後，仍爲四輔，以法五行。地官即冬官，經無缺文，不必以《考工記》補《冬官》也。《盛德篇》六官之説，除四輔外，冢宰、宗伯皆屬六太，蓋仿黄帝六相；冢宰、宗伯爲玄黄，四輔居四方，天玄地黄，同在中央。是《周禮》雖五六並見，實不必有六篇也。

《詩》、《易》義説。

《王制》與《周禮》皆爲典制之書。《王制》之與《春秋》、《尚書》三王，各經制度全同。以《王制》説《春秋》、《尚書》，三代無有不合。《周禮》之於《詩》、《易》、《尚書》、帝制，亦如《王制》之與《春秋》、三王、皇帝，各經非得《周禮》典制表圖，無從實證。《白虎通》：《詩》、《易》、《周禮》尤切於《王制》，以《春秋》、《尚書》文較《詩》、《易》爲明，初非以《周禮》爲證，則文義惝怳，無從指實。如《詩》之土地、鳥獸、草木、民生、風俗，皆從五土起例，以五土配五大州，動物即鳥獸，植物即草木，五民即蒸民，風俗性情非得《周禮》爲之起例，則混揉莫能遠别矣。皇以六千里爲京，尤爲《易》三十六宫之切證。

道德宗旨。

道家詳道德，儒家詳仁義。經詳道德而略仁義，以皇帝不用故也。經六蓺文與《列子》同。日中測地中之説，義詳《地形》。四方民俗，《列》、《莊》亦有其文。他如上皇九洛、一轂三十輻、射九日，語五帝軼事，道家諸子甚詳。《周禮》爲經，道家實爲傳説，引以補入大統之制，乃爲詳備。《六家旨要》言道家統儒、墨，綜名、法，合陰陽，即一皇統五帝，上帝與五帝並見之實義也。

五土即五大洲。

西人五洲，近於經文之五土、五極。西人號曰亞、歐、美、非、澳，經則曰原隰、川、澤、山林、丘陵、墳衍，名異而實同。五極之説，以中國爲原隰，故《書》與《詩》、《易》同，以山、川、丘、墳、原隰五目爲例。五官各占一土，天官原隰，春川澤，夏丘陵，秋山林，冬墳衍。皇配天爲玄，五土、五色合爲六合，分爲五方，古今譯語不同。《周禮》大綱，此其最著也。《詩》多識鳥獸草木之名，即五土、五動物、五植物。《詩》與《離騷》同，鳥獸、草木皆當就《山海經》詳之。

三皇，天、地、人、神、示、鬼，又土國、山國、澤國。

《周禮》以五土爲五極，就五土中又歸重山川原三師、山澤土三國，即天地人，三統素青黄，不用紅紫紺緅之師説。故經中所稱三皇，與《書》、《詩》、《易》同，以山澤原代之。今故備用《書》、《詩》、《易》三統，三皇以釋《周禮》，證多事明。又再就其中立《三統表》，以彰明之，則天地人三統之説，與五帝、五瑞並行不悖。

中國皇極。

考東方開闢最早，孔子生於中國，六書經傳又爲中國所獨有。以地形論，葱嶺、崑崙爲天下之中，乃《時則訓》所言五極；以中國爲皇帝所司，故《禹序》舊稱中國謂爲天下之中也。《周禮》爲皇帝之治，以中國爲地中，進退海外，以合中庸。以中國、亞洲爲原隰，美洲爲川澤，非洲爲山林，歐洲爲墳衍，澳洲爲丘陵，裁成損益，合乎中庸。秦改郡縣，即以中國爲皇畿之先聲；北周用周，即以神州爲大統之嚆矢。文質彬彬，君子之化，將來混一宇宙，有王者起，必來取法，其「周禮」之謂歟！

官府、邦國、都鄙十五服分三段。

鄭注以都鄙爲王畿，最爲乖謬。地望一差，諸説皆謬。考四等建州，皆分三段。《周禮》王畿稱官府，侯綏、九州稱邦國，要荒、外州稱都鄙，都鄙在邦國外，不在邦國内，經説最明。乃因都縣之文，誤以解都鄙，致使外州咸建五長之制失傳，最爲可惜。今爲考訂九畿，甸以内爲官府，甸以外爲邦國，蕃以外《板》詩六服爲都鄙，男在王畿外。蕃在九州外，皇帝所同。蓋帝五百里一服，皇千里一服，甸適同在畿以内，蕃適同在九州之外。

禮失求野。

皇帝制度，原爲俟聖而作。今考經文，有爲古制文籍失傳者，有中國從未舉行者。近今泰西政略與經暗合。《左傳》記孔子之言「禮失求野」，郯子爲五帝而發。《周禮》專爲皇帝之書，然則「求野」之言，專爲《周禮》而發。近今談時務者，多取西政以證《周禮》。今備爲采録，因此可見經非中國一隅之書，由今以後，經當大行，廢經之説，可以息矣。

五書近證。

行人以五書記海外各邦風土、政教、吉凶、得失、安危。《列子》、《墨子》、《吕覽》、《淮南》於古四裔風俗略有徵録，再以近今泰西各國時事分别編纂，别爲一書。以其事有變更，故不附於經下。惟古書所言四方性情嗜好，由土著而生者，乃附經以傳。

《曲禮》舊題官屬表。

官職統屬，《董子·象天篇》言之詳矣。百二十官外，合二百四十三下士，以象周天之數。冢宰言六官每屬六十，共三百六十人。然冢宰爲統括之詞，董子乃其詳盡之職。《曲禮》天子立天官，先立六太、五官、六府、六工數節，爲《周禮》官屬原題，本經分篇，用五帝分司官聯法，每篇雜有各官之屬。今用《曲禮》、《董子》説，細考五官諸「以」字，别立《官屬表》。司教之官皆歸司徒，兵刑之官皆屬司馬、司寇，掌地之官皆入司空，再以司士一官移入中宫，以當今之吏部。天官官屬、官聯二法並行不悖，必立此表，然後官屬之義昭著，庶不至如舊説誤認官聯爲官屬，以失經旨。

官聯分司。

《周禮》五官用分司不用官屬，故司徒所攝地官中有兵、刑與教之職。司馬掌兵，《夏官篇》中乃有司徒、司空屬員，世婦、環人等職，分見别篇。如《王制》中首天官，次四輔，則爲官屬專例。蓋《周禮》用五帝分司法，以五官分篇，以法五帝同時並見之制。言皇則一皇統五官，五官皆聚於王畿，各歸其屬，乃用官屬之法。五官篇首皆言「辨方正位，體國經野，以爲民極」，如五帝統各官，各居一方，爲分方，非一統。每帝分方，必兼有四輔，故互文見義，合之可爲一統，分方亦官職皆全，此所以五篇中不盡本官之屬員。故《王制》用屬常，周官爲分司。

寫訂傳記説。

《周禮》有經、傳、記之分，有詳有略，有絶無傳記者。蓋經貴簡略，傳記則宜詳備。記以補經不足，《考工記》以記名篇，是爲五官之記。如匠人二職爲量人之記，弓人、矢人爲司弓矢之記，亦猶《職方》「凡邦國」節四十七字爲記文也。使每官皆備文，當百倍今本。將經本分傳、記、説寫訂，其文散見《大戴》、《列》、《莊》、《吕覽》、《淮南》甚多。今仿原書傳記之例，略爲采補，雙行附後，庶皇帝典章制度藉以考證。傳則如《朝事篇》，經文外加説。又《盛德》、《千乘》、《管子》之文最多。《藝文志》有《周禮説》四篇，今其書不傳，或云鄭已附入經中，以省兩習，如《左傳説》之附入傳文。《考工記》首之序與序官下之府、史、胥、徒是也。

《大戴禮記》傳説。

皇帝王伯以大小爲標目。小學王霸之學，大學皇帝之學。大、小二戴之《記》是即二統之分。故《周禮》之説，單條孤證，無不見於《大戴》，如《五帝德》、《帝繫姓》、《盛德》、《千乘篇》之六官、四輔，而《朝事篇》備列大行人、司儀、典瑞、掌客之文，尤爲明證。故《大戴》全書多言皇帝海外，與《周禮》切合。鄭注失於采録，今備引其文，以爲傳説。

天官王自主司士備五官。

《曲禮》：天子建天官，先六太，本五官，又別見。是天官爲天子自掌之事，別有五官，故爲六。合《周官》五土、六合二法並見。六合則以天爲上方，地官居中爲下方，別有四輔，以配六合。五官法五帝，則中央天官，即託爲皇，司空居北，爲四輔。又五官之司士在夏官中，如備六官，則司士在中，如昔之吏部、冢宰所掌六典官府，皆司士本職也。

地官即司空。

司空主地，地官即司空本職。司空攝冢宰，故以司徒攝司空耳。今地官中兩見司空文，是其明證。司空度地居民，以司市、量人爲之佐，職聯各官，非有缺篇。舊説以冬官缺司空者，固誤。宋俞氏雜取各官之文，別立司空篇，亦不知地官即司空本職。經用官聯，不用官屬，司空屬官不必聚在一篇。

《考工》別記。

《考工》以「記」爲名，乃記，非經。《曲禮》六府、六工在五官外，府、工當全爲冢宰司會所掌。六太之太士當爲工，則不當以百工爲冬官，明矣。古說作序，以記爲經，補成六篇，是爲謬誤。今考司弓、司矢各職，皆言督工之事，是記當分附各職下，如弓人、矢人附司弓矢、天子之弓云云，同可證。函人附司甲，而匠人二職之爲量人之記，尤爲明切顯著。今力闢冬官缺亡之説，而以記文分附各職，則文順而法舉矣。

官府、邦國、都鄙三官表。

舊説以五官專主王官者，誤矣。本爲一統之書，故兼舉侯國。諸侯都家如司几，王與諸侯同見，言其差等。蓋中有皇畿之官、侯國之官及都鄙之官，春秋二官之末附都家是也。而官之以大小名者，大爲皇官，小爲帝制。而事之以大小名者，乃爲輕重目。其事易涉牽混，故立官府、邦國、都鄙三官表以發其例。

測量天地用新法考。

保章測天，量人度地，古法失傳，舊解多誤，如土圭地中十二分野之類。西人精於測量，又皆包舉全球，故大地三萬里，非西書莫能盡其術。《周禮》不止言中國，固非中法所能盡。鄭注以中國爲分野，潁川爲地中，皆失其旨。

小大同異。

經專爲皇帝之書，與《王制》大小並峙，乃傳文多引小統立說，其中有文同實異者。如州有大小，同名九州。諸侯封地，由百里而方二百里、方三百里、方六白里，此變其實者也。然而四等同爲九州，每州同爲二百一十國，公、卿、大夫、士同爲百二十人，爵命同爲九錫、九命。故凡每一事必立四等之差，其中有實異、有實同、有名異、有名同實同不變者。如君一人，三公三人，小大不能改者。天子娶十二人，亦不推多。大約經傳所言天子之制多爲皇帝言，王者習用其法，至大一統制度不能加，則侯服各國當避尊少減。孟子「有王者起，則魯在所損乎，在所益乎」，如六國各用《王制》立東西二帝，則率從藩服。

驗小推大表。

「諸公方五百里」一節，舊以爲不合孟、荀。今按：封地由州地而起，州方千里者大國百里。若方二千里則加三倍，爲方二百里；方三千里加八倍，爲方三百里；方五千里加二十四倍，爲方五百里。五等迭降，約舉之辭，可由州地推之。《大行人》「九州本三千里」上云「邦畿千里」，則皇千里一畿之說，畿内爲甸，千五百里帝，三千里一州，二萬里皇，六千里一州。蠻、夷、鎮三服，《大行人》統曰要服，以要屬各服之中，内爲帶，以上之衣，外爲帶，以下之裳。

因見求隱。

土圭測景之法，千里差一寸。考地球升降之說，二分與日平，二至一升一降，與日平。是冬至日平南極，由南半球測景，千里差一寸，至赤道中線而一尺五；夏至北半球測景，千里差一寸，至地中而尺五寸。日至當指二至而言。測地有異，經云日南景短、日北景長，則專就中國言測法，而不得尺五寸之實矣。傳家囿於目見，故兼有南短北長之説。不知土圭之法合全球言，南北同爲尺五寸。鄭君本注不詳，注緯最詳明，當據爲定解，非地球開通以後不知此義。

稽數表。

《尚書》四表、四隩、四海、九州、九山、九川、九澤、十二州、十有二牧、十有二師、十二山、十二川，皆合州、隅以爲一名。《周禮》經文所有四、五、六、八、九、十二，皆同此法。傳乃多立細節名目，蓋合計則通，單舉則别，其中政事，不能確分數門者，皆由傳説數舉之故。如九法、九貢既言九畿之貢，九畿之法，則九指九畿，非九事。而一傳以爲九事，六爲同指六卿，一傳又别指六事，其中有得有失，所當細考。

大小名實參差等表。

舊説誤以《王制》、《周禮》同爲中國周代之制，千載長夜，互鬭不休，典考諸書，以爲魔障。今以皇帝王伯四統立表，則二書不厭其不同，正求其不同矣。惟其中有文同而實異者，如九州之四等，皇帝二統，畿同爲甸，九州之外同爲藩。以巡守言，一年爲王，五年爲小帝，十二年爲大帝，一世爲皇。諸傳記之文，或據王小統之文以立説，而文同實異。當由小推大，以備四等典制。如畿内千里，推之爲二千里，又推爲三千里，終之以六千里，而經文只一見千里之文，此不可以望文生訓者也。

證誤存真。

舊説之誤，除商権外，別輯爲專書詳矣。真解古義，即隨文補入。如孤之爲世子，民之爲海外國名；世之爲三十年；殷爲海外，即《詩》之殷商五篇；民極即五極；王之當讀爲皇；「鄉射」之即《儀禮》饗射；《周易》爲《左傳》一爻變五爻不變，《連山》爲三爻變，《歸藏》爲八；賦、比、興之即商、齊、二南；官府之爲王畿，邦國之爲九州，都鄙之爲要荒；伍人爲伍，用聯以爲合十數，同《國語》六鄉、六遂之爲六郊、六遂；九分其國，以爲九分，九分①即九軍，國九分，尚有十五分其鄙之文；要服之爲要荒，包蠻、夷、鎮三服而言；吉服五凶服五齊服五之爲十五服；百二十女皆爲命官之妻；閏月居門，即《玉藻》「闔左扉，工立門中」，「終月」之爲歸餘於終。凡改正誤説不下千百條，皆求古説，以明經旨。

《周禮》誤説考。

《周禮》經少，而記説文繁，記傳有已入正文者。《考工記》序官、《考工記》序職方四十六字是也。有在注疏者，鄭、賈諸家是也。有別行者，《尚書》之僞《周官篇》、《詩》、《書》古文家

① 九分九分：疑衍一「九分」。

諸説是也。大抵是少誤多，如鄭注以九州爲七千里，孤爲三孤，三公爲師保之類。除商榷以外，別撰專書，以明其誤。所有疑難，皆歸於説，不再疑經。

《逸禮》、《周禮》。

《周禮》終西漢之世未立學官，傳習者稀，師説甚微，淵源不具，實出孔壁，即劉歆《移書》所稱之《逸禮》也。《藝文志》：「《禮古經》者，出於魯淹中及孔氏，與十七篇①文相似，多三十九篇。」漢師因此三十九篇，釐爲六篇，乃爲今本《周禮》。詳於制度，如今之《政要》、《搢紳》舊説。雖有數名，當以《周禮》爲正。《儀禮》爲禮經，乃司徒所掌之六禮。篇中稱五禮，禮本可兼制度言，但各有正名，宜從其朔。

教別宜俗考。

《禮記》「禮從宜，使從俗」。《王制》「不易其俗」，「不易其宜」。中國道一風同，故小統之書，立教之事多有分別。惟《周禮》則不然，即如以色言，四正四色，四隅又四色，《考工》備言之，則合中黄爲九矣。如以拜言，各方之拜不同，或異或同，不能指實，經非中國一家之書，不能盡改外國之拜而不用。又如九祝，各國各有方章、儀節之不同，不能獨取中國。故經曰九拜、九祝，九指九州，但言拜祝，雖九州不必懸殊，各有九等，而儀由地異者，可類推矣。

① 與十七篇：原作「學七十篇」。顧實《漢志講疏》引劉敞曰：「學七十篇」，當作「與十七篇」。據改。

推類省文。

經凡數官比聯，文多相同，其中但本職爲異，如鄉遂、川澤、山原之類，可以類推。經文小司馬、輿司馬、軍司馬，舊皆以爲缺文，實則省文互見，推類可知。蓋其文可省，故經下有官無文。今仿各官例，推類補説，不必爲缺文也。

常聯别出考。

考各官有本職，有差使。本職爲官常，兼攝爲官聯。每官除一本職外，以六聯爲差使標目。今於各職分别本職、差使，故凡六儀之文，皆另行提出，以明官常、官聯之分。

四等名物同異表。

皇帝王伯四等典制，有同有異。同者如百二十官、十二女、千七百國之類，小大雖殊，數目則同。凡異者皆由疆域而出，地有廣狹，故實有多少之殊。今悉分别同者一表，異者另立。

禮樂中和表。

《孝經》：「安上治民，莫善於禮；移風易俗，莫善於樂。」傳記言禮樂之宗旨者詳矣。《周禮》以禮樂分天産地産、陰教陽教，蓋禮樂爲三統之分，剛柔仁義風土不同，政俗相反，各以所偏者言之，顛倒反覆，裁成進退。宗旨不同，教化所以異也。

五州異儀異服表。

一拜跪之儀，各地不同；一衣服之章，各地不同；一言語之節，各國不同。雖有萬國公法，不能使萬國必遵，而《周禮》實則將來皇帝大統之公法。皇帝既分天下爲九州，既位不畫一，又未必裁成九數。然皇帝大統之書，不僅録中制。故凡以九爲目①，多爲九州；以八爲目，多指八方；以六爲目，多指六合。九州之拜，八州之法，六官之典，以數爲別者，別其地，非就中法中分爲九爲八也。此當就地球中各之分異名異節立爲一表，分法在上，以下各由其方而列。凡注《周禮》，各引其方之異以注之。此讀《周禮》當以全球言之，非以中國一名一物空分爲八、九也。

釋疑考。

經文疑義，歷代師儒各有所陳，與先儒以爲劉歆僞撰諸條，今悉發明本義，以解舊疑。

中國神州圖考。

天下有二中：以地球論，則崑崙爲中；以教化論，則中國爲中。故五極黄帝所司，萬二千里，《淮南》以爲中國，不以爲崑崙；鄭注祀地示有神州、崑崙之不同，職是故也。黄帝爲神州，故四面皆爲鬼方。以神州爲中，則以西爲東，以東爲西，所謂顛倒衣裳；如美爲西極月，亞爲東極日，故《詩》曰「匪東方明」則月光，「匪雞鳴」則蠅聲。月光、蠅聲，《邶風》於西方言「中露」、「泥中」，即所謂「匪鶉匪鳶，翰飛戾天；匪鱣匪鮪，潛逃於淵」。四方各有本性，一經

---

① 以九爲目：原作「以九爲廿」，據上下文例改。

顛倒，以東爲西，以西爲東，即仁義合並，水火既濟，化德爲才之義。人皇南面，爲黄衣狐裘；天皇西面，爲緇衣羔裘；地皇東面，爲素衣麑裘。

一以一屬。如《會典》每部立各司。

五官爲長，其職文同《王制》。凡一「以」字爲一司，如司寇，卿也；以五刑爲司刑職，以五刺爲司刺，以圜土爲司圜，以五禁爲司禁，以五民爲司民，如清刑部分立五司。就此推之，則官屬實有明文，其屬或在本官，或在別編，皆由此而推。大約諸卿、大夫、長官每長各自有屬員。今分別上下，寫全目次，以見本屬。傳説多不在本條下，如地官之宅土、度地，既別出量人於司馬，匠人二職，且在《考工》。今故詳考本篇，著以本屬，而文在別篇者，尤宜詳審。

傳説歧出。

《易》乾坤傳説有歧異之條，《周官》尤多。如司寇以五刑糾萬民，即指五刑而言，乃本職。傳以野宰鄉官立説，司刑則以肉刑當之。如此之類，不一而足。九法，一傳以爲九畿之法，一傳又以九事當之。九貢，本爲《禹貢》，一傳以爲九畿之貢，即《大行人》九服之貢；一傳又別指九事。此蓋不止一師，故人各異説，亦如《公》、《穀》之「傳曰」、「或曰」。必明此例，而後異義可道。

教宗。

地球各地，凡有政即有教。政以行事，教以繫心。小統詳於政，風土不殊；大統詳於教，以性情相反，蓋教有由地分者。今天下教多，大統一尊，必合爲一，以尊至聖。然孔子教中又分宜俗，故九兩、十二教皆與九流大同小異，各持①一端，以待時好。《周禮》②九兩與十二教皆屬教。九兩主九州，十二教主十二土、十二風，未必能分疆畫界。每州各就一門言之，合讀則通、分讀則別之義也。

息兵盟會。

春秋盟會，即今泰西兩君相見之禮。或諸臣會盟，和紛争，定條約，有所謂密約者。大約發議即盟主，故《周官》特設司盟等官。又息兵、恤災、慶賀諸事，亦詳之。他如賽奇，即聚天下之物，觀新物知其利害。西國行事，亦由時勢而出，皆合於經傳。

語言文字。

中國通商，以繙譯爲切要；行人使才，亦以此爲初基。抵掌而談，折衝樽俎，使必由繙譯官，彼此陳説則難矣。《列子》言皇帝能盡通鳥獸之語，何况外國方言。《周禮》於象胥之外，别立監鳥獸之官，則《周禮》爲皇帝之書，所以非中法所能盡。《大行人》九歲於聲音文字之學包括無遺矣。

---

① 持：原作「特」，據文義改。

② 周禮：「禮」字原爲墨丁，九兩、十二教出自《周禮·天官冢宰》，據補。

刑律。

今西律各有不同，故《周禮》有三等之分。西人無肉刑，故肉刑爲苗民之法。《周禮》之傳有之者，襲《呂刑》傳文耳。經言納贖、納矢、盟詛，亦見《管子》。蓋西方有其俗，用以治疑獄。又人之疑《周禮》者，以爲富人不死。不知大統之法，貧富兼均，中法不可行，西人行反多效者，以國勢異也，故不當以中人疑《周禮》。

六宗表。

人學以天下爲六合。天學之六官，實取法六宗，合上下與四方。凡以六爲目者，如六官、六色、六牲，樂之六變，皆取法焉。六合與五方名異實同，皆在六合之內，一涉天學，則三才上下不在六合以內，此《周禮》所以以天地、四時分篇，而經只五篇，以地官攝北、冬，司空不在立官之事例也。十二土、十二月以分配外十二州。《淮南·時則訓》十二月合爲六合：孟春與孟秋合，仲春與仲秋合，季春與季秋合，孟夏與孟冬合，仲夏與仲冬合，季夏與季冬合。分別彼此，不相通合。樂則交易而退，各得其所。六呂配十二月合樂，即所謂六合之樂。他如子與丑合，寅與亥合，辰與酉合，午與未合，申與巳合，戌與卯合，六呂相合，爲斗與日躔之六合。

地中圖考。

土圭測日景，即地四游法。故鄭注引四游古説爲證。日南爲冬，日北爲夏，日東爲秋，日西爲春。謂地四游，繞日之四旁，即今西人四游圖説。日至之景尺有五寸，就地球四游立表，四方皆萬五千里，則春秋致月，冬夏致日之法。其經云南景短、北景長者，則南指赤道，北指黑道。合地中言，日中無景，兩赤皆短，兩黑皆長。《詩》以上南爲地中，北爲兩黑道，與《周禮》同。

靈素類編。

《内經》分治國、治身。其中黄帝當讀爲皇帝，總統《周禮》之三皇五帝而言。凡言三才者，皆爲三皇例，五行者爲五帝例。五運、六氣、二十二歲，即五官之正歲、正月、五土之民，推詳二十五民。九州應九竅，言九九八十一者數十見，即大九州、九畿。終於鎮，鍼法九九八十一鍼，鍼、鎮名異數符，合九鍼爲二萬七千里。三才之天地，即天地二官。四方、四時即四帝、五行之官。《大學》以修身比治國，故經全以人身配天地。今取其醫家治病之説以注天官。醫官外所有五運、六氣、九州、二十五人、南向、北向、朝夕、寒暑，皆引《内經》以爲注。並將原書分爲二類：專言治病即爲治身；五運、六氣、三才、五行、九大論，則别爲皇帝專書。所謂同類異名，即辨方正位之師説。就一身之中分别陰陽、五行、六合、八風，則全爲三五師説。唯醫家治病，則無須多立名目。本經爲典墳專書，《内經》即爲師説。是本經遺文墜典，皆有證據，而醫學亦可借以大明。五運六氣升降，上下左右司天在泉，即地球四游、東西南北、朝夕、寒暑。蓋統地球言，一時之中全有十二時之里差，一朔之中全有十二月之朔令，每一辰各有司天在泉、上下左右之節候，周而復始，循環無端。蓋地球三萬里，陰陽寒暑顛倒不同，不能專就一隅言之。

周禮鄭注商榷

廖平撰　黄鎔注
楊世文　校點

校點説明

《周禮鄭注商榷》一卷，光緒二十五年己亥（一八九九）成書於射洪學署。據光緒《井研縣志》卷十二《藝文二·經部二》載廖平自序説，鄭玄一生撰作，以《周禮》徧説群經，是其巨誤。如内政修明，猶可言也；進而求之，則千瘡百孔，疵謬叢出，既不能自立，乃欲攻人。考六朝鄭學盛行，學者推奉，幾同思、孟。老師宿儒，依附門牆，託以自重；新進後學，震于俗習，莫敢誰何。即間有諍友，亦毛舉小故，率意吹求，愈覺泰山之難撼。至于近代，李兆洛、魏源訟言攻擊，肆口操莽，然但譏其變亂家法，所以然之故，得之甚淺，言亦不深。考經文之可疑，實鄭君誤解之過，則欲通全經，不得不力祛誤説。鄭君名譽甚高，非著專書逐條鋪陳，無以饜服衆心，回其觀聽，故先作《商榷》二卷，然後乃撰《義證》云云。其書專攻鄭注之謬。民國四年（一九一五）《國學薈編》第十、十一期連載，收入《六譯館叢書》，兹據此本整理。

目録

周禮鄭注商榷

天官六相爲皇官。冢宰五官爲帝官。第一

《周官》五官、六官之分，由於皇與帝之别。《内經》云：天以六制，地以五節，天地之間，六合之内，不離五者。屢見五帝。五方前、後、左、右、中，從四海爲界，上不及天，下不及地。帝制地球，從五而止。此凡五官之説，統爲帝制而言；皇則兼通六合以外，四荒、四極，兼之上天下地，所謂上下四旁，爲《尚書》之六宗，合中心爲七政。故言皇學者則主六官、六相。《曲禮》六太主天神、地祇，五官則專主人事。經文詳五官、五極者，顓頊以下之五人帝學。經以天官之名加於冢宰之上，蓋冢宰所謂民師民名，天地四時，則爲皇制。以五官人學爲主，而並見六相之皇制，由人、天、帝、皇以定五、六不同，則全經皆通，雜見於經傳異同，亦無不通。外史掌三皇、用六。五帝用五。之書，經有明文，互文起例，義在分明，亦極渾括。鄭君全失此旨，動謂《冬官》亡失，此一大誤。

惟王建國，

春秋以前，尚不足方三千里。《周書》爲《尚書》之傳，則主三萬里，故《尚書》所有周公與三王之事實，惟孔子乃託之空言，以爲全球大同立法。如實有周公，時代草昧，爲實行家，孔子以前無以言立教之事。古文家所云文王、周公撰經諸條，皆東漢以下僞説。

注 建，立也。周公居攝，而作六典之職，謂之《周禮》。營邑於雒中，七年致政成王，以此禮授之，使居雒邑，治天下。

此解爲六典之職，謂之《周禮》，下至非禮止。考《周禮》與《春秋》制度不合，與諸子周人言周制者亦乖異，先儒多攻之。朱子以爲周公未行之廢稿，亦不得已而爲之辭。鄭君注首誤在以經爲史事，爲周公所已行之檔册。按，真周制無所流傳，《秦會典》可覆考也。古文諸書所言出孔後，爲六經師説。如《王制》爲小統《春秋》之制，《周禮》則爲大統《尚書》之制，不可以爲史册，爲周公所已行，亦不得以「周禮」爲定名。此書全爲制度，非禮儀，此解爲治天下解。又按「六屬」條下注云：「前此成王作《周官》，其職有述天授①位之義，故周公設官分職以法之。」此云作此以授成王，彼云設官分職以法成王，自相矛盾。

辨方正位，

---

① 授：原脱，據《周禮·天官冢宰》鄭注補。

注 辨，别也。鄭司農云：「别四方，正君臣之位。君南面、臣北面之屬。」玄謂《考工》：「匠人建國，水地以縣，置槷以縣，視以景，爲規識日出之景與日入之景。晝參諸日中之景，夜考之極星，以正朝夕。」是别四方。《召誥》曰：「越三日戊申，太保朝至於雒，卜宅，厥既得卜，則經營。越三日庚戌，太保乃以庶殷攻位於洛汭。越五日甲寅，位成。」「正位①」謂此定宫廟。

《周官》爲《尚書》之傳，引《尚書》證《周禮》，是爲密合。惟《匠人》所云，與司徒土圭求地中皆爲三萬里之法。鄭注明知經傳同爲三萬里，乃以周爲七千里者，因以《周官》爲周官，爲周公已行之史册，當時地域不能有三萬里，近爲七千。豈知孔子以後，尚不足三千，則周公時何得有七千？一以爲史，則觸手皆荆棘；以爲孔俟後之經，則放大光明，真切圓融，乃足見萬世師表之實迹。

求地中與四極，蓋帝道。推五帝運，必詳測大地四極、四正、四隅，爲四方例，非爲王城以内而言。

體國經野，

① 正位：二字原脱，據《周禮・天官冢宰》鄭注補。

【注】體，猶分也。經謂之里數。鄭司農云：「營國方九里，國中九經九緯，左祖右社，面朝後市。野則九夫爲井，四井爲邑之屬是也。」

國謂中國，野謂夷狄。《左傳》引孔子曰：「禮失求野。」《周官》九服外尚有五服，藩以内爲九州，藩以外爲十二州，爲野。《周官》包舉六合，爲三皇五帝之書。鄭注囿於聞見，僅以二三百里地解之，非也。

設官分職，

【注】鄭司農云：「置冢宰、司徒、宗伯、司馬、司寇、司空，各有所職而百事舉。」

小統如《王制》，大統取六相，天地四時，即上下四旁，爲《尚書》六宗也。

以爲民極。

【注】極，中也。令天下之人各得其中，不失其所。

古有五極之説，爲《吕刑》「屬於五極」之師説。《周官》五篇五見民極，即所謂五極或以《冬官》亡者誤。

《商頌》：「商邑翼翼，四方之極。」《時則訓》所謂「中央之極，黄帝所司，方萬二千里」。

乃立天官冢宰，使帥其屬，而掌邦治，以佐王均邦國。

【注】鄭司農云：「邦治，謂總六官之職也。」故太宰職曰「掌建邦之六典，以佐王治」。邦國六

官，皆總屬於冢宰。故《論語》曰：「百官總己以聽於冢宰。」言冢宰於百官無所不主。《爾雅》曰：「冢，大也；冢宰，大宰也。」

考《曲禮》六大則首太宰，爲天學之官，下有太宗、太史、太祝、太士、太卜，其下五官司徒、司馬、司空、司士、司寇爲人學之官，所謂民師民名，不治鬼神之事。故經傳凡司祭祀神鬼者，皆六太主之，而五官不與焉。此天人之分，皇帝之別。《周官》錯舉天人以示例。太宰、宗伯爲天官皇制，司徒、司馬爲人官三公之二，司寇則爲卿，互文相起，天人並見。鄭氏誤以爲史册定制，又誤以爲六卿，别以教官之保傅爲三公。種種謬誤，證之經傳，無一相合，此《周官》中一大迷陣也。

按：冢宰有二：一爲三公，王有喪，特設之制，所謂百官總己者，不常置，因事乃立。若制國用之冢宰，則如今内務府。《白虎通》以爲大夫秩，與王喪中所命冢宰大小懸殊，名同實異。《曲禮》「天子建天官，先六大」，首曰太宰。考《盛德篇》首言冢宰，則天統之太宰，又爲常設之官，與王喪之冢宰名同實異。此爲天官專掌鬼神學，與《王制》二官不同。

治官之屬，大宰卿一人，小宰中大夫二人，宰夫下大夫四人，上士八人，中士十有六人，旅下士三十有二人。

按：《序官》之文，全屬漢師所羼補，一本不入正文是也。太宰即六大天官之首，六相之司天者，文詳《盛德篇》。舊説皆以三輔一，僞《序官》乃改爲以二輔。

注 變冢言太，進退異名也。百官總焉，則謂之冢；列職於王，則稱太。冢，太之上也。山頂曰冢。旅，衆也。下士治衆事者，自太宰至旅，下士轉相副貳，皆王臣也。王之卿六命，其大夫四命，士以三①命，而下爲差。

按：冢、大變文，並無異同。似此附會，則觸處自成荆棘矣。迭降以偶，士當爲二命。如此，則王士之卑亦甚矣。按：卿當爲六錫，大夫四錫，上士二錫，中士九命，下士七命，府史胥徒方有位置。鄭不詳錫命之分，王臣偶數，共只四等，成何體制？

府六人，史十有二人。

注 府，治藏；史，掌書者。凡府、史皆其官長所自辟除。

經之府胥史徒皆官名，僞《序官》乃以爲徒役自由自辟，繁簡不一，何必預定其人數？凡歷代《會典》，徒役皆不定人數，又以十輔一，大爲不通。胥徒之分别既不可解，徒於胥必加十倍，亦無由考其命意。

胥十有二人，徒百有二十人。

注 此民給傜役者，若今衛士矣。胥讀如諝，謂其有才智，爲什長。

① 三：原作「二」，據《周禮·天官冢宰》改。

既以爲徭役，有什長之説者，如軍法，乃臨時召集，事畢則已。今乃以附之各官之下，無論内外鄉官、市官，甚至兵官亦有之，然猶其小疵，一筆勾消，不足深究者也。

酒人，奄十人。女酒三十人，奚三百人。

注 奄，精氣閉藏者，今謂之宦人。

按：奄、奚如今大監，各自爲品級，不與士大夫齒。

大府。

注 大府爲王治藏之長，若今司農矣。

按：天官一職，所屬多六太六府之官，小統則自爲一屬，不爲三公所統。以今制言，如内務府、欽天監、鑾儀衛、太常寺等衙門，皆直隸於天子，不歸六部統屬，是小統舊法與今制，雖用《周禮》分六官，各衙門尚不爲吏部所統，若盡用《周禮》之職，則天子私屬諸官皆必改隸吏部，方與《周禮》相合。

司會。

注 會，大計也。司會主天下之大計，計官之長，若今尚書。

司會各見《王制》，爲冢宰之副，專司王之財用出入，詳《王制》，略如今制内務府、户部，專司財用。

九嬪。

注 嬪，婦也。《昏義》曰：「古者天子后立六宮、天子十二人，立六宮。三夫人、九嬪、二十七世婦、八十一御妻，百二十官之妻居九室。以聽天子之内治，與百二十官掌外治同。以明章婦順，故天下内和而家理也。」不列夫人於此官者，夫人之於后，猶三公之於王，坐而論婦禮，無官職。坐而論道，出於《考工》僞序，乃漢人所作，最爲乖謬。九嬪「九」字爲三夫人、二十七世婦、八十一御妻之起數。天子一娶十二女，《董子·爵國篇》詳其名，一后、三中左右夫人、三良人、二姬人，共十一媵。《士莽傳》所謂「十一媵家」是也。此詳《王制》，陰教之事，故舉命婦之數。考《月令》，天子有事，則公、卿、大夫從焉；王后有事，則夫人、嬪婦從焉。百二十女乃百二十官之妻，禮有明文。三公以下助王理陽教，三夫人以下助后理内政，皆爲命婦，各有内政可言。若係宫女，則統於一尊，后主内政，而百二十宫女可以言聽，則理外政亦用宫内之閹豎足矣，奚必公、卿、大夫哉？鄭説襲用歆、莽，最爲笑柄，説詳《經話》中。又按：王莽嫁女於漢平帝，用十二女，舊説自娶則用百二十女，則因歆等迎合莽意，附會《周禮》爲此説耳。經中既無明文，鄭君何苦祖述莽、歆師法亂亡之制，使後世宫闈，貽患無窮。

世婦。

注 不言數者，君子不苟於色，有婦德者充之，無則闕。

嬪單字，配「九」字，以名稱之。實則世婦以上不能加二十七字樣，其下不注，文未備耳，非有意義。又，九嬪之上當有夫人，亦偶脱佚。按經傳，凡有數目者皆實數，不能闕，既可從便，何爲定成實數？鄭君自嫌人數太多，以此消息之耳，實則非也。

典婦功。

注 典，主也。典婦功者，主婦人絲枲功官之長。

宫中女御，《爵國篇》詳之矣，本經實與相同，今當據以爲主。鄭君不問得失，惟新莽之是崇，白璧不得爲無瑕矣，哀哉！

内司服。

注 内司服，主①宫中裁縫官之長。有女御者，以衣服進，或當於王，廣其禮，便無色過。

《爵國篇》經師相傳精要之説，使據以立義，何得有此游衍之論哉！

大宰之職，掌建邦之六典，以佐王治邦國。藩以内八州。一曰治典，以經邦國，八州。以治官府，畿内。以紀萬民。藩以外六畿。二曰教典，以安邦國，以教官府，以擾萬民。三曰禮典，以和邦國，以統百官，以諧萬民。四曰政典，以平邦國，以正百官，以均萬民。五曰刑典，以詰邦國，以刑

① 主：原作「掌」，據《周禮・天官冢宰》改。

變文。

百官，以糾萬民。六曰事典，以富邦國，以任百官，以生萬民。此萬民爲「都鄙」之變文，百官爲「官府」之

按：《周官》以五官爲帝，法地法。王畿如此，四岳要荒，莫不從同。官府專指王畿而言，王畿諸侯禄而不世，故王臣不可言邦國，但曰官府，所言邦國爲外諸侯，藩以内八州，藩以外爲都鄙。此言邦國、百官、萬民，以百官爲官府，萬民爲都鄙，互文見義，故《周禮》爲大統，詳全地球之治法。鄭君乃全歸於方千里之王畿，其誤甚矣！又按小統以三公爲主，内外同之。大統之法，内外大小亦全用五官，如今制六部、六房，上至朝廷，下至州縣，靡不同也。《周官》一書，此爲巨綱，故首言之。今制誤從僞説，以冬官爲工部。

注大曰邦，小曰國，邦之所居亦曰國。

邦、國二字連文者，皆謂四海以内、王畿以外諸侯。散見之文，各隨本義解之。

注典，常也，經也，灋也。王謂之禮經，常所秉以治天下也。邦國官府謂之禮法，常所守以法式也。常者，其上下通名。

典如杜氏《六典》，文義甚明，如此反見迂晦。

注鄭司農云：「治典，冢宰之職，故立其官，曰使帥其屬而掌邦治，以佐王均邦國。教典，司徒之職，故立其官，曰使帥其屬而掌邦教，以佐王安擾邦國。禮典，宗伯之職，故立其官，

曰使帥其屬而掌邦禮，以佐王和邦國。政典，司馬之職，故立其官，曰使率其屬而掌邦政，以佐王平邦國。刑典，司寇之職，故立其官，曰使帥其屬而掌邦禁，以佐王刑邦國。」

經文三「以」字平讀，本謂三等治法，先邦國而後百官，正以決明其義。若如鄭説，則以立官解「百官」，而「萬民」成贅文矣。

以八灋治官府：王畿。一曰官屬，小宰六屬。以舉邦治；二曰官職，小宰六職。以辨邦治；三曰官聯，小宰六聯。以會官治；四曰官常，小宰六敘。以聽官治；五曰官成，小宰八成。以經邦治；六曰官灋，以正邦治；七曰官刑，以經邦治；八曰官計，小宰六計。以弊邦治。

按：八灋六條文義全見小宰，數言可了，錯録其文至三四百字，開創之書，不得不然，鄭君不應引之。

注 百官所居曰府。

經以王畿爲官府。以小統言，食禄不封國，以大統言，郡縣不封建，皆可以官府目之。

注 官常，謂各自領其官之常職，非連事通職所共也。

按：八灋詳目五見小宰，合官法爲六。小宰之六敘，當即官常。

以八則治都鄙：海外大荒。一曰祭祀，以馭其神；二曰灋則，以馭其官；三曰廢置，以馭其吏；四曰禄位，以馭其士；五曰賦貢，以馭其用；六曰禮俗，以馭其民；七曰刑賞，以馭其威；八曰田役，以馭其衆。

按：都鄙男采以外七畿之地，《山海經》之海外、大荒，【神】即《山海經》之山神靈祇，【官】即其君，所謂蠻夷大長，【吏】即其卿佐，所謂天子之吏，【士】即其大夫以下之官，賦爲取於民，【貢】爲獻於上。禮俗者，所謂風尚不同，禮俗亦異。小統之禮制可以畫一，大統則南北東西各有嗜好、情性之不同。聖人因事立教，不盡强同。刑賞所謂威靈，以及全球，田役以消弭兵事，皆治海外之事，故與八法、六典詳略互見。若果仍在王畿，則爲重複，且多屬贅文矣。

【注】都之所居曰鄙。

凡都、鄙連文者，皆指九州外，析之則藩、垣、屏三服爲都，翰、寧、成三服爲鄙。鄙在遠地，《春秋》「伐我」者言鄙，外之也，《左傳》「越國鄙遠」。鄙如今英法屬地，不與本國接壤，若在王畿，不得言鄙矣。

【注】都鄙，公卿大夫之采邑，王子弟所食邑。周、召、毛、聃、畢、原之屬在畿内者。

鄭君不能詳《王制》畿内九十三國之制，創爲王之子弟等説，意蓋以百里之國九，今但封三公，尚餘六百里國者，可以隨便送人情。豈知九十三國爲百二十官采地，一官一國，尚有未封之二十七下士，有主名之地，不能聽王之子弟不立主名，混得强占。畿内皆王臣食采，既曰采邑，何以有邦、國、都、鄙之分耶？

以八柄詔王馭群臣。指官府。

注 柄，所柄執以起事者也。

八柄專治畿内官府。

以八統詔王馭萬民：一曰親親，二曰敬故，三曰進賢，四曰使能，五曰保庸，六曰尊貴，七曰達吏，八曰禮賓。

凡言八者，從八方、八風起義。如四學在四正，取四統，八方各就其方立學。言萬民者，内外所同，王畿、邦國、都鄙皆有八統之制。

以九職任萬民：一曰三農，生九穀；二曰園圃，毓草木；三曰虞衡，作山澤之材；四曰藪牧，養蕃鳥獸；五曰百工，飭化八材；六曰商賈，阜通貨賄；七曰嬪婦，化治絲枲；八曰臣妾，聚斂疏材；九曰閒民，無常職，轉移執事。

言九者，就九州起例，萬民爲内外所同，三等治法，皆同有此九職。「五曰百工，飭化八材」，則百工爲九職之一門，故鄭君有《冬官》亡補以《考工》之説。

以九賦斂財賄：邦中、四郊、邦甸、家削、邦縣、邦都、關市①、山澤、幣餘之賦。

內外通行之事，故不出三等名目。

注 邦中，在城郭者。四郊，去國百里。邦甸，二百里。家削，三百里。邦縣，四百里。邦都，五百里。此平民也。

注：以五等爲王畿分地，蓋陰祖《禹貢》五百里甸服，百里賦納總，二百里納銍，三百里納秸，四百里粟，五百里米立説。此「都」字與「都鄙」連文之「都」不同。又按：四丘爲甸，四甸爲縣，四縣爲都，甸、縣、都三字與此名同實異。

以九貢致邦國之用。

此如《禹貢》、《王會解》，伊尹會九州所貢爲九共。言邦國，以包都鄙。

乃施典於邦國，而建其牧，立其監，設其參，傅其伍，陳其殷，置其輔。

按：此言八伯之制。《王制》所云方伯，《左傳》所謂州牧也。八州、八伯而立其監，每州三人，建牧立監，爲春秋之制。所謂設其參者，謂三卿；伍者，謂五大夫。《王制》所謂三卿、五大夫也。殷當爲二十七上士，輔則八十一元士也。

① 關市：「關」原作「闕」，據《周禮·天官冢宰》改。

注 監，謂公、侯、伯、子、男各監一國。《書》曰：「王啓監，厥亂惟民。」

監，謂三監。天子使大夫監於方伯之國，國三人。

乃施則於都鄙，而建其長，立其兩，設其伍，陳其殷，置其輔。

《皋陶謨》云：「外薄四海，咸建五長。」則外十二州亦如内九州之制，立其兩，所謂二伯，亦三卿、九大夫，所謂設其伍也，伍大夫。《王制》云三卿、二十七大夫爲陳其殷，八十一元士爲置其輔。大統以六官立制海外，則仍《王制》之制也。又按：《尚書》「外薄四海，咸建五長」，《王制》「五國爲屬，屬有長；十國爲連，連有帥；三十國爲卒，卒有正；二百一十國以爲州，州有牧」。八州八牧，統於天子之二伯。輔屬長，殷連帥，伍卒正，兩州牧長，謂五官之長曰二伯也。

注 長謂公、卿、大夫、王子弟食采邑者，兩謂兩卿。不言三卿者，不足於諸侯。鄭司農云：兩謂兩丞。

公、卿、大夫非即下注所謂正、貳、考等官職乎？鄭君時海外未顯，然要荒之制，經有明文，何不以要荒立説？聽其重複如此。

乃施灋於官府，而建其正，立其貳，設其考，陳其殷，置其輔。

至於王官，則三公、九卿、二十七大夫、八十一元士、二百四十三中士、九十三人爲國，以下爲附庸。附庸爲同禄在官之庶人。

按：畿内諸侯要荒爲小統之分。以大統言，則中國全爲王畿，海外九州爲邦國，蕃服以外爲都鄙。

注 正謂冢宰、司徒、宗伯、司馬、司寇、司空也。貳謂小宰、小司徒、小宗伯、小司馬、小司寇、小司空也。考，成也，佐成事者，謂宰夫、鄉師、肆師、軍司馬、士師也。司空亡，未聞其考。

鄭氏好以經亡立説，最爲乖舛。《周禮》五官全文，《考工》稱記，爲五官之記，何得别立一篇？

此仍以三公、九卿、二十七大夫、八十一元士、二百四十三中士以合三百六十三官之説，不必如此瑣碎言之。

凡治，以典待邦國八州也。之治，以則待都鄙之治，藩以外。以灋待官府之治，王畿。以官成待萬民之治，此萬民與賓客對文，别爲一義。以禮待賓客之治。

祀五帝，則掌百官之誓戒，與其具修。

注 祀五帝，謂四郊及明堂。

《周官》言五帝詳矣，若以爲已行之史，則西京五帝時當有可考，何以《封禪書》所有四帝，皆秦因事新立，如祀白帝始於秦襄公，祀青帝始於秦宣公，祀黄帝、炎帝始於秦靈公。至漢高五畤始備？則《周官》所言非周公舊有之制，而爲孔子經説，明矣。

小宰之職。

按：官以大名者，大九州帝之官也；以小名者，各大州神之官也。大統天子爲帝，牧在藩外可稱王，天子用大冢宰者一官，八州又十二外州，則用小宰者，二十州矣。

以官府之六叙正群吏：一曰以叙正其位，二曰以叙進其治，三曰以叙作其事，四曰以叙制其食，五曰以叙受其會，六曰以叙聽其情。

此六叙，當即八灋之官常。小宰詳官府之制，六見八灋之目。此六叙，當即八灋之一。如此，則惟官刑一灋一見於小宰。

以官府之六屬舉邦治：一曰天官，其屬六十，掌邦治。

一卿、三大夫、九元士、二十七中士、又二十下士，合六十之數，下士有六十一，不數，微也。

大事則從其長，小事則專達。

長謂三公六卿，爲三公之屬員。大事有三公在，則六卿各從其長。凡職中有三公者，皆大事。小事無三公之文者，則六卿可以自專。三公非不執事，特以六卿分篇，則尊而略之耳。《盛德篇》云：「天子三公，合以執六官。」則六官以三公爲長。坐而論道，出於序説，非也。

注 六官之屬三百六十，象天地四時、日月星辰之度數，天道備焉。

按：五官全文於六十官之外皆有溢數，後儒欲據以補冬官，此官溢於數之説也。或又以官見他書者，今《周禮》無之，當據以補入。今按：五官皆爲聯法，本非定員，如鄉遂民爵非官，軍旅攝官非常職，臨事差使非定員，女奚、奄宦、内婦、命婦本非官而偏有其名。又如方相氏、螻蛄氏、服不氏之類，豈能專設一官爲之？今故於五官中定六屬六聯表，又分定員、民爵、攝官、差使、妾宦、工作、命婦等，不爲正官，而別擇經傳補一表於後，如三公、三孤，皆須考證。蓋《周禮》五官專言六聯，後賢不知此旨，以六屬讀之，故致此誤。《董子·象天制官篇》：三百六十官皆屬三公所統，百二十官下再加二百四十三下士，即爲三百六十官矣。今官中鄉遂一門已多至三萬七千，則其不入官計可知。又《董子·爵國篇》有通佐七人，不在三公所統之内。今天官、宗伯二屬多屬六太，則正官不止三百六十矣。一依爵國表，以其不在三公統屬之内。

注 前此者成王作《周官》，其志有述天授位之義，故周公攝官分職以法之。

《書序》僞書，此引據之，以周公作《周禮》在成王作書之後，然則非教成王之書矣。

以官府之六聯合邦治：一曰祭祀之聯事，二曰賓客之聯事，三曰喪荒之聯事，四曰軍旅之聯事，五曰田役之聯事，六曰斂弛之聯事。凡小事皆有聯。

《周禮》專爲官聯之書，故以六聯爲官次，言小事皆有，則大事可知，小以包大也。按：六屬言六官之統屬，六聯言六官之權攝。考五官之統屬，據《王制》、《曲禮》、《尚書》、《春秋》博士説，今經多違其次。如秋爲刑官，而大行人、小行人、司儀以下則爲禮官，而不統於刑。如夏爲兵官，《職方》以下至《撢人》則爲地官，而非兵官矣。宗伯爲禮官，六禮之事屬焉，而太史、太卜、車僕則爲六太。地官立教，師保六職屬之，大司樂以下二十職當爲教官，而本職之官皆當爲司空所屬。天官號爲治百官，乃司士、司勳則入夏官，司禄則入地官。則以經專明五帝、五政、五官，故冬官從空，而所有五官，一官爲一神一州，既各自爲官，必須三公之制皆備，故官多兼攝，與六屬之例不符。今據小統各書立六屬表，專明各官本職統屬，再就本經立六聯表，以明兼攝之意。宋人疑冬官一職散在各篇，輒輯補還冬官一職，頗有亂經之嫌。苟明六聯之義，則不必摘出，但注明之，即彼此兩通矣。

饋食之籩，其實棗、栗、桃、乾䕩、榛實。

注 今吉禮存者特牲、少牢，諸侯之大夫、士祭禮也。

鄭以《禮經》有亡佚，邵氏《禮經通論》證十七篇爲全，其説甚備，此亦注之大誤。蓋既以經禮爲殘本，則從此可以不用心推考，概委之殘缺，受弊無窮。

宫人掌王之六寢之脩。

注六寢者，路寢一，小寢五。《玉藻》曰：「朝辨色始入，君日出而視朝，退適路寢聽政，使人視大夫，大夫退，然後適小寢，釋服。」是路寢以治事，小寢以時燕息焉。《春秋》書魯莊公薨於路寢，僖公薨於小寢，是則人君非一寢明矣。

寢制當如《説苑》所引《穀梁傳》，諸侯三寢：中高寢，左路寢，右路寢。分昭穆，而居小寢非正，當是夫人之寢。王六寢，當如變三軍爲六軍，仍歸三軍之制，特每軍加一副軍，則六寢當亦同之，與三寢名異而實同也。

司會掌國之官府、郊野、縣都之百物財用。

注郊，四郊，去國百里。野，甸稍也。甸①去國二百里，稍三百里，縣四百里，都五百里。

鄭注引《司馬法》郊百里、野二百里、稍三百里、縣四百里、都五百里。據本文，郊、野、縣、都與《司馬法》合，是爲確解。惟此縣、都與「都鄙」之「都」迥不相同，故經文以四者歸之官府。四者在王畿，以官府統之，愈知官府之指王畿。

以周知四國之治。

注言四國者，本逆邦國之治。

① 甸：原作「稍」，據《周禮注疏》卷六改。

四國，與邦國、都鄙互文。

職内以貳官府、都鄙之財入之數，以逆邦國之賦用。

三者互文見義，下多舉官府、都鄙，略邦國不言。

而叙其財，以待邦①之移用。

按：官府、邦國、都鄙三者皆可爲邦。三者之中，皆有各職，故官中每舉「邦」字爲目，内外所同也。

諸侯則共②熊侯、豹侯，卿大夫則共麋侯，皆設其鵠。

注 諸侯，謂三公及王子弟封於畿内者，卿大夫亦皆有采地焉。

諸侯，外諸侯，卿大夫乃王臣，文義甚明，注乃以諸侯屬公，最誤。王子弟之封於畿内云云，因誤解《王制》「畿内百里之國九」一語而然，乃爲誤中之誤。

内宰以陰禮教六宫。

注 鄭司農云：陰禮，婦人之禮。六宫，後五前一。王之妃百二十人，后一人，夫人三人，嬪

① 邦：原作「邦國」，據《周禮注疏》卷七删「國」字。

② 共：原作「供」，據右引改。下「共」字同。

九人，世婦二十七人，女御八十一人。

「百二十人」乃百二十官之妻，所謂外命婦。王莽、劉歆初用十二女古説，後乃改爲百二十女。駁詳《經話》。

注玄謂六宫謂后也。婦人稱寢曰宫，宫，隱蔽之言。后象王，立六宫而居之，亦正寢一、燕寢五，教者，不敢斥言之，謂之六宫，若今稱皇后爲中宫矣。

天子言六宫，諸侯言三宫，亦如諸侯三郊、三遂、三軍，天子六軍、六鄉、六遂，以六起數，言六宫，則宫中之人無不包矣。統於王后，妾媵可略。按《爵國篇》：天子立一后、一世夫人、中左右夫人、四姬、三良人。王后置一太傅、太母、三伯、三丞；世夫人、四姬、三良人，各有師傅。王后御衛者，上下御各五人；世夫人、中左右夫人、四姬、上下御各五人；三良人各五人。世子妃姬及士衛者，如公侯之制。王后傅母、上下史各五人，三伯上下史各五人，少伯史各五人。按：十二女御共一百五人，王后傅母，伯丞、教官八人，夫人、四姬、三良人各有師保，未詳其數，大約亦近百人。世子妃姬合九女，上下御、保、傅亦得百人以外。

以陰禮教九嬪。

注教以婦人之禮。不言教夫人、世婦者，舉中，省文。

此外命婦，百二十官之妻皆適，故以配百二十官；若妾媵，不得稱數，不得干與陰教。以婦職之法教九御。

《國語》：「内官不過九御，外官不過九品。」九御，在宫中當差使者，即傅母之類，不進御於王。《董子·爵國篇》：宫内女御各有名數，此爲内命婦。凡進御之十二女，統於六宫包之矣。

注 九御，女御也，九九而御於王，因以號焉。使之九九爲屬，同時御，又同事也。

九御與外官九品對文，宫中御女各有品號。九九進御之説，最爲荒穢，爲有内外之分，故再言之。使如注説，則九嬪既包夫人、世婦，女御同在百二十人之内，何以又别出耶？

贊九嬪之禮事。

注 助九嬪贊后之事。九嬪者，贊后薦玉齍，薦徹豆籩。

九嬪爲外命婦，故有禮事，若係妾媵，則統於王后，不能並行爲禮。百二十官贊王，百二十女贊后，王后既爲夫婦，則百二十女亦爲夫婦可知。

凡喪事，佐后使治外内命婦，正其服位。

注 内命婦謂九嬪、世婦、女御。鄭司農云：「外命婦，卿大夫之妻。王命其夫，后命其婦。」玄謂士妻亦爲命婦。

九嬪、世婦即卿大夫之妻，内命婦謂九御，外命婦則九嬪、世婦是也。不然，何以經無卿、大夫妻之名號耶？士妻亦爲命婦，八十一御妻是也。

中春，詔后帥外内命婦始蠶於北郊，以爲祭服。

注　蠶於北郊，婦人以純陰爲尊，郊必有公桑蠶室焉。

文詳《月令》。宫内以后爲主，内命婦與焉。凡宫女、妾媵通不見正禮。内命婦即傅姆、女御老寡而有賢行者爲之，如今之僕婦，例不進御。

上春，詔王后帥六宫之人而生穜稑之種，而獻之於王。

注　夫人以下分居后之六宫者，每宫九嬪一人，世婦三人，女御九人，其餘九嬪三人，世婦九人，女御二十七人，從后惟其所燕息焉。從后者五日而沐浴，其次又上十五日而徧云。夫人如三公，從容論婦禮。

鄭注《周禮》，頗爲疏陋，惟此條最詳最盡，臆造典故，穿鑿附會，幾於喪心病狂。后每月止進御二次，每從行皆有四十人，不知何苦臆造此等邪説？污滓經傳，使人以經爲笑柄。

内小臣正内人之禮①事。

---

① 禮：原脱，據《周禮注疏》卷七補。

此内人以爲妾媵可也。禮事者，宫内私行之事，朝廷典重，非出宫交涉之事。

掌王之陰事、陰令。

注 陰事，群妃御見之事。若今掖庭令，晝漏不盡八刻，白①録所記，推當御見者。陰令，王所求爲於北宫。

「陰事」、「陰令」所指無限，《列女傳》中所論亦詳。三代之興，皆由女德，注語多污褻，大失著經之體。

閽人，凡外内命夫命婦出入，則爲之闢。

注 内命夫，卿、大夫、士之在宫中者。

「外内」指命婦言之，公、卿、大夫、士不居宫中。命夫百二十官，外命婦百二十女。

寺人掌王之内人及女宫之戒令。

注 内人，女御也。女宫，刑女之在宫中者。

女御乃傅姆及上下御之類，内人可以指爲妾媵，女宫當爲女官。凡宫中之人，須當選犯刑之人。

---

① 白：原作「日」，據《周禮注疏》卷七改。

若有喪紀、賓客、祭祀之事，則帥女宮而致於有司。

注有司，謂宫卿世婦。

內外命婦皆爲女官，有司執事者。

佐世婦治禮事。

注世婦，二十七世婦。

外命婦。舉世婦以包上下。

掌内人之禁令，凡内人弔臨於外，則帥而往，立於其前，而詔相之。

注從世婦所弔。

内人不承上文世婦矣。

九嬪掌婦學之法，以教九御婦德、婦言、婦容、婦功，各帥其屬，而以時御叙於王所。

考《董子·爵國篇》，天子十二女，皆有保傅，以爲教戒，則女御即保傅也。九嬪掌婦學以教女御，女御又爲保傅以教后宫，進御於王者，乃保傅所教之十二女，非女御，更非九嬪。

注自九嬪以下，九九而御於王所。九嬪者既習於四事，又備於從人之道，是以教九御也。教各帥其屬者，使亦九九相與從於王所息之燕寢。御猶進也，勸也，進勸王息，亦相次叙。凡群妃御見之法，月與后妃其象也，卑者宜先，尊者宜後。女御八十一人當九夕，世婦二十七人當三夕，九嬪九人當一夕，三夫人當一夕，后當一夕。亦十五日而徧，自望後反之。種種笑柄，污經傳，貽禍根，誤中生誤，真屬喪心病狂。按：内命婦在后宫教人者，必非進御之人，既掌教人之事，何可更用之進御？若外命婦屬於王后，尤爲不便。不審何心，生造典故？獨於此條中如此詳盡，注文顯係後人羼亂。鄭君深明體要，恐尚不至此。

注孔子云：「日者天之明，月者地之理。陰契制，故月上屬爲天，使婦從夫，放月紀。」

按：孔子之説，但謂月之配日，如后之配王耳，豈謂九九進御之穢説哉？誣衊甚矣。

女御掌御叙於王之燕寢。

注言掌御叙，防上之專妬①者。於王之燕寢，則王不就后宫息也。

言掌其事，則身不在其中可知。女御皆老寡有賢行者爲之，皆有品號，后宫進御者名雖十二人，尚有待年者，至多不過十人，注乃並無明據，臆造邪説，揚莽、歆之餘焰。辭而闢之，擴如也。

從世婦而弔於卿大夫之喪。

注從之數，蓋如使者之介云。

---

① 妬：原作「姤」，據《周禮注疏》卷八改。

此蓋世婦受后命代行者，必係夫人、世婦之喪。

內司服辨外內命婦之服，鞠衣、展衣、緣衣、素沙。

注內命婦之服：鞠衣，九嬪也；展衣，世婦也；緣衣，女御也。外命婦者，其夫孤也，則服鞠衣；其夫卿大夫也，則服展衣；其夫士也，則服緣衣。三夫人及公之妻，其闕狄以下乎？侯伯之夫人揄狄，子男之夫人亦闕狄，唯二王後褘衣。

觀嬪、世婦、女御之衣與孤、卿、大夫、士之妻相同，可悟注説之誤。

屨人辨外內命夫命婦之命屨、功屨、散屨。

注命夫之命屨，纁屨。命婦之命屨，黄屨以下。功屨次命屨，於孤、卿、大夫則白屨、黑屨，九嬪內子亦然。世婦、命婦以黑屨爲功屨，女御、士妻命屨而已。士及士妻謂再命受服者。散屨，亦謂去飾。

命夫、命婦相比，足證注誤。